중앙아시아 분쟁과 이슬람

이 저서는 2009년도 정부(교육과학기술부)의 재원으로 한국연구재단의 지원을 받아
수행된 연구임(KRF-1009-362-A00007).

중앙아시아
분쟁과
이슬람

장병옥 지음

한국학술정보㈜

머리말

    미하일 고르바초프 치하(1985~89)의 개혁정책(perestroika)과 개방정책(glasnost)은 예기치 않은 소비에트 연방의 붕괴로 이어졌으며, 우즈베키스탄·타지키스탄·키르기스스탄·투르크메니스탄·카자흐스탄 등 중앙아시아 5개 무슬림 공화국을 포함한 연방 소속의 많은 자치 공화국들에게 독립을 가져다주었다. 이와 동시에 내전과 분쟁도 뒤따르게 되었다. 일례로 코카서스* 지역의 중앙을 가로지르는 카프카스 산맥의 이남 지역인 아제르바이잔·아르메니아·그루지야는 소련으로부터 독립하면서 분쟁이 일어났다. 또한 당시 독립을 쟁취하지 못한 체첸은 1994~1996년, 그리고 1999~2000년에 걸친 두 차례의 체첸-러시아 간의 전쟁을 치렀고 양측 간 분쟁의 불씨는 지금까지 남아 있다.

    이와 같이 1990년대 초 중앙아시아의 국가들은 어떤 민족주의적인 투쟁의 결과로 독립을 쟁취한 것이 아니라 외부 정치 환경의 변화에 편승해 독립했다. 사실 중앙아시아의 지도자들이나 국민에게 독립은 예기치 않게 일어난 역사적 대사건이었다. 따라서 그들은 소련이 해체되고 나서야 비로소 독립했다는 사실을 실감할 수 있었다. 중앙아

---

* 지금까지 전통적으로 영어 발음에 따라 코카서스(Caucasus)로 표기해 왔으나, 본 저서에서는 현지 발음에 가까운 카프카스로 표기한다.

시아 국민들은 소련 내에서도 기존 체제에 대해서 가장 열렬한 지지자들이었으며, 그들의 지도자들 역시 크렘린에 가장 충성심이 강한 자들이었으므로 그들은 준비되지 않은 독립을 갑자기 맞이한 것이다.

이슬람 원리주의 부흥운동은 고르바초프가 정권을 잡았던 1980년대부터 활성화되기 시작했고, 소련이 붕괴됨에 따라 중앙아시아 5개 공화국에서 더욱 역동적으로 일어났다. 각 공화국 내에 수백 수천 개의 새로운 모스크가 세워지고, 마드라사(종교학교)가 개교했으며, 코란이 배포되었다.

1917년 이래로 이슬람 사상을 반동사상으로 간주하는 소련 정부의 무신론적인 정책에 따라 이슬람 세계로부터 중앙아시아 무슬림들은 고립되었다. 이들만큼 고립되어온 역사적 전례는 어떤 이슬람 지역이나 국가에서도 없었다. 소련 통치기에 모스크바 당국은 중앙아시아 무슬림들에게 단지 비정치색을 띤 이슬람은 허용했지만 이념적으로는 공산주의 사상을 주입하며, 인접한 중동 국가들로부터의 영향을 차단하는데 노력했다. 공산당이 정권을 철저히 장악하고 있었을 뿐 아니라 정치적 자유가 없었으므로 정치적 성향이 강한 이슬람주의자들이 정치 활동을 한다는 것은 쉽지 않았다.

고르바초프 치하 개혁정책이 일어난 지 3년 만에 이슬람 원리주의가 나타났다. 처음에 '이슬람 부흥운동'에 관하여 논의가 시작되었을 때부터 계몽적인 차원이 아니라 정치적인 면에서 이슬람이 대두되었다. 정치에 이슬람 요소가 부가된다는 것은 전혀 이상하지 않다. 왜냐하면 이슬람은 세계의 종교 가운데 태생부터 가장 정치적 본성을 가지고 있기 때문이다. 이 지역 분쟁의 정치·경제·영토·민족·종교적 여러 요인 중에서 나타난 특이한 점은 중동분쟁과 마찬가지로 이슬람이라는 색깔이 저변에 깔려 있다는 것이다. 따라서 이 책도 필자의 저서 '중동분쟁과 이슬람'처럼 '중앙아시아 분쟁과 이슬람'이라는 제목을 붙였다. 지난 10여 년간 이 지역 분쟁에 관한 논문을 쓰면서 한국외국어대학교 중앙아시아어과의 손영훈 교수와 이병호 교수의 많은 조언과 함께 특히 그들의 옥고를 각각 제9장과 제11장에 수정 보완하여 이 책에 싣도록 허락해주었음을 밝혀두며 진심으로 감사드린다.

2012. 2. 9.

장병옥

❏ Contents

중앙아시아 지역의 분쟁과 이슬람 원리주의

Ⅰ. 중앙아시아 지역의 이슬람화 과정

중앙아시아 지역이 이슬람화되기 이전, 이 지역에는 조로아스터교를 위시한 마니교, 기독교, 불교 등이 혼재되어 공존했다. 이 지역에 이슬람이 최초로 전래된 시기는 7세기로 거슬러 올라간다. 아랍 무슬림 군대가 652년에 사산조 페르시아 제국을 정복하고, 751년에 탈라스 전투에서 중국에 승리함으로써 중앙아시아 지역을 그 영향력하에 두기 시작한 결정적 발판을 마련했다. 이와 같이 초기 아랍 무슬림군이 중앙아시아에 진출한 것은 우마이야 왕조(661~750)가 정복사업을 시작한 시기였다. 이 왕조의 창건자 무아위야(661~680)의 통치기에 아랍군은 지금의 우즈베키스탄 남부의 부하라를 정복한 후 사마르칸드 지역까지 확장해 나갔다.

이슬람 전파는 초기에는 군사적 정복을 통해 이루어졌지만, 9세기 이후로는 실크로드를 거치는 아랍 상인들과의 경제문화적인 상호 교류를 통해 확대되었다. 이 지역의 통치자들은 이슬람 종교와 문화에 감화되어 이슬람을 수용하였는데, 그 대표적인 예가 현재의 아프가니스탄 지역인 자불리스탄의 통치자 무함마드로서, 그는 850년에 무슬림으로 개종했다. 893년 페르시아계 사만 왕조의 이스마일(Ismail ibn Ahmad)은 탈라스 지역을 원정하여 기독교 공동체를 무슬림 공동체로 변화시켰다. 특히 그들은 이교도에 대한 '지하드(聖戰)'의 구실을 내세우며 중앙아시아 초원지역으로 원정을 단행하고 그 지역의 기독교 교회를 모스크로 바꾸는 등 투르크 집단을 이슬람으로 개종시키는데 열성적이었다.

10세기 중반 이후 중앙아시아를 지배했던 사만조의 통치자들의 이슬람화 정책은 이 지역의 무슬림 공동체 형성에 크게 기여했다. 11세기 말 출현한 셀주크 투르크 제국은 13세기 몽고 제국에 의해 멸망될 때까지 전 세계에 맹위를 떨친 최초의 투르크-이슬람 제국으로서 아랍 제국을 대신해서 이슬람 세계의 주도세력으로 부상했고, 이는 이어서 세계 최강의 이슬람 대제국을 건설한 오스만 투르크(1299~1924)에 의해 계승된다.

13세기 중앙아시아 지역이 비이슬람 몽고 제국의 지배하에 놓이면서 이 지역의 이슬람은 일시적으로 침체기를 겪게 된다. 이는 몽고의 지배자들이 대부분 불교도였거나 네스토리우스파 기독교도였기 때문이다. 몽고 지배층의 반이슬람 정책에도 불구하고 13세기 말부터 수피 무슬림 선교사들과 상인들의 선교활동으로 중앙아시아의 이슬람은 일반 민중의 토착종교와 융합되어 뿌리를 내리게 된다. 특히 수피 이슬람은 정통 이슬람에서 금하는 성자와 성소의 숭배를 용인하는 등 중앙아시아 토착종교와 쉽게 결합되어 새로운 형태의 신앙으로 자리 잡았다. 이러한 영향력으로 인해서 몽고 통치자들과 그들의 지배하에 있었던 투르크 장군들이 이슬람으로 새로이 전향하면서 이슬람은 이 지역에 더욱 확산된다.[1]

더욱이 칭기즈칸 후예로 자처하며 몽고 대제국의 영광을 재현하기 위해 나타난 티무르는 1370년 사마르칸드를 수도로 정하고 이슬람을 장려하는 정책을 취하였다. 티무르 제국(1370~1520) 통치기의 정책 집행은 이슬람 종교지도자의 자문과 샤리아에 의거해서 이루어졌다. 티무르는 1379년에서 1402년까지 이란, 북인도, 아나톨리아, 북부 시리아에 대한 정복 활동도 샤리아에 근거해서 추진했다. 이와 같이 티무르 제국의 이슬람 장려정책에 힘입어 사마르칸드와 부하라는 중앙아시아 이슬람 문화와 문명의 중심지로서, 당시 이슬람 세계의 중심부인 바그다드에 필적할 정도로 부상하였다.

16세기 티무르 제국이 멸망한 후 중앙아시아 지역에는 강력한 패권세력이 부재한 가운데 중앙아시아 남부는 부하라와 코간드, 히바 칸국, 그 북부는 카자흐스탄의 세력권으로 나뉘어 지배된다. 이러한 권력의 공백기를 틈타 남진정책을 추진하던 러시아의 이반 4세(Tsar Ivan, 1503~1584)가 최초로 이슬람권 중앙아시아 정복에 나선 것은 16세기부터이다. 이때부터 러시아-중앙아시아의 악연의 역사는 거의 500년간 지속된다. 이반 4세는 강력한 이슬람 탄압정책의 일환으로 무슬림의 고유한 통치체계를 폐지하거나 재산을 몰수하는 등 경제적 기반을 박탈하면서 러시아 정교로 개종하도록 강요했는데, 개종을 거부하면 사형에 처했고 개종한 무슬림들에게는 러시아 제국의 국민과 같은 권리를 부여했다. 그의 통치기에 카잔의 636개의 모스크 중에

---

1) 이문영 2003, 146.

418개가 폐쇄되고 이슬람 설교는 사형에 이르는 중죄로 다스려졌다. 17세기 말에는 러시아의 영토가 서카프카스 지역까지 이르게 되었다. 그러나 18세기 말에서 19세기까지 러시아의 對이슬람 정책은 관용적 태도와 회유가 주를 이룬다.[2]

그동안 위축되었던 중앙아시아의 이슬람 공동체가 다시 권리를 되찾은 것은 18세기 후반 예카테리나 여제(Ekaterina II, 1721~96)의 통치기였다. 예카테리나 여제는 중앙아시아 지역을 개화시키는데 러시아 정교보다 이슬람이 더 적합하다고 판단하고, 이슬람 장려정책으로 무슬림들의 소유권을 회복시키고 종교의식을 허용하며 러시아인과 동등한 권리도 보장했다. 그러나 당시 러시아는 부동항을 얻기 위해 남진정책을 추진했고, 오스만 투르크 제국과 충돌했다. 러시아-오스만 제1차 전쟁(1768~1774)에서 승리한 러시아는 1774년에 터키와 '쿠축카이나르자(Kuchuk Kainarja)' 조약을 체결한 후, 마침내 흑해연안과 크림반도를 차지하고 오스만 제국 내의 그리스 정교회 기독교 국가의 보호자가 되었다.[3]

또한 카프카스 지역의 체첸 무슬림 민족 역시 제1차 카프카스 전쟁(1785~1791)과 제2차 카프카스 전쟁(1834~1859)에 임하여 결사 항전의 對러시아 지하드를 전개했으나 결국 패배했다. 카프카스 정복을 마친 러시아가 본격적으로 중앙아시아 정복에 착수한 것은 1855년부터였다.

러시아가 중앙아시아를 공식적으로 복속시킨 시기는 19세기 중엽 카프카스 전쟁을 종결시킨 이후로서, 1855년 페르가나 협곡에 위치한

---

2) Ibid., 149.
3) 카렌 암스트롱 2003, 251.

코칸드 칸국을 점령하고, 1865년 타슈켄트, 1867년 부하라 칸국, 1868년 사마르칸드, 1873년 히바 칸국을 차례로 점령했다. 이후 현재의 투르크메니스탄 지역 역시 1874년부터 러시아의 침략으로 1884년에 점령되었다. 마침내 19세기 말에는 중앙아시아 거의 전역이 러시아의 지배하로 들어가게 되었다.

예카테리나 여제의 이슬람 유화정책은 알렉산드르 3세(Alexander III, 1881~94)의 통치시대에는 강압정책으로 바뀌었다. 이슬람교와 불교는 물론 로마 가톨릭 및 루터교까지 차별대우를 받는 가운데, 러시아 정교 이외의 모든 종교는 금지되었다. 이러한 종교탄압은 니콜라이 2세(Nicholas II, 1894~1917)의 통치기 초반까지 계속되었다. 탄압을 받아 위축되었던 대부분의 무슬림들은 일시적인 반이슬람 정책의 완화로 인해서 1905년 종교의 자유를 인정하는 칙령의 발표와 함께 다시 자신들의 옛 신앙이었던 이슬람을 회복했다.[4]

이 당시 청년 무슬림 식자층을 중심으로 일어난 자디드 운동(Jadid Movement)[5]은 러시아 제국주의에 휘둘려온 중앙아시아 무슬림들의 민족의식을 고취시키고 민족정체성을 바로 세우고자 하는 이슬람 내부의 개혁정화운동인데, 이 운동은 1917년 10월 혁명 이후까지 지속되었으나, 이를 반러시아 민족운동으로 규정한 볼셰비키 정부에 의해 탄압받았다. 이와 동시에 제정 러시아와 소비에트 정부에 대항한 이 지역 일반 민중들의 '중앙아시아 무자헤딘'으로 알려진 '바스마치 운동(Basmachi Movement)'[6]이 페르가나 지역을 중심으로 1918년부터

---

4) 최소영.
5) 자디드 운동에 관해서 이문영, 「중앙아시아의 종교상황과 종교정책에 대한 연구」, pp. 150~152, 정세진, 「중앙아시아 이슬람과 반러시아 경향」, pp. 77~78 등 참조함.
6) 바스마치 운동에 관한 자세한 내용은 「소련의 중앙아시아 강점과 무슬림 저항운동－바스마치운동을 중심으로」, 1994, 한국외대 석사논문 참조할 것.

1929년까지 계속되었으나, 이 운동이 진압된 후 바스마치 이슬람 지도자들은 아프가니스탄을 포함한 인접 국가로 피신했다.

러시아는 1917년 10월 혁명 이후, 11월 20일 "러시아와 동방의 모든 무슬림들에게"라는 선언을 통하여 제정 러시아의 이슬람에 대한 그동안의 탄압을 비난하며 무슬림들의 관행과 민족·문화·종교적 제도는 불가침이라는 것을 약속했다. 그러나 볼셰비키가 정권을 잡으면서, 이슬람 세력을 약화시키기 위한 정책을 취한다. 소련 최초의 교회관계 입법은 1918년에 제정된 '교회와 국가의 분리 및 학교와 교회의 분리에 관한 법률'이다. 사실 그 내용은 분리라기보다는 교회가 국가에 종속되어 모든 교회 소유 토지와 재산권의 박탈을 의미한다. 소비에트 정부는 1920년대 전반에 이 지역에서 급진 이슬람주의자들과 온건 이슬람주의자들을 분리하여 강온 양면정책을 구사하는 가운데 1922년 5월에 모스크에 와크프 토지를 돌려주고 이슬람 의식과 샤리아법을 시행하며 마드라사의 운영을 허용했다.

그러나 이러한 유화정책은 레닌 사후 1924년부터 1928년 기간에 강압정책으로 선회하는데, 이는 스탈린의 통치철학인 러시아 민족 중심주의를 기반으로 하는 민족, 종교, 문화를 초월한 이상주의적 '사회주의 건설' 때문이다. 1920년대 중반에 바스마치 저항운동이 진압되면서, 반이슬람 정책의 일환으로 1924년 10월 27일 부하라 칸국과 히바 칸국은 공식적으로 해체되었으며 바스마치 저항운동의 진원지인 페르가나 계곡은 우즈베키스탄, 타지키스탄, 키르기스스탄 등 3개국으로 분할되어 중앙아시아 무슬림들의 결속력은 그만큼 약화되었다.[7] 1920년대 후반부터 시행된 이슬람 세력을 고립시키기 위한 정책

---

7) 러시아는 중앙아시아의 결속력의 구심점이 되는 '무슬림–투르크 민족주의'를 와해시킬 분할통치 전략으

은 토지개혁, 교육개혁, 전통의식개혁 등 주로 3가지 방향에서 추진되었다.

첫째, 토지개혁은 경제적 속박에서 무슬림 농민들을 벗어나도록 하기 위한 구실로 1927년 모스크의 와크프 및 지주의 토지를 몰수하여 국유화하고 재분배함으로써 그들의 경제력을 약화시키기 위한 것이다.

둘째, 교육개혁은 마드라사에서 울라마의 교육권, 즉 이슬람 교리의 학습을 박탈하여 사제와 신도들을 분리하기 위한 정책이다. 이로 인해 바스마치 운동이 끝난 후인 1928년 북카프카스와 중앙아시아에서 대부분의 마드라사가 문을 닫았다.

셋째, 전통의식 개혁은 국가 주도의 1927년 여성들의 차도르 착용 거부운동, 라마단 단식관습 폐지, 지카르트 징수 및 이슬람 금요예배의 금지 등이다. 1928년부터는 1천여 개의 모스크가 폐쇄되고, 문맹퇴치라는 명분하에 이슬람의 상징처럼 여겨지던 아랍어 문자를 라틴 알파벳으로 바꾸는 문자개혁으로 이슬람과의 단절을 꾀하였다.[8]

1930년경에는 소련 내 모든 와크프가 국유화되고 1935년에는 무슬림의 성지순례인 하지마저 금지되었다. 이 당시 소비에트 '무신론자들의 연합'이 앞장서서 반이슬람 캠페인을 벌이며 울라마를 숙청하고 무슬림들을 처형하는 등 가혹하게 탄압했다. 이러한 캠페인은 1940년대 제2차 세계대전까지 지속되었으나, 전시에 이 지역 무슬림들뿐만 아니라 이슬람 세계의 지지를 이끌어내기 위해서 일시적으로

로 우즈베키스탄으로부터 1924년에는 투르크메니스탄, 1929년 타지키스탄을 분리하고 카흐스탄과 키르기스스탄을 분리했다. 즉, 1920년대의 스탈린은 영구적인 통제를 목적으로 페르가나 협곡을 우즈베키스탄·키르기스스탄·타지키스탄 등 3국 사이의 영토로 분할했다(Rashid 2000/01, 35).

8) 최소영.

유화정책으로 급선회했다. 이후 1960년대와 1970년대 흐루시초프 및 브레즈네프 통치시대에도 대체적으로 반이슬람 정책의 기조를 유지하면서 동시에 미소 냉전의 양극체제하에서 중동 이슬람권의 국제정치적 영향력이 확대되고 있었기 때문에 중앙아시아 무슬림에 대한 유화정책은 계속 이어져 1980년대 고르바초프 시대로 접어든다.

그동안의 반이슬람 정책과는 다른 획기적인 전환점은 고르바초프의 개혁개방 정책 노선을 표방한 1980년대로, 그중에서도 고르바초프와 러시아 정교회 총대주교 피멘과의 회동이 이루어진 1988년부터이다. 이는 공산주의하에서의 전통적인 반종교정책으로부터의 급선회를 보여주는 것이다. 그러나 고르바초프의 종교에 대한 관용정책은 이슬람교보다는 기독교와 유대교를 위한 것이었음이 드러나자, 1988년 12월 타슈켄트에서 대학생들이 이슬람을 상징하는 녹색 깃발을 흔들며 항의시위를 벌임으로써 중앙아시아 무슬림들도 종교의 자유를 쟁취했다.[9]

1991년 소연방이 붕괴되면서 신생 중앙아시아 5개국이 지도상에 다시 그려지고 마침내 150여 년간에 걸친 제정 러시아와 70여 년간 지속된 소련의 반이슬람 정책에도 마침표를 찍게 되는 역사적 순간을 맞이하게 되었다. 그러나 그동안 억눌려 있었던 이슬람 부흥에 따른 분쟁이 일어나고, 이는 걷잡을 수 없는 민족 간의 내전으로까지 비화, 확산되었다.

---

9) 이문영 155~156.

Ⅱ. 이슬람 정체성과 원리주의 운동

　이슬람 원리주의자들의 정치적 활동을 구축하려는 시도는 일반인들이 생각하는 것과 달리 중앙아시아가 아니라, 러시아에서 '범이슬람 부흥당(IRP)'이라는 정당이 출현하면서 최초로 시작되었다. 이 당은 공개적으로 소비에트 영역에 살고 있는 모든 무슬림의 당이라고 선포하는 가운데, 이슬람 정치운동의 원동력이 되었을 뿐만 아니라 원리주의의 성장과 전파에 큰 역할을 했다.

　기독교에서 시작된 원리주의라는 단어의 기원 및 정의와는 관계없이 이슬람 원리주의가 다른 종교들보다 더 부각되어왔고, 지난 20년 동안 원리주의라는 단어는 늘 이슬람과 연관되었다. 그 원인은 이슬람 원리주의가 다른 종교에 비해 극단적으로 정치적이고 행농수의적이기 때문이다. 무슬림 사회의 발전을 위해 도입했던 유럽과 사회주의 국가 모델들이 실패한 후, 이로 인해 이슬람 문명의 뿌리로 되돌아가는 것만이 위기에서 벗어날 수 있는 유일한 길이라고 주장하던 사람들의 입지가 강화되면서 이슬람 원리주의는 큰 호응을 얻기 시작했다. 아랍에서 원리주의를 의미하는 단어인 '우슬리아(usuliya)'가 뿌리라는 뜻의 '아슬(asl)'에서 나온 것도 이런 이유 때문이다. 무슬림 국가에서 원리주의가 폭발적으로 퍼져나간 것은 외국에서 만들어진 정치이론·가치·행동 기준이 무슬림 전통사회로 침투하려는 것에 대한 무슬림의 대응이라고 볼 수 있다. 이러한 대응은 소연방 내 모든 무슬림들이 연대하여 결속할 수 있는 무슬림 단일 통합체로써 중앙아시아 'IRP'를 창당하는 계기가 되었다.

이슬람 통합은 소련 통치 말기, 중앙아시아에서 창당된 최초의 가장 중요한 범이슬람 정당인 IRP에 기반을 두고 있다. 창당 당시, 전 국가에 걸친 다양한 이슬람 지도자들은 모든 무슬림들을 통합하기를 원했다. 이슬람 부흥당 전당대회가 1990년 6월 9일, 볼가 강 하류에 있는 남부 러시아 도시 아스트라칸에서 개최되어 IRP를 창당하게 되었다.

IRP는 중앙아시아에서 깊게 뿌리박힌 종교적 조직에 기초를 두고 공산주의 체제에 도전하기 위해 그 지역 이슬람 세력의 힘을 이용하려 노력했다. 당 지도자들에 따르면, 종교는 중앙아시아인들의 문화·사회적 행동양식은 물론이고 그들의 일상생활을 형성하는 주된 정체성이었다. 이슬람은 역사적으로 인간이 만든 인공적인 다른 정체성들과는 달리 무슬림 신자들을 하나로 묶는 공통된 유대관계의 역할을 하였다. IRP 정치 강령의 첫 머리에 당은 이슬람을 활발히 포교하며 계율을 지키고, 이슬람 원리에 기초한 문화·사회정치·경제생활에 참여하는 무슬림들을 결속시키는 정치-종교단체라고 규정하고 있다.

IRP의 지도자들은 또한 서구 정치 개념에 대해 회의적인 태도를 취했다. 그들에 따르면, 유럽 지식인들에 의해 사용되었던 프롤레타리아의 독재정권·계급투쟁·민족주의·인종차별·민주주의·무정부주의 같은 개념들의 대부분은 동양에서는 항상 받아들여질 수 없었다. 예를 들어, 서구 민주주의는 노예와 귀족 사이의 투쟁의 결과로 유럽에서 나타났다. 이런 정치 개념들은 무슬림에게 이질적이었다. IRP 강령에 따르면 "인간이 만든 사회발전의 계획이 삶의 모든 면에서 인간에게 완전한 위기를 가져다주었다. 우리는 오직 알라 즉, 신의 길을 따를 때에만 구원을 받을 수 있다"라고 주장한다. 이것은 이슬람 원리주의자들의 특징적인 표현으로, 이집트의 쿠틉에서 리비아의 카다피에 이르기까지 모든 중동의 원리주의자들에게서 특징적으로 나타난다. IRP의 신문 '알 바하드'에 실린 "민주주의자들에겐 민주주의를, 무슬림들에게 이슬람을"이라고 제목 붙여진 기사는 다음과 같이 반문했다.[10]

> 우리 무슬림들이 우리를 높은 수준의 문명에 이르게 한 알라의 가르침을 내팽개치고, 프롤레타리아의 독재주의·민족주의·민족 배타주의·서구 민주주의에 바탕을 둔 세속주의자의 체제를 따를 수 있을까?

1992년 5월에 IRP의 대변인은 당의 목표가 이란 이슬람 혁명의 목표와 유사하다고 설명하였다. 이란 신정주의 정권처럼, 그들은 전통의 중요성을 강조하였고 술·약물·매춘 등을 법으로 금하는데 목적을 두었다.

---

10) Akeal 1998, 136.

IRP 지도자들은 '민족주의와 국가'라는 개념 역시 무슬림 세계에는 이질적인 것으로 간주하여 민족주의를 거부하였다. 당의 강령은 민족적 분리를 반대하였고 모든 무슬림은 움마의 일부분이지 다른 민족의 일부분이 아니라고 밝히고 있다. 또한 이슬람에 있어서 민족·언어·피부색의 차이는 중요하지도 연관되어 있지도 않다. 이슬람 용어에서, '민족'은 인종적 의미를 가지고 있는데 그것은 '부족'으로서 혈연관계로 함께 모인 사람들을 나타내며 신자들의 위대한 공동체인 움마에 모두 귀속된다. 일반적 의미에서 움마는 기독교인과 유태인도 포함했다.

이슬람은 소련 당국의 반종교 활동, 비방, 그리고 세속적인 관료정치의 책략에도 불구하고 중앙아시아 사람들의 매일 매일의 삶에 중요한 일부분이었다. 소련체제 아래에서조차 이슬람은 마르크스주의나 세속주의 등 어떤 것에 의해서도 오염되지 않았다. 이슬람법의 관점에서 볼 때, 70년간의 공산주의 통치하에서도 이슬람은 파괴되지 않았고 1917년 이전과 똑같이 남아 있었다. 즉, 이슬람의 본질은 무신론적인 소련 공산주의 사회에서도 결코 파괴되지 않았다. 이슬람은 정적이고 영적인 구심점, 세계관 형성의 기본이념, 더 나가 사람들의 관계를 규정하는 매개물로 남아 있다.

중앙아시아에서 전통적 무슬림 사회는 그것의 전통·가치·경제관계·오래된 풍속 등에 의해 보존되었다. 이슬람은 무슬림 사회에 깊게 뿌리내리고 있었고, 특히 시골지역에서 개인적이고 사회적인 생활의 모든 면에 영향을 미치고 있었다. 예를 들어, 인간 생활의 세 가지 중요한 사건 즉, 출생·결혼·죽음에서 무슬림들 사이에는 강한 집단적 응집력이 작용하고 있다. 심지어는 지역 공산당 지도자들과

당 간부들조차 중앙아시아에서 그들의 이슬람적 정체성을 완전히 무시하진 않았다. 많은 경우에, 그들은 인생에서 중요한 종교적 의식인 결혼·장례식·할례에 활발하게 참여하였다. 그래서 종교는 중앙아시아인의 생활방식을 일반 소련 시민의 생활방식과 현저히 다르게 만들었고 중앙아시아인들이 동화되는 것을 막는데 기여했다.

일부 학자들에 의하면 중앙아시아 시골의 거의 모든 전통이나 관습은 이슬람에 뿌리를 두고 있으며, 중앙아시아인이 된다는 것은 곧 무슬림이 되는 것과 동일한 것이었다. 이것은 특히 가족구조, 인구증가율, 남녀의 분리된 다른 사회적 삶, 그리고 이주 경향과 공동 사회적 삶에서 보인다.

Ⅲ. 중앙아시아 분쟁과 이슬람 원리주의

소연방의 정치체제하에서 상대적으로 소수의 규모로 존재하던 이슬람 원리주의자들이 주도적인 역할을 했던 때는 1970년대 즈음이다. 그들은 비밀집회에서 대중적인 집회로 급속하게 전환시켜 정당을 창설하고, 정치 제도권에 공식적으로 참여도 할 수 있다는 것을 입증해 주었다. 타지키스탄에서 이러한 이슬람 원리주의자들이 현재 연립정부를 형성하고 있는 것은 하나의 좋은 사례가 될 수 있다.

1985년 이후 종교 세력이 활동하게 된 것은 전반적으로 경제가 악화되었기 때문이었다. 이슬람 원리주자들의 정치 활동이 증가된 또 다른 이유로는 국가의 재건을 들 수 있다. 이슬람 원리주의 운동은 피폐한 농촌을 바탕으로 하고 있지만, 전국적인 대중 운동에 의한 이슬람 혁명으로 발전할 가능성은 크지 않을 것으로 예상되었다.

이슬람 원리주의 운동이 가장 격렬하고 영향력이 강했던 곳은 타지키스탄이었다. 타지키스탄에서의 사태는 주변 공화국들에게 큰 영향을 주었고, 특히 우즈베키스탄에서 더욱 그러했다. 이는 우즈베키스탄 대통령 카리모프(Islam Karimov)가 급격하게 성장하는 이슬람 세력에 위기감을 느끼고 있었기 때문이다. 우즈베키스탄에서의 원리주의 운동은 타지키스탄만큼의 힘을 가지고 있지 못하다는 것은 확실했으나 이곳에서도 그 영향력은 점차 커졌다. 페르가나의 우즈베키스탄 반군은 '우즈베크 이슬람운동단체(IMU)'에 속한다. 처음엔 타지키스탄으로 잠입하여 그곳에서 내전을 치른 후, 그 후엔 아프가니스탄의 탈레반 반군과 합류했다.[11] 우즈베키스탄의 이슬람 극단주의자들은 카리모프의 암살을 시도했다. 1999년 2월 15일 6개의 차량 폭발물이 타슈켄트에서 터졌다. 2004년 초 폭탄테러는 중앙아시아에서 일어난 첫 번째 자살 폭탄테러였다.

중앙아시아 국가들 중 가장 러시아화되고, 가장 이슬람화가 미약한 국가로서 막대한 원유를 보유하고 있는 카자흐스탄은 모스크바의 정책노선과 같은 자세를 취하고 있는 것처럼 보인다. 비록 다른 곳에서보다는 활동이 그리 현저하지는 않지만, 카자흐스탄에서도 마찬가지로 원리주의자들이 이슬람 운동을 전개하고 있다. 그들은 Alash National Freedom당을 대표했다. '고전적인 원리주의'와는 다르게, Alash 당원들은 이슬람주의와 투르키즘 사상을 모두 옹호했다.

Alash당은 1990년에 뿌리를 내렸고 카자흐스탄 남부에 지하조직을 가지고 있다. 그 당시 당원들은 몇십 명 정도의 젊은이들로 구성되었는데 그들은 대부분 학생으로서, 당원들의 평균 연령은 22세에서 24세였다. 1990년대 중반까지 당원의 수는 약 3천 명이었다.[12] Alash당

---

11) Rashid 2000/01, 41.

의 이데올로기는 이슬람-투르키즘-민주주의라는 세 개 이데올로기의 결합체로 묘사될 수 있다. 이러한 이데올로기의 세 가지 요소 중 첫 번째로 꼽히는 것이 이슬람이다. 바로 이것 때문에 Alash당을 이슬람 주의자들의 조직체라고 부를 수 있는 것이다. 투르키즘과 이슬람주의 의 혼합은 거대한 규모로 일어날 수 있는 민중운동의 기반이 될 수 있고, 이는 주도적인 정치 세력으로 발전할 수 있다.

대부분 투르크멘인들은 순니파이다. 이슬람교를 훨씬 늦게 받아들 인 카자흐인과 키르기스인과 같은 옛 소련의 다른 유목민족처럼 투르크멘인들은 종교에 귀속되지 않았다. 특히 70년 동안의 소련 공산 주의 지배하에서 무신론이 강요되면서 그들은 더욱 그러한 경향을 보였다. 그러나 고르바초프의 페레스트로이카와 글라스노스트의 느 슨한 통제에 힘입어 억눌렸던 민족의식과 전통의 자각으로 이슬람을 재조명하는 환경이 조성되었다. 투르크메니스탄은 유일하게 수도에 모스크가 없는 중앙아시아 국가였지만, 1989년 7월에 수도 아쉬하바 드에 첫 번째 모스크를 개원하였다. 수십 년간 이슬람 세계에서 고립 되었었지만, 투르크메니스탄에는 다른 중앙아시아 공화국들에서만큼 이나 많은 모스크 및 마드라사 등이 속속들이 생겨났다. 공식적으로 오랫동안 금지되었던 쿠르반 바이람(Kurban Bairam)의 이슬람 축제가 다시 개최되었다. 1991년 이래로 정부의 주도하에 많은 모스크가 급 속하게 생겨났다. 이슬람 원리주의자들은 여전히 지하조직으로 활동 하고 있으며 사회적 측면에 있어서도 이슬람이 특히 젊은이들에 의 해 널리 신봉되면서 이슬람의 對정부 영향력은 커지고 있다.[13]

---

12) Polonkay & Malashenko 1994, 136.
13) Rashid 1994, 204.

공식적으로 정치적 이슬람 운동은 없으나 이슬람 정신과 어긋난 사상의 유포를 막는 사회집단들이 있는 키르기스스탄에서도 이와 유사한 양상을 보이고 있다. 이런 관점에서 가장 급진적인 형상을 띠는 집단은 '키르기스스탄 이슬람센터'에서 나타나고 있다. 이 집단의 수장인 카말로프(Kamalov)는 이슬람 원리주의자들을 지지하지는 않았지만, 원리주의 성향을 점차 더 강하게 보이고 있다.

오늘날 이슬람 반군은 모든 중앙아시아의 민족 집단으로부터, 중국의 위구르 무슬림까지 반체제 세력을 규합하고 있다. 이들은 지역을 넘어서서 무슬림들로부터 지지받는 초국적의 집단이 되고 있다. 중앙아시아 정권의 독재적이고 반민주적인 성향으로 인해서 이슬람 반군들은 과격화되고 있다. 향후 무슬림 원리주의자들은 중앙아시아에서 상당히 영향력이 큰 정치 세력으로 떠오를 것이다. 이제는 이슬람 원리주의가 확산될 사회적 기반이 더 이상 줄어들지 않고 있으며, 앞으로는 이슬람 원리주의 단체를 중심으로 그 활동영역이 더욱 넓어질 것으로 추론된다.

CHAPTER

02

중앙아시아 이슬람
원리주의 단체

I. 정치색을 띤 이슬람 단체

소련 통치기에 모스크바 당국은 중앙아시아 무슬림들에게 단지 비정치색을 띤 "공식적인(official)" 이슬람만을 허용하고 이념적으로 공산주의 사상을 주입하며, 인접한 중동 이슬람 국가들로부터의 영향을 차단하는 데 노력했다. 1917년 이래로 이슬람 사상과 흐름이 단절되어 고립 상태에 있다가, 고르바초프 재임기인 1980년 후반에서야 비로소 중앙아시아 무슬림들은 전통의 무슬림 유산을 되찾으려고 노력하기 시작했다.

1991년 말 소련이 해체된 직후 많은 서구 전문가들은 중앙아시아 신생독립국들이 극단적인 이슬람 원리주의 운동의 제물이 될 것으로 우려했으며 그 결과 국제테러의 새로운 온상으로 발전할 것이라고 예측한 바 있다. 이러한 우려는 1992년 타지키스탄에서 내전이 발생함으로써 더욱 고조되었고 이슬람 원리주의가 중요한 역할을 하면서 다양한 지역 집단 간의 권력투쟁이 또한 중요한 요소로 작용했다. 이들 적대적 세력들 간의 갈등은 1997년 6월 평화조약을 맺음으로써 일단락되었다.

무슬림 국가에서 원리주의가 폭발적으로 퍼져나간 것은 외국에서 만들어진 정치이론, 가치, 행동 기준이 무슬림 전통사회로 침투하려는 것에 대한 무슬림의 대응이라고 볼 수 있다. 이러한 대응은 소연방 내 모든 무슬림들이 연대하여 결속할 수 있는 무슬림 단일 통합체로써 중앙아시아에 몇몇 이슬람 원리주의 단체들이 창당되는 계기가 되었다. 여기에서는 중앙아시아 이슬람을 이해하기 위해 그 구심점을 이루고 있는 여러 이슬람 원리주의 단체들의 지도자와 그들의 사상 그리고 행동강령을 연구하여 이들 단체들이 순수한 종교적 단체인지, 정치색을 띤 종교단체인지, 그렇지 않으면 과격 테러단체인지 그 실체를 밝힐 것이다.

Ⅱ. 범이슬람 부흥당
(Islamic Renaissance Party, IRP)

이슬람 통합은 소련 통치 말기, 중앙아시아에서 창당된 최초의 가장 중요한 범이슬람 정당인 IRP에 기반을 두고 있다. 창당 당시, 전 국가에 걸친 다양한 이슬람 지도자들은 모든 무슬림들을 통합하기를 원했다. 이슬람 부흥당 전당대회가 1990년 6월 9일, 볼가 강 하류에 있는 남부 러시아 도시 아스트라칸에서 개최되어 IRP를 창당하게 되었다. 초기의 당 지도부는 타타르와 아바르 지역의 무슬림 대표들이 맡았다. 아바르 출신의 의사인 아흐타예프(Ahmedkadi Akhtayev)가 당 대표로 선출되었으며, 타타르 출신으로 모스크바에 살고 있는 과학자 사드르(Valiahmed Sadur)가 공보 담당으로 선출되었다. 우선 무엇보다도 대표들은 각 공화국 수준과 지방 수준에서 지구당을 여는데 동의했다. 초기에 IRP는 세 개의 지역 조직으로 구성되어 있었다.

첫째는 중앙아시아 지역으로서 당원의 대부분이 타지크인으로 구성되었다.

둘째는 북카프카스 지역으로서 주로 다게스탄, 체첸, 잉구쉬인으로 구성되었다.

셋째는 유럽지역의 조직이었는데 기본적으로 러시아의 시베리아에 거주하는 무슬림들, 주로 타타르인들로 구성되었다.

당의 최고기관은 최소한 2년에 한 번씩 회의를 열기 위한 의회를 구성할 책임이 있었다. 울라마 위원회를 구성하고 각 무슬림 지역의 이슬람 단체에서 당원들을 선출하는 것은 의회의 특권이었다. 울라마 위원회는 당수 선출, 무능한 당원 해임, 심지어 당의 조정 위원회의 구성까지 승인하는 권리를 가지고 있었다. 조정 위원회는 옛 소련의 '공산당 중앙위원회' 같은 것이었다. 당규에 따르면, 본 위원회는 집행 기관을 두고 일상적인 업무를 취급했다. 그것은 정보·교육·재정·출판 같은 활동에서 전문화된 다른 분과들로 구성되어 있었다.

IRP는 중앙아시아에서 깊게 뿌리박힌 종교적 조직에 기초를 두고 공산주의 체제에 도전하기 위해 그 지역 이슬람 세력의 힘을 이용하려 노력했다. 당 지도자들에 따르면, 종교는 중앙아시아인들의 문화·사회적 행동양식은 물론이고 그들의 일상생활을 형성하는 주된 정체성이었다. 이슬람은 역사적으로 인간이 만든 인공적인 다른 정체성들과는 달리 무슬림 신자들을 하나로 묶는 공통된 유대관계의 역할을 하였다. IRP는 그 스스로를 모든 무슬림을 위한 당이라 내세우며, 소연방의 유일한 정치조직이라고 주장했다. 당의 목적은 소연방 무슬림 인구가 코란의 계율에 따라 살도록 하며, 인본주의적 이상을 고취시키고 모든 민족국가들의 평등한 권리를 발전시키는 것이었다. IRP는 곧 우즈베키스탄과 타지키스탄으로부터 당원들을 영입하고 각 지역에 지구당을 설립함으로써 그 영향권을 모든 중앙아시아 공화국들로 넓혀 나갔다.

IRP의 일부 지도자들은 과거 제정 러시아 및 소련의 사회·정치적 환경에 지배를 받아왔기 때문에, 소연방의 무슬림 국민은 더 이상 진정한 무슬림이 아니라 생각했다. 그들은 이슬람 삶의 방식·관습·전승에 대하여 교육받을 필요가 있었다. 이런 필요성을 충족시키려는 시도로써 이슬람은 다시 회복되고 부흥되어야 했고, 무슬림이 종교적 요구에 부응하는 삶을 영위하는 것을 가능케 하는 환경이 조성되어야 했다.

당의 지도자들에 의하면, 무슬림의 이익과 권리를 보호하는 이상적인 방법은 그들을 하나로 결집시키는 것이었다. 그래서 당은 그 스스로를 소연방의 모든 무슬림에게 개방된 하나의 기구로서 설립되어 코란과 순나의 요구에 따라 살기를 원하는 모든 신자를 통합시키는 데 목적을 두었다. IRP 정치 강령의 첫머리에 당은 이슬람을 활발히 포교하며 계율을 지키고, 이슬람 원리에 기초한 문화·사회정치·경제생활에 참여하는 무슬림들을 결속시키는 정치-종교단체라고 규정하고 있다.

이러한 맥락에서 IRP는 지구당들보다 더 원리주의적이고 전통적이었다. 서구 세계를 향한 이런 태도에서 IRP는 급진적 원리주의 이슬람 기구와 유사하다. 당의 지도자들은 오늘날 세계에서 서구 기독교도와 무슬림의 오랜 투쟁이 많은 경우에 있어서 그 실체를 명백히 드러내었다고 생각했다. 예를 들어, 서구 매체는 아제르바이잔 전쟁에서 그랬듯이 고르바초프의 반이슬람 정책을 지지했다. 또 다른 예는 서구 세력이 걸프전 동안에 이라크에 대항하여 결속하였다는 것이다.

유사하게, 서구 열강은 알제리에서 이슬람 원리주의자들이 탄압당한 것을 묵인하였다. 새로운 세계질서나 미국 스타일의 보편성은 무슬림 세계에 대한 또 하나의 위험이다. 왜냐하면 이 새 질서가 시오니즘을 지지하는 듯이 보이기 때문이다. IRP의 의장 게이다르제는 "이슬람만이 이런 종류의 제국주의에 저항할 수 있는 유일한 힘이었다"라고 주장했다. 그러나 불행히도 무슬림은 전 세계 곳곳에서 이슬람의 규범을 부정하는 "민족주의자와 민주주의 사상에 의해" 부서지고 무시되고 오염되었다는 것이다.

이슬람 원리주의자들의 믿음의 기본적 주제 중 하나는 '움마'의 개념인데, 그 움마 내에서 모든 신자들이 하나의 큰 가족을 형성하며 모두 서로에게 형제와 자매들이다. 국적·인종·지역주의 같은 다른 부속물들은 덜 중요하고 덜 관련되어 있으며 이슬람은 이런 모든 부속물들을 넘어 하나의 공통 유대를 형성하고 그것들을 초월한다. 이슬람이 중앙아시아 지역에서 다른 모든 것을 초월하여 가장 중요한 정체성을 형성하는데 구심점이 될 수 있는가? 인종·민족·지역적 요인들은 중앙아시아에서 종교적 감정과는 역기능적으로 작용했으며 많은 경우에 이슬람의 공통된 유대 즉, 범중앙아시아 IRP의 기본 강령과는 무관한 것이었다. IRP는 중앙아시아 각 국가의 지구당 분파들로부터 몇몇의 도전에 직면해야 했는데, 그 분파들은 그들의 무슬림 동포들과 함께 연합하는 것보다 지역적 이익에 더 관심을 기울였다.[14]

예를 들면 IRP 지도자 게이다르에 의하면, 범아랍주의·범터키주의·범이란주의는 무슬림 세계가 직면한 세계의 거대한 내부적 위

---

14) Akcali 1998, 126.

협이었다. 이 분열에 대한 대안으로 IRP는 소연방 안에서 모든 무슬림의 통합을 강력하게 선호했다. 그래서 그들은 인종·지역·민족적 배경에 상관없이 모든 무슬림들에게 통합을 호소하며, 그 당시에 다른 무슬림 정부들을 포함하는 독립국가연합(CIS) 내에서의 무슬림 연방정부를 수립하는데 목적을 두기도 했다. 더 큰 광의의 개념에서 그들은 파키스탄·수단·알제리 및 중동 무슬림 국가들에서 발생했던 강한 이슬람 운동들을 지지했는데, 그것은 세속적인 정권을 거부한 것으로 보인다.

IRP에 따르면 무슬림 사회가 받아들일 수 있는 하나의 기구는 '알라가 모든 도덕·법률·경제·정치적 원리들을 서술한 것'이다. 그래서 혁신과 근대화로부터 자유로운, 이슬람의 근원인 코란과 순나로의 회귀가 필수적이었다. 이런 의미에서 이슬람 원리주의는 광신주의나 복고주의에서 주장하는 것과는 달리, 예언자 무함마드 자신에 의해 이행된 원칙들을 따른다. 진실한 무슬림 사회는 의무적인 무슬림 세금(자카트)·희사(사다카)·고리대금 금지·무이자 이슬람 은행 등을 확산시킴으로써 평등과 사회 정의를 실현해야 한다. 예를 들어 IRP의 강령 제27조는 "샤리아에 기초하여 과대한 부를 축적하는 것"에 대해 규제할 것이라고 강조했다. 간단히 말해, IRP는 이슬람의 가치와 이상, 그리고 이질적이며 차용된 모든 요소들로부터 무슬림의 실체가 정화되는 것에 기초를 둔 정치적 원리로서 정통주의를 지지했다.

이슬람 지도자들은 제한적이기는 했지만, 이슬람의 정치참여를 경험했던 IRP가 세력을 확장할 수 있는 최적의 장소로서 중앙아시아 지역을 손꼽는 것은 당연했다. 중앙아시아에서 활동하는 것이 법적으로 가능하다고 생각했기 때문에, IRP의 지도자들은 비록 규모는 작았지만 투르크메니스탄·카자흐스탄·키르기스스탄에 지구당을 결성하였으며, 투르크메니스탄·카자흐스탄에도 지구당을 세웠다. 이와 같이 그들은 중앙아시아 각 공화국뿐만 아니라 북카프카스 공화국·레닌그라드·우랄·시베리아의 많은 도시에 IRP 지구당을 창당했던 것이다.

중앙아시아에서 IRP가 상대적으로 성공할 수 있었던 원인은 호소력 있는 강령뿐만 아니라 각 지역 기관에서 당원들에게 가했던 박해와 보복 때문이기도 하다. 이것은 페레스트로이카 정책에서 나타나던 몇 가지 패러독스 중 하나인데, 각 기관에서 가장 혹독하게 박해를 받던 사람들이 대중들 사이에서는 가장 유명세를 탔던 것이다.

그러나 타지키스탄과 우즈베키스탄에서의 IRP의 종교색을 강하게 띠는 지구당 창당에 따른 조직적인 원리주의 운동은 위협적인 것으로 여겨졌다. 그 결과 IRP는 우즈베키스탄·타지키스탄·투르크메니스탄의 3개 공화국에서 마침내 활동이 금지되었다. 관료화되어버린 친정부적인 공식적 성직자들 역시 IRP에 반대하였다. '중앙아시아 및 카자흐스탄 무슬림의 성직자 위원회'에서 위원장을 맡고 있던 무프티 유세프(Mufti Muhammad Sodik Mohammed Yusef)는 다음과 같이 말했다.[15]

> "무슬림 정당을 만들려는 시도가 있었어요. IRP와 같은 것이었죠… 성직자회 대표들은 반대했어요. 우리는 이슬람 그 자체가 1,400년 이상을 이어온 정당과 같다고 보고 있습니다."

같은 시기에 원리주의 이데올로기를 신봉하는 또 다른 정당으로는

---

15) Polonskaya & Malashenko 1994, 127.

'투르키스탄 이슬람 정당(Islamic Party of Turkestan)'이 있다. 이 정당은 소연방에 거주하는 투르크인을 대표해서 그들의 권리를 주장하고 나섰다. 그러나 이 정당의 이데올로기와 정치 독트린 가운데 원리주의 원칙에 입각한 것은 일부에 불과했다. 정치 판도에는 어떠한 영향력도 발휘하지 못하였으며, 실질적으로 중앙아시아의 정치권에는 거의 등장하지 못하였다. 이 정당은 투르크 정신을 그리는 사람들이 만든 일종의 그룹에 불과한 것으로, 조용히 등장했던 것과 같이 또 그렇게 사라졌다.

카리모프 대통령 집권 이후 이슬람 원리주의 운동은 세속적인 국가를 지향하는 정부와 갈등을 노출하여 끊임없는 탄압을 받아왔다. 우즈베키스탄 사법부는 1997년 말, 나망간 지역 경찰에 대한 살해 혐의를 받고 있는 IRP의 지도지 에감버디예프(Egambcrdiycv)와 만느느프(Mannonov) 등 관련자 7명에 대해 6～10년형을 선고하였고, 주변의 이슬람 신학교를 폐쇄하였다. 의회는 1998년 5월 1일 공격적인 이슬람 원리주의 세력인 와합주의자에 대항하기 위해 1991년 제정된 종교법을 개정하여 모든 종교단체들이 국가기관에 등록할 것을 요구하였으며, 최소 인원은 과거 10명에서 100명 이상으로 상향 조정하였다. 카리모프 대통령은 "관리를 죽이고, 식량공장과 저수지 및 발전소와 같은 국가 기간산업 전략시설을 파괴하려는 세력에게 사형으로" 단호하게 대처할 것을 천명하였다.

이슬람 원리주의 운동은 피폐한 농촌을 바탕으로 하고 있지만, 전국적인 대중운동에 의한 이슬람 혁명으로 발전할 가능성은 크지 않을 것으로 예상된다. 즉, 다음과 같은 여러 요인 때문에 대중동원에 의한 전국적인 폭력 혁명 사태는 발생하지 않을 것으로 보인다.

1) 우즈베키스탄의 원리주의자들은 다른 이슬람 국가의 원리주의
   자들과는 달리 주요 도시인 타슈켄트·사마르칸드 등지에서는
   거의 영향력이 없다는 점
2) 현 정부와는 종교적 갈등(이슬람과 기독교)·종파적 갈등(순니파
   와 시아파)·인종적 갈등이 없다는 점
3) 전통적으로 농경사회인 우즈베크인은 권위에 대한 순종 의식이
   높고, 반면 도전적인 무력저항의 전통이 약하다는 점
4) 이슬람 원리주의 확산을 우려하는 러시아와 미국의 견제가 계속
   되고 있다는 점

우즈베키스탄 정국은 카리모프의 강압적 통치로 인해 단기적으로
는 이슬람 원리주의에 의한 정치적 소요 사태는 빈발하지 않겠지만,
악화되는 사회경제적 상황은 원리주의가 싹트기 좋은 토양이 되고
있다. 갈수록 심화되는 빈곤·실업·악화되는 국가 교육상황은 인구
의 40%를 차지하는 16세 이하의 젊은 층들에게 이슬람 원리주의적
호소력이 먹혀들 여지를 만들고 있으며, 계속되는 임금 체불도 잠재
적인 폭동 요인이 될 가능성이 높은 것으로 보인다.

이슬람 세계의 지도자들은 대체로 우즈베크 이슬람 부흥운동에 대
한 억제조치를 우즈베크 국내문제로 간주하면서도 카리모프의 옛 공
산주의 정권에는 적대감을 보이고 있다. 현재 활동이 금지되어 있는
IRP의 향후 움직임은 우즈베크 정치에 주요 변수로 작용할 가능성을
내포하고 있다. 원리주의의 토양이 되고 있는 현재 우즈베크의 농촌
지역은 정부의 공업화 우선 정책으로 극도의 빈곤 상태에 빠져 있다.
앞으로 우즈베키스탄 정국은 잠재적으로는 이슬람 원리주의가 스며
들 여지가 많이 있지만, 카리모프의 권위주의적 통치와 대안 세력의
부재로 말미암아 원리주의 운동은 지엽적인 인질 납치·테러 등의
공격적 양상을 보일 것으로 예상된다.

III. 우즈베키스탄 이슬람 운동
(Islamic Movement of Uzbekistan, IMU)

우즈베키스탄 이슬람운동(IMU)은 현 카리모프 정권에 대항하는 우즈베키스탄 및 다른 중앙아시아 출신 무장 세력의 연합이다. 아프가니스탄에서 소위 '테러와의 전쟁'이 수행되기 전까지는 무력으로 기존의 세속주의 정부를 전복하고 우즈베키스탄에서 이슬람 국가의 건설을 목표로 하고 있었다. IMU의 주요 구성원은 1992~97년의 타지키스탄 내전에서 활약했던 전사들이다.

1997년 타지키스탄 내전 종식 이후 타지키스탄 이슬람 부흥당의 온건하며 세속적인 태도에 환멸을 느낀 타히르 율다셰프(Tahir Yuldashev)와 주마 나만가니(Juma Namangani)[16]는 우즈베크 무슬림들을 규합하여 IMU를 창설하는데 산파 역할을 했다.[17] 타히르 율다셰

---

16) 일찍이 아프가니스탄 전쟁에 참여하였던 우즈베크인 나망가니(Juma Namangani)는 타빌다라(Tavildara) 산악지대에서 활동하던 타지키스탄 이슬람 부흥당 반군 세력의 지휘관으로 활동하였다(손영훈 2007, 316).

프는 주마 나망가니의 정치적 스승으로 묘사되고 있으며 그 자신이 IMU의 군사 지도자 역할을 맡아 우즈베키스탄 정부를 향해 지하드를 선포했다. 1999년 초부터 그들은 더욱 과격해져 폭력 수단에 의한 테러와 납치를 빈번히 행하였다. 우즈베크 당국이 IMU를 원리주의 단체로 규정해 불법화한 이후 그들은 지하로 숨어들거나 해외에서 활동을 지속하였다.[18]

앞에서도 언급했듯이 IMU는 카리모프 대통령의 축출을 위한 지하드를 주창하며 1998년 타히르 율다셰프와 주마 나망가니로 더 잘 알려진 주마바이 호자예프(Jumaboi Hojaev)에 의해 창설되었다.[19] 하지만 그 시발점은 소비에트 통치 말기 중앙아시아에 상대적인 종교적 자유가 주어지고 많은 종교단체나 정당들이 창당되던 1990년대 초로 거슬러 올라간다. 당시 우즈베키스탄 정의당(Adalat Party)의 지도자였던 율다셰프는 이슬람법 샤리아에 기초를 둔 법과 질서를 확립하기를 원했다. 이 정당은 우즈베키스탄의 국교로 이슬람을 채택할 것, 나망간 주의 정부 청사 일부를 이슬람 운동의 사무실로 개조할 것, 모든 정당 단체들을 공식적으로 인정할 것 등을 주장했다.[20] 정부는 그들의 주장을 정권에 대한 도전으로 간주했으며 이때부터 우즈베크 정부와 종교단체들 간의 충돌은 본격화되었다. 이 정당은 불법 단체로 규정되었으며 많은 지도자들이 체포되었다. 하지만 타히르 율다셰프와 주마 나망가니는 자신의 핵심 지지자들과 함께 타지키스탄으로

---

17) Makarenko 2000, 17.
18) Islamic Movement of Uzbekistan (IMU), Metareligion, from
   http://www.metareligion.com/Extremism/Islamic_extremism/islamic_movement_of_uzbekistan.htm
19) Rashid 2002, 148.
20) Abduvakhitov 1995, 297.

탈출해 타지키스탄 내전에서 이슬람 반대파에 가담했다.

우즈베키스탄의 나망간 출신이었던 주마 나망가니는 소련의 아프간 침공 당시 소련군 장교로 활약했었다. 아프가니스탄에서 돌아온 후 그는 종교 활동을 시작해 이슬람의 선전과 교리 공부를 목적으로 하는 '참회운동(Towba Movement)'의 조직에 간여했다. 타지키스탄의 이슬람부흥당(Party of Islamic Revival) 지도자들 가운데 하나였던 무함마드 힘마트자데(Muhammad Sharif Himmatzade)가 그의 활동을 지원했다. 그의 활동은 타하르(Tahar) 주에서 '이슬람 공동체(Jamaat-e-Islami)'의 조직으로 이어졌다. 그는 또한 사우디아라비아와 파키스탄에서 군사교육도 받았다. 1993년에 타지키스탄으로 돌아온 주마 나망가니는 파키스탄 정보 당국과 여타 이슬람 단체들의 재정적 지원을 받아 군시훈련 캠프를 설치했다. 그는 타지크 내전에서 반대파 타지크 연합에 가담해 활동했다. 그는 다시 사우디아라비아로 이주해 사우디 정보국에서 운영하는 종교 센터에서 수학했다.[21]

IMU가 채택한 이데올로기는 한마디로 '군사적 범이슬람주의(militant pan-Islamism)'이다.[22] 이 단체는 카리모프 대통령의 축출과 우즈베키스탄에서의 이슬람 국가 건설을 목표로 하고 있었기 때문에 '우즈베키스탄 이슬람운동(Islamic Movement in Uzbekistan)'이라고 명명되었다. 2000년에 진행된 한 인터뷰에서 율다셰프는 다음과 같이 주장했다;

    "IMU는 예언자 무함마드가 지시한 순수한 샤리아에 근거한 이슬

---

21) Dmitry 2001, 48.
22) Islamic Movement of Uzbekistan (IMU), http://cns.miis.edu/research/wtc01/imu.htm

람 종교제도를 만들기 위해 지하드를 선언한다. 아프가니스탄뿐만 아니라 어떤 나라에도 그러한 종교 시스템은 존재하지 않는다고 생각한다."[23]

9.11 테러 사태 이후 조지 부시 미 대통령은 IMU를 테러 단체로 규정했다. 이것은 아프가니스탄에서의 군사작전에 우즈베키스탄의 협조를 구하려는 미국의 의도였지만, 실제로 1990년대 말에서 2000년대 초까지 우즈베키스탄과 키르기스스탄에서 발생한 몇몇 군사적 행동에 IMU가 연루되었던 것도 사실이다. 심지어 1999년 타슈켄트에서 발생한 폭탄 테러의 배후에도 IMU가 가담되어 있었다고 믿고 있다. IMU는 1999~2000년 키르기스스탄에서 키르기스 정부 고위 인사 및 미국과 일본 관광객의 납치를 주도했다. 그 결과 2000년 9월 클린턴 행정부는 IMU를 '해외 테러단체(Foreign Terrorist Organization)' 목록에 올렸다.[24] IMU 지도부는 때때로 작전의 전초 기지로 아프가니스탄을 사용했으며 범세계적 이슬람 테러 조직인 알-카에다와 긴밀한 네트워크를 형성하고 있는 것으로 알려져 있다.[25]

IMU의 최초 테러공격은 1999년 2월 우즈베크 카리모프 대통령을 겨냥한 타슈켄트 차량폭탄 테러로 16명의 사망자와 128명에 이르는 부상자가 발생하였다. 같은 해 6월 타슈켄트 정부는 아프가니스탄으로 도주한 율다셰프를 폭탄테러의 배후로 지목하고 본국 송환을 요구하였다. 그러나 탈레반은 그 요구를 거부하고 오히려 아프가니스탄 북부지역에 은신처를 제공하면서 IMU의 테러 활동을 적극 지원하였다.[26]

---

23) Sandstrom 2002, 299.
24) ICG Asia Briefing paper 2002, 2.
25) Cornell&Spector 2002, 196.

IMU는 아프가니스탄 및 파키스탄의 탈레반들로부터 엄청난 지원과 군사 훈련을 받아왔다. 이 때문에 IMU는 아프가니스탄 주둔 미군에 대항해서도 탈레반을 전폭적으로 지원하고 있다.[27] 군두즈(Kunduz)와 마자레 샤리프(Mazar-e-Sharif)를 탈취하기 위한 전쟁에서 미군과 압둘 라시드 도스탐(Abdul Rashid Dostam) 장군에게 강력히 저항한 외국 용병들 가운데 IMU 전사들도 포함되어 있었다. 또한 2001년 11월 마자레 샤리프 근처의 지앙기(Jiangi) 성에 수감되어 있던 탈레반 포로들의 폭동에도 IMU 전사들이 연루되어 있었다. 폭동이 진압된 후 11명의 IMU 소속원들이 우즈베키스탄 정부에 인계되었다.

확인되지 않은 외신에 의하면 주마 나망가니는 아프가니스탄에서 미군의 군사 작전 중에 피살되었으며 IMU 세력도 큰 타격을 받고 지하로 잠적히면서 IMU는 급속히 와해되었던 것으로 알려져 있다. 아프가니스탄의 최근 상황으로 인해 탈레반 및 알-카에다로부터의 재정적 지원도 중단되었다.[28] 이러한 일련의 상황들이 사실이라면 IMU의 활동은 쇠퇴기에 접어들었다고 할 수 있다. 하지만 아프가니스탄에서 미군의 군사 작전이 IMU의 세력을 완전히 근절시켰다고 어느 누구도 속단할 수 없다. 비록 IMU가 2001년 이후 우즈베키스탄에서 그 활동이 잠잠하다고 하지만, 그 대신에 아프가니스탄과 그 밖의 지역에서 테러 위협을 가하며 활동하고 있기 때문이다.

2001년 IMU는 '투르키스탄 이슬람정당(Hezb-e Islami Turkestan)'이

---

26) Naumkin 2005, 81.

27) Vander 2001, 5.

28) 2000년 당시 IMU는 탈레반 및 알-카에다의 지원으로 아프가니스탄 북부지역의 군사기지에서 최신 무기로 무장한 약 3,000~5,000명에 이르는 정예 이슬람 무장전사들을 양성하고 있었던 것으로 알려지고 있다(Freeholm 2003, 9~10). 사실상 IMU는 훈련기지 운영과 무기 구입 등의 활동 자금을 충당하기 위해 주로 마약 밀매와 외국인 납치에 주력해 왔으며 더욱이 키르기스스탄으로 유입되는 마약의 70%를 통제하고 있었던 것으로 파악되고 있다(Mihalka 2006, 138).

라는 포괄적 조직을 건설하여 카자흐스탄, 키르기스스탄, 타지키스탄 및 중국 신장지역으로 세력을 확대하고자 하였다. 2006년 러시아 정부는 이 '투르키스탄 이슬람정당' 이름하의 이슬람 운동을 금지했다. 이는 우즈베키스탄 이슬람정당의 궁극적 목표가 단순히 우즈베크 세속정부의 타도가 아니라 중앙아시아 전역에 걸친 이슬람 국가의 건설로 확대되었다는 것을 의미한다. 2006년 9월 28일 타지크 정부는 라흐모노프(Imomali Rakhmonov) 대통령의 지지자들을 공격한 혐의로 23명의 IMU 대원들을 수배했다. 2006년 7월과 2007년 9월 사이에 IMU 대원 31명이 타지키스탄 북부지역에서 체포되어 징역 12~18년형을 선고받고 수감되었다.

IMU 전사들은 2007년부터 2009년까지도 아프가니스탄 여러 지역에서 아프간 반군과 함께 ISAF 군대와 맞서 싸우고 있다. 나망가니의 사망에도 불구하고 IMU는 여전히 중앙아시아 각국에서 활동하며 심각한 위협을 가하고 있다. 2009년 9월 28일 율다셰프의 경호원이라고 주장하는 사람이 "율다셰프가 미군 미사일 공습으로 사망하고 우즈베크인 레흐만(Abdur Rehman)이 그의 지도력을 계승했다"라고 말한 그 다음 날 파키스탄과 미국 관리들이 이 사실을 확인했다. IMU는 율다셰프의 사망 사실을 확인한 바로 그 다음날 우스만(Abu Usman Adil)을 새로운 지도자로 발표했다. 율다셰프의 보좌관이었던 우스만은 "율다셰프가 2009년 8월 27일 미군의 공습으로 남부 와지리스탄에서 사망했다"고 말하며, 자신의 추종자들에게 남부 키르기스스탄에서 지하드를 수행할 것을 촉구했다. 2010년 8월 16일 IMU와 연계되어 있는 우즈베크어로 써진 알-카에다 웹사이트(Furqun)에 "순교자 모함메드 타히르(Shaheed Mohammed Tahir)"로 묘사되는 율다셰프가 살해되었다며 그의 영상 두 장을 올렸다.

여러 차례에 걸친 IMU의 테러 활동은 세속적이고 온건한 대부분의 중앙아시아 무슬림들에게 외면되어왔기 때문에 조직 재건을 위한 대중적 지지기반이 상당히 취약하다. 최근 탈레반 잔존 세력의 약화와 함께 율다셰프마저 피살된 이후 사실상 우즈베키스탄을 포함한 중앙아시아에서 IMU의 활동은 매우 위축된 것으로 보인다.

Ⅳ. 이슬람 해방당
(Hizb al-Tahrir al-Islami, HT)

　전세계 40개 국가 이상에 퍼져 있는 이슬람 해방당(HT)은 중동과 중앙아시아에서 그 활동이 금지되어 있고 그 뿌리는 이전의 중동에 두고 있다. 즉, 1950년대 중동에서 세속적 정부의 평화적 정권교체와 이슬람 세계를 통합하는 칼리프 국가의 건설을 주창한 극단적 이슬람주의 운동에서 시작되었다. HT는 무슬림 국가들의 군부에 세포조직을 심어 쿠데타를 통해 권력을 잡으려는 목적으로 이미 1960년대 말과 1970년 초에 쿠데타를 일으켰으나 실패했다.[29]

　HT의 이데올로기는 서구에 사는 무슬림들의 지지를 얻어 서구문명을 반대하고 사회를 전복하여 점령당한 모든 이슬람 영토를 회복하고 무슬림 국가들을 통합하여 이슬람법 샤리아를 국법으로 하는 범이슬람 칼리프 국가를 창설하는 것이다. 이를 위해서 지하드는 무

---

29) ICG Asia Briefing Paper 2002. 6.

슬림들의 의무이고, 적들에게 테러를 가하는 것은 종교적 의무이다. HT는 이스라엘을 '적대 국가'로 규정하고 이스라엘 비행기를 납치하여 폭파할 뿐만 아니라 자살폭탄 공격과 같은 전략을 통하여 유태인을 살해하는 것을 허용한다.[30]

중앙아시아에 HT가 처음 나타난 것은 1990년대 초반이며 1990년대 후반에 많은 지지자를 얻으며 본격적인 활동에 들어갔다. 중앙아시아에서 HT의 운동은 주로 우즈베키스탄을 중심으로 퍼져나갔는데 '우즈베키스탄 이슬람운동(IMU)'과 마찬가지로 카리모프 정권을 전복시키고 중앙아시아 국경을 초월하는 칼리프 이슬람 국가를 건설하려는데 목적이 있다. HT의 구성원은 대부분 우즈베크족이었지만 키르기스 및 타지크족도 포함되어 있었다.[31]

IMU와는 달리 HT는 무력의 사용과 괴격한 행동은 거부했다. 그들은 그들의 행동강령에 따라 세속주의에 대항해 강력한 캠페인을 벌이고 이슬람 제도의 장점을 선전함으로써 대화 및 토론을 통해서 자신들의 이상을 실현시키고자 하였다. 그들의 비폭력 노선으로 인해서 HT는 중앙아시아뿐만 아니라 서구의 젊은 무슬림들 사이에서도 큰 호응을 얻고 런던에 거대한 조직 기반을 마련함으로써 국가를 초월한 큰 운동으로 발전했다. 조직의 실체를 외부에 노출하지 않는 비밀 결사체로서 HT의 규모를 정확히 추산하기는 어렵지만 중앙아시아 전역에만 수천 명에서 만 명에 이를 것으로 보인다.[32] 러시아 이슬람 연구자 나움킨은 HT 당원이 가장 많은 국가가 우즈베키스탄이라 주장하며 15,000~20,000명으로 추산하기도 하였다.[33] 그러나 2003년

---

30) Ahmed and Stuart 2009, 3.
31) ICG Asia Briefing Paper 2002, 8.
32) ICG Asia Briefing Paper 2002, 6.

중앙아시아에서 HT 당원은 약 80,000명에 이르는 것으로 파악되고 있으며 특히 키르기스스탄 남부지역 전체 인구의 10%에 해당하는 20,000~30,000명이 HT 활동에 관여하고 있는 것으로 알려져 있다.[34]

이들은 부패와 가난과 같은 사회적 문제는 이슬람법의 적용과 운용을 통해서 해결할 수 있다는 정치적 이슬람의 견해를 주장하고 있다. 하지만 어떠한 방법으로 이를 실현시킬지 또한 정치적 이슬람에서 제기되는 여러 가지 문제들을 어떻게 해결할지에 대한 명확한 프로그램이 마련되어 있지 않다. 그럼에도 불구하고 경제적 침체와 사회적 불만 때문에 그들의 유토피아는 중앙아시아에서 큰 정치적 중요성을 획득하게 되었다. 그들의 주장은 간혹 반서구, 반아랍, 반시아 운동으로 발전하기도 했다.

중앙아시아 전 지역에서 HT는 지역의 정치, 경제, 사회적 상황을 역사적 사건들과 결부시켜 선전했으며 정권에 대항하는 투쟁에서는 이슬람의 국제적 연대감을 장려하는 한편 칼리프 이슬람 국가의 건설을 통해 보다 정의로운 사회를 건설할 수 있다고 주장했다. 그들은 메시지 전달의 수단으로 출판물을 사용했는데, 이 출판물들은 HT 운동의 종교적 이론이나 코란의 이론적 근거를 담고 있을 뿐 아니라 팔레스타인 및 체첸 민족과 같은 이슬람 세계의 갈등을 선전하며 그들에 대한 지지를 하자고 촉구했다. 초국가적 무슬림 연대감은 그들의 활동을 활성화 하는 중요한 요소였으며 이러한 연대감에 도덕적 권위를 고취시키려고 노력했다. 모든 무슬림들은 공통된 문제점들을 안고 있으며 체첸, 팔레스타인, 아프간 사태는 중앙아시아 무슬림들에

---

33) Naumkin 2005, 158.
34) Freeholm 2003, 13.

게도 해당될 수 있다고 주장했다. HT의 활동은 대부분의 이슬람 국가에서 변방의 운동으로 취급되었으며 그들의 이데올로기는 주류 이슬람으로부터 이단으로 간주되고 있으나 상대적으로 특히 젊은 세대로부터 지지 세력을 확보할 수 있었다.

HT는 이데올로기의 유토피아적 성격 때문에 중앙아시아에서 주요 정치 세력으로서의 폭넓은 지지는 얻지 못할 것으로 보였지만 중앙아시아에서 다양한 성격의 이슬람 운동이 부재했기 때문에 어느 정도의 인기를 누릴 수 있었다. 1990년대 말에서 2000년대 초반에 HT는 상대적으로 인기를 누렸는데, 그 원인은 한편으로는 각국 정부의 이슬람 단체 탄압으로 유사한 단체들의 다양한 이슬람 운동들이 부재했을 뿐 아니라 다른 한편으로 2001년 이후 아프가니스탄에서 미군 주도의 반테러 전쟁으로 인해 IMU 세력이 위축된 데에서 기인한다.[35]

HT의 점증하는 인기에 대응하는 중앙아시아 각국의 태도는 다양하게 나타났는데 그중에서 우즈베키스탄이 가장 강력한 태도를 보였다. 우즈베크 정부는 HT이든 IMU든 관계없이 이들을 극단적 이슬람 원리주의 세력으로 보고 동일한 정책을 취했다. 다시 말해 우즈베크 정부는 HT 역시 평화적 단체로 보지 않았으며 대화와 토론을 주장하는 그들의 태도도 허구라고 믿었다. 중앙아시아에서 세속정부를 몰아낸다는 그들의 목표에 주목해 그들의 이상을 실현시키기 위해 폭력을 수반하는 어떤 수단이라도 동원할 것으로 본 것이다. 우즈베키스탄에서 HT에 대한 탄압은 무차별적, 맹목적으로 자행되었다. 보안 경찰이 HT에 대한 감시와 탄압을 담당했다.

---

35) ICG Asia Briefing Paper 58 2003, 14, ICG Asia Briefing Paper 2002, 5~7.

그들의 출판물은 극히 소수의 사람들에게 비밀리에 전달되었다. 그러한 탄압에도 불구하고 HT는 특히 종교 지식이 부족한 젊은 층 사이에서 어느 정도 지지 세력을 얻을 수 있었다. 하지만 이슬람 단체들을 탄압하기 위한 조치 때문에 평범한 종교 교육에도 제한이 가해졌다. 타슈켄트의 한 모스크 이맘은 다음과 같이 불평했다;

"우리 무슬림들의 대부분은 이슬람에 대해 제한적인 지식을 가지고 있기 때문에 HT는 그들의 정치 이데올로기의 선전 수단으로 코란과 하디스의 해석을 들고 나왔다. 결국 나와 나의 동료들은 HT와 동일한 제한을 받고 있다는 데에 비극이 있다. 우리에게도 역시 합법적인 종교 교육이 허용되지 않고 있다. 결국 이런 상황 속에서 많은 탄압에도 불구하고 극단적 이슬람 단체들은 계속 성장할 것이다."[36]

수르칸다르야(Surkhan-Darya) 지역의 또 다른 이맘은 다음과 같이 주장했다.

"젊은 세대는 이슬람에 관심이 많다. 하지만 이슬람에 대한 교육이 금지된 상황에서 그들의 관심은 HT와 같은 이슬람 단체에 쏠릴 수밖에 없다."

정부는 국민들이 극단주의자들이 되기를 원치 않고 있기 때문에 자국 내에 종교 출판물의 범위나 수량을 제한하고 있다. 그 결과 극단적 이슬람 단체들의 이론에 대항할만한 이론적 정보를 얻지 못하고 있다. 이러한 정보 부재로 인해 특히 젊은이들을 비롯한 중앙아시아 무슬림들은 그 출처나 이데올로기의 내용에 관계없이 이슬람에

---

36) ICG Asia Briefing Paper 2002, 9.

대한 어떤 출판물이든지 환영하고 있는 실정이다.

중앙아시아의 HT는 이러한 환경을 잘 이용하고 있는 것으로 보인다. HT는 자신들의 메시지 선전을 위해 극히 단순하며 세속화된 독자들에게 적합한 언어를 사용한다. HT는 아주 쉽고 관심을 끄는 언어로 쓰인 책자나 팸플릿 혹은 전단지에 포함된 내용 이외에 어떤 다른 종교적 지식도 요구하지 않는다. 이 때문에 HT는 이슬람에 대한 종교적 지식의 유무에 관계없이 젊은이들의 관심을 끄는데 어느 정도 성공했다. 그들은 출판물을 통해 자신들이 실업, 가난, 부패 등과 같은 세속적 요구에 부응하려고 노력하며 왜 현대인들은 자신의 목표를 달성하기 어려운지 간단히 설명하고 있다. 소비에트 제도하에서의 미래에 대한 전망의 불확실성을 강조하며 '제도'에 의해 방해받는나는 감정을 젊은이들에게 심어주고 있으며 그들의 불행에 대해 간단하고 명료한 해결책을 제시함으로써 큰 호응을 얻고 있다.[37]

우즈베키스탄에서 정치적 이슬람은 처음부터 대중적 지지를 거의 받지 못하다가 곧 소멸되거나 혹은 제때에 노선을 변경해 일반 정당으로 살아남았다. 종교적 문제를 다루는 정부의 편협한 태도는 급진적 이슬람주의 세력을 양성하거나 온건한 일반 이슬람 정당들이 대중 사이에서 힘을 얻는 원인이 되었다. 한 종교 지도자는 이와 관련해 다음과 같이 주장했다;

"우리 사회의 이와 같은 부정적인 동향이 멈추지 않는다면, 부정부패와 높은 실업률이 여전히 계속된다면, 경찰이 국민들을 계속 위협한다면, 국가 기관의 모든 곳에 지하의 반정부 단체들이 속출할 것이다. 이러한 일은 오늘이 아니라 이슬람이 탄압받는 열악한 환

---

37) Ibid., 15~17.

경 속에서 교육받은 젊은이들과 아버지를 감옥에 둔 젊은이들이
정치적으로 성숙하게 될 날 발생할 것이다. 그때는 폭발적인 상황
이 일어날 것이다."[38]

한편 미국은 중앙아시아 국가의 요구에도 불구하고 IMU와는 달리
정치적 목적달성을 위해 폭력을 사용하지 않는다는 이유로 HT를 테
러 단체로 분류하지 않고 있다. 그러나 미국은 2001년 이후 HT가 이
스라엘에 대한 자살 공격을 찬미하고 중앙아시아에 미국의 주둔을
비난하며 서방에 대한 지하드를 주장하는 등 폭력적인 성향을 표출
하고 있는 것에 상당한 우려를 표명해 왔다. 특히 독일 정부는 2003
년 1월 HT의 활동을 자국에서 금지하면서 이스라엘과 유태인에 대한
극단적 폭력을 주창하는 테러조직으로 분류한 바 있다.[39]

결론적으로 말해 HT나 그 밖의 유사한 단체들이 성장할 수 있었던
이면에는 중앙아시아 각국 정부의 탄압과 부정부패, 그리고 민족차별
에 따른 빈부격차 등 여러 요인이 있다. 비록 어떤 경우에는 그들의
탄압이 국민들로 하여금 종교단체의 가입이나 종교 의식의 거행을
멀리하는 데에 효과를 주기도 했지만 대부분의 경우 그 반대의 결과
로 이어져 평범한 신자들을 극단주의자로 만들고 그들이 HT 멤버이
든 아니든 탄압받는 무슬림들에 대한 광범위한 지지 세력을 만들어
냈으며 정부에 대한 투쟁 세력을 조장했다. 그러나 중앙아시아 전역
에서 HT의 활동은 극히 제한적이었다. 각국 정부의 강력한 감시와
탄압으로 지하로 잠적함으로써 대중의 관심을 지속적으로 끌 수 없
었기 때문이다.

---

38) Ibid..
39) 손영훈 1997, 322.

V. 아크로미야(Akromiya)와 이슬람 지하드 단체(Islamic Jihad Group, IJG)

1. 아크로미야(Akromiya)

아크로미야(Akromiya)는 창시자인 아크람 율다셰프(Akram Yuldashev)의 이름에서 유래되었다. 율다셰프는 1963년 우즈베키스탄 페르가나 계곡의 안디잔 지역에서 출생하여 안디잔 대학교 공대를 졸업하고 수학 교사로 근무한 바 있다. 그는 1986~88년 사이에 이슬람 해방당(HT)의 멤버로 일했으나, 사상노선의 차이로 HT와 결별하고, 1996년 페르가나 계곡의 안디잔 지역에 '아크로미야'를 창설하였다. 이 단체의 구성원들은 자신들을 '형제(Birodar: brothers)'라고 불렀는데, 이것은 중동의 '무슬림 형제당'을 연상하게 하는 것이었다. 폭력의 사용을 옹호하는 아크로미야의 강령은 우즈베크 카리모프 정부의 전복과 이슬람 국가의 수립이다.[40]

그러나 전 우즈베크 무프티 무함마드 사디크 유수프는 아크로미야가 HT와는 아무 관련성이 없다고 주장했다. 그는 율다셰프가 "종교는 어떤 의식행사에 중요성이 있는 것이 아니다. 하루에 다섯 번 기도를 하고 라마단 기간 동안 금식을 할 필요가 없다"라고 가르치고 있는 것은 이단적인 것이라고 주장했다. 우즈베크 정부에 의하면 아크로미야는 HT의 국제적 칼리프 국가의 창설 목표를 비난하고 그 대안으로 지역적 차원의 이슬람 국가 건설을 주창하고 있다.

율다셰프는 우즈베크어로 '신앙의 길(Yimonga Yul: Path to faith)'이라는 신학서적을 집필하고 아크로미야 단체의 이념과 행동강령을 설파하고 있다. 그는 자신의 저서의 부록에서 정의로운 이슬람 공동체 건설의 5단계[41]를 제시하고 있는데, 이 중에서 특히 마지막 단계인 제5단계에서 이슬람법(sharia)에 기초한 이슬람 국가 창설을 제시하였다. 율다셰프는 때마침 1999년 타슈켄트 폭탄테러 공격에 대한 연루 의혹으로 체포된 상황에서, 이 제5단계가 결정적인 단서가 되어 국가전복 내란죄를 선고받고 현재 복역 중이다. 그러나 율다셰프는 1999년 당시 법정에서 '신앙의 길'의 내용은 순수하고 평화로운 길을 제시하여 사람들이 서로에게 친절하고 진실하게 대하라고 권장하는 것이라고 진술했다. 또한 문제가 된 이 부록은 처음 발간 당시 그의 저서 원본에는 없었던 것인데 우즈베크 검찰이 그의 유죄를 입증하기

---

40) Ilkhamov 2006, 41.
41) Stage 1 "Sirli" (secret), the goal of which is the recruiting of new members of the movement;
Stage 2 "Moddii" (material), directing the accumulation of the movement's financial potential;
Stage 3 "Ma'navii" (moral-spiritual), the goal of which is the indoctrination of the movement's members;
Stage 4 "Uzvii maidon" (organic union), the essence of which is the infiltration into state institutions;
Stage 5 "Tuntarish" (translated as violent coup d'état), the final point of which is the establishment of a new state order based on Shariat, beginning at a local, followed by the central level(Ilkhamov 2006, 45).

위해 조작한 것이라는 의혹도 제기되고 있다.[42]

아크로미야는 HT의 정치사상에서 결여되어 있던 생산조직의 구체적 형태를 제시하고 실제적으로 운영하면서 소규모 이슬람 신앙공동체를 형성하며 구성원들의 외부 노출을 극도로 제한하였다. 따라서 아크로미야의 부유한 활동가들은 빵집, 카페, 구두점 등 소규모 사업체의 운영을 통해 빈곤한 조직원들에게 직업과 월급을 제공하고 일과 후 의무적인 종교 교육을 실시하면서 지지 기반을 구축하였다. 또한 아크로미야 사상에 호의적인 일부 사업가들은 안디잔 지역의 빈곤 계층을 지원하기 위해 사업운영 이익의 20%를 기부하면서 이슬람 지향적 사회운동에 활발히 참여하였다[43]

사실상 아크로미야가 이슬람 저항운동으로 실체가 드러난 계기는 2005년 5월 우즈베키스탄의 인디진 사대를 통헤서였다. 2004년 6월 우즈베크 정부는 '원리주의, 분리주의 및 극단주의' 조직으로 규정한 아크로미야에 가담한 혐의로 페르가나 지역의 23명 사업가들을 체포하여 2005년 2월 재판에 회부하였다. 결국 같은 해 5월 페르가나 계곡의 안디잔 지역에서 수천 명의 무슬림들은 우즈베크 정부의 사건 조작과 혐의 날조를 비난하는 대규모 평화 시위를 조직하면서 아크로미야의 지도자인 율다셰프와 23명의 사업가들의 석방을 요구하였다.

그러나 5월 12일 우즈베크 정부가 시위 가담자들과 23명 사업가들의 친인척들을 체포하면서 강력하게 대응하자 시위대는 교도소, 경찰서 및 시청 등을 습격하여 무장하기 시작하였다. 특히 무장 시위대는

---

42) Ilkhamov 2006, 43~6.
43) Baran et al 2006, 24~25.

카리모프 대통령의 사임을 요구하면서 우즈베크 정부의 폭압적 억압 조치에 무력으로 저항하는 등 누적된 불만을 표출하였다.[44]

결국 우즈베크 정부는 시위대의 무력저항을 이슬람 테러집단의 소행이라 단정하면서 5월 13일 안디잔 광장에 집결해 있던 시위대를 향해 무차별적으로 발포하여 잔인하게 진압하였는데, 바로 이것이 소위 '안디잔 대학살 사건'이다. 우즈베크 정부는 보안요원을 포함해 187명이 사망했다고 발표했다. 그러나 여러 소식통에 의하면 시위대와 정부군의 충돌로 700명에 달하는 무고한 시민들이 희생되었다고 한다.[45] 그럼에도 우즈베크 정부는 안디잔 사태를 이슬람 테러집단과의 투쟁이라 발표하며 무력진압의 정당성을 주장하였고 9명의 사망자와 34명의 부상자가 발생했다고 피해규모를 축소하여 왜곡 보도하였다. 또한 2006년 5월 타슈켄트에서 개최된 학술회의에서 타슈켄트 이슬람 대학의 한 교수는 아크로미야를 HT와 같은 부류의 극단주의적 이슬람 집단이라고 주장했다.

그러나 시위대의 대부분은 아크로미야에 대해 잘 모르고, 그 단체의 율다셰프 지도자를 결코 만난 적도 없는 것으로 알려져 있다. 따라서 안디잔 유혈사태는 우즈베크 정권이 독재정치체제를 유지하기 위해 이슬람 세력의 위협을 과장하여 정치적으로 이용하고 있는 측면도 일부 있는 것으로 보인다. 우즈베크 정부가 아크로미야를 급진주의적 과격 이슬람 테러단체라고 발표한 것과는 달리, 이 단체는 중동을 위시한 나머지 무슬림 세계의 온건한 이슬람 운동과 유사한 성격을 가지고 있는 것으로 추론된다.

---

44) 손영훈 2007, 324.
45) Ilkhamov 2006, 40.

2. 이슬람 지하드 단체(Islamic Jihad Group, IJG)

자마아트 알 지하드 알 이슬라미(Jama'at al-Jihad al-Islami)로 알려진 이슬람 지하드 단체(IJG)[46]은 '성스러운 전사들의 단체'라는 의미로서 이슬람 이데올로기에 기초하고 있다. 이 집단은 알-카에다 지도자 오사마 빈라덴 및 탈레반 지도자 물라 오마르와 연계하여 폭발물 제조 기술 및 테러훈련을 전수받고 폭력적 이슬람 저항운동을 추구하면서 중앙아시아와 러시아에서 활동하고 있다. 특히 IJG는 우즈베키스탄 이슬람운동(IMU)의 분파집단으로 테러리스트인 잘롤로프(Najmiddin Jalolov)가 지도자로 있으면서 여전히 IMU와 협력관계에 있다. 과거 IMU의 한 멤버로서 테러를 추구해온 바 있는 잘롤로프는 2009년 9월 14일 공습에 의해 남부 와지리스탄에서 사망한 것으로 알려져 있다.

IJG는 사실상 2004년 3~4월에 걸쳐 우즈베키스탄에 테러 공격을 자행하여 47명을 살상했고 특히 중앙아시아 최초로 여성에 의한 자살 폭탄 공격이 발생했다는 점에서 충격을 주고 있다.[47] 더구나 2004년 일련의 폭탄테러 공격은 IMU의 와해로 소멸되었던 폭력적 이슬람 저항운동이 다시금 부활하고 있다는 징후로 간주되었다. IJG는 이슬람 웹사이트를 통한 성명서에서 "자살 폭탄 공격은 계속될 것이다. 그러한 공격은 카리모프 정부의 불의에 반대하고 세속적인 이교도들에 의해 지배되는 이라크, 팔레스타인, 아프가니스탄, 사우디아라비아와 다른 이슬람 국가에 사는 무슬림 형제들을 지원하기 위한 것이다"라고 선언했다.

---

46) 이슬람 지하드 단체(IJG)은 자모아트 무자헤딘(Jamoat Mujahedin) 또는 중앙아시아 무자헤딘 자마아트 (Jamaat of Central Asian Mujahedins: JCAM))라고도 알려져 있다.
47) Baran et al 2006, 33.

또한 IJG는 '이교도' 국가에 대한 지하드 활동의 일환으로 2004년 7월 30일 우즈베키스탄의 검찰 청사와 이스라엘 및 미국 대사관을 목표로 폭탄테러 공격을 감행한 후 그들의 순교작전은 계속될 것이라고 또다시 이슬람 웹사이트를 통해 성명서를 발표했다.[48] 특히 이 폭탄테러는 미군의 카르쉬-카나바드(Karsh-Khanabad) 공군기지 주둔을 허용한 우즈베크 정부에 대한 저항의 의도를 표출하였던 것으로 보인다.[49] 아울러 IJG의 미국 대사관을 겨냥한 테러는 대테러 전쟁 이후 중앙아시아 이슬람 저항운동의 공격 대상이 독재정권을 비호하는 서방세계로 전환되고 있음을 보여주는 사례라 할 것이다. 따라서 미국무성은 2005년 5월 IJG가 IMU보다 중앙아시아 안보와 미국의 국익에 더 심각한 위협이 될 수 있다는 점에서 국제테러기구로 분류하고, 같은 해 6월에 유엔안전보장이사회는 IJG를 테러리스트 명단에 올렸다.

2007년 독일 정부는 자국에 있는 미국 혹은 서방시설을 폭파하려고 다량의 폭약을 지니고 있었던 3명의 IJG 공작요원들을 적발하여 구금했다. 3명의 요원은 몇 달 뒤 터키에서 체포된 또 다른 1명의 IJG 요원과 함께 2009년 독일에서 재판에 회부되었다. 터키 당국은 IJG와 연계되어 있는 극단 이슬람주의자를 체포하고 무기를 압수했다. IJG는 "우즈베키스탄의 안디잔 지역 경찰 1명을 살해한 2009년 5월 공격은 자신들의 소행이었다"라고 밝혔다. IJG는 이슬람 지하드 요원들이 중앙아시아와 아프가니스탄을 포함한 남아시아에 흩어져 서방 연합군에 공격을 가하고 있다고 주장하고 있다. 전쟁으로 황폐화된 파키스탄 서북지역에 기지를 둔 IJG와 연계된 알-카에다가 베를린 국회

---

48) Naumkin 2005, 115~118.
49) Mihalka 2006, 140.

의사당을 폭파하고 주요 인사들을 인질로 삼고자 한다는 음모를 사전에 서방 측 정보기관으로부터 제보받은 독일 당국은 2010년 11월 의사당 건물을 폐쇄했다. 그들은 아프가니스탄으로부터 독일군을 철수시키기 위해 테러 사건을 계획한 것으로 알려졌다.

VI. 이슬람 세계와 서구 세계의 시각의 편차

소련 통치기의 중앙아시아에서 이슬람은 제한적인 범위, 즉 비정 치적인 이슬람만 허용이 되었다. 이념적으로 공산주의 사상을 주입했 던 소련 당국은 중앙아시아에 중동 이슬람 국가들의 이슬람 정치사 상이 유입되지 않도록 노력했다. 이 때문에 중앙아시아 국가들은 그 들의 전통 사상과 단절된 채, 공산주의 체제에 순응하며 살아왔다.

1980년 후반 소련의 새로운 개혁정책과 개방정책이 실행되면서, 중앙아시아 국가들에서는 그들의 이슬람적 유산을 되찾으려는 움직 임이 활발히 전개되었으며, 이러한 움직임은 소련붕괴 후 가속화되었 다. 중앙아시아 내에서 활동하고 있는 범이슬람 부흥당, 우즈베키스 탄 이슬람운동, 이슬람 해방당, 아크로미야와 이슬람 지하드 단체 등 은 이제 중앙아시아의 이슬람이 정치색을 가지게 되었음을 보여준다.

이러한 단체들의 적극적인 활동은 옛 소련체제에서의 중앙아시아 이슬람이 사라졌던 것이 아니라, 단지 잠재되어 있었던 것임을 확인시켜준다. 이 단체들은 이슬람 세계와 서구 세계 어느 쪽에서 보느냐에 따라서 정치색을 띤 종교적 민족주의 집단 또는 서구 민주주의 체제를 부정하는 테러 집단으로도 평가된다고 할 수 있다.

남북 분단의 아제르바이잔
−이란과의 역사적 관계

I. 역사적으로 중동의 일부였던 아제르바이잔

710만의 인구를 가진 아제르바이잔 공화국은 트랜스코카서스에 위치해 있으며 거의 87,000㎢에 달하는 지역을 차지하고 있다. 아제르바이잔 토착민이 전체 인구의 83%를 점하고 있으며 러시아인이 5.6%, 그리고 아르메니아인이 5%를 점하고 있다. 그 외의 소수민족으로는 우크라이나인, 쿠르드인, 타타르인, 그리고 다게스탄의 다양한 종족을 들 수 있다. 몇 십만에 달하는 아제르바이잔인은 인접국인 그루지야에 거주하고 있으며 1990년까지의 상황을 보면, 그에 상응하는 숫자가 아르메니아에도 살고 있는 것으로 나타났다. 이란에 거주하고 있는 아제르바이잔인은 2천여만 명인 것으로 추산되고 있다.

아제르바이잔의 영토는 다양한 분명 발생시의 역할을 해왔으며 몇몇 다른 국가나 제국의 일부를 형성하기도 했다. 정신적으로나 문화적으로는, 7세기에 아랍인에 의해 도입되었던 이슬람이 가장 큰 영향을 끼쳤다. 인종적으로, 아제르바이잔은 투르크계가 주를 이루며 그 거주민들은 대부분 일찍이는 11세기쯤 이 지역에 정착했던 오구즈나 셀주크 투르크족의 후예이다. 16세기 이래로 아제르바이잔 영토는 오스만 또는 페르시아, 양 제국 중 어느 한 제국에 종속되어 있던 무수한 칸국(Khanate), 즉 공국들의 발생지이기도 했다. 그러다가 러시아-터키 및 러시아-페르시아 간의 전쟁 결과, 그 승전국인 러시아의 영토로 이러한 칸국들이 합병되었다. 러시아 제국 붕괴와 1917년 10월 혁명 이후, 1918년 아제르바이잔 민주 공화국이 선포되었다. 1920년, 볼셰비키당의 지원으로 아제르바이잔에 소비에트 정권이 들어서게 되었고, 현 국경선 내에 아제르바이잔 소비에트 사회주의 공화국이 형성되었다.

역사적으로 중동의 일부였던 아제르바이잔이 두 세기 가량의 러시아 통치 이후에 원위치로 돌아가는 그 과정에서 혼란을 겪지 않을 수 없었다. 소련의 붕괴와 함께, 아제르바이잔에서 힘의 공백 상태가 발생했고, 그 공백은 어떤 식으로든 채워져야 했다. 이러한 공백 상태를 메울 확실한 후보자는 아제르바이잔의 특별한 이웃국가인 터키와 이란이었다. 양국은 신중하다 못해 꺼려하는 기색을 비추었으나, 결국 양국 모두 아제르바이잔에 개입하게 되었다.

아제르바이잔은 또다시 이란과 투란의 세력 다툼의 장이 되었다. 이 두 국가는 페르시아 민족 서사시인 '샤너메(Shahname, 王書)'로부터 시적 이미지를 불러일으키는 수세기 동안의 경쟁국이었다. 중동에서 두 지역 패권국인 이란과 터키는 최근까지 소련의 위협의 그늘 속에서 살아왔다. 그리고 1993년, 계속적으로 아제르바이잔에서의 양국 간의 경쟁관계를 트집 잡은 것은 러시아 세력이었다. 식민지 이후 바쿠에서 러시아 세력의 재등장은 하나의 가능성에 불과하였으나, 아제르인은 그들 역사의 근본적인 문제인 시야부쉬(Siyavush)[50] 신드롬에 계속해서 직면하게 된 것이다. 시야부쉬 신드롬은 이란과 터키 문명이 끊임없는 대립 대신에 수세기 동안 창조적인 조화를 이루면서 살아왔던 이 땅에서 아제르인이 또 다른 역사적 역할을 이루어내는 데 도움이 될 것인가?

---

50) 터키인과 이란인 양 민족의 피가 흐르는 샤너메의 전설적인 인물, 즉 Siyavush는 Rasulzada가 20세기 아제르바이잔의 상징으로 간주했었던 영웅이었다.

II. 아제르바이잔의 정체성과 이란

1. 역사-문화적 배경

오늘날 아제르바이잔은 아제르 투르크족에 의해 번성한 나라로서 그들은 카프카스 산맥의 북동쪽 구릉지대로부터 뻗어 나온 지역에 살고 있으며 그 영역이 카스피 해를 따라 이란 고원까지 뻗어 있다. 아제르바이잔의 국경은 정치적, 행정적인 단위로 볼 때 역사상 무수히 많은 변화를 겪어왔다. 아락세스 강의 왼쪽 둑 방향인 북쪽 지역은 다양한 이름으로 알려져 왔는데, 이슬람 시대 이전에는 카프카스 알바니아라 불렸고 그 후 아란(Arran)이라고 불렸다.

고대 메디아와 아케메니아 왕국 시기부터 아제르바이잔은 이란과 같은 역사를 공유해 왔다. 아제르바이잔은 7세기 중반에 아랍에게 정복당하고 이슬람으로 개종한 후에도 이란 민족과 비슷한 언어적인 특성을 보였는데, 이때는 초기 이슬람 칼리프 통치 아래 그 지역이 분리되어 있을 때였다. 11세기에 셀주크 왕조 지배 아래 오구스 투르크족이 유입되고 나서야 아제르바이잔에는 투르크어를 사용하는 거주민의 비율이 증가하게 되었다. 원주민은 이주민과 융합되기 시작했고 페르시아어는 점차 투르크 방언으로 대체되는 가운데, 이 투르크 방언도 나중에는 전혀 다른 아제르 투르크어로 변모하였다. 아제르어는 바그다드와 아나톨리아 일부 지역에서 문어체로만 사용되다가 15~16세기에 나사미·피즐리·카타이 같은 유명한 시인들의 작품에 쓰여 그 첫 번째 전성기를 맞이하게 되었다.

아제르바이잔의 길고 복잡했던 투르크화 과정은 중앙아시아로부터 계속 밀려오는 유목민에 의해 진행되었다. 15세기 말에 아제르바이잔은 토착 왕조인 페르시아 제국 후예인 사파비 왕조의 기반 세력이 되었다. 사파비 왕조는 정복과 강력한 중앙집권 정책으로 새로이 이란 왕국을 건설했다. 사파비 왕국의 샤 이스마일 1세(1501~25)는 수도를 타브리즈로 정하고 시아 이슬람을 국교로 선포했는데, 이로 인해 아제르바이잔은 오스만 투르크와 확실히 분리되게 되었다. 초기 사파비 왕조 통치하의 아제르바이잔 영토에서는 시아파 이슬람을 신봉하는 페르시아와 순니파 이슬람을 신봉하는 오스만 간의 전쟁이 자주 벌어졌다. 오스만의 침략 위협으로 인해 사파비조 페르시아는 수도를 타브리즈에서 카즈빈으로 옮기고 그 후 다시 이스파한으로 옮겼다. 사파비 왕조의 통치는 점점 아제르 민족의 고유한 특성을 잃게 하며 200년 이상 유지되었고, 18세기 후반에는 중앙정부의 힘이 점차 약해지는 시기가 도래했다.

이런 상황에서 아제르바이잔 내에는 서양의 공국에 해당하는 칸국이라는 형태의 지방 세력 중심지가 생겨났는데 몇몇 칸국이 미미하나마 이란의 허약한 잔드 왕조까지 그 명맥을 유지한 걸로 보아 사실상 독립적인 제도였음을 알 수 있다. 중앙정부로부터의 해방의 기운이 싹튼 이 기간에 정치적인 분열과 함께 칸국들끼리 서로 죽고 죽이는 충돌이 잦아졌다. 그 충돌에 참가한 칸국들을 살펴보자면, 카라바흐·쉐키·쉬르반·바쿠·간자·예레반·나히체반·데르벤트·쿠바, 아제르바이잔 북쪽의 탈리쉬·타브리즈·우르미예·아르다빌·코이·마쿠·카라다그, 그리고 남쪽의 마긴이 있다.

아제르바이잔에는 토착 국가 간의 전통이 거의 전무했으며 그런 시대적 조건으로 인해 통합은 군소 공국을 병합해 하나의 칸국을 확장하려는 형태로만 나타났다. 소련의 역사가들은 1780년대에 있었던 쿠바의 칸 파탈리의 정복사에서 그런 가능성을 발견했다. 그러나 그의 야망이 무엇이었든 간에 그것은 카프카스 산자락에 주둔하고 있었던 러시아군의 위협으로 무산되고 말았다. 카프카스 지역 너머의 국가에 대한 러시아의 관심은 그 이전부터 계속된 것이었고 관심의 원인도 다양했다. 이란 및 터키와의 무역 이익은 러시아인을 유혹하기에 충분했고, 특히 실크·면화·구리 등 천연자원 외에 인구가 희박한 지역을 식민지화 할 수 있다는 점도 그들의 흥미를 돋웠다. 그러나 무엇보다도 더 큰 매력은 트랜스코카서스 지역을 이란과 터키 동부 국경으로 깊숙이 침투하는 발판으로 이용할 수 있다는 전략적 가치였다.

19세기 초에 러시아는 유럽 최강국이 되었고 중동 일부와 트랜스코카서스 지역에 통치권을 확립했다. 이는 1882년에 영국이 이집트를 점령한 것이나 1920년에 프랑스가 시리아와 레바논을 위임통치한 것보다 훨씬 앞선 일이었다. 러시아는 전형적인 식민통치의 하나로 이란과 두 차례의 전쟁을 승리로 이끌며 1813년의 굴리스탄(Gulistan) 평화조약과 1828년의 투르크만차이(Turkmanchai) 강화조약으로 빼앗은 이란의 영토를 임의로 분할하여 국경선을 그었다. 이것은 이 지역을 정복하기 위한 러시아의 전략적 필요성에 의해 자행되었다. 굴리스탄 조약에 의해 모든 그루지야인은 러시아의 통치를 받았지만 투르크만차이 조약은 아제르어를 사용하는 무슬림 인구를 두 지역으로 갈라놓았으며 다수가 이란에 남겨졌다.

역사가들은 이 조약을 아제르 민족의 역사상 전환점으로 보는데, 이로 인해 국경지방에 흐르는 아락세스 강 북쪽 지역에 거주하던 주민은 유럽 열강의 지배하에 놓이게 되었기 때문이다. 한 민족과 영토를 갈라놓은 이러한 분단 사태는 이제르바이잔에 어떤 문제가 발생할 것인가 하는 논쟁을 싹트게 하였지만, 러시아 정복 이후 50년 동안 변화는 주로 행정적인 개혁에 국한되었다. 이것은 산업화 이전 국가가 다른 국가를 정복하면서 경제 및 사회적인 구조에는 거의 영향을 미치지 않은 경우이다.

산업시대가 도래하자, 북아제르바이잔은 바쿠에 산업중심지를 정하고 그 세기가 끝나기 전에 바쿠와 그 주변 지역들을 세계 주요 산유지의 하나로 만듦으로써 남아제르바이잔과 다른 역사적 발전의 길로 들어섰다. 그렇지만 그 후 남아제르바이잔의 노동자들이 대거 바쿠의 석유산업 현장으로 몰려왔고 국경을 통한 무역량도 늘어났다. 두 지역을 오가는 카스피 해의 증기선이 증가하면서 이 새로운 연결고리들이 남북 아제르바이잔의 이질화를 어느 정도 막아준 결과, 오히려 그들 사이의 결속력은 예전보다 더 강해졌다. 본국에서 아르메니아 기업가들에게 점점 설자리를 빼앗기고 있었던 바쿠의 무슬림 기업가들은 남북 아제르바이잔의 경제를 하나로 통합하려고 애썼다. 그들의 노력은 이란령 북부에 속하는 남아제르바이잔을 러시아의 세력권 아래 복속시키겠다는 장기 정책을 세워놓았던 제정 러시아 정부의 지지를 받았다.

1905년에 발발한 러시아 혁명은 그 다음 해 이란의 입헌혁명 위기로 이어졌고, 아락세스 강 양쪽의 기존의 통치를 반대하던 이들과 새로운 협력체제를 구축한 아제르바이잔에게도 정치적 경각심을 불러일으켰다. 이란과 더 비슷한 환경에 처한 북아제르바이잔 내에선 러시아 혁명보다 이란 혁명에 대해 느끼는 동질감이 훨씬 더 강했다. 1905년에 트랜스코카서스 지역에서 아르메니아 기독교인과 무슬림 간의 폭력사태가 일어나자, 이란령 남아제르인 사이에서는 북아제르바이잔인과 단결해야 한다는 의견이 대두되었다. 당시 양 민족 상호 간 대량학살의 희생자 중에 타브리즈 지방에서 온 이주민도 포함되어 있어 그런 의식은 더욱 고취되었다.[51]

타브리즈는 이란 혁명의 중심지로 러시아·터키와 밀접한 유대관계를 맺고 있는 활기 넘치는 상업도시였다. 이 지역은 폭동이 일어난 트랜스코카서스 지역과 가까웠기 때문에 이란 혁명에 있어 중심적인 위치를 차지하게 되었다. 남북 아제르바이잔 간의 접촉은 바쿠 언론들의 협력적인 태도에서부터 이주민의 정치적인 조직과 러시아 혁명이 실패로 돌아간 후 무장 지원병들을 타브리즈로 파견하는 데까지 그 범위가 넓어졌다. 아락세스 강 양쪽에서 혁명이 일어난 시기는 분단된 아제르바이잔 남북 간의 우호관계에 있어서 절정기였다 할 수

---

51) Swietochowski 1994, 279.

있다. 바쿠의 사회민주조직인 힘맛(Himmat, 노력)의 창시자 가운데 한 사람인 메머드 아민 라술자다(M. A. Rasulzada)는 국경을 넘어선 정치적 협력관계의 상징으로서 그 후 이란 혁명의 주요 인물이 되었고, 결국 북아락세스의 저명한 아제르 민족주의자이자 무사밧(Musavat, 평등)당의 총수가 되었다.

남북 아제르바이잔은 러시아에게 정복당한 것을 각성의 계기로 삼아 많은 분야에서 상호 의존적이 됐지만 다른 한편으론 소원해지고 있었다. 북아제르바이잔을 통치하던 러시아의 영향은 그 부산물의 하나로 아제르 공동체에 상당한 사회·문화적 변화를 가져왔다. 이러한 변화는 지식계층의 증가를 함께 불러왔는데, 그들은 전통 이슬람인들과 상대적으로 현대적인 유럽인들-러시아인으로 대표되던- 사이의 접촉에서 발생한 문화저 현상에 못지않게 사회저으로도 영향력을 갖고 있었다. 눈에 띄는 수직적인 불균형으로 인해 이들 지식계층은 아제르바이잔 역사에 점점 더 막강한 영향력을 행사하게 되었다. 그 영향력은 극장·출판물·언론 같은 현대적 통신 시설을 구축하는 것에서부터 시작했으며, 현대 아제르 문학의 창시자로 불리는 미르자 파탈리 아쿤드자다 및 최초의 아제르어 신문 아킨치(Akinchi, 농민)를 발행한 하산 바이 자바디 등이 활발한 활동을 하였다.

문화적으로는 북아락세스의 변혁에 대한 신뢰로 페르시아 문어체를 점점 벗어나게 되었고 토속 언어인 투르크어가 재생되었다. 이런 재생은 민족주의 성향을 지닌 지식계층에 의해 추진되었고 자신들이 이란보다는 터키에 더 가깝다고 느낀 소수파 순니 무슬림으로부터 지지를 받았다. 더구나 아제르인의 문화적 정체성을 지키는 데 일조하는 점을 인정하여 제정 러시아 정부가 이에 관대한 자세를 취했다.

반면 이런 움직임에 대해 술탄 압둘하미드 2세(1876~1909)가 지배하던 오스만 제국은 전혀 달가워하지 않았는데 압둘하미드 2세는 민족 정체성, 특히 투르크 민족성을 되찾으려는 징조를 몹시 불길하다고 생각했기 때문이다.

몇 년이 흐르고 청년 투르크당이 1908년에 이스탄불에서 일으킨 세 번째 혁명이 큰 성공을 거두고 나서야, 아제르바이잔은 투르크 문화와 문학의 부흥을 새로운 정치적 방침으로 채택했다. 보스포러스에 세워진 새로운 정부는 압둘하미드 정부와는 다르게, 오스만 제국 국경 너머 투르크어를 사용하는 민족들에게 지대한 관심을 보였다. 이를 계기로 아제르 지식인은 이스탄불에 모이기 시작했고, 그들의 두 지도자 아흐마드 아가오글루 및 알리 후세인자다는 청년 투르크당 정권에서 영향력 있는 위치를 차지했다. 상호 연관된 이런 운동들이 투르크 정체성을 찾으려는 투르크주의로 확산되면서 투르크 민족끼리는 협력하고 단결해야 한다는 범투르크주의가 고무되었다.

투란주의는 투르크 민족들을 한 나라로 통합하자는 취지로 추진되었으며, 오구스주의는 오스만 투르크와 언어학적으로 가까운 민족들, 특히 아제르와 투르크멘을 통합하자는 더 현실성 있는 개념이었다. 이러한 환경에서 아제르바이잔은 러시아-터키-이란의 삼각 구도 안에 놓이게 되었다. 그 결과 아제르바이잔은 이란과 터키와는 역사·종교적 유대관계 및 인종·언어적 연계로 인하여 딜레마에 빠지게 되었다.

2. 아제르바이잔 정체성과 이란의 영토보전

소연방의 해체로 냉전시대는 막을 내렸고, 새로 독립한 옛 소비에트 아제르바이잔 공화국과 이란 이슬람 공화국 간의 관계는 호전되었다. 이제 양국 간의 유대를 더욱 공고히 할 수 있는 기회가 열려 있긴 하지만 민족 정체성은 아직도 풀리지 않는 문제점으로 남아 있다. 국내 정세에 따라 양국 관계는 증진될 수도, 정체될 수도 있으며 따라서 지역적인 특수성을 고려해야 했다. 나고르노-카라바흐 지역을 둘러싼 아르메니아와 아제르바이잔 양국 간의 분쟁과 러시아의 안보 이해관계는 양국 모두의 정책에 영향을 주고 있다.

이란과 아제르바이잔은 역사·문화·인종적으로 긴밀한 관계를 맺고 있다. 양국은 모두 페르시아-투르크 전통의 나라이다. 양국의 국경은 19세기 초 굴리스탄(Gulistan)과 투르크만차이(Turkmanchai) 조약으로 설정되었다. 아제르바이잔의 가족적인 유대관계가 이 국경 지대를 가로질러 남아 있는 것은 당연한 일이다. 아제르바이잔의 인구는 주로 이란 북부에 집중되어 있다. 그러나 이란과 아제르바이잔 간의 현재 국경인 아락세스 강 주위(남부는 이란령)의 광범위한 지역은 러시아 점령 이전부터 북부 아제르바이잔과 남부 아제르바이잔 사이에서 일종의 경계선 역할을 해왔다.

1918년 가을 오스만군의 철수 이후의 완전한 독립기간 동안, 아제르 민주공화국은 러시아 적백군의 위협에서 벗어날 안보 외교정책을 추구하기에 급급했다. 그 해결책을 찾다보니 바쿠 정부에게 가장 가능성 있는 방법은 베르사이유 회의에서 100년 전 러시아에게 빼앗긴 영토의 반환을 주장했던 이란과의 친선을 회복하는 길인 것 같았다.

아제르 민주공화국의 가장 큰 열망은 영국의 보호령 아래 놓이는 것
이었으며, 당시 이란에는 영국의 지배력이 강한 상태였다. 1919년 11
월 이란과 아제르바이잔이 맺은 협약의 내용은 다음과 같다.

> "양국은 정치·경제적으로 동맹관계를 유지하며, 그 원칙과 형식·
> 실행 방법은 양국이 함께 논의하여 합의해서 정한다. 또한 모든 안
> 건은 양국의 의회에 제출해 승인을 받아야 한다."

바쿠를 타브리즈와 가깝게 하는 부가적인 이득까지 기대할 수 있
었던 이 협약은, 영국의 속국이 될 것을 우려한 이란 의회가 1919년
8월 영국과 맺은 협정에 대한 비준을 거부하자 수포로 돌아갔다. 이
런 실패에도 불구하고, 아제르 민주공화국-이란 간의 접촉은 더 빈번
해졌고 1920년 3월에는 '이란-아제르바이잔 우호 통상조약'을 맺기에
이르렀다.[52]

이와 같이 현대 아제르바이잔과 이란의 관계 형성에 있어서 러시
아의 요인이 크게 작용했음은 분명하다. 러시아 연방은 국지적 반란을
이용하여 '페르시아 사회주의 길란 소연방 공화국'[53]을 이란 북부-이
경우는 비아제르바이잔인 지역-에 세우려고 시도했다. 1945년에서
46년 사이 소비에트 군대는 이란 북부[54]를 내주기를 거부하고 여기
에 아제르바이잔 자치 공화국은 물론 쿠르드 자치 공화국을 설립하
도록 계속해서 지원했다. 국제적 압력뿐만 아니라 테헤란 정부의 항
의로 이란 영토로부터 소비에트 군대는 퇴각할 수밖에 없었다. 따라
서 아제르바이잔 자치 공화국도 급속히 붕괴되었으나 소연방은 여전

---

52) Swietochowski 1994, 282.
53) Persian Socialist Soviet Republic of Gilan.
54) 이 지역은 제2차 세계대전 중 협약에 따라 영국군이 점령했던 지역이다.

히 아제르바이잔 소비에트 사회주의 공화국에 강력한 지배력을 행사했다. 1921년 러시아 연방과 이란 간 맺어진 우호조약 조항 중에서 악명 높은 제6조로 인해 러시아-이란 양국 관계는 급속히 악화되었다. 이 조항은 다른 강국이 이란의 영토를 이용해 러시아 연방을 위협할 경우 러시아는 이 지역을 점령할 권리가 있음을 명시하고 있다.[55]

아제르바이잔-이란 관계는 아제르바이잔의 정체성 문제로 인해 아직도 마찰을 빚고 있다. '아제르바이잔인'이란 무엇을 의미하고 진정 어디까지가 '아제르바이잔인'인가? 최근 서구 학계에서는 아제르바이잔의 정체성에 관해 2가지의 상충된 견해가 대두되고 있다. 알트스타트(Audrey Altstadt)에 의하면 아제르바이잔 민족주의는 19세기 후반 러시아가 점령하고 있던 아제르바이잔 부근의 지식인 사이에서 생겨났다. 이 아제르바이잔인은 20세기 초반 러시아 점령 직전까지도 자기 나라가 과거 페르시아 제국의 일부였다는 사실에도 불구하고, 자신들을 아제르바이잔 투르크인(Azerbaijani Turks)이라고 여긴다는 것이다. 서구의 산업화 압력과 러시아의 점령이 아니었더라면 아제르바이잔은 계속 페르시아 제국 내에 남아 자기들을 페르시아인으로 여겨 왔을 것이다.

이에 대해 헌터(Shireen Hunter)는 다른 주장을 펴고 있다. 오늘날 독립 아제르바이잔 영토 내의 민족주의는 그 지역에 이란 전통을 그대로 이식시키려던 스탈린 정책이 빚어낸 결과라는 것이다. 아제르바이잔 내의 터키 의식은 대부분 인공적으로 주입된 것으로 이전에 이 지역은 이란 토대의 문화였고, 언어도 이란 북부 지방의 아제르바이잔

---

55) Winrow 1995, 103.

인이 사용했던 투르크화된 언어와는 다른 것이었다고 한다. 이렇게 문화를 인위적으로 재설정했던 목적은 아제르바이잔인으로 하여금 자력으로는 '大아제르바이잔(the Greater Azerbaijan)'을 부활시킬 수 없다는 생각을 공고히 하기 위한 것이었다.

처음 이들 두 학자 간의 논쟁은 각국의 정책 결정에 별 영향을 끼치지 못했다. 그러나 북부 이란의 아제르인이 아제르바이잔과 연합하여 하나의 '大아제르바이잔(a Greater Azerbaijan)'을 세우기 위해 이란으로부터 분리 독립할지도 모른다는 이란 정부의 우려를 염두에 둔다면, 7백만 인구에 달하는 현재 독립 아제르바이잔의 아제르인과 오늘날 북부 이란의 아제르바이잔인이 서로에게 얼마나 중요한가를 알 수 있다. 그러나 현재 독립 아제르바이잔과 이란령 아제르바이잔이 통합하려는 움직임은 보이지 않고 있다.[56]

이란 정부는 1989년 후반과 1990년 초반, 그 당시 소련령 아제르바이잔의 아제르인이 나히체반(Nakhichevan)과 이란의 국경선 철책을 무너뜨려 북부 이란의 아제르인과 뒤죽박죽 섞이게 되는 사건이 발생했을 때 이를 좀 더 심각하게 받아들여야 했다. 이제 소련령 아제르바이잔인은 국경 군사분계선 내의 비옥한 토지를 다시 되돌려 받아야 한다고 주장하면서 북부 이란과의 통일에 대한 목소리를 높이고 있다. 아제르바이잔 민족전선(APF) 지도자가 "아제르바이잔은 '북부 아제르바이잔' 영토를 둘러싸고 있다는 그 이상을 의미한다"라고 언급한 일이 있다는 사실을 상기한다면, 엘치베이가 아제르바이잔의 대통령에 당선됨으로 해서 이란의 두려움이 더욱 커졌음에 틀림없다.

알트스타트의 주장에 따르면 1918년 아제르바이잔인이 러시아로

---

56) Ibid..

부터의 독립을 보장받았을 때, 그들과 북부 이란의 아제르바이잔 간에는 강력한 구심점이 없었다. 이후 1945년에서 46년 사이 북부 이란 지역에 소비에트 군이 주둔하게 되자, 주민들은 이를 그리 달가워하지 않았다. 소연방 범위 내에서 허용되는 '大아제르바이잔'을 세울 수 있었을지도 모르지만 말이다. 이와 대조적으로 소비에트가 지원하는 북부 이란의 마하바드 쿠르드 공화국은 민중들의 지지를 받았다. 북부 이란의 아제르바이잔인이 조만간 독립 아제르바이잔과 통합운동을 전개할 것인지는 확실하지 않으나, 이란의 강압통치로 인한 희생이 더 이상 발생해서는 안 된다. 1979년 이슬람 혁명과 이로 인해 이란에서는 언어로부터 종교에 이르기까지 커다란 정체성의 변화가 왔고, 이는 북부 이란의 아제르바이잔인을 점차 이란화하는데 촉매제 역할을 하었나. 이란령의 아제르비이잔인 가운데 상당수는 독립 아제르바이잔 공화국의 아제르인이 건방지며 자신들을 무시한다고 분개하고 있다. 그래서 새로운 '大아제르바이잔'이라는 남북 통일국가가 탄생하면, 북부 이란 아제르바이잔인이 모든 요직을 차지하려고 시도할 것이라 여긴다.

1994년 8월 중반, 타브리즈에서 축구 경기가 열렸다. 그러나 시작과 동시에 격렬한 시위가 일어났다. 군중들은 라프산자니·하메네이 등의 이란 정부 고위 지도자들을 비난하며 지방 행정부 건물을 습격했다. 이 사건을 시작으로 북부 이란 아제르바이잔인이 이란에서 탈퇴하여 아제르바이잔과의 합병운동을 더 가속화할지는 아직 미지수이다. 설사 아제르바이잔인이 이란으로부터 분리 독립투쟁을 전개하지는 않는다고 하더라도, 현재 이란의 경제 사회적 여건 속에서 야기되는 이들 인종 간 장벽은 국내 정치안정에 역기능적인 요인으로 작용할 것이다.

1993년 6월에서 8월 사이 엘치베이가 하야하는 혼란 속에 이란의 국경 근처 남아제르바이잔에서는 페르시아어를 사용하는 탈리쉬 (Talysh) 소수민족의 분리주의자들이 반란을 일으켰다. 1989년 인구 조사에 따르면 이들 탈리쉬의 숫자는 고작 21,000명이었다. 그러나 이 숫자는 소연방 시대의 동화정책 후 집계된 것으로 실제는 200,000 명이 넘는 것으로 추산된다. 大아제르바이잔과 관련하여 이란이 아제르바이잔 내부에 민족적인 불안 요소들을 인위적으로 조장했다는 가정도 가능하다. 그러나 이란 정부가 개입한 여지는 거의 없어 보인다. 왜 이란이 아제르바이잔의 불안을 원하겠는가? 이 문제는 단지 "아제르바이잔인이란 무엇인가?"라는 문제를 더욱 심화시킬 것이고, 그로 인해 이란의 영토 보전문제에 더욱 큰 파장을 가져올 것이다.

경제 협력자로서의 중요성과 아제르바이잔의 안정에 관심을 가지면, 왜 이란 정부가 아제르바이잔 내의 이슬람 과격분자들을 선동하는데 앞장서지 않는가를 알 수 있다. 그것은 그로 인한 이득이 없기 때문이다. 아제르바이잔 내의 아제르바이잔인은 특히 도시지역에서 그들의 강한 세속주의로 악명이 높다. 그런 과격주의를 부추기면 아제르바이잔과 터키, 그리고 아제르바이잔과 러시아 간의 이해관계에 문제가 생길지도 모르고, 결과적으로 알리예프는 더욱 불안해질 것이다. 이란 정부는 아제르바이잔에 대한 실용주의 노선을 계속 따르기로 했다. 테헤란 정부는 1992년 10월 창당한 '아제르바이잔 친이란 이슬람당'[57]에 아주 약간의 지원만 했을 뿐이다.

현재는 러시아의 영향력이 전보다 덜하긴 하지만 이란 정부는 자

---

57) Pro-Iranian Islamic Party of Azerbaijan.

국의 영토를 보전하는 데 있어, 현재 진행 중이거나 앞으로 발생 가능성이 있는 문제점들을 잘 알고 있다. 예를 들면 소수민족인 쿠르드족과 투르크멘족 문제가 있고 그들 중 일부가 쿠르디스탄이나 大투르크메니스탄(Greater Turkmenistan)에 편입하겠다고 할지도 모르는 일이다. 현재의 많은 정치 경제적 어려움으로 인하여 이란 내 분리주의자의 숫자는 더욱 증가할 것이다.

이란과 마찬가지로 아제르바이잔 당국 또한 영토 보존에 있어 어려움을 겪었다. 아제르인은 아제르바이잔 인구 구성에 있어 상당한 비중을 차지하고 있으며 게다가 1989년 인구 조사에서 공식적으로 조사된 83%라는 수치는 약간 더 상승했을 수도 있다. 나고르노-카라바흐에 집중되어 있는 아르메니아 소수민족 문제는 잘 알려진 사실이나. 아세르바이잔 북부의 레즈긴족(Lezgins)은 이웃해 있는 다게스탄(Daghestan) 지역의 동일계 인종들과 연합해야 한다고 주장해 왔으며, 남쪽에 있는 페르시아 지향의 탈리쉬 소수민족은 이란에 관심을 가지고 있다. 사정이 이러하다 보니 아제르바이잔은 민족 분계선을 따라 강력한 지방 군웅들이 다스리는 다수 영지로 분열될 수 있다는 가정도 가능하다. 전쟁으로 경제는 파탄 지경에 이르렀고 중앙정부가 불안정한 상태에서 강력한 아제르바이잔 국가건설 과업은 순탄할 수 없다.

Ⅲ. 아제르바이잔 이슬람과 이란 관계

1. 이슬람과 정체성

아제르바이잔인은 시아파 무슬림이 대부분을 차지한다. 아제르바이잔과 이란의 우호관계는 양국이 같은 이슬람 시아파이며, 많은 전통을 공유한다는 사실 등에 기반을 두고 있다. 확실히 이 종파적 유대관계는 그것이 여전히 양 국가에 내부적 반향을 가지고 있다는 점에서 깊게 살펴볼 만하다. 여러 해에 걸친 통일의 문제는 특히 소연방 붕괴 이후 고통스러운 이슈로 등장하였다.

지난 세월 동안 그들은 인접국인 터키·이란과의 밀접한 접촉 속에 또는 그들의 영향력 안에서, 독특한 인종적 실체로서 형성되었다. 기원 및 언어적 측면에서 볼 때 그들은 투르크계의 인종이지만, 정신적 측면에서 보면 이란의 시아파 이슬람 사상과 교리를 수용했다. 넓은 의미에서 이러한 시아파 가치는 아제르바이잔인의 행동 규범, 삶의 방식, 그리고 심리적 특성을 결정짓는다.

소비에트 통치 기간 동안 아제르바이잔은 특히 러시아인을 위시한 타민족과의 접촉과 밀접한 상호공존의 결과로, 삶의 여러 양상이 현대화의 과정을 거쳐 변모하였다. 이것은 옛 소연방 내의 나머지 이슬람 지역과 마찬가지로, 생활 속에서의 이슬람교와 이슬람 문화에 대한 말살정책의 결과였다. 예를 들어 모스크의 폐쇄, 전통적인 종교 교육의 폐지, 종교 지도자와 신학자에 대한 탄압, 그리고 무신론 사상의 주입교육 등을 강압적으로 시행했다. 볼셰비키 혁명 이전에는 실질적으로 아제르바이잔의 모든 마을과 부락에 모스크가 존재하였으나, 공산치하에서는 단 두 개의 모스크만이 존재했다. 페레스트로이카 이전에는, 공공기관들에 의해 통제되던 공화국 내의 종교문제를 관할하던 최고의 기관은 '트랜스코카서스 무슬림위원회'였다. 단 일부 신도들만이 성지 순례를 할 수 있었으며 이란과 이라크의 시아 성지 방문이나 시아 종교 축제일을 지내는 것은 사실상 금지되었다.

다른 공화국들과 마찬가지로, 아제르바이잔은 소연방의 극심한 이데올로기적 행정 지배체제 속에서 발전했으며 그 결과, 1930년대와 1940년대의 대규모 숙청 및 경기 후퇴를 통해 강요된 공영화의 시련을 겪었다. 그 피해자 군에 포함되는 것은 '부르주아적 민족주의자'는 물론 모스크 및 마드라사의 폐쇄와 함께 이슬람 종교계 인사, 아제르바이잔 식자층, 그리고 반사회주의적 사상의 신봉자들이었다.

소연방의 유럽 소재 공화국들에서는, 당국이 '자본주의와 서구 생활방식의 유해한 영향'에 대항해 금지령이나 위협 같은 수단을 통한 끈질긴 투쟁을 전개해 나갔다. 아제르바이잔에서는 특히 범투르크주의나 범이슬람에 반대하는 공식적인 선전활동이 특별히 거셌는데, 이 것은 특히 이란에서의 이슬람 혁명의 시작과 아프가니스탄 내전이 발발한 직후에 더욱 그러했다.

페레스트로이카 이후의 새로운 정부 당국은 이슬람에 대한 억압을 중지했으며 종교를 그 원래의 위치로 복원하고 그 사회적 사명을 다 할 수 있게끔 길을 터 주었다. 이슬람 세계는 아제르바이잔을 위해 문호를 개방해왔다. 1991년 후반부터 아제르바이잔은 이슬람 회의기 구(OIC)와 이슬람 개발은행의 회원국으로 활동해 오고 있다.

이러한 종교 회생의 분위기 속에서 여타 이슬람 공화국들과 마찬 가지로, 아제르바이잔은 옛 모스크들을 재건하면서 새로운 모스크를 신축하고 종교 단체와 신학교를 세우며 관련 강좌들을 개설하기 시 작했다. 이러한 모든 활동은 주권이 있는 공화국의 틀 내에서 이슬람 과 그 구조의 제도화 및 조직화를 가져왔다. 지배 계층의 중추 역할 을 하는 자유주의 세속적 지식인층은 시아 이슬람의 부상이 아제르 정치에서의 독립적 요인으로 작용할 것이라고 간주하며 두려워한다. 그들은 터키에 만연되어 있는 정치와 종교가 분리된 온건한 형태의 이슬람교를 선호한다. 중앙아시아 투르크계 무슬림 국가들이 이슬람 세계의 매우 특수한 지역에 속해 있다는 그들의 주장은 이러한 심리 적 배경에서 기인한다. 이 지역 이슬람의 주된 특징은 무슬림이 러시 아의 통치 하에서 현대화와 타문화 및 사상 교리에 대한 종교적 포용 력의 교화를 거치면서 유럽화된 세속적 성격을 지니게 되었다는 점 이라고 할 수 있다.

트랜스코카서스 무슬림 위원회의 수장인 세이흐 울-이슬람 핫지 알라 슈쿠르 파샤자데는 교육 수준이 높은 무슬림 지도자로서 온건

한 이슬람을 주창하며 현실에 뒤처지지 않고 순응해 가고 있다.[58]

그는 브레즈네프 통치 말기에 30세의 나이로 수장에 선출되었고, 최근의 소비에트 정치의 모든 변화 속에서 살아왔다. 그는 아마도 제 2차 세계대전 이후 아제르바이잔의 정치권에 있어서 가장 능력 있는 정치가일 것이다. 고향이 탈라쉬임에도 불구하고 그는 아제르바이잔 민족주의를 보호하려는 사람이다. 그리고 시아파의 종교 지도자였음에도 불구하고 그는 한때 공산주의를 지지했었다. 이것이 그의 정치적 감각과 아제르바이잔 내의 어떠한 권력과도 협의할 용의가 있도록 만들었던 것이다.[59]

이러한 점을 고려한다면 아제르바이잔의 정치적 토론에서 그가 '이란적인' 입장을 얼마만큼의 가치를 두고 검토하는가를 보는 것은 대단히 중요하다. 그의 정치적 지향성과 관련하여 언급하면 파샤자데는 단순히 재정립된 공산주의자가 아니라 종교적 인도자였고, 과거나 현재의 아제르바이잔의 정권이 그러했듯이 성직자를 이용해 정치적 목표를 이루었다. 파샤자데는 이것을 역으로 사용하기도 했다. 공산주의자들의 통치 하에서도 그는 지속적으로 이슬람 국가에 대한 그들의 두려움을 완화시켜 왔다. 아제르바이잔의 공산당 지도부는 특히 서구화되고 반종교적인 사람들로 구성되어 있었다. 그래서 옛 공산주의자들이 아제르바이잔 사회가 이슬람화되는 것을 두려워할수록, 그만큼 더 그는 하나의 정치세력으로서 이슬람의 입지를 확보할 수 있었다.

이슬람 부흥은 일부 원리주의 단체들의 부상과 연계되어 있다. 일

---

58) Zinin & Maleshenko 1994, 110.
59) Saroyan 1992, 227.

부 몇몇 소식통에 의하면 이러한 단체는 여섯 개가 있는데, 이 중에서 '아제르바이잔 이슬람 당(IPA)'이 당국에 등록되어 있는 유일한 단체이다. 이러한 당들의 당원 수는 수십 명에서 수천 명으로 그리 많지는 않다. IPA가 배포한 정보에 따르면, 이 단체의 당원 수는 6만 명에 달한다. 아제르바이잔에서의 원리주의 운동은 통일되지도 견고하지도 않았고, 이와 관련한 단체들 상호 간의 유대는 미약한 채로 남아 있다. 더욱이 이들의 하부 조직 간에 일종의 라이벌 의식이 존재한다는 주장도 신빙성이 있다.

이슬람교 부흥 사상은 '토우베(Towbe)'라는 단체의 이데올로기적이고 영적인 기초가 되었다. 이 조직은 수천 명의 젊은이로 구성되어 있으며, 신의 길로 되돌아감으로써 생성되는 사회 · 개인적 도덕심의 현격한 발전이 이슬람 사회를 구하는 방도라고 주장하는 마샤디 하지 압둘 이슬라미가 그 수장으로 있다. '토우베'의 활동은 그 유명한 중동의 '무슬림 형제당'과 유사하다.

파샤자데는 아제르바이잔 내 이슬람 부흥의 과정에 엄청난 어려움이 존재한다는 사실을 부인하지 않았다. 그는 이슬람 부흥에 대한 관심의 고조에도 불구하고 "명망 있는 종교학자는 물론 단식을 포함하여 이슬람 윤리와 진지한 종교 학문에 관한 권위자도 부족한 상태이다. 신학교와 다양한 강좌들이 급속하게 늘어나는 추세에 있으나, 교육의 질적 문제에 대해서는 크나큰 의문이 생기지 않을 수 없다"라고 시인한 바 있다. 여기에 대한 주요 요인은 아제르바이잔의 이슬람교가 지난 70년간 나머지 이슬람 세계에 대해서 고립된 상태로 있었다는 데 있다. 이것은 아제르바이잔의 평신도 및 그들의 영적 지도자들 모두가 생각하는 이슬람 문화의 일반적 기준을 변질시켰다.

이러한 상황을 특히 우려하고 있는 파샤자데는 국가가 종교 단체들에 대한 효과적인 지원을 해줄 것을 요청했다. 더 나아가 엘치베이 대통령과의 면담에서 그는 정부와 공동으로 운영하는 종교문제 관련 위원회의 창설, 종교학과가 개설된 이슬람 대학교의 설립, 그리고 더 많은 종교 서적 및 교재의 출판 등의 대안을 제시했다.[60]

지금까지는 당국, 그리고 공식적으로 인정된 종교체제에 반하는 어떤 시아 무슬림 당이나 그룹에 대한 정보가 없다. 각 지방들은 아직 이 이슈에 대해 문제 제기를 하지 않은 상태이다. 그러나 아제르바이잔 전체 인구의 46%가 지방에 거주하고 있다는 사실을 간과할 수는 없을 것이다. 전체주의적 유산들이 지방의 전통적인 생활양식과 함께, 공산주의적 슬로건 밑바닥에 강한 종교적 감정이 존재하는 엄청난 사회 구조를 생성해 냈다. 이러한 감정은 원리주의의 근원이자 자양분이 될 수도 있다.

이러한 관점에서, 인접하고 있는 이란의 도덕적이고 이데올로기적인 영향을 항상 염두에 두어야 한다. 이란의 시각에서 보면, 북아제르바이잔은 이란과 역사적으로 수많은 고리로 연결된 국가였다. 그러나 아제르바이잔의 지식계층은 불과 몇 세대 전에야 겨우 자신들이 이란인이 아니라는 사실을 인식했다. 아제르바이잔은 2 대 1의 비율로 시아 무슬림이 다수를 차지하는 국가로서 종교의 부흥운동은 아제르바이잔의 소수파인 순니 무슬림보다는 이들 사이에서 일어났다. 대부분의 시아파는 이란을 그들의 정신적 모국으로 보는 경향이 있다.[61]

세속주의는 소련 통치로 인한 정신적 황폐화 이후, 더 이상 미래에

---

60) Ibid., 112.
61) Swietochowski 1994, 292.

대한 대안이 되지는 못했다. 이런 면에서 세속화된 터키보다는, 이란이 아제르 시아파에게 더 많은 것을 제공해 줄 수 있을지 모른다. 그러나 여기에는 동전의 양면과 같은 것이 있다. 무엇보다도, 이것은 강한 종교적 이미지 때문에 이란-터키 경쟁관계에서 불리한 요인이 될 수 있다는 것이다.

2. 이란-아제르바이잔 관계

소연방 붕괴 후 이란-아제르바이잔 간의 관계는 가장 큰 논쟁거리 중의 하나이다. 러시아-이란 전쟁의 결과로 분단된 19세기 초 이전까지 아제르바이잔은 이란과 많은 역사를 공유하였다. 그 이후 아제르바이잔의 영토는 서로 다른 두 국가 내에서, 즉 그 하나는 아제르바이잔 인구 중 7백만이 속한 러시아 내에서, 다른 하나는 거의 2천만에 달하는 인구가 속한 이란 내에서 이질화를 겪어왔다.

이란-아제르바이잔 민족주의 성장의 위협과 독립적인 북부 아제르바이잔 비종교주의 성장의 위협은 이란-아제르바이잔 관계를 결정짓는 주요 요인으로 작용하였다. 적어도 동부와 서부 지역을 비롯하여 대부분의 아제르바이잔은 역사적으로 이슬람 시아파의 성지였지만, 앞에서 언급한 이유들로 인하여 종교는 아제르바이잔에서 정치적인 힘으로서 그다지 강한 전통을 가지고 있지 못했다. 민주화의 초기에 인구 2백만의 바쿠에서 두 개의 모스크만이 존재하고 있을 뿐이었다. 1990년부터 1994년 사이 아제르바이잔과 이란의 관계를 고찰해 보면 세 가지 국면이 눈에 띄게 드러난다.

첫째, 1990년부터 1992년 중반까지 이 시기에 두 나라 간 유대가 서서히 강화되기 시작한다.

둘째, 1992년 중반부터 1993년 중반까지 양국 사이의 관계는 아제르바이잔 대통령 엘치베이의 친터키 정책으로 악화되었다.

셋째, 1993년 중반 이후부터 아제르바이잔의 알리예프가 주변국들에 대해 균형 잡힌 정책을 취하면서 양국은 다시 우호관계를 넓혀나 갔다.

호메이니 이후의 이란 정부는 아제르바이잔에서 일어나는 사건에 대응하는 가운데 터키의 영향력을 저지하기 위해 소련 및 아르메니아와의 관계도 고려해야 했다. 이러한 역학 관계에서 카프카스 지방의 정치 안정과 경제 번영을 위하여 아제르바이잔 당국 역시 이란-터키-러시아 3국에 신중하게 접근했다.

이란 정부는 증진되고 있는 소연방과의 경제적 유대를 깨지 않기 위해 첫 번째 단계부터 아제르바이잔-이란 교섭 관계에 있어 매우 조심스럽게 진행해 나갔다. 라프산자니 대통령은 1989년 호메이니 사후, 즉시 모스크바를 방문하여 협상한 결과 소련으로부터 무기와 기술을 제공받기로 합의했다. 1990년 소비에트 군대가 일부 아르메니아인이 학살되고 있다는 사실을 구실로 아제르바이잔의 수도인 바쿠에 진입, 아제르바이잔 민족전선을 무력으로 진압할 때조차도 이란은 거의 아무런 대응을 하지 않았다. 이란 외무부는 소련군의 이와 같은 잘못된 행동에 깊은 유감의 뜻을 표한다면서 평화적 해결책을 촉구했을 뿐이다. 이는 억압받는 이슬람 동포를 돕겠다던 과거의 약속을 저버린 것이라 볼 수 있다. 게다가 소비에트 붕괴가 확실해진 1991년 12월 중순에서야 겨우 아제르바이잔의 독립을 인정했다. 의미심장하게 1991년 11월 하순에 이란 외무장관 벨라야티는 아제르바이잔의 수도 바쿠를 포함해 소비에트를 방문하면서 서방에 맞선 신생독립공화국들의 단결을 강력하게 주장했다. 벨라야티의 주장은 터키가 이미 그 해 11월 9일 아제르바이잔의 독립을 인정했다는 사실을 고려해 볼 때 특히 두드러지는 대목이다.[62]

1992년 1월 이란은 바쿠에 대사관을 개관했으나 이란 정부는 아제르바이잔에서 날로 커지고 있는 터키 세력에 고전했다. 아제르바이잔의 무탈리보프(Mutalivov)는 1992년 1월 터키의 수도 앙카라에서 우호협력조약에 동의했다. 이로서 아제르바이잔은 옛 소연방 중 최초의 투르크계 공화국이 되었다. 문자도 그간 사용했던 키릴어에서 아랍문자가 아닌 라틴 문자로 바꾸기로 결정했다. 그러나 1992년 봄, 이란은 아르메니아와 아제르바이잔 간의 나고르노-카라바흐 분쟁에서 적극적인 중재자 역할을 함으로써 그 지역에서의 위상을 높이게 된다.

아제르바이잔-이란 관계는 1992년 6월 선거에서 민족전선의 지도자 엘치베이가 대통령에 당선되자 급속히 악화되었다. 엘치베이 대통령의 對이란 외교정책은 다음의 두 가지 요소에 영향을 받았는데, 하나는 이란식의 신정주의 사회모델을 받아들일 수 없다는 것이었고, 다른 하나는 이란 내에서 이루어진 아제르바이잔 소수민족에 대한 동화정책이었다. 그래서 엘치베이는 이란령 남부 아제르바이잔 지역에 아제르 모국어 학교의 개설을 요구하였다. 엘치베이 정권과 이란과의 관계는 경제적인 협력에만 국한되었다. 서구화 정책을 고수했던 민족전선 정권은 이란과의 관계를 조금도 중요시하지 않았다.[63]

---

62) Winrow 1995, 96.
63) Alieva 1995, 298.

그는 과거 여러 차례 아제르바이잔의 이란계와도 동맹을 맺어 '大아제르바이잔'의 꿈을 실현해야 한다고 말한 것으로 유명하다. 또한 그는 터키 세속주의 모델을 도입해야 한다고 강력히 주장하기도 했다. 나고르노-카라바흐를 둘러싼 분쟁이 고조되고 아르메니아인이 아제르바이잔 영토를 점유한 가운데 평화적 해결을 위한 어떠한 중재도 더욱 어려워졌고, 이란의 중재 노력은 갑자기 중단되었다. 정치적으로는 이란-아제르바이잔 양국 간 상호교류가 사실상 잠시 중단되었다. 그러나 다른 한편으로 경제적 유대는 더욱 공고해졌다.

알리예프는 지방 군응 후세이노프(Huseinov)[64]의 군사혁명으로 집권함으로써 아제르바이잔-이란 관계가 새로운 국면에 접어들게 하였다. 자치 구역이며 지리상으로도 분리된 나히체반의 아제르바이잔 공화국의 수장으로서 알리예프 대통령은 이란과 긴밀한 관계를 유지했다.

신중한 외교정책을 고수했던 새로운 지도자 알리예프는 이란과의 친밀한 관계로의 개선을 추진하였다. 알리예프 대통령과의 만남에서 아제르바이잔 주재 이란 대사 나하벤디안(Ali Asqar Nahavendian)은 아르메니아의 공격과 아제르바이잔 지역에 대한 점령에 대해서 비난하고, 이란이 아제르바이잔과의 관계를 매우 중요하게 생각하고 있음을 강조하였다. 이러한 관계는 거의 6만 명의 난민이 발생한 아르메니아군에 의한 켈바자르 지역 점령 이후, 아르메니아-아제르바이잔 전선의 급격한 상황 악화와도 또한 관계가 있었다.

1992년 8월과 1993년 3월 알리예프는 경제적 균등분배를 약속했고 그에 따라 이란은 아르메니아에 의한 경제봉쇄로 고립되어 어려움을

---

64) 1991년 10월 쿠데타가 발생하기 전까지 알리예프 내각의 총리이었으며 이 쿠데타로 엘치베이는 사임할 수밖에 없게 되었다.

겪고 있는 나히체반에 식량·석유·전기 등을 공급하기로 약속했다. 그가 대통령이 되자마자 이란 언론들은 일제히 알리예프가 약 200개의 모스크를 나히체반에 얼마나 빨리 세웠는지 그리고 마쉬하드에 있는 이맘 레자의 무덤에 순례를 갔는지 등을 신속히 보도했다. 그러나 이란인들은 1980년대 초반 알리예프가 아제르바이잔 소비에트 공화국과 이란령 아제르바이잔의 통합을 얼마나 열렬히 주장했었는지 간과하고 있었다.

1993년 10월 라프산자니는 바쿠를 공식 방문했고 14개 조약과 의정서, 그리고 상호우호협력 원칙을 포함하는 협정에 서명했다. 1994년 6월말 알리예프는 테헤란을 방문했고 합동국경위원회의 설립에 관한 협정서를 체결하였다. 그 내용을 보면 이란 가스 전문가를 나히체반으로 보내는 문제, 수자원·전력·과학·문화·의학·라디오·텔레비전 등의 분야에 대한 상호협력과 투자, 호다 아프린 댐 건설 프로젝트의 완결, 그리고 카스피 해 문제의 협력 등이다. 본격적인 이란의 중재 역할에 대한 아르메니아의 호의가 시들해지기는 했으나 이란 정부는 나고르노-카라바흐 지역 분쟁의 평화로운 해결에 다시 관심을 가지기 시작했다.

뒤이어 아제르바이잔-이란 국경 근처에 있는 아제르바이잔 군대를 아르메니아가 공격하는 사건이 발생, 이란 정부는 아르메니아를 비난했다. 이로 인해 수천 명의 아제르바이잔 난민이 생겨났고 이들은 이란 적신월사(赤新月社, Red Crescent)가 아제르바이잔 국경 쪽에 들어와 활동하기 전에 국경을 건너 이란으로 피난했다.[65]

그러나 이란 정부는 알리예프의 지역정책을 평가하는데 있어 완전

---

65) Winrow 1995, 97.

한 합의를 보지 못한 것 같다. 1994년 1월 라디오 테헤란은 아제르바이잔의 독립을 보존하면서 동시에 러시아와의 관계를 개선하고 다른 접경국들과 긴밀한 관계를 유지하는 등의 균형 잡힌 알리예프 정부의 외교정책을 지지했다. 그러나 그 해 6월 '테헤란 타임지'는 사설에서 알리예프의 주변국을 둘러싼 매우 복잡한 정책과 상대가 이란이냐, 러시아냐, 또는 터키냐에 따라 입장을 번복하는 그의 외교적 성향이 이란 외교에 해를 끼칠 수 있는 매우 위험한 태도라고 경고했다.

앞에서 언급한 것처럼, 계속되는 아르메니아에 의한 점령과 손실에 직면한 아제르바이잔의 지도자들 역시 자국을 지지할 것 같은 나라들에게 지원을 호소하였다. 이러한 정치적인 지원의 대가로 아제르바이잔은 이란에 의해서 지원되는 종교기관들의 확장에 유연한 자세를 취하였다. 비종교직인 아제르 지역에 '종교적인 물품들'을 보급하려는 이란의 노력은 실패했으나, 결론적으로 아제르바이잔-이란 외교관계는 균형을 유지하려는 알리예프 대통령의 노력에 의해서 우호적으로 지속되었다.

Ⅳ. 남북 아제르바이잔 통일과 주변 강대국

제1차 세계대전 동안 남북 아제르바이잔 양측으로부터 터키에 대한 동조가 강하게 일어나면서 오스만군이 러시아의 통치와 점령에서 벗어나게 해 줄 수 있는 세력으로 떠올랐다. 그러나 오스만군은 1918년 여름, 러시아 내전이 터지고 나서야 트랜스코카서스와 이란 북쪽에 입성할 수 있었다.

오스만 제국은 독립 민주공화국이 세워진 북아제르바이잔이 언젠가는 터키와 통합될 것을 희망했지만, 신생독립국의 엘리트들은 이런 가능성을 별로 달가워하지 않았다. 오스만 제국은 남아제르바이잔에서 이란과의 분리를 주장하는 성향의 사람들을 부추겼다. 좀 더 자세히 살펴보자면, 세계대전의 마지막 몇 달 동안에 나타났던 오스만-아제르바이잔 정책에는 모든 이슬람 민족을 통합하자는 범이슬람주의와 투르크 민족을 통합하자는 투란주의라는 상호 배타적인 의견이 공존했다. 그것은 구체화된 정책도 아니었고, 오스만군이 남북 아제르바이잔에 심각한 영향을 미칠 정도로 오래 머물러 있지도 않았다.

한편 바쿠 정부는 소련에 의한 점령을 역사적 필연성으로 받아들이고 최고의 협상을 끌어내는 데 혈안이 되어 있었다. 그 협상은 불문 협약의 일환으로 공무원의 현지인 우선 채용·아제르어 교육 확대·토착문화 연구소 양성 같은 정책을 그 골자로 하고 있어, 아제르바이잔은 1920년 소련에게 점령당한 후에도 계속해서 민족통합을 추진할 수 있었다. 이 모든 내용들은 테헤란의 새로운 팔레비 왕조의 통치하에 있던 남아제르바이잔에서 '이란화'라는 강제 동화정책이 펼쳐지던 것과는 첨예한 대조를 이루었다. 이러한 강제 동화정책은 아락세스 강 국경 너머 지역과의 접촉도 축소시켰다.

당시 케밀이 추구한 새로운 외교정책으로 터키는 국경 밖 투르크 민족문제에 가능한 한 관여하지 않았다. 터키가 아제르바이잔의 문제에서 손을 떼고 이란의 팔레비 왕조가 페르시아화 정책을 추진하는 동안, 반소련 반체제 망명자들은 미래의 새로운 대안으로 트랜스코카서스 연방주의 형태를 추진하고 있었고 이것은 역사의 고비마다 나타났던 또 다른 정치적 전통이었다. 연방주의 계획은 1905년의 혁명기로 거슬러 올라가는데, 그루지야인·아르메니아인·아제르인으로 구성된 하나의 통합 국가는 1918년 봄에 간신히 4주 동안 지속된 채 그 시도는 실패로 끝나고 말았다. 그러나 트랜스코카서스 연방주의가 그 당시 아르메니아-아제르바이잔 간의 적개심 때문에, 더 정확히 말해 오스만과 독일의 압력 때문에 실패했듯이, 민족주의 지도자들이 추방된 1920년 이후에도 어떤 식으로든 러시아에 반하는 정치적 행동에 개입되길 원하지 않았던 아르메니아의 거부로 그러한 연방주의

사상은 또다시 좌절되었다.

소련령 아제르바이잔 민족주의는 철저히 고립되는 경향이 있었으나, 1941년 소련군이 이란의 북부 지역을 점령했을 때는 팽창주의의 야욕도 드러났다. 소련 군대가 주둔하자, 남북 두 쪽으로 분단된 국가를 통합하거나 친선관계라도 유지하는 범아제르바이잔주의가 부활했다. 소련의 점령하에 대부분 페르시아어가 사용되었던 문학작품에 원래의 토착어가 다시 사용되기 시작했고, 아락세스 북쪽에서 온 지식층의 도움으로 이런 현상은 더욱 고무되었다. 그들 중 몇몇은 최근 통합된 우크라이나·벨라루시처럼 적군(赤軍)의 중재를 통해 민족통합이 이루어질 것이라고 전망했다.

1945년 11월에 소련의 지원으로 아제르바이잔은 아제르바이잔 민주당 총수이자 오랫동안 공산당원으로 활동해 온 사이드 자파르 피쉐바리의 지도 아래 타브리즈에 아제르바이잔 자치 정부를 수립했다. 곧 이어서 학교·문화 연구소·토속어로 된 문학 작품이 급증했으며, 소련의 보호 아래 남북 아제르바이잔이 다시 합쳐야 한다는 공론이 무성했다. 밝혀진 대로 이란령 남아제르바이잔 문제는 냉전을 시작하는 구실 중의 하나였고, 서방 세력의 계속된 압력으로 적군은 아락세스 너머로 철수했다. 피쉐바리 자치 정권을 그대로 놓아둔 채, 이란 정부는 1946년 말에 남아제르바이잔을 다시 되찾았다. 북아락세스의 범아제르바이잔주의는 1950년 초까지 계속 확산되었으나, 소련 정부는 이를 거의 전면적으로 금지시켰다. 왜냐하면 소련은 당시 이란 민족주의에 편승한 석유 국유화 선언으로 인하여 대영 제국에 반기를 든 테헤란 정권의 약화를 우려했기 때문이다. 남아제르바이잔의 자치 정부에 관한 이야기는 흐루시초프(1894~1971)의 긴장 완화 시기에 다른 사건들과 함께 잠깐 재발견됐지만 다시 잊히고 말았다. 그 이유는 팔레비 이란과 브레즈네프 통치기의 소련 때 우호관계가 증대된 데 있었다.

소련 내의 범아제르바이잔주의에 대한 동요가 다시 일어났지만 신문지상, 특히 러시아의 신문에는 오르지 못했는데, 이는 이 주장이 최고위층의 공식 승인을 받지 못했음을 시사했다. 소련 정부는 테헤란을 상대로 복잡한 게임을 하고 있는 동안 시간을 오래 끌 행동을 취할 마음도 없었다. 그 사이 바쿠에서는 마치 지배층과 피지배층 간에 무언의 동의라도 있었던 듯, 하나로 통합된 아제르바이잔 캠페인이 펼쳐져 이웃 공화국 그루지야와 아르메니아에서 일어나고 있던 반체제 운동을 대체했고, 국경 너머 이란령 아제르바이잔과의 통합을 더욱 상력하게 추진하고자 했다. 이런 목표를 실행하기 위한 방법이 무엇이든 간에 그것은 아제르 민족자결주의에 이익이 될 것으로 보였으며, '하나의 아제르바이잔' 통합 사상을 명백하게 주장하는 것은 페르시아화·러시아화에 직면한 아제르 정체성을 상호 강화하리라 여겨졌다.

고르바초프의 페레스트로이카가 발표되자 소련 정부는 '하나의 아제르바이잔' 정책을 이란과의 관계에 불필요한 자극제로 간주하고 돌연히 취소해 버렸다. 과거에도 그랬듯이 소련 정부는 아제르바이잔 국민의 감정은 전혀 고려하지 않은 채, 어떤 국가와 관계하느냐에 따라 조변석개식으로 입장을 바꾼 것이었다. 페레스트로이카가 선포됐다고 해서 아제르바이잔 내에 갑자기 민족운동이 일어난 것은 아니다. 오히려 페레스트로이카가 선포되고 나자, 아제르바이잔 내 아르메니아인의 거주지를 아르메니아 공화국에 합병시켜야 한다는 요구가 일어나 1988년 2월 나고르노-카라바흐 분쟁이 격렬하게 발생했다. "인종 간의 갈등인가, 자치국의 탈식민지 위기인가?"라고 한 역사학자는 이 분쟁에 의문을 제기했다.

소련의 다른 지역들보다 반체제운동의 발전이 늦었던 아제르바이잔은 이제, 내부 투쟁으로 사회적 동원력이 생겼던 것과 같은 과정을 거쳐, 1905년에 필적할 만한 정치적 각성을 경험하게 되었다. 다음으로 그 투쟁은 국가의 이익을 대변하기에는 공산당의 힘이 너무 허약하다는 것을 드러내었고 새로운 시대의 정신에 발맞추어 독립적인 출판물・행동위원회・정치단체가 우후죽순 격으로 늘어났다. 공식적 개방정책의 수문이 활짝 열리면서 최근까지 언급해서는 안 되었던 엄청난 양의 논제들이 지하 조직뿐만 아니라 언론매체, 공공기관에서도 토론의 주제가 되었다. 그러나 당시의 아제르 언론에서 재발견된 논제들의 목록을 보면 여전히 포함된 것보다는 빠진 것이 현저하게 많았고 가장 조심스럽게 다루어진 주제는 역시 남북 아제르바이잔의 관계에 관한 것이었다. "우리는 분단된 조국의 남아제르바이잔 지역에 관해 세계의 그 어느 나라에 대해서보다도 모르고 있다"고 한 지하 출판물은 이렇게 고발하며 정부의 규제와 사전 검열제도를 언급했다.[66)]

아제르바이잔에서는 다음과 같은 식민주의의 유산으로 인한 후유증을 경고하는 여론의 목소리가 점점 높아졌다.

　1) 1918~1920년의 독립 공화국과 무사밧당에 대한 이상주의
　2) 스탈린이 아제르바이잔에서 저지른 만행의 폭로

---

66) Swietochowski 1994, 286.

3) 과거의 사회적 인물들 특히 반공산주의자에 대해 되살아나는 기억들
4) 문자개혁이 민족문학의 연속성에 끼친 해악과 같은 주제가 거론되면서 언어적 문화적 동화
5) 천연자원의 고갈, 특히 아제르바이잔 공화국이 부유한 중동국가의 대열에 합류할 수 있는 원동력이 되는 석유의 고갈

이런 배경하에서, 1990년 1월 위기는 군중이 아락세스 강을 따라 있던 국경 시설물들을 파괴하면서 시작되었다. 철조망을 잘라내면서 기뻐하는 군중의 모습은 최근 잊혀 가는 베를린 장벽의 모습을 연상시켰다. 국경 지대에서 발생한 사건은 다양한 입장을 반영했다.

급진파는 아제르바이잔 통일의 한 단계인 민중봉기의 결과로서 국경의 개방을 목격했다. 동시에 일단의 학자들은 이에 고무되어 소연방의 공신당 정치국과 최고회의 간부회에 성명서를 보냈다. 그 성명서에서 아제르바이잔의 분단은 과거 한국이나 베트남의 분단과 비교되기도 했다. "아제르바이잔은 19세기 초반에 있었던 러시아-이란 전쟁으로 인해, 인위적으로 남북 두 지역으로 분단되었다. 그리고 그로 인하여 비극적인 1828년 투르크만차이 조약이 체결되었다." 이 성명은 '아제르바이잔의 분단된 남북 두 지역 간의 긴장완화'를 요구했다.[67]

국경 소요 2주 후인 1990년 1월 13일, 바쿠에서 갑작스런 인종 폭력사태가 발생하면서 폭도들은 지역 내의 아르메니아인을 공격했다. 살아남은 아르메니아인이 바쿠를 떠나고 나서야 모스크바는 군의 개입을 명령했으나, 그때는 소련 정권의 붕괴의 조짐이 보일 때였다.

아락세스 강 건너 북아제르바이잔에는 비교적 교육 수준이 높은

---

67) Ibid., 289.

약 7백만 명 정도의 아제르인이 있다. 그들 대부분은 다양한 계층에서 불균형하게 발전되었음에도 불구하고 잘 형성된 문화적 기반, 활동적인 리더십, 고도로 조직된 정치생활, 그리고 토착 지역관료 제도를 가지고 있다. 북부 지역에 대한 이란의 개입은 남북 두 아제르바이잔을 상호 더 가깝게 만들어, 이란 정부의 성공적인 페르시아화에 대한 장기적 노력을 위태롭게 할 수 있을 것이다. 이미 나고르노-카라바흐 분쟁의 파문은 남북 아제르바이잔의 결속력의 분위기를 고조시키는 가운데, 이란 내에서 분열을 일으키는 충동과 이란이 지배하는 페르시아 지방에서조차도 서로 다른 감정을 만들었다. 타브리즈에 대한 영향력에 상관없이, 이란은 바쿠와의 관계에 특별한 관심을 가졌다. 북아제르바이잔 정부에 대한 터키의 지속적인 지원에 대한 관점에서는 더욱 그러했다.

이 부분에 있어서, 아제르바이잔-이란 관계는 테헤란 정부의 통치하에 있는 남아제르바이잔의 상태 때문에, 불편한 상태로 남아 있다. 이란령 아제르바이잔 정체성에 대한 관심은 더 이상 소련의 팽창주의의 수단으로서가 아니다. "북아제르바이잔에서 독립된 정부가 생김에 따라, 남아제르바이잔에서도 자유를 누리는 것이 더 쉬워질 것이다"라고 민족전선의 지도자 자격으로, 엘치베이가 소비에트 정권의 붕괴에 즈음하여 발표했다. 실제로 1992년 6월 신임 아제르바이잔 대통령 엘치베이는 5년간의 임기 내에 아제르바이잔 민족이 하나가 될 것이라는 그의 신념을 피력했다.[68]

엘치베이는 이란의 이슬람 원리주의 정권에 비교해 아제르바이잔에서 상대적으로 좀 더 많은 정치적 자유가 허용되기를 원했다. 이란

---

68) Ginat & Vaserman, 1994, 358.

에서는 최근 아제르바이잔어로 된 책의 출판의 자유가 허용되었는데, 그러한 자유가 북부 이란의 아제르바이잔인에게 어필할 것이라고 생각했던 것이다.

엘치베이의 가장 만만치 않은 도전자는 알리예프였다. 그는 나히체반 자치 공화국 입법회의 의장이며 아르메니아·이란·터키 등 타국으로 둘러싸인 아제르바이잔의 실질적인 통치자였다. 터키와의 화해 무드에 많은 진전이 있자 알리예프는 자신의 독자적인 외교정책을 추진했으나, 경제실정에 대하여 비난을 받았다. 그러나 그는 주의깊게 세력균형을 맞추어 가면서 이란과의 성실한 관계를 더욱 공고히 다졌다. 엘치베이와는 다르게, 그는 테헤란 정부의 눈에 이란 이슬람 공화국과 관계할 수 있는 아제르 지도자로 여겨지게 되었다. 알리예프가 이란을 방문했을 때 그는 최근 나히체반에 건립된 약 200여개의 모스크에 대한 승인을 요구했고, 마쉬하드에 있는 이맘 레자(Imam Reza)의 무덤까지 성지순례를 하는 등, 이슬람에 대한 그의 새로운 노력을 과시했다. 이란 정부는 알리예프의 정치적 복귀로 복합적인 암시에 대해 만족감을 감추지 않았고, 결국 그것으로 인하여 그는 바쿠에서 다시 권력을 잡았다.

1994년 여름 알리예프 대통령이 '이란의 영토 보전은 아제르바이잔 공화국에게도 반드시 필요하다'라고 강조했지만, 이란 정부가 알리예프의 이란령 아제르바이잔의 수도 타브리즈 방문을 취소하도록 한 것에 주목해야 한다. 그가 분단된 남북 아제르바이잔을 통합하려는 암시를 하면서, 계속해서 이란의 동화정책을 비난했기 때문이다.[69]

---

69) Winrow, op.cit., 103.

2002년 5월 아제르바이잔은 미국의 동맹 세력인 터키 및 그루지야와 유대관계를 강화하는 일련의 협정에 서명했고, 다른 한편 아르메니아는 미국과의 더 밀접한 군사협력을 발표했다. '나고르노-카르바흐' 문제가 완전히 해결되지 않았음에도 불구하고 미국은 제재를 풀고 아제르바이잔과 아르메니아에 각각 4백만 달러의 군사원조를 제공했다. 또한 미국은 이란-아제르바이잔 간의 국경분쟁에 강경한 입장을 보이며 그러한 사태가 계속된다면 "우리는 방관하지 않겠다"고 경고했다. 동시에 77세가 된 알리예프는 퇴임 후 자신의 아들인 일함릴 알리예프(Ilham Aliyav)를 후계자로 삼으려고 헌법 개정을 시도했으나, 2002년 8월 재야 세력이 국민투표를 보이콧했다.[70] 그러나 2003년부터 아버지의 뒤를 이어 일함 알리예프가 대통령직을 현재까지 수행하고 있다.

---

70) Zepezauer 2003, 158.

V. 아제르바이잔의 과제

분단된 남북 아제르바이잔은 하나의 조국으로 자주 언급됐다. 한 민족을 갈라놓은 아물지 않은 상처인 국경선은 결국 사라지게 될 운명일 것이다. 투르크만차이 조약은 역사적 불의와 부정의 기념비라는 불미스런 의미를 갖게 되었다. 이란이 계속해서 아제르바이잔 영토 보전의 존중을 표명하고 있는 가운데, 평화적 해결을 위한 이란의 모든 노력은 아제르바이잔-이란 관계를 더욱 공고히 하는데 기여할 것이다.

그러나 아제르바이잔인의 정체성에 관한 아직 풀리지 않은 문제는 아제르바이잔-이란 간 협력에 한계를 가져올 것이다. 또한 옛 소련 남부 제국은 주로 터키계 민족에 의해 구성되고 터키어를 사용하기 때문에, 이란의 영향력은 민족 또는 언어 면에서는 한계가 있을 수밖에 없다. 또 종교적으로도 이란은 이슬람 세계에서 소수파인 시아파를 신봉하여, 이슬람 세계에 미치는 영향에는 그 자체로 한계성을 가지고 있다.

미래 발전이 무엇이든지 아제르인은 외부세계의 도전 속에서, 시대를 거쳐 칭송되어온 정치적 전통으로부터 갈 길을 찾으려 할 것이다. 온건함과 타협능력, 이 두 가지 특성은 아제르바이잔의 역사와 지리적 현실로부터 생긴 것이다. 아제르바이잔은 유럽과 아시아·이슬람과 기독교·순니파와 시아파·러시아와 중동·터키와 이란 사이에서 수차례 이상의 전형적인 분쟁지역이었다. 이러한 환경에서는 어떤 극단주의라도 배제하는 것이 국가 생존이라는 정치적 측면의 가장 현실적인 대안인 것이다.

앞으로 이 지역의 상황이 어떻게 전개될 것인지, 또 아제르바이잔-이란 관계는 어떻게 변할 것인지 장기적으로도 그리고 단기적으로도 예측하기 어렵다. 주요 인물들이 큰 변수로 작용할 것이다. 누가 정권을 잡든 이란과 아제르바이잔 어느 쪽도 사태를 악화시키는 일을 할 것 같지는 않다. 이들 국가의 영토 보전 문제는 실로 엄청나게 중요한 일이다. 최근 카즈빈 및 타브리즈에서 발생한 폭력사태로 이란 정부는 크게 위기의식을 느꼈음에 틀림없다. 그러나 문제가 풀리지 않은 채 분쟁이 계속된다면 장기적 안보는 그 누구도 보장할 수 없다. 아르메니아, 나고르노-카라바흐 지역의 아르메니아인, 그리고 아제르바이잔 사이의 분쟁은 이들 모두에게 만족스런 방향으로 해결되어야 한다. 끝으로 남북으로 분단된 두 개의 아제르바이잔을 재통일할 가능성은 그 지역적 힘의 균형을 깨뜨리는 위험을 내포하고 있다.

CHAPTER

04

나고르노-카라바흐
분쟁의 원인

Ⅰ. 나고르노-카라바흐 비극의 기원

　아제르바이잔과 아르메니아 양국의 갈등지역이자 자치주인 나고르노-카라바흐는 역사적으로 남부 카프카스에 자리한 지역으로 이란 북부와 마주하고 있다. 아르메니아의 동부와 접해 있는 아제르바이잔의 영토인 이 지역은 그 지리학적인 위치상 위기의 조짐을 보여 왔으며, 이는 지구상에서 상당히 넓은 지역에 걸쳐 발생하는 극심한 문제로 분류되는 것 중 하나이다. 분쟁 그 자체는 소연방 시절 파생된 것이나, 냉전 이후에도 그 이상의 관심이 집중되고 있다. 이 비극의 기원은 소련 이전의 시대에까지 거슬러 올라간다.

　높고 검은 정원과 같은 나고르노-카라바흐는 그 넓이가 4,400㎢에 이른다. 1989년의 이 지역의 인구는 거의 189,000명으로 추정되는데 아르메니아인이 약 77%, 아제르바이잔인이 21%를 구성한다. 수도는 스테파나케르트이다.[71] 1988년 2월, 그곳에 거주하는 아르메니아인에 의해 거행된 일련의 파업과 시위에 뒤이어 시작된 나고르노-카라바흐의 분쟁으로 인해서 수천 명이 목숨을 잃었다. 이 분쟁은 몇몇의 인접국, 특히 북쪽으로 러시아와 남쪽으로 터키와 이란에 지대한 안보의 위협을 가하며 영향력 확대를 위해 경쟁하는 열강들의 전쟁터가 되어왔다.

나고르노-카라바흐에 대한 아직까지 해결되지 않은 분쟁은 학자들에게 많은 연구의 주제가 되고 있다. 그들은 이 분쟁을 나고르노-카라바흐 자치주 안의 아르메니아인에 의해 처음 시작되고 확산되었다는 점에서 '카라바흐 운동'으로 표현하기도 한다. 나고르노-카라바흐 분쟁의 원인은 영토적이고 민족적이며 종교적인 분석이 많다. 그러나 이 분쟁이 "동시에 영토적이고 민족적이며 종교적일 수 있는가" 하는 한 가지 중요한 가설에서 현재의 위기를 진전시킨 나고르노-카라바흐 분쟁의 역사적 배경을 살펴보고 원인을 분석함으로써 분쟁의 성격을 규명하기로 한다.

---

71) 1923년 이전에는 "칸의 마을"이란 뜻의 칸-켄디였다.

Ⅱ. 나고르노-카라바흐 분쟁의 역사적 배경

　카프카스 지역의 오래된 상흔은 19세기 초, 러시아의 팽창정책이 한창이던 짜르(Tsarist) 시대 이후에 생긴 것이다. 러시아는 그 성격상 이란과 수많은 전쟁을 치렀고, 그에 뒤이어 카프카스 지방에서 오스만 제국을 격퇴하여 자신들의 입지를 확보할 수 있었다. 이것은 무슬림 세력의 힘을 약화시켰던 페르시아 제국과 오스만 제국 사이의 소모적인 전쟁으로 가능해진 것이었다. 페르시아-러시아 간의 1813년 굴리스탄(Golestan) 조약, 1828년 투르크만차이(Turkomanchai) 조약, 그리고 1829년 러시아-오스만 제국 사이의 '안드라네(Adraneh) 협정'이 체결된 후에, 다수의 아르메니아인은 이란과 터키로부터 카프카스 지방으로 이주해 왔다. 그들은 남부 카프카스의 무슬림이 거주하는 칸 공국의 영토에 점차적으로 정착하기 시작했다.

　이러한 와중에, 러시아 군대는 카프카스의 북쪽으로 진군해 나갔고, 그들은 종교 지도자 샤밀(Shamil)이 이끄는 여러 무슬림 민족들[72]의 저항에 부딪혔다. 러시아는 카프카스 남북부 지역을 통틀어 지배할 야욕을 가지고 있었다. 남부의 정복은 아르메니아인의 정착과 기독교 세력의 전파를 통해 이루려했으며, 북부의 경우는 카자흐인을 비롯하여 다른 러시아 민족들을 카프카스 지방으로 이주시키는 방법을 택했다. 북부 카프카스 지방의 민중봉기는 여러 해 동안 그칠 줄을 몰랐으나, 결국에는 샤밀의 패배로 막을 내렸다.

이란과 오스만 제국의 패전 여파로 인해서, 남부 지역의 무슬림 공동체는 내부 분열이 심화되고 위상이 실추되었다. 아르메니아인이 카프카스에 정착하게 되면서, 그 지역 내의 무슬림은 엄청난 영토를 상실했다. 이에 더하여, 이주의 움직임은 멈출 줄을 몰랐고, 1915년에는 절정에 이르러, 아나톨리아와 소아시아로부터 수십만에 달하는 아르메니아인이 이주해 왔다. 이러한 이주의 물결은 지금도 계속되고 있다. 이 지역의 인구수와 경제적 삶의 수준은 자연히 이러한 추세를 반영할 수밖에 없었으며, 결과적으로 원주민들의 반발을 불러 일으켰다. 짜르의 통치 기간 동안에 아르메니아인과 바쿠·간제·나히체반·슈사를 비롯한 타 지역의 아제르인 사이에서 몇 차례의 혈전이 벌어졌다. 그 과정에서, 수많은 아제르인과 그에 비해 훨씬 적은 수의 아르메니아인 사상자들이 생겨났다.[73]

소련 공산주의 체제가 출범하기에 앞서 1917년에서 1920년 사이에 일어난 10월 혁명 초기에, 카프카스 지역은 아제르인과 아르메니아인 사이에 벌어진 유혈충돌로 다시 한 번 분쟁을 겪었다. 혁명 중에 일

---

72) Avars, Chechens, Dagestanis, Cherek.
73) Amir-Ahmadian 2000, 495.

어났기 때문에 그 당시에 관한 충분한 정보는 거의 없었으며, 있었다 해도 모두 사라져 버렸다. 카라바흐 분쟁은 그 후 70년에 걸친 공산 정권하에서도 산발적으로 계속되었으나, 크렘린 궁은 소연방 내에서 그 문제가 회자되는 것을 용인하지 않았다. 그 분쟁은 어떠한 국제회 의에서도 논의되지 않은 채, 효과적으로 억제되었다.

카라바흐 문제는 제1차 세계대전과 10월 혁명의 결과로 아제르바 이잔인과 아르메니아인에게 긴 역사적 공백의 시간이 있은 후[74] 각 각 독립국가를 다시 세울 기회를 가졌을 때 터져 나왔다. 아제르바이 잔과 아르메니아 공화국은 짧은 기간인 1918년에서 1920년 사이에 독립했고 나고르노-카라바흐가 처음으로 그들 사이의 교전의 원인 중 하나가 된 것도 바로 이 시기이다. 1920년에 붉은 군대의 도움으 로 이 두 공화국에 소비에트 정권이 수립된 후, 모스크바는 나고르노- 카라바흐 문제를 포함한 그들 사이의 논쟁에 중재자가 되었다.

1921년 7월 3일 나고르노-카라바흐는 아르메니아에게 넘겨졌지만, 단지 이틀 후에 그 결정은 재검토되었고 그 지역은 아제르바이잔에 다시 넘겨졌는데, 그곳은 2년 후에 자치국의 지위를 획득했다. 두 결 정 모두 러시아 공산당 중앙위원회의 카프카스 지역 사무국 총회에 의해 결정되었다. 아르메니아는 그 사무국의 일원인 스탈린의 음모와 조작에 의해 그 결정이 수정되었다고 주장한다. 사실 1921년 소련이 트랜스코카서스 지방을 무력 점령한 이후, 그루지야인으로서 공산당 서기장이었던 스탈린은 아르메니아인이 주로 거주하고 있었던 나고 르노-카라바흐 지역을 아제르바이잔 소비에트 공화국(Azerbaijani Soviet Republic)으로 합병할 것을 명령하였다.[75]

---

74) 아르메니아인의 경우, 17세기부터 연대를 매긴다.

어느 한 견해에 의하면 최종 결정은 레닌과 아타투르크 사이의 거래 때문이라고 하는데, 이는 아타투르크와 이슬람 세계를 유혹하기 위한 것으로 보인다. 그럼에도 불구하고, 연구자들이 그 문제에 대한 해결의 실마리를 찾을 수 있는 소비에트와 터키의 공문서에 대한 접근을 전혀 하지 않았기 때문에 단지 어림짐작들만 가능할 뿐이다. 그러므로 기존의 문서는 간접적인 정보에 기초한다.

1922년 아제르바이잔 공화국은 아르메니아 및 그루지야와 함께 트랜스코카서스 연방 공화국(Transcaucasian Soviet Federated Republic)의 구성원으로 소연방에 가입했다. 조직의 재구성이 이루어진 1936년에 3국은 각각 독립적으로 소연방의 구성원이 되었다.

제2차 세계대전을 전후한 1940년에서 1980년에 이르는 기간 동안은, 카프카스 북부의 모든 민족과 남부의 마스카트(Maskhat)족의 망명과 귀향 등 이 지역에서 많은 일이 발생했었다. 그러다가 고르바초프의 페레스트로이카, 글라스노스트 정책 시행 기간에 카라바흐 분쟁에 재차 불길이 번졌다. 그러나 당시 정부의 중앙 통제력 약화로 인하여 분쟁은 차츰 그 규모가 커져서 국외에서도 이 분쟁에 귀를 기울였으며, 결국에는 국제적 차원의 문제로 인식되었다.

그 당시 인구의 90%가 아르메니아인이었던 카라바흐 지역을 아제르바이잔에 포함시키는 그 결정은 아르메니아인을 분노하게 했고, 그들은 이 협정을 받아들이는 것을 단호히 거부했다. 예를 들어, 1945년 가을엔 아르메니아 공산당 제1서기 아루티우노프는 나고르노-카라바흐를 아르메니아에 귀속시켜줄 것을 모스크바에 호소했다. 당시 중앙위원회 서기인 멜랑코프는 아제르바이잔 지도자인 바지로프에게 그

---

75) Smolansky 1995, 201.

의 의견을 물었다. 바지로프는 아제르바이잔인이 살고 있는 아르메니아의 세 인접 지역을 아제르바이잔에 병합하는 조건으로 동의했다.

그 문제는 나고르노-카라바흐가 아르메니아로 넘겨질 것을 요청하는 2,500명의 아르메니아인이 서명한 탄원서가 흐루시초프에게 전달된 1958년에 다시 등장했다. 1967년에는 수천 명의 아르메니아 거주자가 그들의 조건이 투르크 통치 아래서보다 훨씬 더 악화되었다고 주장하며 카라바흐의 아르메니아인을 위해서도 모스크바에 같은 요구를 했다. 그러나 표면상으로 분쟁 가능성이 있는 모든 갈등 문제는 '인민의 우정'과 '민주주의'라는 최고의 미덕으로 묻혀 있었다. 1984년 소연방 최고회의의 의회선거에서 나고르노-카라바흐의 선거인 100%는 세계 기록상 보기 드물게 아제르바이잔 정당에 의해 추천된 후보자들에 투표했다.

페레스트로이카의 시작과 함께, 아르메니아인은 스탈린의 변덕스러웠던 독단성을 시정함으로써 역사적 정의를 회복하는 순간을 맞이했다고 생각했다. 고르바초프가 글라스노스트를 도입한 것은 아르메니아인으로 하여금 그 이슈를 더 공개적으로 제기하는 계기가 되었다. 1987년 가을에 그들은 카라바흐의 역사적 부정당성을 시정해 주도록 요구하는 75,000명이 서명한 탄원서를 당의 중앙위원회에 제출했다. 그들은 아제르바이잔인에 의한 역사적·경제적 차별과 '체계적인 투르크화'에 대해서 불만을 나타내었다. 아르메니아인은 또한 계획적인 차별정책의 결과로 아르메니아 인구의 비율이 줄어들어왔다고 지적했다. 실제로 최근 60년 동안 나고르노-카라바흐 자지 지구 안의 아제르바이잔인의 비율은 10%에서 25%로 증가했다. 이 증가는 1959년에서 1970년 사이에 주로 일어났다. 이 기간 동안 나고르노-카라바흐에서 아르메니아인의 10.1% 증가에 비교해 볼 때, 아제르바이잔 인구는 51%까지 증가했다. 1970년에서 1979년 사이에는 아르메니아인은 단지 1.6% 증가한 데 비해, 아제르바이잔인은 37.1%의 증가율을 보였다.

아르메니아인은 아제르바이잔 정부에 의해 문화적 차별의 대상이 되어왔다고 호소했다. 그들의 증언에 따르면 이 정책의 마지막 단계 중 하나는 1987년에 있었는데, 그때 아제르바이잔 정부는 나고르노-카라바흐 학교에서 아르메니아 역사의 연구를 금지했다. 그들은 또한 사회적 조건과 지역의 경제가 무시되었다고 주장했다. 아르메니아인의 주장의 요점은 그 지역이 역사적으로 아르메니아 영토의 일부라는 것과 민족문화의 요람이라는 것이다.

아제르바이잔인은 반론을 펴고 있다. 그들은 고대에 그 지역이 카프카스 알바니아의 일부였다고 말한다. 그리고 그들은 그들 자신을 이 고대 민족의 후손이라고 여긴다. 중세에 카라바흐는 아제르바이잔 칸국(Khanate)의 일부를 형성했다. 앞서 언급한 것과 같이 19세기 초 아제르바이잔이 러시아에 병합될 때, 카라바흐는 그 일부분이었고 후에 아제르바이잔이 독립국가가 되면서 카라바흐를 포함했다. 또한 아제르바이잔인은 비록 아제르바이잔에 카라바흐를 포함한다는 결정이 단지 스탈린의 독단적인 의지에 기초한다고 하더라도, 몇몇 다른 지역의 합법적인 결정은 아르메니아인의 호감을 얻었다고 주장한다. 그들은 다음과 같이 반문한다. 당시 카라바흐에 거주하는 8만 명의 아르메니아인에게는 자치권이 주어진 반면, 아르메니아에 거주하는 580,000명 그리고 그루지야에 거주하는 30만 명의 아제르바이잔인에게는 왜 그렇지 않았는가? 왜 1920년대에 90,000명의 아제르바이잔인이 살고 있던 더벤트 시가 다게스탄에 귀속되었는가? 왜 1948년에서 1949년에 100,000명의 아제르바이잔인을 아르메니아로부터 아제르바이잔과 중앙아시아로 이주시켰는가? 이 모든 것들이 정치적 변덕 때문이다.

아르메니아인을 사회 경제적으로 무시한다는 주장을 논박하기 위해, 아제르바이잔인은 나고르노-카라바흐가 경제·사회적 면에서는 아제르바이잔 및 아르메니아보다 더 진보적이라고 끊임없이 주장한다.[76]

앞에서 언급한 바와 같이 분쟁의 원인은 수세기로 거슬러 올라가며 트랜스코카서스 거주 인구의 다양한 인종·종교적 혼합 구성체에서 싹터 나왔다. 아제르바이잔의 역사가들에 의하면 1804~13년과 1826~28년, 두 차례의 러시아 페르시아 전쟁으로 인해 카라바흐가 러시아로 합병되기 직전에는 지방 칸국의 인구 중 대다수를 아제르바이잔인이 차지했다고 한다. 병합된 이후 이란과 터키로부터 아르메니아인은 현재의 아르메니아 및 아제르바이잔 영토에 자유롭게 정착하는 것이 허용되었다. 역사가들의 결론에 따르면, 이러한 사실은 아르메니아인이 비옥한 카라바흐 영토에 정착하는데 일조를 했다. 그들은 자신들의 주장을, 카라바흐 지역 내 아르메니아 인구의 급속한 증가와 이 지역의 소수민족에서 인구의 압도적인 다수를 차지한 사실을 통해 입증하고 있다.[77]

이와는 반대로, 아르메니아 역사가들은 아제르바이잔의 존재를 인정하려 하지 않고 이 지역의 아제르바이잔인을 유동 인구로 간수하

---

76) Vaserman/Ginat, op.cit., 347.
77) Zinin/Maleshenko, op.cit., 105.

고 있다. 그들은 또한 이 땅을, 비록 오스만과 페르시아 제국에 복속
되긴 했으나, 역사적으로 아르메니아인의 영토로 간주하고 있다. 이
러한 관점을 뒷받침하기 위해 그들은 기독교가 지배적이던 시기의
현존하는 문서들과 역사적인 사건들을 증거로 들고 있다.

이 이슈의 역사적 차원에 초점을 맞추어 보면, 교전 중인 당사자들
이 이 지역에 관한 각각의 역사적 연고권을 가진다는 것은 실제로는
소용없는 것이다. 왜냐하면 양측 모두가 자신들의 주장에 맞는 수백
·수천의 관련 참고문헌과 공적인 기록들을 제시하며 그들 자신의
향토라는 것을 명백하게 증명해 왔기 때문이다.

Ⅲ. 인구학적 나고르노-카라바흐 문제

1. 제정 러시아 시대

19세기 초반에 이르러, 이란-러시아 종전의 결과 체결한 굴리스탄 (1813)과 투르크만차이(1828) 양 강화조약에 따라서 카스피 해와 흑해 사이에 위치한 지협인 트랜스코카서스 지방은 러시아의 지배하에 놓이게 되었다. 그러한 경계선은 이란에 대한 추가적 침투와 터키에 대한 측면 공격이라는 러시아의 전략적 이해관계를 주요한 바탕으로 성급하게 그려졌다. 이러한 영토적 변화는 중동 지방의 변두리에 위치해 있으면서, 다수의 크리스천 인구가 식민지배의 핵심 역할을 하는 레바논의 경우와 유사하다. 러시아인이 보기엔 당시의 주요 크리스천 그룹인 그루지야인이 수적으로 너무나 열세였으며 충분한 신뢰감을 주지 못했다. 그리하여 이란과 터키로부터의 아르메니아인의 이

주를 장려하게 되었던 것이다.

1834년에 반포된 러시아 황제의 칙령으로 당시 예레반과 나히체반에서 소멸되었던 아제르바이잔 칸국들의 영토를 포함하는 아르메니아 오블라스트(지역)가 설정되었는데 어떤 이들은 이것이 아르메니아인에게 그들의 옛 향토인 동아르메니아를 회복시켜 주는 사건이기를 고대했다. 이 지방의 인구학적 변화에 대한 최근의 연구를 통해 조지 보르누시앙은 다음과 같이 밝히고 있다.[78]

러시아의 정복기 이전에는 동아르메니아의 총인구 중 약 20%가 아르메니아 기독교도들이었고 나머지 80%가 무슬림들이었다. 그러나 러시아에 합병된 이후에는 페르시아와 오스만 제국으로부터 57,000명에 달하는 아르메니아인이 이주하였다. 그리하여 1832년에 이르러서는 전체 인구의 50%를 아르메니아인이 차지하는 현상이 빚어졌다.

반면 아제르바이잔인에 따르면 인구의 민족적 구성은 역사적 조건에 의해 좌지우지 되어왔다. 19세기 초 러시아에 의한 아제르바이잔 합병 이후 아르메니아인의 페르시아와 오스만 제국으로부터 카라바흐로의 첫 번째 중요한 이주가 있었다. 그 결과 1830년까지 나고르노-카라바흐에서 아제르바이잔인은 65%인데 비해, 아르메니아인의 인구는 35%였다. 그러나 인구의 이러한 변화는 아제르바이잔인이 주장하듯이 일시적 조정의 한 부분이었다. 그들은 그때까지 페르시아 주재 러시아 대사이자 위대한 작가인 알렉산더 그리보에도프가 아르메니아인이 나고르노-카라바흐에 단지 일시적으로 머물 것이라고 지역 주민들을 안심시킨 성명서에 그들의 주장을 기초하고 있었다. 그럼에도 불구하고 아르메니아인의 이주는 계속되었고 1880년까지 그들은

---

78) Swietochowski, op.cit., 143.

인구의 53%를 차지하였다. 이 나고르노-카라바흐로의 아르메니아인의 대이동은 제정 러시아 왕국의 남쪽 국경에 기독교 완충지역을 세우려고 의도된 러시아의 장기적인 계획이었다.[79)]

아르메니아인이 정부의 보조로 무슬림들의 땅을 사들이며 그들을 몰아내고 자신들이 그곳에 들어오면서부터 인종 갈등의 조짐은 나타났던 것이다. 그런데 신기하게도 장기간 동안 이들 두 민족 간에 어떠한 형태의 대규모 폭력 사태도 일어나지 않았다. 이 일단의 크리스천 이주민은 제정 러시아의 이주 장려 정책에 힘입어 유입된 또 다른 그룹인 러시아나 독일계 농민과 비교해 유럽계 이주민으로 간주되지 않고 오히려 중동의 유사 환경에서 들어온 신흥 이주민으로 여겨졌다.

아르메니아인의 이주는 일정치 않은 인구 분포를 조성했으며, 이슬람 엉토로 둘러싸인 아르메니아인 점유지 중 하나가 옛 아제르바이잔 칸국이었던 카라바흐의 일부로 산악 지대인 나고르노-카라바흐였다. 그 비탈, 강, 그리고 계곡들과 함께 나고르노-카라바흐는 카라바흐의 나머지 부분에 대해 개방적인 위치에 있었으며 러시아 지배하에서는 바쿠와 더불어 동 트랜스코카서스, 즉 훗날의 아제르바이잔으로 명명되었던 엘리자베트폴(간쟈)의 구베르니아 지방으로 편입되었다.

1853년에서 1856년 사이의 크리미안 전쟁 및 1876년에서 1878년 사이의 전쟁 등 19세기 중에 발발한 러시아와 오스만 제국 간의 각각의 전쟁 이후, 그리고 1890년대 중반 술탄 압둘하미드 2세 정권하의 터키에서 쿠르드족이 자행한 아르메니아인에 대한 학살 이후, 아르메니아인의 트랜스코카서스 지역으로의 이주는 현격한 증가세를 나타

---

79) Vaserman/Ginat, op.cit., 348.

냈다. 이 무렵 트랜스코카서스에 거주하는 아르메니아인의 수는 90만 명을 헤아렸다. 이러한 이주민의 마지막 물결은 급격한 산업화와 도시화의 시기, 즉 인종 갈등의 가능성이 점증적으로 고조되어 가고 있던 시기에 밀려왔다. 아르메니아인과 아제르바이잔인 사이의 반목은 시간이 흐름에 따라 문화적-종교적 이질감의 차원을 뛰어넘게 되었다. 일부 서구인은 아제르바이잔에 거주하는 아르메니아인의 입지가 유럽 일부 지역에서의 유태인의 그것과 흡사하다고 보았다. 이들 아르메니아인은 그들의 거주지에서 협박과 공포의 대상이 되었던 것이다. 중동적 시각을 지닌 옵서버들은 그들을 마론파 기독교 교도 및 콥트 교도들과 유사하다고 또한 간주하였다.

중동 지역의 다른 기독교계 소수민족과 마찬가지로 아르메니아인은 팽창주의 정책을 표방하는 유럽 열강과 특별한 관계를 발전시켜 왔는데, 이 경우에는 러시아가 여기에 해당된다. 비록 러시아가 트랜스코카서스 지방에 거주하는 아르메니아인을 특별하게 취급하지 않았음에도 불구하고, 아르메니아와 러시아의 제휴는 역사상 가장 운명적인 사건 중의 하나로 판명되었다. 그 두 세력 간의 동맹관계는 종교적 유사성뿐만 아니라 장기적인 안목의 정치적 계산, 즉 터키의 희생 위에 수립되는 단일 아르메니아 국가의 회복에 바탕을 두고 있었다.

그러나 여기서 노출된 중대한 단점은 러시아와 아르메니아 민족주의 세력 간의 너무나도 큰 힘의 불균형이었다. 이러한 이유로 해서 러시아의 광범위한 이해관계 및 공약은 아르메니아인의 열망과 부합하지 않을 때가 많았고 때때로 역경의 시기에, 러시아는 그 미약한 아르메니아를 지원할 수 없거나 도와주려 하지 않을 때가 있었다. 동시에 아르메니아-러시아 간 우호관계는 다수의 아르메니아인이 거주하는 터키의 영토 내에서 터키와의 상호 공존관계를 저해하는 요인이 되기도 했다.

그러는 동안에, 트랜스코카서스에서 무슬림들과 아르메니아 기독교인들 간의 관계가 점점 더 복잡한 양상을 띠면서 적대 관계로 발전하였다. 이러한 감정은 특권 계층으로서의 아르메니아인에 대한 인식은 차치하고라도, 파괴·소모적인 경쟁으로 시달리는 신흥 무슬림 부르주아 계층의 불만, 비전문적 인력인 "타타르" 노동자들과 아르메니아 기업인 및 상인들 간의 이해관계의 대립, 그리고 여전히 농촌 인구가 절대다수를 형성하는 무슬림들의 도시화된 아르메니아인을 향한 적의감과 같은 경제 사회적 요인에 기인했다. 이들 두 세력 간의 사회·경제적인 갈등이 심화됨으로써 그들은 각자 정치적 조직을 구성하기에 이르렀다. 이슬람 세력과는 달리, 아르메니아인은 정당을 결성했고 그들의 민족주의 운동을 주로 아르메니아 혁명 연합인 다쉬낙수티운 (Dashnaktsutiun)이 주도했다.

상호 학살의 형태로 나타난 대규모 폭력 사태들은 1905년의 러시아 혁명과 함께 발생했으며, 1918년의 내전이나 1988년부터 페레스트로이카 기간처럼, 러시아가 어떤 위기나 국가적 차원의 재정비 상태로 인한 일시적인 혼란기에 있을 때마다 재발했다. 이럴 때마다, 러시아 정부는 평화유지 기능을 제대로 수행하지 못했을 뿐만 아니라, 사실상 양 공동체 간의 폭력사태를 직·간접적으로 부추기는 경우도 있었다. 1905년의 혁명기에 이들 양 세력 간의 분쟁의 중심지 중 하나는 나고르노-카라바흐, 더 구체적으로 슈샤(Shusha)라는 마을이었다.

1917년 제정 러시아의 몰락은 인종 갈등의 재발로 이어졌다. 그리고 이 당시 나고르노-카라바흐에 대한 지배권은 몇 가지 이유로 해서 여기저기로 넘어갔다. 신생 독립국 아제르바이잔의 일부인 이 지역을 점령하러 왔던 아르메니아군은 1918년 여름, 트랜스코카서스에 입성한 오스만 제국의 군대에 밀려났다. 가을이 되자, 터키는 전쟁에 패배하고 군대를 철수시켰으며 안드라닉 (Andranik) 장군 휘하의 아르메니아군이 나고르노-카라바흐를 점령하였다. 이때 그들의 목표는 단순히 어떤 아르메니아인 점유의 영토를 차지하는 것이 아니었으며, 훗날의 동진정책을 위한 전진 기지와 나히체반으로 통하는 전략적 통로를 구축하고자 하는 것이었다. 아르메니아는 승전국 중에 포함돼 있었으며, 그리하여 '大아르메니아(Greater Armenia)' 국가의 창설을 위해 더할 나위 없이 좋은 때인 것처럼 여겨졌다.

대조적으로 아제르바이잔은 터키와의 연관성으로 인하여, 서방국에 대한 외교적인 영향력이 형편없는 수준에 있었다. 더 나아가 트랜스코카서스는 영국령으로 편입되었다. 그 결과 영국군 지휘관인 톰슨 (L. Tomson) 장군은 안드라닉 군대를 나고르노-카라바흐에서 즉각 철수하도록 하고 아제르바이잔 정부의 통제하에 있을 것을 명하였다. 톰슨의 안중에는 곧 개최될 베르사유 회담에서 논의될 정치적, 외교적, 또는 역사적 고려 같은 것은 없었다. 오히려 그는 군부 지도자가 흔히 취하는 일상적 관례를 따랐다. 지리·경제·교통망 등에 의해 나고르노-카라바흐는 아제르바이잔과는 밀접히 연관돼 있었으며 아르메니아와는 산맥을 사이에 두고 있었다.

톰슨에 의하면, "영국의 아제르바이잔 점령 기간이 일부 아르메니아인에 있어서는 복수를 위한 기회가 '아님'이 무척 실망스런 것이었다. 그들은 최종 결정이 군사력이 아닌 평화회담이라는 것을 받아들이기 싫어한다"고 한다. 톰슨의 주장에 의해, 나고르노-카라바흐는 아제르바이잔 통치자인 코스로우 술타노프의 권위를 인정해야 했다. 모든 반대를 무릅쓰고 술타노프는 그 다음 몇 달 동안에 나고르노-카라바흐의 아르메니아 의회로 하여금 아제르바이잔의 통치를 공식적으로 승인하게 하는데 성공했으며, 이것은 이 인종적 고립지의 지리적 상황을 인정한 사건이었다. 나고르노-카라바흐는 그 행정적·문화적 자치를 유지할 수 있게끔 되었으며 평화 시의 아제르바이잔군의 주둔과 규모를 제한하기 위한 세부 사항이 결정되었다. 나고르노-카라바흐의 지리적 상황과 인구학적 상황을 조화시켜 보려는 이러한 첫 시도는 훗날 협상과 조정을 위한 전례를 남겼다.

2. 소련 강점기

1919년의 나고르노-카라바흐-아제르바이잔 협정은 양국의 경계선 중 그 어떤 부분도 해결되지 않았다는 점에서, 아르메니아-아제르바이잔 관계의 일반적 상황을 결부시키지 않을 수 없다. 나고르노-카라바흐에서는 이 협정의 위반이 일상화되어 있었으며 나히체반 지역에서는 산발적인 분쟁이 계속되었다. 소비에트 러시아와 영토 협상 채널을 개설하려는 데에 열성이었던 무스타파 케말 파샤의 터키 민족주의 세력을 포함한 지원자들이 분쟁의 중재를 자청하였다.

나고르노-카라바흐에서의 점증하는 갈등은 붉은 군대의 아제르바이잔 침공 하루 전인 1920년 3월, 아르메니아인에 의한 대규모 폭동으로 이어졌다. 그 폭동을 잠재우기 위한 노력의 일환으로 아제르바이잔 정부는 러시아와의 국경지대의 군사에 대한 무장 해제를 감행했다. 그 결과는 사실상의 무혈 침공으로 이어져 1920년 4월 28일의 독립 아제르바이잔 공화국의 종식으로 나타났다. 당시의 공산당 선전에 따르면, 붉은 군대의 입성은 카라바흐와 나히체반을 경유, 아나톨리아로 진격해서 터키의 해방전쟁을 도우려는 데 목적이 있었다.

바쿠에 새롭게 설립된 소비에트 정부인 아제르바이잔 혁명위원회인 '아즈레프콤(Azrevkom)'이 1920년 5월에 취한 최초의 행동 중 하나는, 나고르노-카라바흐와 쟝게쥬르 지역으로부터 아르메니아군을 철수시키라는 최후통첩을 보내는 것이었으며 여기에 대해 예레반 정부는 신속히 이를 이행했다. 몇 달 후인 12월 2일, 비록 공산주의자의 권력 기반이 여전히 미약했으나 그들은 아르메니아에서 정권을 장악했다. 아르메니아 동지들의 입장을 강화하기 위해 아제르바이잔 공산당 수장이었던 나리만 나리마노프(N. Narimanov)의 다음과 같은 1920년 12월 1일자 연설은 주목할 만하다.[80]

> "소비에트 아제르바이잔은… 지금부터 지난 수세기 동안 이웃으로 살아온 두 종족, 무슬림과 아르메니아인 사이에 영토 문제로 인한 어떠한 형태의 유혈 사태도 없을 것임을 천명하는 바이다. 나고르노-카라바흐의 노동자·농민계층은 지금으로부터 완전한 자결권이 주어지며, 쟝게쥬르 지역에서의 모든 군사작전은 즉각 중단되고 소비에트 군대는 철수할 것이다."

지금까지도 처리하기 어려운 나고르노-카라바흐 문제와 관련해서 나리마노프의 선언도 형식적인 정치의 새 장을 여는데 그쳤다. 명백한 영토-인구 배치의 문제에 있어서는, 지리 대(對) 인구의 모순이 다시금 재연됐다. 나고르노-카라바흐와 아제르바이잔의 경제통합의 현상 유지를 존속시키려는 논쟁이 제기된 반면, 아르메니아와의 통합을

---

80) Swietochowski 1994a, 147.

지지하는 자들은 전체 인구에서 아르메니아인이 차지하는 절대적 비율에 역점을 두었다. 아제르바이잔 소비에트 공화국 내의 자치행정 단위 설치와 스탈린이 참여하는 카프비우로(Kavbiuro), 즉 트랜스코카서스에 대한 공산주의 최고통치기관의 설립을 포함하는 절충안은 1921년 7월에 의결되었다. 2년여에 걸친 복잡한 책략과 논쟁이 있은 후에야 비로소 카프비우로가 설립되었다. 1923년 7월 7일에 아제르바이잔 소비에트 집행위원회가 반포한 법령의 목적은 나고르노-카라바흐의 자치 오블라스트를 설립하는 것이었다. 새로운 단위는 2,600제곱마일, 즉 공화국 영토의 5.1%에 해당했으며, 훗날 '스테파나케르트'로 개명된 칸켄드라는 마을을 그 수도로 정했다.

언급된 다른 분쟁 지역, 즉 인구나 영토 크기에서 우월한 나히체반에 대해서는 국제적 協商이 진행되었다. 소연방-터키 양국 간의 관계를 정상화시킨 1921년 3월의 모스크바 우호조약은 아르메니아 영토와 연계되어 있다는 터키 측의 주장에 동의한다고 되어 있다. 이 조약의 조항 중 하나는 나히체반이 소비에트 아르메니아에 포함되지 않고, 비록 아르메니아 영토의 일부로 인해 막혀 있지만, 아제르바이잔 정부의 감독을 받는 행정 단위로 재편된다는 내용이었다. 아르메니아의 한 역사학자에 의하면, "소비에트 러시아는 터키와의 동맹관계를 다지기 위해 아르메니아 문제를 희생시켰다"는 것이다.

1921년 10월에 앙카라 정부가 소비에트 공화국의 일부인 그루지야, 아제르바이잔, 그리고 아르메니아와 조인한 카르스(Kars) 조약은 앞서 모스크바에서 합의한 조약을 재확인하는 것이었다. 1922년의 소연방 형성 이후, 나히체반은 아제르바이잔 소비에트 사회주의 공화국의 일부로서 자치 소비에트 공화국의 지위를 획득했다. 나고르노-카라바흐의 일반 행정 업무를 아르메니아인이 통제했다면, 나히체반에서는 아제르인이 관장했다. 힘의 균형을 이루기 위한 추가적 조치로, 나고르노-카라바흐와 나히체반 사이의 장벽 역할을 하던 쟝계쥬르가 아르메니아 측에 즉시 넘겨졌다. 이러한 영토 조정의 결과는 공동체 내의 안정에 악영향을 끼칠 것으로 보이나, 소비에트의 철권통치로 인해 최소한 어떤 폭력 사태만은 피할 수 있을 것처럼 보였다.

공동체 내의 인종적 갈등이 억제되긴 했으나, 아제르바이잔과 아르메니아에서 일어나고 있던 인구학적 변화의 거센 물결인 민족적 균질화의 과정은 이들 두 소비에트 공화국 간의 관계에 그 음침한 그림자를 드리우고 있었다. 이로 인한 최초의 사건은 스탈린 집권기의 잔인성을 띤 대규모적인 것이다. 즉, 1948년에 약 10만 명에 이르는 아르메니아 거주 아제르인이 아제르바이잔으로 강제 추방되어, 거주에 부적합한 무간 스테페 지역에 재정착하도록 했던 것이다. 아제르인의 강제 추방에 대한 정당화의 근거는 해외로부터의 예상된 아르메니아인에 대한 유입의 공간을 마련하기 위한 것이었으나 이러한 송환 정책은 어떤 면으로 보나 실패한 것이었다. 그 후 10년간에 걸쳐 아제르바이잔으로부터 아르메니아 소수민족의 더디지만 꾸준한 역이주의 경향이 두드러졌다.

제2차 세계대전 이후 바쿠 오일의 위대한 시기가 저물어가자, 아제르바이잔으로 이민자들을 유혹하던 인센티브는 더 이상 존재하지 않게 되었다. 한 인구학자의 말에 따르면, "아르메니아인의 역이민에 대한 부가적 원인으로는, 상호 충돌 회피와 재정착을 장려한 이들 두 종족 간의 유서 깊은 반감이 최근에 구체화되었다"는 사실을 들 수 있다.

인종적 적대감은 소비에트 집권기 중에는 대부분 표출될 수 없었고 잠복되어 있어야만 했다. 흐루시초프 시대 이후에 이르러서야 비로소 현상 유지에 대한 아르메니아인의 빈번한 저항이 나타나기 시작했다. 오스만 제국에 의한 아르메니아인의 국외추방 50주기가 되던 1965년 4월, 10만 명의 군중이 예레반 시가지로 몰려나와 옛 '영토'의 회복을 열망하는 구호를 외쳤다. 여기서 '영토'란, 나고르노-카라바흐와 나히체반을 포함하는 터키의 동쪽 지역을 의미하는 것이었다. 그날이 다 가기 전에, 군중은 치안 유지군과 매우 과격하게 충돌하였다.

특히 나고르노-카라바흐에 대한 민족통합 주장은 아르메니아 민족주의의 대의를 위해 민중동원의 수단으로서 역할을 하였던 것이다. 또 다른 형태의 행동은 자치적 오블라스트를 아르메니아 사회주의공화국으로 편입시키도록 청원하는 것이었다. 1966년, 4만 5천 명이 서명한 청원서가 모스크바에 제출되었으며, 그와 동시에 수만 명이 서명한 편지가 소연방 공산당 제27차 회의에 보내졌다. 여기에 대한 답변은 부정적인 것이었으며, 그 대표적 이유는 아르메니아인의 요구 수용이 소연방 내의 다른 영토적 분쟁을 위한 선례를 남긴다는 것이었다. 그럼에도 불구하고, 이러한 민족통합주의적 동요는 아르메니아 분리주의 운동의 전신이었으며, 소연방 내에서 일어난 최초의 분리주의 운동이었다.

고르바초프의 페레스트로이카가 진행되고 얼마 안 있어 탈식민지 즉, 자치권에 대한 기대와 함께 과도하게 팽창한 제국의 구조적 위기의 조짐이 명확하게 드러나기 시작했다. 이러한 조짐의 단서로는 정복지의 천연자원이 고갈됨에 따른 회수량의 감소, 증가하는 인구로부터 오는 중압감과 맞물린 경제적 침체, 그리고 더 큰 권한의 위임을 원하는 각 공화국 토착 엘리트들의 단결을 들 수 있으며, 이것은 바로 소비에트의 위기 상황이었던 비대한 관료주의적 중앙집권화로 인해 더욱 고조된 문제였다.

페레스트로이카의 우선적 관심사 중에 내포되어 있지 않았던 국적 문제는 소연방을 한데 묶고 있던 구속 중에서 가장 나약한 것으로 밝혀졌다. 인종 갈등은 널리 퍼져 있던 공동체 내에서의 분쟁으로 나타났다. 처음에는 발틱 공화국들과 카자흐스탄의 러시아인을 상대로 일어났으며, 그 다음에는 인도·파키스탄·키프로스 또는 앙골라에서의 식민통치의 종말을 연상케 하는 방식으로, 트랜스코카서스 토착민 공동체 간에 대규모적으로 일어났다. "인종 간 분쟁인가 또는 탈식민지 위기인가?"라고 한 아르메니아 학자는 미묘한 질문을 던졌다.[81]

소비에트 정권에 의해 근 70년간 억제되어왔던 옛 아르메니아-아제르바이잔 분쟁은 1988년 2월 아르메니아 소비에트 사회주의 공화국이 공식적으로 나고르노-카라바흐를 접수하겠다고 발표함으로써 재발했으며, 이것은 현상을 변화시키기 위한 이와 같은 시도가 성공을 거둘 수 있을 만큼 소연방의 전체적인 구조가 약화되었다는 자체적 추정에 근거한 것이었다. 아르메니아와의 통합을 요구한 청원을 모스크바가 기각하자마자 시가지 데모·파업·수업 거부 등을 포함한 일련의 대규모 시위들이 예레반에서 시작되었다. 이와 유사한 사태들이 아르메니아의 다른 도시와 나고르노-카라바흐에서도 벌어졌다. 이러한 시위는 양 공화국 내에서의 인종 간 폭력 사태로 치달았으며, 그중 가장 악명 높은 것으로는 수십 명의 아르메니아 주민들이 사망하거나 부상한 아제르바이잔 도시 숨가이트의 폭동을 꼽을 수

---

81) Swietochowski 1994a, 149.

있다.

갈등을 완화하고 질서를 회복하기 위해 모스크바 당국은 여러 조치들을 취하게 된다. 나고르노-카라바흐를 위한 경제원조 패키지가 준비되었으며 아제르바이잔의 당 제1서기 캄란 바기로프와 아르메니아의 카렌 데미르치얀을 위시한 몇몇 고위 관료들이 해임되었다. 그지역 내로 군대가 투입되었으며, 러시아 관료인 아르카디 볼스키를 위원장으로 하는 '특별행정위원회'의 설치를 통해 오블라스트는 모스크바의 직접 통제하에 놓이게 되었다.

IV. 분쟁의 성격

　카라바흐 분쟁을 해결하는 데 있어서 주된 어려움 중 하나는 특히 분쟁 당사국 양측의 주장이 첨예하게 대립하듯이 갈등의 성격과 본질에 대한 다양한 정의가 존재한다는 점이다. 현재의 갈등은 종종 아제르바이잔인과 아르메니아인 사이의 오랜 증오의 결과로 여겨진다. 1988년, 아제르바이잔인에게 있어 인종적 분쟁의 재발은 1905년에서 1907년에 걸쳐 발발한 타타르-아르메니아 전쟁에 비교할 수 있는 정치적 자각을 불러 일으켰다. 이러한 아르메니아의 행동은 나고르노-카라바흐라는 자연적 배후지와 아제르바이잔의 다른 영토를 병합해서 '大아르메니아'라는 민족국가를 건설하기 위한 첫걸음으로 인식되었다.

1. 민족적 분쟁

　실제로 아르메니아인-아제르바이잔인 사이의 증오의 관계에 대한 역사는 심각한 문제가 되어왔다. 금세기 초 20년간 그곳에서 끔찍한 유혈 충돌이 일어났고 특히 1905년과 1918년에는 각각 사망자 수가 20,000명에 이르렀다. 이러한 가운데 아르메니아는 매년 4월 21일 오스만 제국에서 자행된 아르메니아인 대학살의 희생자들의 영령을 달래는 추모식을 갖는다. 게다가 많은 아르메니아인은 아제르바이잔인을 투르크인과 동일시한다. 레본 테르-페트로시안 아르메니아 대통령에 따르면, 아르메니아인이 경험한 비극은 "아르메니아 국민들의 민족적 심리상태의 한 부분을 형성한다." 아르메니아인과 아제르바이잔인 사이의 상호 불신과 편견을 '민족정책'에 의해 억제하려고 하였지만 지역적인 갈등으로 인해서 지속되었다. 양 민족의 이러한 역사는 카라바흐 위기를 급속하게 격화시키는 원인이 된다. 그러므로 아르메니아인이 아제르바이잔 통치 아래 살지 않으려는 것을 포함한 민족주의는 이 분쟁의 중요한 요인이다.

　북아제르바이잔 지역 내의 토착문화 연구와 확대는 이슬람으로 얼룩진 과거를 청산하려는 정책의 일환으로 1926년 시행된 '알파벳의 라틴화'로 고무되었으며, 이는 케말 지배하의 터키가 문화 및 교육을 종교에서 분리해낸 세속화 과정과 유사했다. 알파벳 문자개혁은 이란령 남아제르바이잔과의 결속력을 더욱 약화시켰고 그에 따라 동시에 이란·터키와는 구분되는 소비에트적인 아제르바이잔의 민족 정체성을 강화하는 시발점이 되었다. 그 후 10년 동안 스탈린의 대대적인 숙청이 자행된 가운데 개별적인 민족주의가 바탕을 이루었으며 마침내 세속적 민족주의인 아제르바이잔주의(Azerbaijanism)가 출현했다. 이 사상은 범투르크주의와 범이슬람주의 같은 광범위한 사상이나 남북 아제르바이잔의 통합사상에 적대적이었다. 특징적으로, 1930년 중반에 스탈린에게 숙청된 수많은 희생자 가운데 나리마노프슈치나(나리마노프의 이름에서 따옴)라는 죄를 뒤집어 쓴 사람들이 현저하게 많았는데 그들은 과거에 북아제르바이잔과 혁명적인 민족주의 운동이 강하게 일어난 이웃 무슬림 국가들, 특히 이란과의 협력강화를 추진했던 자들이었다.

새로운 시대정신의 흐름에 맞추어 그 나라의 언어와 거주민을 가리키는 형용사는 '투르크의'라는 용어 대신 '아제르바이잔의'라는 용어로 확실히 대치되었다. 스탈린이 부여한 아제르바이잔주의는 러시아 언어와 문화에 동화되려는 노력과 함께 계속되었고, 라틴 알파벳으로 읽기에 터키어는 너무 쉽고 러시아어는 너무 어려웠기 때문에 1940년에 또 한 번의 문자개혁을 통해 글을 쓸 때는 라틴어 대신 키릴 자모를 사용하게 되었다.

아제르바이잔에서는 1978~79년 아락세스 강 양안을 통하여 일어난 호메이니 혁명에 대한 반향으로 현상유지의 정체된 사회를 바꿔보려는 도전이 소련의 다른 연방보다 일찍 있었지만, 전반적인 침체기는 브레즈네프의 후계자인 유리 안드로포프, 콘스탄틴 체르넨코의 재임기간 동안에도 계속되었다. 과거에도 그랬듯이 타브리즈는 지역적 정체성이라는 전통으로 이란 혁명이 끓어오르는 중심지가 되었다.

이슬람 성직자가 주동이 된 이란 혁명을 바라보는 소련의 시각은 그 성격상 일시적인 현상에 불과할 것이며, 앞으로는 더 이상 청교도적인 열정에서가 아닌 인종적·사회적·경제적 불만의 상호작용으로 이란 내에 더 큰 대격변이 야기되리라는 것이었다. 그러나 이런 예측은 여지없이 무너졌고, 아프가니스탄 전쟁과 이라크의 침공에 따라 전략적으로 포위되고 있음을 감지한 이란과 소련 사이에는 긴장이 고조됐다.

타브리즈가 이슬람 승리의 표상이라면 바쿠는 아제르바이잔의 정체성을 상징하는 도시로 남길 원했다. 소련은 이란과의 마찰에 대응하기 위해 민족주의라는 카드를 빼들었다. 아제르바이잔 공산당 당수였던 알리예프는 이런 전략을 역설하는 저명한 대변인 노릇을 했다. 그는 자신의 연설에서 소련 정권은 첫날부터 무슬림 민족의 국민적 염원을 위해 힘써 왔다고 강조했다. 그는 한 걸음 더 나아가 1981년에는 "남아제르바이잔과의 문학적 연계를 강화하고 문화적·지적(知的) 창작의 모든 분야에서 그들과의 교류를 확대 한다"라는 말로 아제르 작가들의 민족정신을 고취시켰다. 또한 그는 남과 북은 다른 분야에서도 친선을 회복해야 한다고 반복해서 말하며, 타국 외교관들에게도 남북 아제르바이잔의 재통합에 관한 희망을 피력했다.[82]

주요 반체제 단체인 '아제르바이잔 민족전선(PFA)'이 중요한 정치 세력으로 형성되기까지 1년 가까운 시간이 걸렸다. 1989년 6월에 채택된 이들의 강령이 '신중하다'라는 점에서 주목받았다. 그리고 공산주의가 몰락할 당시, 아제르바이잔인의 열망에 관하여 가장 포괄적으로 언급했다. 다른 논제들과 함께 민족전선은 국가의 문화적-역사적 유산의 보호, 유지뿐 아니라 국경 넘어 이란령 아제르바이잔과의 관계 설립에 적극적으로 착수했다.

아제르바이잔 민족전선은 소연방과 이란 사이의 국경분쟁을 인식

---

82) Swietochowski 1994b, 285.

하면서, 양쪽 국경에 거주하는 아제르 민족 공동체의 회복을 지원하며 다음과 같이 주장한다.

> "아제르바이잔인은 하나의 통합된 공동체로 인식되어야 한다. 분단되어 있는 민족 사이의 경제적, 문화적, 그리고 사회 정체성이 회복되어야 한다. 아제르바이잔 국경지대가 장벽이 아닌 교섭지역이 되어야 한다. 그들은 더 이상 분열이 아닌 협력을 주안점으로 삼아야 한다. 국경선 지역은 사라져야 한다."

민족전선은 남아제르바이잔과의 문화적 연계의 발전을 위해서, 모든 정치적 장벽을 폐지할 것을 지지한다. 게다가 민족주의 강령은 소련의 견해나 토착 세속주의 전통에서 나온 것과는 달리 무슬림 세계뿐만 아니라 이슬람에 대한 입장을 나타낸다. 민족전선은 가장 기본적인 인권의 하나로서 양도할 수 없는 준수사항, 즉 양심의 자유를 지지한다. 전 세계 수십억의 사람들에게 존중받는 종교적 신념과 전통이 더 이상 실리주의의 무지한 공격을 받지 않는 것은 필수적인 일이다. 민족전선은 이슬람 세계와의 이해와 협력의 발전을 향한 과단성 있는 정책을 지지한다.

사실상 민족전선에는 3개의 노선으로 분열되어 있었다. 그것은 자유주의 노선, 민족-자유주의 노선, 그리고 이슬람 원리주의 노선으로 분파되어 있었다. 그러나 일부 행동주의자는 스스로 어떤 노선에서도 자기 자리를 찾을 수 없는 가운데, 그대로 아제르바이잔 민족전선에 남아 있었다. 민족전선에 남아 있는 이슬람 진영 역시 분파되어 있었다. "자유주의 진영의 일부가 민족-민주주의 강령을 바탕으로 하고 있던 민족-자유주의 진영과 결속했다"라고 한 관계자는 증언했다.

그러나 이런 사태가 이란의 이익을 위한 소연방의 국경을 변경하기 위한 시도로 보일지도 모른다고 우려하는 민족전선 지도자 중의 온건주의자들은 국경시위와 소요에 그다지 열성적이지 않았다. 그들 사이에서도 원리주의자를 비난하는 데 있어서 미묘한 신경전이 벌어졌다. 그것은 소련이나 서방 세계의 눈에 아제르 민족주의 운동을 불신하게 할 수 있기 때문이었다. 이러한 시각을 무마하기 위해서, 민족전선 지도부 중 일부 온건주의자는 국가 내의 이슬람의 존재를 문제삼았다. "엄격히 말하면, 아제르바이잔에는 무슬림이 없습니다. 대부분 아제르인은 코란의 내용도 모릅니다. 우리나라 안에서 종교가 극심하게 억압되어왔기 때문에 지금은 거의 소멸 되었습니다"라고 후에 외무부 장관이 된 가시모프(Tofig Gasymov)가 서방 언론을 통하여 언급했다.[83]

엘치베이에 따르면, 아르메니아 측의 對유럽 및 미국 로비에 대응하기 위해서는 '문명화된 국가'라는 이미지가 아제르바이잔에 유리하다. 그러한 로비는 아르메니아가 '이슬람 광신주의의 희생자'라는 전통적 이미지를 서구에 주입시키는 데 효과적이었다. 요컨대 아르메니아계 해외 이주민 동포들은 전 세계에 걸쳐 상당한 재정 및 정보 자원을 지배하며, 수세기 동안 터키에서 자행된 1915년의 對아르메니아 학살을 정치적으로 이용해 왔다.[84]

엘치베이는 민주주의·터키주의·이슬람주의 등 세 가지 원칙에 기초한 개혁의 신봉자이다. 그는 미국, 영국, 프랑스, 그리고 특히, CSCE의 참여를 통한 국제적인 차원의 카라바흐 위기 해결에 크나큰

---

83) Ibid., 289.
84) Zinin/Maleshenko 1994, 107.

기대를 걸고 있다. 아마도 대통령 자신이 이란을 몇 차례 비난한 것은 원리주의에 대한 의혹을 일소하고 서방 세계에 대한 우호적인 이미지를 심기 위한 포석이었을 가능성이 크다.

2. 이슬람-기독교 종교적 분쟁

서방 세계에서는 불과 며칠 사이에 아제르바이잔이라는 명칭은 일상어가 되었다. 모스크바 특파원이나 모스크바에서 제공된 정보에 근거한 언론 보도의 어조는 마치 아르메니아인에 대한 또 다른 대학살이 이루어질 것처럼, 아제르인에게 비우호적이었다. 아제르인에 대한 이러한 견해에 대해 이란의 한 라디오 방송에서는 "새로운 십자군 원정이 올 것인가?"라고 논평하였다.

나고르노-카라바흐 분쟁에 대해 계속되는 각국의 언급과 함께, 새로운 차원의 이슈가 아제르인의 눈에 나타나기 시작했다. 비록 아르메니아 측이 그러한 대치 상태의 원인을 제공하였으나, 대부분의 외부 국가들이 반아제르의 입장을 취하고 있다는 것은 명백했다. 공통적으로 기독교 국가인 이들은 서방세계의 언론뿐만 아니라 소련 중앙정부와 소비에트 공화국들도 포함한다. 반면에 아제르인은 서방 언론이 최소한의 형식적인 고려도 없이, 자신들을 비난하며 희생양으로 만들고 있다고 생각했다.

아제르바이잔인의 숙적인 아르메니아인이 월등한 조직과 세계 도처의 해외 동포들의 지원이라는 이점을 등에 업고 있다는 사실이 아제르바이잔인에게 고통스런 현실로 다가왔다. 더욱이 러시아와 서방 세계가 아르메니아 쪽에 압도적인 지지를 보내고 있다는 사실은 동양 對 서양의 대결 구도에다가 기독교 세계 對 이슬람 세계의 충돌이라는 갈등적인 시각을 갖게 된 것으로 보인다.[85]

이러한 유럽의 기독교 국가들의 태도에 대한 분노가 커지면서 보수 이슬람 세력의 반발에 대한 우려가 증가했는데, 이것은 지하활동을 하는 한 저술가의 다음과 같은 주장에서도 알 수 있다.[86]

> "민족감정을 모욕당한 아제르바이잔 국민은 무슬림의 종교를 향해 급격하게 회귀할 수 있었다. 이러한 변화는 '이슬람 혁명'의 전파에 대해 우호적인 분위기로 이어갈 것이다. 자연스러운 반작용으로서 아르메니아와 다른 공화국, 그리고 이란령 아제르바이잔에 사는 우리의 동포들과 통합되기를 원하는 아제르바이잔인의 열망은 계속 커질 것이다."

아제르바이잔에 대한 이슬람의 종교적 영향력에 대해서는 상황이 더욱 복잡하다. 많은 이슬람교 성직자들은 서구와 소비에트의 정교분리 원칙을 받아들이고 있다. 그러나 아직 시아파 국가에 대해 공감하는 부분이 많더라도 이란과 같은 종교 국가로부터 영향을 받는 아제르바이잔으로서는 정체성에 혼란을 겪고 있다.[87]

1988년의 반아르메니아 숨가이트 폭동사건은 위기의 새 국면의 시작을 나타내는 것이었으며, 두 민족 간의 반목의 골은 깊어졌다. 파업과 시위가 아르메니아 전역에 퍼졌다. 폭동기간 동안 몇몇 극단주의자는 반이슬람 정서를 나타내는 표지판을 들고 다니기도 했다. 예를 들자면 "무슬림들은 뭐든지 할 수 있다!"라든가, "오직 훌륭한 투르크인은 죽은 투르크인이다" 등이었다. 이런 국면이 계속된 후부터는 폭

---

85) Swietochowski 1994a, 149.
86) Swietochowski 1994b, 287.
87) Saroyan 1992, 224.

력이 그 분쟁의 변치 않는 특징이 되었다.

1989년 가을에 민족전선은 아제르바이잔에서 실권을 장악할 것처럼 보였지만, 아제르 사회의 심화되는 분열에 의해서 외곽 산하단체로 남아 있었다. 근본적인 문제는 과도기적 무슬림 사회 어디서나 볼 수 있는 전형적인 것으로, 현대사회를 지향하는 사람들과 전통을 전수하는 사람들 사이에서의 불화였다. 아제르바이잔의 경우, 한편으로는 교육 수준이 높은 도시민인 지식계급과 다른 한편으로는 대부분 교외나 작은 마을 주민이며, 때로는 시아파인 전통주의 성격을 지닌 계층 간의 극복하기 힘든 오래된 차이가 있었다. 한 국가 내의 상반된 두 계층은 역사적 전환점에서 다시 한 번 반기를 들었고, 이에 따라 미래의 아제르바이잔 공동체에 대한 계획도 조각났다. 민족전선 내의 전통주의 이슬람 세력은 이란의 한 부분으로서 남아제르바이잔과 화해하는 것에 대해 긍정적으로 보는데 반해 세속주의의 지식계층은, 비록 거리를 두고 있었지만, 아제르바이잔이 이란으로 흡수되거나 광신적인 이슬람교 율법학자들에게 지배될 가능성을 우려했다.

종교는 민족적 감정의 기본적인 요소 중 하나이다. 이 위기의 시작부터 종교는 아제르바이잔에서보다 아르메니아에서 더 활발한 역할을 해왔다. 아르메니아 성직자들은 예레반에서 카라바흐와의 재통합을 위한 요구를 지지하는 거대한 반아제르바이잔 시위를 이끌었다. 아르메니아의 최고 종교지도자인 바즈겐 1세는 1988년 2월에 텔레비전 연설에서 다음과 같이 말했다.

"나 또한 나고르노-카라바흐를 아르메니아로 합병하는 문제를 해결하기를 열망합니다. 나는 이 임무가 본질적이고 헌법에 합법적임을 알았습니다."

1989년 7월 예레반 공항에서 일어난 아르메니아인과 소비에트 군대 사이의 유혈 충돌 후에, 다른 텔레비전 연설에서 바즈겐 1세는 "올 2월 말에 카라바흐의 아르메니아인은 모국 아르메니아로 재합병되는 데에 대해 만장일치의 희망을 표현했다. 이것은 헌법에 부합하는 옳은 결정 이었다"라고 말했다.[88]

아제르바이잔의 '공식적' 물라, 즉 이슬람 성직자들은 처음에는 위기의 기간 부수적 역할만을 했고 단지 위기에 대한 억제책을 보여 달라고 정부에 촉구했을 뿐이다. 그러나 1988년 가을, 국민운동이 그 힘을 엄청나게 증가시켜온 것이 명백하게 되었을 때, 아제르바이잔의 세이흐 알-이슬람인 파샤자데는 이슬람의 적들을 강력히 비난하며 '무슬림 신자들의 동원과 경계령'을 호소했다. 그는 당국의 공식적 입장을 지지하며 아제르바이잔에 대한 아르메니아의 침략을 규탄하고 있다. OIC에서 행한 그의 연설 중 일부에서 그는 전 세계의 이슬람인들이 "그러한 침략을 공격하고 아제르바이잔과의 유대를 강화하라"고 촉구한 적도 있다. 그는 카라바흐 사태의 근원적 원인은 이슬람에 있다는 주장을 부인한다. 1991년 말, 모스크바에서 개최된 종교적 문제에 대한 원탁회의에서 파샤자데는 인종 갈등의 원인은 이슬람이 아니라 첨예한 사회문제들, 토지의 부족, 그리고 실업 등으로 인해 야기되었다고 주장했다

바쿠 당국 또한 카라바흐 분쟁은 종교적 원인과는 거리가 멀다고 강조한다. 1992년 6월, 모스크바에 소재한 '아제르바이잔 전권 위원

---

88) Vaserman/Ginat 1994, 357.

회'는 카라바흐에 거주하는 '이교도들'에 대한 성전을 촉구하는 방송
이 바쿠 라디오에서 흘러나왔다는 러시아 언론의 보도 내용을 부인
한 일이 있다. 아제르바이잔 당국은 이에 아르메니아-아제르바이잔
간의 전쟁을 기독교인과 무슬림 사이의 종교분쟁으로 치부하려는 시
도일 뿐이라고 시사했다.[89]

　새롭게 싹트고 있는 이슬람의 상징들이 이 기간에 등장했다. 초승
달과 별이 있는 깃발, 초록색 이슬람 군기들은 호메이니의 초상화와
함께 이 시위 기간에 나타났다. 젊은이들은 붉은 머리띠를 둘렀는데
그것은 이란에서 이라크와의 전쟁 중의 성스러운 순교자의 상징이었
다. 그러나 이러한 비종교적인 표시들은 신앙심에 기인한 것은 아니
었다.

　그 분쟁이 본질상 비종교적이라는 의견은 종교적 기반 위에 있지
않다는 사실이 뒷받침한다. 일반적으로 무슬림 공화국들은 이에 대하
여 무관심한 것으로 보인다. 카라바흐 분쟁에 대한 무슬림 국가들의
태도는 그 갈등이 본질적으로 종교적이라는 생각을 확신시켜주지 못
했다. 아제르바이잔의 전 국무총리인 가사노프는 터키 외에 어떤 이
슬람 국가도 아제르바이잔을 도와주지 않았다고 주장했다. 또 다른
아제르바이잔 지도자였던 야굽 마메도프는 아르메니아에 무기를 공
급한 혐의로 아랍 국가들인 시리아와 레바논을 비난했다. 동시에 카
라바흐 분쟁이 그 종교적 성격을 내포하고 있다는 사실 역시 부정할
수만은 없었다.

　1월의 바쿠 사건에 대해서 이란이나 터키에서만큼 큰 반향을 일으
킨 나라도 없었다. 아제르바이잔 사태에 대해 양국에서의 반응은 몇

89) Zinin/Maleshenko 1994, 110~111.

가지 눈에 띄는 유사성과 견해 차이를 가진다. 양국이 최초로 인식한 것은 소연방의 국내 소요에서 거리를 두어야 한다는 것이다. 터키는 카프카스에서의 상황으로부터 발생하는 함정에 빠져서는 안 될 것이다. 터키 대통령 외잘(Turgut Ozal)은 "아제르인은 시아파이고 우리 터키인은 순니파이기 때문에, 터키보다는 이란과 더 큰 관계가 있다"고 선언했다. 바로 이어서 그는 자신의 말이 오도되었다고 주장했으나 "이러한 것은 소연방 국내 문제로서, 우리가 개입하는 것은 불가능하다"고 덧붙였다. 매스컴은 이란의 라프산자니 대통령이 "확실하게 이 사건에 대해 침묵하고 있고, 그가 어떤 논제에 관해 침묵을 지키는 것은 드문 일"이라고 논평했다.

이란 이슬람 공화국에서의 이데올로기적 열성 당원들은 바쿠 소요에 대한 그들의 의견을 더욱 기리낌 없이 말했다. 아야톨라 자나티(Ayatollah Ahmad Jannati)는 이슬람 선교를 위해 북부 아락세스 지역에 시아파 성직자를 파견한다고 발표했다. 그리고 그 임무는 키릴 문자로 쓰인 호메이니 작품들을 아제르어로 번역한다는 것도 겸하고 있었다. 한편 또 다른 아야톨라인 하메네이는 아제르바이잔에서 이슬람 종교적인 열정의 폭발을 보았고, "인종 및 민족적 동기가 이 움직임의 배후에 있다고 생각하는 것은 큰 잘못이다"고 경고했다.[90]

반대로 터키 정부는 이란의 관료들에게 아제르바이잔 위기를 민족적 성격의 분쟁이라고 강조했다. 앙카라와 이스탄불의 언론들은 같은 인종·언어·사회를 공유하는 아제르바이잔-터키 간의 뗄 수 없는 연계성에 대한 도덕적 차원의 지지와 동정을 표시하였다. 그러나 동시에 그들은 일반적으로 정부의 조심스러운 입장을 견지했고, 게다가

---

90) Swietochowski 1994b, 290.

아제르바이잔에 대한 정부의 생각을 상세히 대변했다. 남북으로 분단된 두 개의 아제르바이잔을 재통일할 가능성은 그 지역적 힘의 균형을 깨트리는 위험을 내포하고 있다.

3. 영토적 분쟁

아제르바이잔과 아르메니아 지도자들은 카라바흐 분쟁이 본질상 주로 민족주의적이거나 종교적이 아니라는 데 동의한다. 그러나 그것의 성격에 대한 그들의 관점은 서로 상반되었다. 아르메니아인은 카라바흐 분쟁이 민족해방 투쟁이지, 아르메니아와 아제르바이잔 사이의 영토적 분쟁이 아니라고 주장한다. 이 주제에 대해서 테르-페트로시안 아르메니아 대통령은 "지금까지 우리는 카라바흐 문제를 카라바흐 내에서 민족해방운동으로 지켜내는 데 성공했고, 그 갈등이 아르메니아와 아제르바이잔 사이에 확산되는 것을 어떠한 희생을 치르더라도 피해왔다"라고 선언했다. 그는 나고르노-카라바흐에 대한 어떤 군사적 원조도 부인했지만, 아르메니아가 나고르노-카라바흐 동족의 생존에 필요한 기본적 도움을 계속해서 제공하게 될 것이라고 강조했다.[91]

아제르바이잔인은 전체적으로 이 주장에 반대했다. 그들은 아르메니아인 민족해방의 목표란 영토적인 팽창 욕구를 감추기 위한 위장전술에 불과하다고 여긴다. 또한 그들은 카라바흐 아르메니아인의 무장투쟁을 분리주의 운동이라고 비난하고, "실제로, 이것은 영토적 분쟁이다. 이 분쟁에서 아제르바이잔인은 그곳의 주권과 영토 보전을

---

91) Vaserman/Ginat 1994, 358.

위해 방어하고 있다"라고 선언했다.

아제르바이잔인은 '특별행정위원회' 아래서 나고르노-카라바흐에 대한 바쿠의 통제력이 순전히 이론적인 것이 되었다고 불만을 표시했다. 마침내 나고르노-카라바흐 거주자들의 전권대표로 구성된 의회가 1989년 8월에 소집되었다. 의회는 아르메니아와의 통합요구를 확인하고, 나고르노-카라바흐를 독립적인 소련 영역으로 선언했으며, 그것을 통치할 국가 평의회를 선출했다. 의회소집과 그 결정은 분쟁의 본질이 아르메니아 속에 나고르노-카라바흐를 포함시킬 것을 요구하는 것이 아니라, 카라바흐 아르메니아인의 독립을 위한 민족해방 투쟁이었다는 것을 증명할 목적으로 하며, 아르메니아가 새로운 전략으로 전환하기 시작하였다는 것을 암시한다. 그럼에도 불구하고 투쟁의 최종 목적인 아르메니아와의 영토통합은 여전히 강조되었다

아르메니아 정부는 협상에서 전면에 나서지 않고 바쿠와 나고르노-카라바흐의 대표자들에게 무대를 마련해 주기 위해 제2의 역할을 하기를 원했다. 1992년 이른 봄, 테르 페트로시안은 나고르노-카라바흐에 대한 갈등을 끝내기 위한 새로운 의견을 가지고 나왔다. 그는 "나고르노-카라바흐에 대한 완전한 자치권을 부여하면 관련 당사자 양측을 만족시킬 것이다. 그렇게 되면 나고르노-카라바흐가 아제르바이잔 내에 남아 있을 것이기 때문에, 공화국의 영토 통합은 유지될 것이고 나고르노-카라바흐 주민들의 권리는 다시 보장될 것이다"라고 말했다. 그러나 다른 연설에서 아르메니아 대통령은 나고르노-카라바흐 상황의 최종적인 해결책은 카라바흐의 자결권 존중이라는 점을 지적했다. 그것은 또한 아르메니아 의회가 나고르노-카라바흐를 합병하는 법안을 무효화하지 않았다는 사실을 보여준다.

4. 정치적 분쟁

1987년이 막 끝나갈 무렵, 고르바초프의 측근 가운데 일부 간부는 아르메니아의 저명한 인사들과 접촉하면서, 나고르노-카라바흐 문제에 대한 실질적인 해결책을 모스크바에서 고려 중이라고 확신시켰다. 고르바초프 자신은 개인적으로 몇몇 아르메니아 지식인의 예방을 받고 그들의 불만에 대해 막연하게나마 동조하는 것 같았다.

분쟁의 발발 이후 모스크바가 취한 입장은 문제 해결에 도움이 되지 못하고, 오히려 상황을 더 복잡하게 만들었던 것이다. 그것은 한마디로 모순된 것이었다. 설사 고르바초프가 아르메니아인에 대해 자신이 한 약속을 실행하기를 원했다 해도, 그는 소련 지도부 내의 권력투쟁으로 인해 그 당시에는 가능하지 않았다. 중앙위원회 서기인 리가체프가 주도한 우익그룹은 아제르바이잔의 입장을 지지하고 소비에트공화국 간에 존재하는 국경의 어떠한 변경도 단호히 거부했다. 소련 공산당(CPUS) 중앙위원회는 1988년 2월 결의문에서, 그리고 고르바초프는 2월 26일 아제르바이잔과 아르메니아 국민들을 향한 텔레비전 연설에서, 나고르노-카라바흐를 위해 현존하는 정책에 예외를 둘 수는 없으며 기존의 행정구역 경계선을 다시 그리지는 않을 것이라고 강조했다. 그러나 고르바초프의 연설에서 나고르노-카라바흐를 아르메니아의 통치하로 옮길 가능성에 대한 암시를 발견할 수 있다.

나고르노-카라바흐 문제에 대한 또 다른 해결책이 있을지도 모른다는 고르바초프의 믿음을 보다 자세히 설명해 주는 것은 2월 26일에 있었던 아르메니아 작가 2명과의 만남의 결과이다. 야코프레프 당 서기와도 만난 두 명의 작가는 고르바초프가 "문제가 공정하게 해결될 것이다"라고 약속한 것을 인용했다. 그러나 CPSU 중앙위원회와 소련 각료회의는 1988년 3월 23일의 합동회의에서 아르메니아 측의 요구 안을 '받아들일 수 없는 것'이라고 결론을 내렸다. 그럼에도 불구하고 카라바흐에 있는 아르메니아인의 불만에 대해서는 동조의 뜻을 표명했다. 아르메니아인의 요구 사항은 1988년 7월 소련 최고간부회의의 중요회의 기간에 최종적으로 기각되었다. 그러나 아르메니아는 논란 지역에 관한 결정에 참여할 수 있는 권한이 주어지게 되었다.

소련의 정치적인 책략과 아르메니아-아제르바이잔 사이에서 등거리 외교를 강조하는 것은 모스크바 중앙정부의 권위를 유지하는 데도 도움을 주지 못했고, 분쟁 당사국 양측 어느 쪽도 진정시키지 못했다. 아르메니아와 아제르바이잔 양측은 상호 적대감을 갖도록 조장한 듯한 모스크바 당국을 비난했다.

그 결과로서 생겨난 불만족과 점점 커진 기대감은 폭력을 유발했으며, 이것은 무력을 사용하게 하기에 충분한 것이었다. 사크와 (Richard Sakwa)는 그의 저서 <고르바초프와 1985~1990년의 개혁>에서 고르바초프가 소비에트 헌법의 78조를 좁게 해석한 것이 재앙을 불러왔다고 주장했다. 이 조항은, 비록 소비에트 연방 내 한 국가가 스스로의 문제를 결정할 권한을 인정하기는 하지만, 또한 모스크바 중앙정부의 동의 없이 국경을 변경할 수 없다고 규정하고 있다. 조금이라도 헌법을 수정할 것을 시사하는 것은 엄청난 재앙을 가져올 수 있었다. 나고르노-카라바흐의 지위를 조금이라도 바꾸는 것은 아마도 아제르바이잔에서의 민족주의자의 정서를 격화시키는 결과를 초래할 뿐이었을 것이다.

모스크바가 아르메니아인의 요구를 들어주기를 꺼리는 것은, 아제르바이잔이 나고르노-카라바흐에 대한 통제권을 박탈당한다면 범투르크주의와 이란의 시아 이슬람 원리주의 영향을 보다 많이 받게 될 것이라는 우려 때문이기도 했다. 게다가 소련 정부는 국경선을 바꾸는 것을 용인하는 것이 다른 지역에서 비슷한 요구가 든 판도라의 상자를 여는 것과 같을 거라는 사실을 알고 있었다.

V. 아르메니아-아제르바이잔 간의 민족주의적 분쟁

　나고르노-카라바흐 분쟁의 원인은 수세기로 거슬러 올라가며 트랜스코카서스 거주 인구의 다양한 인종·종교적 혼합 공동체 속에 불씨가 살아 있었다고 할 수 있다. 실제로 아르메니아인-아제르바이잔인 사이의 증오의 관계에 대한 역사는 심각한 문젯거리가 되어왔다. 양 민족의 이러한 역사는 나고르노-카라바흐 위기를 급속하게 격화시키는 원인이 된다.

　카라바흐 문제는 제1차 세계대전과 10월 혁명의 결과로 아제르바이잔인과 아르메니아인에게 긴 역사적 공백의 시간이 있은 후, 각각 독립국가를 다시 세울 기회를 가졌을 때 터져 나왔다. 1948년 이스라엘 건국 이전부터 유태인이 팔레스타인 지역에서 아랍 무슬림들의 땅을 사들인 것처럼, 아르메니아인이 무슬림들의 땅을 사들이며 그들을 몰아내고 자신들이 그곳에 정착하면서부터 인종 갈등의 조짐은 나타났던 것이다. 인종적 적대감은 소비에트 집권기 중에는 대부분 표출될 수 없었고 잠복되어 있다가 제정 러시아의 몰락에 따라 재발했다.

소비에트 정권에 의해 근 70년간 억제되어왔던 옛 아르메니아-아제르바이잔 분쟁은 1988년 2월 아르메니아 소비에트 사회주의 공화국이 공식적으로 나고르노-카라바흐를 접수하겠다고 발표함으로써 재발했다. 고르바초프의 페레스트로이카, 글라스노스트 정책 시행 기간에 이 지역 분쟁은 또다시 일어났다. 그러나 당시, 정부의 중앙 통제력 약화로 인하여 분쟁은 차츰 그 규모가 커져서, 국외에서도 이 분쟁에 귀를 기울였으며, 결국에는 국제적 차원의 문제로 인식되기도 했다.

아르메니아인과 아제르바이잔인 사이의 반목은 시간이 흐름에 따라 문화적-종교적 이질감의 차원을 뛰어넘게 되었다. 일부 서구인은 아제르바이잔에 거주하는 아르메니아인의 입지가 유럽 일부 지역에서의 유태인의 그것과 흡사하다고 보았다. 이들 아르메니아인은 그들의 거주지에서 협박과 공포의 대상이 되었던 것이다. 이러한 점에서 그들은 중동의 마론파 기독교 교도 및 콥트 교도들과의 유사점을 갖고 있다. 아제르 이슬람 종교 지도자들은 인종 갈등의 원인은 종교 간의 반목이 아니라 첨예한 사회문제, 토지의 부족, 그리고 실업 등으로 인해 야기되었다고 주장했다. 아제르바이잔 당국 역시 이것을 기독교인과 무슬림 사이의 종교분쟁으로 치부하려는 시도는 음모일 뿐, 종교적 원인과는 거리가 멀다고 강조한다. 또한 아제르바이잔 측은 아르메니아 측이 주장하는 그들의 민족해방의 목표란 영토 팽창 욕구를 감추기 위한 위장전술에 불과하다고 여긴다. 그들은 카라바흐 아르메니아인의 무장 투쟁을 분리주의 운동으로서 영토 분쟁이라고 비난한다. 이란 측은 이 분쟁의 원인이 종교적인 것이라고 간주하며 인종 및 민족적 동기가 아니라고 강조하나, 터키 측은 민족적 성격의 분쟁이라고 주장한다.

결론적으로 이 분쟁은 본질상 주로 영토적이거나 종교적이 아니라 아르메니아인의 민족해방 투쟁으로서 아르메니아-아제르바이잔 간의 민족주의적 분쟁으로 추론된다. 아르메니아인이 아제르바이잔 통치 아래 살지 않으려는 것을 포함한 민족주의가 이 분쟁의 중요한 요인 이라는 것이다. 또한 소련의 정치적인 책략과 아르메니아-아제르바이 잔 사이에서 등거리 외교전략 역시 분쟁 당사국 양측 어느 쪽도 진정 시키지 못하는 가운데 양측에게 상호 적대감을 갖도록 조장한 결과 폭력을 유발한 요인으로 볼 수 있다.

CHAPTER

05

나고르노-카라바흐 분쟁과 아르메니아-아제르바이잔 평화과정

I. 비극적인 분쟁의 발단

1988년에 재발된 아르메니아-아제르바이잔 사이의 분쟁은 나고르노-카라바흐에 거주하는 아르메니아인이 경제적 문화적 차별에 항거하여 바쿠 정권에 대항한 폭동을 일으키면서 표면화되었다. 이러한 양 국민 간의 역사적인 반감은 종교·문화적 차이에서 나온 것이다. 궁극적으로 그들은 자치를 요구했고 그 요구가 묵살되자 아제르바이잔으로부터의 분리를 주장, 결국 나고르노-카라바흐 공화국의 독립을 선언하기에 이르렀다. 소연방이 붕괴됨으로써 분쟁과 관련 양측 진영은 무장하기 시작했다. 그리고 이런 현상은 점차 전면적인 전쟁의 형태로 변해 갔다.

아제르바이잔과 아르메니아 양국의 갈등지역이자 자치주인 나고르노-카라바흐 분쟁은 아르메니아인에 의해 거행된 일련의 파업과 시위에 뒤이어 시작되었다. 이 비극적인 분쟁 이래로 수천 명의 목숨이 희생을 당했다. 여기에서는 나고르노-카라바흐 분쟁의 전개과정과 평화과정을 재조명하고자 한다.

Ⅱ. 나고르노-카라바흐 분쟁의 초기 양상

1988년 2월 11일에 일어난 일련의 파업과 시위는 위기의 시작을 알려주는 것이었다. 나고르노-카라바흐의 아르메니아인은 아제르바이잔 당국의 문화와 경제정책에 항의하였다. 나고르노-카라바흐는 아제르바이잔으로부터 탈퇴하고 아르메니아로의 합병 허용을 위하여 아르메니아와 아제르바이잔, 그리고 소련 정부에 호소하였다. 이 요구는 즉시 아르메니아의 지지를 받았다. 100만에 이르는 아르메니아인은 나고르노-카라바흐를 아르메니아에 합병시키고자 하는 요구를 지지하며 2월 하반기 동안 매일같이 시위를 벌였다. 며칠 동안 아르메니아는 파업과 대중 폭동으로 인하여 정부의 기능이 실질적으로 마비되기도 하였다.[92]

이때까지 이 분쟁의 첫 번째 난민들은 아르메니아를 떠난 아제르

---

92) Roy 2005, 137.

인으로서, 아제르바이잔에 도착했다. 2월 25일, 나고르노-카라바흐 내의 아그담 도시 근처에서 2명의 아제르인이 피살되었으며 이들은 분쟁의 첫 번째 희생자들이었다. 이러한 사건은 2월 28~29일에 바쿠 북쪽 숨가이트에서 일어난 반아르메니아 폭동의 원인이 되었다. 고르바초프는 폭력사태를 진정시키기 위해서 군대를 파견했으나 그것은 일시적 방편에 불과했다.[93] 카라바흐 출신 아르메니아인들은 아제르 폭도들에 의해서 100명이 살해되었다. 공식 자료에 따르면 32명의 아르메니아인이 이 폭동 기간 동안 피살되었다고 기록되어 있지만, 아르메니아인 측 다수의 자료에서는 200명 이상이 피살되었다는 주장이 있다.

아르메니아인은 큰 충격을 받게 되었고 숨가이트를 떠났다. 어떤 이들은 바쿠를 떠나 다른 아제르비이잔의 도시로 이주하기 시작했다. 스탈린 시대의 집단 강제추방과 제2차 세계대전 동안의 사람들의 이주 이후 처음으로 소련은 난민문제에 직면하게 되었다. 숨가이트 사건 이후 한 달 사이, 아르메니아에 거주하던 약 16만 명의 아제르 인구의 대부분이 아제르바이잔으로 탈출했다. 이 분쟁으로 인한 첫 번째 집단 탈출기는 이곳을 참혹한 상태로 몰아갔다. 많은 가족들이 무장한 갱들에 의해 거의 모든 것을 빼앗긴 채 그들의 고향을 떠나 산을 넘어야만 했다. 반면 약 30만의 아르메니아인[94]이 그들의 고향을 떠났다. 그러나 그들의 탈출은 더 오랜 기간 동안 계속되었고, 1990년 1월에 있었던 바쿠에서의 학살 전날 밤조차, 바쿠에는 약 3만 명의 아르메니아인이 여전히 남아 있었다. 비록 숨가이트의 비극 이후로

---

93) Johnson 2007, 168.
94) Baku, Kirovobad(현재는 Gyandja), Mingechaur, Shusha, 그리고 다른 도시의 시민들.

2012년 현재 20년 이상이라는 세월이 흐르긴 했어도, 많은 의문이 아직까지 풀리지 않은 채로 남아 있다.

양 공화국의 불만은 커졌고 억제할 수 없게 되었다. 그 지역의 '반환'을 요구하는 아르메니아와 나고르노-카라바흐에서의 파업과 집단폭동은 "카라바흐 꼼짝 마라!"라는 슬로건 아래 아제르바이잔에서 조직된 시위대와 맞닥뜨려졌다. 이들과 함께, 파업과 시위에 동참한 자들은 점차 다른 요구 사항을 제기하기 시작했다. 아제르바이잔에서 이러한 요구는 민족주의 증대·경제적 주권·민족문화 발전·사회정의 등 문제와 연계된 것이었다. 아르메니아에서는 고르바초프에게 배신당했다는 느낌이 대중 사이의 여론으로 굳어졌고, 사람들은 공화국이 소연방으로부터 탈퇴할 것을 요구했다.

아르메니아와 아제르바이잔 정부 양측 모두 군중의 격앙된 감정을 가라앉힐 수 없었다. 아르메니아와 아제르바이잔의 제1서기[95]를 동시에 교체함으로써 상황을 호전시켜 보려 했던 모스크바의 시도는 공화국의 분위기나 혹은 나고르노-카라바흐의 입장에 선 그들의 자세를 바꾸지는 못했다. 6월 15일, 아르메니아 최고회의는 만장일치로 분쟁지역이 아르메니아로 반환되어야 한다고 결의했다. 이틀 후, 아제르바이잔 최고회의는 역시 만장일치로 그 투표가 소비에트 헌법에 위배되는 것이라고 결정했다.

급진주의자들이 양 공화국 내에서 지지를 얻기 시작했다. 전국적 파업과 집단폭동, 예레반과 나고르노-카라바흐에서의 시민 불복종 운동과 폭력, 그리고 예레반의 즈바르트노츠(Zvartnots) 공항 점거사건 등 아르메니아에서의 이런 저런 상황 전개는 급진주의자들이 공화국

---

95) 아르메니아와 아제르바이잔의 제1서기 Demirchian과 Bagirov를, Arutiunian과 Vezirov로 동시에 교체했다.

을 점차 지배하게 되었음을 암시하는 것이었다. 급진 세력은 나고르노-카라바흐가 아르메니아로 합병되는 것 이외의 어떠한 해결책도 단호히 거부했다.

아제르바이잔인이 두려워한 것은 아제르바이잔 지도부의 발표에도 불구하고 모스크바가 아르메니아의 합병 요구에 굴복하는 것이었다. 이런 우려는 아르메니아 외무부가 발표한 성명서에서 비롯되었는데, 여기에는 나고르노-카라바흐가 아제르바이잔 사회주의 공화국의 공식적 동의 없이도 아르메니아의 관할권하에 들어갈 수 있다고 언급되어 있었다.

그들의 요구에 대한 합법성을 얻는 데 실패한 후, 나고르노-카라바흐 당국은 아제르바이잔과의 관계를 최소화하려 노력했다. 조직 간, 그리고 성당 간 연계는 끊어졌고 경제적 유대관계도 허술해졌다 각 계각층의 아제르바이잔인은 나고르노-카라바흐에서 진행되고 있는 상황에 대해 실망과 분노를 표했으며, 그 지역이 공화국에서 고립되는 것을 도운 것에 대해 모스크바를 비난하였다. 그들은 또한 이러한 상황 전개에 대해 소극적으로 대처한 아제르바이잔 당국도 공격하였다. 이런 모든 것은 아제르바이잔 주민을 더 깊은 흥분의 도가니로 몰아넣으며 실질적으로 1988년 하반기 아제르바이잔인의 정상적인 삶을 마비시켰다. 파업과 대중 소요, 그리고 폭동이 바쿠·나히체반·키로보바드(Kirovobad)·세키(Sheki)·자카털리(Zakataly)에서 발생하였다. 아제르바이잔 내 아르메니아인의 환경 역시 더 악화되었다. 많은 사람이 해고되었고 폭도에 의해 공격당했으며 집이 불탔다.

나고르노-카라바흐에서 위기가 고조됨에 따라 국제적인 민족적 긴장감이 위험 수위에 도달하게 되었다. 1988년이 끝나갈 무렵부터 사실상 아르메니아에 남아 있는 아제르바이잔인은 아무도 없게 되었고, 아제르바이잔에 남아 있는 수천 명의 아르메니아인은 불안한 상황에 직면하게 되었다. 어떤 정치적인 협상도 거의 불가능하다는 것이 명백해졌고 분쟁은 거친 불길처럼 번져갔다. 논란이 되었던 지역과 국경지대에서는 두 공화국 간에 무력충돌이 발생했다. 아르메니아와 아제르바이잔의 수많은 도시는 점점 무질서해지고 그러한 상황은 지속되었다.

소연방 최고회의 회기 중에, 볼스키는 즉시 내란에 대한 전망을 내놓았다. 두 민족 간의 희생자 수는 매일 증가했고, 그리고 1989년에는 분쟁이 더 심한 유혈사태로 발전하게 되었다. 같은 해 양국 간의 철로는 파괴되었다. 바쿠와 예레반을 연결하는 두 갈래의 철로가 있었는데 나히체반을 통과하는 남부 철로와 가자흐(Gazakh)를 경유하는 남부 철로가 그것이다. 1989년 초, 나히체반에 진입하기 전에 46km의 아르메니아 지역을 달리는 기차에 대한 공격이 시작되었고, 그 결과 10km에 달하는 철로가 완전히 파괴되었다. 이 과정에서 기차 승무원들과 승객들도 희생되었다. 이로 인해 아르메니아 쪽의 나히체반 지역이 봉쇄되었다. 북부 철로는 아제르바이잔에 의해 봉쇄되었는데, 이는 전시 중에 적국인 아르메니아가 이 철로로 물자들을 운반하고 있음을 알았기 때문이다.[96]

카라바흐로부터, 그리고 아제르바이잔과 아르메니아간 국경으로부터 오는 뉴스는 점차 군대 보고서와 유사해져 갔다. 피를 흘렸고, 집이 불탔으며, 인질들이 붙잡혔고, 그리고 자동차가 부서졌다. 중무장 포병부대와 헬리콥터의 충돌 사건이 발생하였다. 양 공화국의 텔레비

---

96) Alieva 1995, 293.

전・라디오・신문 등 매스컴은 각각 심리전에 몰두하고 있었다. 분쟁의 참상은 민족주의를 낳았고 양 공화국에서는 반대운동의 핵심을 차지하는 영향력 있는 민족주의 단체들이 강화되었다. 1989년 여름까지 아제르바이잔에서는 아제르바이잔 민족전선(PFA) 진영이 득세하였다.[97]

1989년 7월, 아르메니아의 무장단체들은 나히체반-아르메니아・이란・터키로 둘러싸인 아제르바이잔의 일부을 봉쇄하기 시작했다. 이에 대한 보복으로 8월에 PFA는 아르메니아에 대한 무역금지와 통행로 차단, 즉 경제봉쇄를 조직적으로 강화했는데, 이는 그들이 수입품의 약 90%를 아제르바이잔 영토를 통해서 받아들이기 때문이었다.

바쿠에서는 비참한 상황에 빠진 아르메니아로부터 탈출해 온 약 10만 명의 난민이 불안징의 주요 요인이 되었다. PFA 대변인이 모스크바 주재 독일 기자에게 "난민들은 인종적 불안의 원천이다. 마치 화약고와 같아서 그들은 언제라도 아르메니아인을 죽이기 시작할 수 있다"고 말했다. 이렇듯 PFA는 반아르메니아 폭동을 두려워했기 때문에, 바쿠 거리에 '민족학살을 부를 소지가 있는 유발행위'의 유혹에 넘어가지 말 것을 사람들에게 당부하는 전단을 뿌리기도 했다. PFA의 대표자들은 텔레비전에 출연하여 아르메니아인에 대한 공격을 비난하고, 그것을 아제르바이잔인의 적들이 조직한 훌리건이즘(hooliganism)의 행동으로 묘사했다. 그러나 PFA는 과격한 조직이 아니었기 때문에, 극렬한 폭동의 분위기 속에서도 혁명군들은 유리한 고지를 점령할 수 있었다. 이러한 반아르메니아 정서는 행동으로 옮겨져서 1990년 1월 13~14일에 끔찍한 학살이 아르메니아인에게 자행

---

97) Johnson 2007, 168.

되었고, 바쿠를 뒤흔들었다. 추방되어 집이 없는 난민들에 의해 수많은 아르메니아인이 이 학살 기간 동안 살해되고 부상당했다.

1991년 9월 2일, 나고르노-카라바흐 출신의 모든 계층의 대의원들은 나고르노-카라바흐 공화국의 설립을 선포하였다. 11월에 아제르바이잔 정부가 카라바흐 자치권의 지위상태를 폐지하자, 12월에 그곳의 아르메니아인은 국민투표를 하였고 스스로 독립공화국임을 선포하였다.

Ⅲ. 나고르노-카라바흐 분쟁의 전개과정

아르메니아와 아제르바이잔 간의 관계는 1991년 11월 들어 급격히 악화되었는데, 이는 러시아와 카자흐스탄 대통령에 의해 시작된 평화 협상에 참여하기 위해, 내무부 장관을 포함한 아제르바이잔의 고위급 공무원들을 태우고 카라바흐 지역으로 가던 헬리콥터가 격추된 직후였다. 전쟁 선포의 위협은 매우 현실화되었으나, 아제르바이잔 정부는 나고르노-카라바흐 지역의 문화적 자주성을 인정하면서 그들의 자치권을 말살하는 행위를 자제했다.[98]

점차적으로 민간인이 전쟁의 희생양이 되었다. 1991년 말에 이르러서는 이 지역 주둔 소비에트 군대가 해체되면서 양 진영 모두 더 많은 무기를 얻게 되었는데, 그중에는 40개의 로켓을 동시에 발사할 수 있는 'Grad' 미사일 시스템도 포함되어 있었다. 소연방의 붕괴에

---

98) Alieva 1995, 293.

따라 더 많은 전쟁이 발발하게 되었다. 주로 스테파나케르트에 주둔하고 있었던 종전의 소비에트 군대인 366자동화 소총연대도 전쟁에 참여하였다. 전쟁은 넓은 지역으로 확산되어 많은 희생자를 내며 더욱 격렬해졌다. 1992년의 처음 3달 동안 회생자의 숫자는 과거의 3년 동안의 수를 넘어섰다. 아르메니아군이 인구 약 8,000명의 작은 아제르바이잔의 마을 호드잘리(Khodzhaly)를 점령했던 2월 말경에 가장 비극적이고 잔인한 사건이 발생하였다. 대량 학살과 잔학 행위로 1,000명 이상의 민간인들이 살해되었고 수천 명이 부상당하였으며 도시가 불탔다. 아제르바이잔인들은 소련군 366연대의 장교들과 병사들을 그 학살의 주범으로 고발하였다. 책임을 부인하지는 않았지만, 그 학살은 명령에 의한 것이 아니라 일종의 '불복종 행위'의 결과였다고 러시아 언론은 발표하였다.

호드잘리에서 발생한 사건은 군대에 의한 민간인 대량 학살의 서막이었으며 매우 위험스런 상황 전개를 암시하는 것이었다. 그것은 또한 인상적인 아르메니아군의 승리를 나타내는 것이기도 했다. 호드잘리 사건 이후 곧 카라바흐에 있는 아제르바이잔의 마지막 본거지인 '아그담 및 슈샤'가 함락되었다. 1992년 5월말까지 나고르노-카라바흐 전 지역이 아르메니아의 수중에 들어갔고 나고르노-카라바흐와 인접지역에 거주하는 6만 명의 아제르바이잔인이 그 지역에서 탈출하거나 추방당했다. 그 이후 아르메니아 군은 아제르바이잔의 라친(Lachin) 시를 점령하고, 아제르바이잔 영토를 가로질러 아르메니아에서 나고르노-카라바흐까지 직접 통하는 새로운 통행로의 확보를 가능케 했다.

아르메니아는 그것을 인도주의적 이유 때문이라고 주장함으로써 라친 통행로의 부설을 정당화했다. 즉, 나고르노-카라바흐에 대한 아제르바이잔에 의해 부과되었던 4년간의 긴 경제적 그리고 교통상의 장벽을 끝냈다는 것이다. 그러나 이것이 아르메니아의 유일한 주장은 아니었다. 그들은 또한 말하기를, 나고르노-카라바흐가 창설되었을 당시 아르메니아와는 공동 경계선이 있었다고 했다. 단지 1930년대 초반, 아르메니아와 나고르노-카라바흐 사이에는 아제르바이잔에 의해 인위적으로 설정된 6㎢ 넓이의 가설 통행로가 있었다고 강조했다. 아르메니아 측은 이 가설 통행로를 "아제르바이잔 당국이 나고르노-카라바흐에서 훔쳐갔다"고 주장한다.

이 전투는 아제르바이잔의 자치 구역인 나히체반으로 번져갔다. 1921년의 카르스(Kars) 조약에 의거하여 스스로를 나히체반 국경의 보증인이라고 생각한 터키가 이 분쟁에 위험스럽게 관여한 것이 상황을 더욱 악화시켰다. CIS 육군 참모총장인 샤포쉬니코프(Marshal E. Shaposhnikov)는 1992년 5월, 모스크바에서 열린 기자회견에서 아제르바이잔과 아르메니아의 분쟁에 제3국이 조금이라도 개입하면 3차 세계대전이 일어날 것이라고 경고했다.

라친 시의 점령과 전투의 나히체반으로의 확대는 국제적으로 크나큰 반향을 불러일으켰다. 유럽공동체·터키·이란은 이 행위를 도발 행위라고 비난했다. 미국은 나고르노-카라바흐 및 나히체반의 지위에 대한 어떠한 강제적 변화도 단호히 거부한다는 의사를 표명했다.

1992년 여름이 막 시작될 무렵, 전투 진행 과정은 아제르바이잔에게 유리하게 바뀌었다. 이 변화는 다음 전개 과정으로 설명이 가능하다. 1992년 6월 4일, 아제르바이잔의 PFA 지도자 엘치베이와 알리예프는 대통령 선거에서 승리함에 따라 정권을 잡았다. 나고르노-카라바흐와 관련된 엘치베이의 정책은 그 지역에 관해 타협하기를 꺼린다는 것을 보여주었다. 게다가 새 정부는 국군의 창설을 추진시키고 있었다.

5월 15일 타슈켄트에서 러시아와의 협정에 따라, 아제르바이잔은 소련 영토 내에 배치되어 있던 기존 소련군 창고에서 다량의 현대식 무기를 공급받았다. 같은 원칙에 따라 무기거래 협정이 그 후인 7월에 아르메니아와 러시아 사이에 체결되었다. 아르메니아의 소식통은 아제르바이잔이 아르메니아보다 소련으로부터 더 많은 무기를 공급받았다고 주장해 왔다. 아제르바이잔이 더 많은 군사 장비를 공급받았든 그렇지 않든, 지상 전투에서는 명백히 아제르바이잔 군대들이 승리하고 있었다. 1992년 여름의 전투기간 동안, 아제르바이잔은 잃었던 몇 군데의 영토를 되찾았다. 그러나 아제르바이잔의 승리는 오래 지속되지 못했다. 1992년 말까지 아르메니아는 다시 반격을 시작하였고 지상 전투의 상황은 급격하게 변화하기 시작했다.

분쟁에서 아제르바이잔이 최초로 승리를 하기도 했지만, 그 기간은 상당히 짧았다. 1993년 초반, 아르메니아는 바샤르두스티(Bashar-dusti) 주변 지역을 접수하고 켈바자르를 합병하였으며, 카라바흐의 경계를 벗어난 외곽도시 아그담시까지 점령하였다. 분쟁이 격화되자, 엘치베이는 부패하고 무능력하다는 이유로 신랄한 비판의 대상이 되었으며, 그러한 비판은 끊일 줄을 몰랐다.[99]

앞서 언급한 바와 같이 아르메니아인은 나고르노-카라바흐와 아르메니아를 연결하는 전략적으로 중대한 라친 회랑을 장악했다. 1993년 4월까지 아르메니아는 아제르바이잔 영토의 대략 1/10 정도를 점령했

---

99) Amir-Ahmadian 2000, 501.

다. 거기에는 켈바자르 도시가 포함되어 있어서 결국 나고르노-카라바흐와 아르메니아 사이의 두 번째 회랑을 열게 된 셈이었다. 또한 남서부의 피줄리(Fizuli)로 진격함에 따라 국가의 나머지 부분으로부터 나히체반의 아제르 지역을 효과적으로 봉쇄하였다. 당시 아르메니아에 의해 사용된 일부 무기는 아르메니아에 주둔하고 있던 러시아군 제7부대가 양도한 것이라고 보도되었다.[100]

폭력적인 전쟁이 계속되는 가운데, 아제르바이잔인에게는 내부 분쟁에 대한 책임도 주어졌다. 1993년 6월 18일 후세이노프 장군이 옛 공산당 제1서기이자 아제르바이잔 국회의장으로 예기되던 나히체반 의회의 수장 격인 알리예프를 방문한 후, 엘치베이의 하야를 강력히 요구하자, 의회는 알리예프로의 정권 교체를 승인하였다. 1994년이 시작될 무렵, 아르메니아군의 승리에 따라서 아제르바이잔 영토의 거의 20%가 아르메니아의 통제하에 놓이게 되었다. 2006년에는 아제르바이잔 영토의 약 14%를 점령한 상태에서 소규모 국경 충돌이 끊이지 않고 있다.[101]

---

100) Smolansky 1995, 202.
101) Johnson 2007, 169.

Ⅳ. 아르메니아–아제르바이잔 평화과정

나고르노-카라바흐 분쟁은 터키와 이란을 넘어서 국제문제로 떠올랐다. 이 분쟁은 의심할 여지없이 아제르바이잔이 CIS의 가입을 거부하게 된 주된 요인이 되었다. 처음에 아제르바이잔은 러시아가 이 지역에서의 약화된 위상을 유지하기 위해 아르메니아를 지원해주고 분쟁을 조장했다고 비난했다. 그러나 1992년 중순경, 모스크바와 앙카라 사이의 국교 회복에 뒤이어 아르메니아의 분노와 이란의 우려 속에 러시아-아제르바이잔의 관계는 향상되었다. 그러나 평화적 해결을 위한 국제적인 노력은 현재 양측이 모두 지지하고 있음에도 불구하고 비효과적임이 입증되었다. 문제는 아르메니아의 투쟁이 민족의 해방을 위한 것이라고 주장하는 사람들은 그 원리가 민족 자결권이나 국경 보전보다 우선순위에 있다는 것이다.

러시아·터키·미국·유럽안보협력회의(CSCE)[102] 민스크 그룹·

이란 등이 나고르노-카라바흐 분쟁에 대한 평화적 해결책을 찾기 위해 주도적으로 교섭을 개시했지만 여전히 합의에 이르지 못했다. 아제르바이잔군과 아르메니아군 간의 적대감이 증폭되면서 마침내 터키-이란군은 아제르바이잔 국경을 침범하겠다고 으름장을 놓았으며, 결국 1994년 5월 양측은 임시 휴전 상태에 종지부를 찍고 전쟁에 돌입했다. 이에 공화국이라 선언한 나고르노-카라바흐 등의 이슈에 관한 여러 가지 평화적 제안이 나돌았다. 이 고립된 분쟁지역의 장래에 대한 협상이 시작되기 전에 아르메니아 부대가 아제르바이잔의 모든 점령지에서 철수해야 하는지, 러시아인은 어디에서 평화로운 지역에 거주할 수 있을 것인지 등의 문제점들이 논의되었다. 심지어 알리예프 역시 의혹의 눈길을 보내며 러시아가 아르메니아 편을 들고 있다고 비난했다. 터키와 아제르바이잔은 역사·인종·문화적으로 매우 가깝기 때문에 터키가 그 분쟁에 있어 중재자 역할을 한다는 가능성은 거의 희박했다

CSCE는 소련 붕괴와 냉전 종식의 여파에 대비하여 유럽 안보를 위한 대단위 활동에 착수했다. 이 지역은 지리·문화·역사적으로 아시아에 훨씬 가까운데도 불구하고 유럽 국가는 남부 카프카스 지방을 유럽의 일부로 여기기 때문에 이 지역 내에서 발생하는 문제는 유럽 본토의 국가들에게 일종의 위협으로 받아들여진다. 이러한 인식에 비추어, 발칸 반도의 보스니아와 코소보를 비롯한·카라바흐·사이프러스·그리스·터키·쿠르드 지역 내의 분쟁은 유럽 국가들에게 상당히 민감한 문제로 다가선다.

CSCE에 가입한 미국·러시아·프랑스를 중심으로 한 민스크 그룹

102) 7개월 뒤 1994년 12월 부다페스트에서 개최된 CSCE 정기총회에서 OSCE로 개칭되었다.

은 1994년 5월 9일, 아제르바이잔과 아르메니아 간의 휴전을 선포했다. 교전국 양측의 합의와 러시아의 지원하에 휴전 협정은 효력을 발휘하게 되었다. 간간이 총성이 들리기는 하였으나, 그 후 10년 이상 지난 지금도 휴전 협정은 유효한 상태이다. 그러나 분쟁의 진정한 종결을 위한 효과적인 조처는 취해진 바가 없다. 아르메니아는 여전히 점령지에 주둔하고 있으며, 수백만 전쟁 난민은 그들의 고향으로 돌아가기만을 기다리면서 한숨으로 가득 찬 삶을 살고 있다.

알리예프 대통령은 아르메니아의 철수를 확고히 하고, 아르메니아 내부의 정치·경제적 혼란에서 오는 기회를 틈타 양국 간의 관계를 재정비하려고 했다. 1997년 5월, 알리예프 대통령은 아르메니아와의 협력 구도를 위한 제안 폭을 넓혀, 아제르바이잔의 송유관이 아르메니아를 통과하는 것에 동의했다. 알리예프의 서한에 대한 답신에서, 페트로시안은 아제르바이잔의 석유 수송관이 아르메니아를 지나는 것이 두 나라 모두에게 이익을 가져다준다는 사실에 초점을 맞추어, 아르메니아가 송유관 건설을 기꺼이 수락한다는 입장을 밝혔다. 또한 그는 석유 수송관 건설 사업은 카라바흐 분쟁과 별개의 것임을 분명히 했다. 이 건설 사업이 가시화되기 전에 미국 정부는 아제르바이잔이 아르메니아를 통해 석유를 수송하고 아르메니아와 터키가 가능한 한 양국 사이의 관계를 회복할 것을 요구했다.

1997년 6월, 민스크 그룹은 카라바흐 분쟁의 종식을 이끌어 내려는 노력의 일환으로, 아르메니아-아제르바이잔 양국 대통령과의 회담을 비롯하여 카라바흐 독립운동 대표들과의 회담 일정을 잡았다. 아르메니아는 그들의 점령지를 포기하려고 하지 않았다. 그 전부터 민스크 그룹은 이미 아르메니아의 군대가 두 단계로 나누어 퇴각하는 안을 내 놓은 상태였다. 그 제안을 단계별로 살펴보자면, 우선 아제르바이 잔 동남부 지역에 분포한 도시들[103]의 독립을 승인한 후에 다음 단계 로는 난민의 본토 귀향과 동시에 교전국 간의 연락망을 구축해야 한 다는 것이 주요 골자였다.[104]

그러나 민스크 그룹의 이러한 노력은 실질적인 성과를 거두지 못 하였다. 아제르바이잔은 카라바흐 분리주의자의 요구를 들어주는 것 은 그들의 독립을 승인하는 것과 매한가지라고 주장하면서 카라바흐 분리론자들과의 교섭을 거절했다.

카라바흐 분쟁 및 계속되는 아르메니아의 아제르바이잔 영토 점령, 그리고 아르메니아와 러시아 간의 결탁은 아제르바이잔을 국제적으 로 고립시켰다. 국내 정치 위기를 비롯하여, 개혁주의와 과격주의 사 이에 빌어진 주도권 씨움은 지연히 경제침체와 국고 수입 감소로 이 어졌으며, 실업률 증가와 국민의 불안에 불을 붙였다. 결국, 이러한 제반 현상은 정치적 갈등을 고조시키는 데도 한 몫을 한 셈이다. 페 트로시안과 그를 옹호하는 자들은 아르메니아가 국제사회에 다시 발 을 들여놓을 수 있는 계기를 마련하는 차원에서 카라바흐 분쟁의 신 속한 처리 방법을 강구하고 있다.

이에 대하여 카라바흐 분쟁위원회의 위원장이자 카라바흐의 새로 운 대통령으로 당선된 코차리안은 페트로시안이 변절한 것이라고 비 난했다. 페트로시안은 코차리안을 국무총리로 임명하여 아르메니아 의 문제에 직접적으로 연계시키려고 하였다. 그럼에도 불구하고 아르 메니아의 과격주의자는 아제르바이잔과의 전쟁을 끝내서는 안 된나

---

103) Kalbajar, Zangelian, Qobadli, Jebrail, Fizuli, Aqdam.
104) Amir-Ahmadian 2000, 494.

는 목소리를 높였다. 이러한 주장을 내세운 운동의 중심에서, 페트로시안에 의해 해산되어 불법 정당으로 규정된 다쉬낙션(Dashnaction)당은 활발한 활동을 보였다.

1997년은 아제르바이잔이 큰 폭으로 퇴보한 것으로 기록된 해이다. 아제르바이잔 민족화해당[105]의 당수인 로스탐한리(Rostamkhanli)가 1997년 발표한 바에 따르면, 카라바흐 분쟁 해결을 위해 국제기구들이 쏟은 노력에 비해 기대만큼의 성과는 얻지 못했던 것으로 밝혀졌다. 그 이유는 강대국들이 자국의 직접적인 이익만을 내세웠기 때문이다. 좋지 않은 경제 상황과 어찌할 수 없는 카라바흐 분쟁으로 인하여 아제르바이잔 국민의 불만은 새로운 정점에 달하였다. 국민이 전쟁을 겪고 강제 추방당했던 난민이 귀향하는 과정에서 불만은 널리 퍼져나갔고, 그것은 그 자체적으로 분쟁을 심화시키는 결과를 가져왔다. 이러한 가운데, 정적(政敵)들은 현 상황을 그들에게 유리하게 이용하고 있다.

코차리안이 아르메니아의 대통령으로 당선되면서부터 카라바흐 분쟁은 좀 더 복잡한 국면으로 접어들었다. 아제르바이잔인은 아르메니아에서 코차리안이 권력을 장악하게 될 것을 염려하였다. 이미 공산주의 시절부터 독립을 옹호했던 자들이 아르메니아의 정상 자리를 차지하고 있다는 사실을 아제르비잔인은 알고 있었다. 이러한 배경에서, 아제르바이잔은 서방과의 정치·군사적 협력 시대로 들어선 것이다. 그루지야 또한 이에 영향을 받아, 아제르바이잔의 뒤를 잇고 있다. 이러한 연유로 이 두 나라에게 있어서 석유의 생산과 탐사 그리고 수출은 국가 안보의 보루이다.

---

105) Azerbaijan's National Reconciliation Party.

1998년 중반, 코차리안은 예레반에서 민스크 그룹 정상들과 대면하여 아르메니아는 카라바흐 분쟁의 해결책을 모색하는 데 있어서 그 어떤 조건도 달지 않을 것임을 명확히 했다. 또한 카라바흐 분쟁을 해결하는 데 핵심이 되는 것은 그 지역을 둘러싸고 일어나는 정치적 문제를 매듭짓는 것이며, 모든 회담에서 이 분쟁을 주요 안건으로 다뤄야 한다고 덧붙였다. 그리고 카라바흐를 아제르바이잔의 영토로 복속시키는 것은 불가능하다는 발언도 빼놓지 않았다. 그에 이어 아르메니아 대통령 코차리안은 지역 내의 힘의 균형을 유지하기 위해서는 초국가적 안보체제를 구축하는 것이 필수적이라는 입장을 밝히기도 했다. 이와는 달리, 민스크 그룹 정상들과의 회담에 참석한 알리예프는 카라바흐 분쟁이 상호 협력을 바탕으로 매듭지어졌으면 하는 바람을 표명했다. 또한 알리예프는 카라바흐 분쟁을 종식시키는 데 있어서 OSCE의 잠재적인 역량에 대한 아제르바이잔의 큰 기대를 내비추었다.[106]

1999년 7월 초, 룩셈부르크에서 가진 연례회의에서 유럽연합은 카프카스 지역의 끊임없는 분쟁은 아르메니아-아제르바이잔-그루지야의 협력 구도를 가로막는 장애 요인이 됨과 동시에, 지역의 정치·경제 발전을 저해한다는 사실에 주목했다. 유럽 국가들은 이 지역에 분쟁을 종결하고 평화를 회복하려는 움직임을 보일 것을 촉구했다.

같은 해 10월 11일, 아제르바이잔 대통령 알리예프와 아르메니아 대통령 코차리안은 국경을 따라 펼쳐진 나히체반에 속하는 사드락(Sadrak) 시의 한 전원 마을에서 회합을 가졌다. 이 회담은 세 번째 열린 것으로서, 두 시간 10분 동안 비공개적으로 진행되었다. 회담은 카

---

106) Amir-Ahmadian 2000, 505.

라바흐 분쟁에 관한 정치적인 해결을 도출하려는 양측의 결의를 표명하는 것으로, 제3국의 중재 없이 이루어졌으며 양국의 관계에 있어서 전환점이 될 것으로 보였다. 양국 대통령은 인터뷰에서 최종적인 화해에 이를 때까지 제3국의 중재 없이 회담을 하길 원한다고 밝혔으며, 카라바흐 분쟁은 상당히 복합적이므로 쉽게 해결될 수 없다는 사실 또한 인정했다. 이 분쟁은 3년 전에 발발한 것으로, 종전을 하기까지는 많은 시간과 장기간에 걸친 대화가 필요할 것이다.

이 협상의 두 번째 모임은 이전에 미국의 주최로 이미 제네바에서 열린 바 있다. 이는 민스크 회담의 끝 무렵인 7월이었다. 그렇지만 카라바흐 분쟁은 몇 번에 걸친 회담으로 해결될 수 있는 성격의 문제가 아님은 너무도 명백하다. 복합적이라는 면에서, 도무지 풀 수 없는 인도 아대륙의 카시미르 위기와 어느 정도 흡사한 카라바흐 이슈는 오늘날 가장 복잡한 정치 현안 중 하나임에 틀림없다.

좋지 않은 건강 상태로 알리예프가 아제르바이잔의 정치 무대에서 물러나 있었던 1999년 초, 국민들 사이에서는 새로운 대통령을 선출할 마음의 준비를 하고 있어야 한다는 소문이 널리 퍼져 있었다. 신아제르바이잔당[107]은 이미 오래 전부터 차기 대통령 후보를 거론하고 있는데, 그는 다름 아닌 현 대통령의 아들, 엘함 알리예프(Elham Aliyev)였다. 그가 대통령 선거에 출마하는 것을 지지하는 언론사들은 이미 선거운동에 돌입했다. 그러나 한 치 앞도 내다볼 수 없는 아제르바이잔의 미래가 여전히 오리무중이라는 사실에는 변함이 없다. 1992년 활동을 시작한 신아제르바이잔당은 현 대통령 헤이다르 알리예프(Heidar Aliyev)를 당수로 두고 있으며, 아제르바이잔 의회의 전체

---

107) New Azerbaijan Party.

의석 수 85석 중 70석을 차지하고 있다. 그런데 만약 현직 대통령 알리예프가 재임 기간 내에 빼앗긴 영토를 되찾지 못하게 된다면, 신아제르바이잔당과 엘함 알리예프의 정치적 입지를 지켜내지 못할 것이라는 말이 나돌고 있다.

알리예프가 현직을 떠나면 뒤이어 그 자리에 오르려는 정적은 상당히 많다. 다른 제3세계 국가들과 마찬가지로 아제르바이잔은 정권교체 기간 동안 장기적인 불안정을 경험할 가능성이 짙고, 수십 억 달러에 이르는 외채는 국가 경제의 안정을 저해하게 될 것이다.

1999년 6월 23일, 독립국가연합과 유럽국가 대표들이 모인 룩셈부르크 회담 말미에 한 공식 성명서가 화젯거리가 되었다. 그 성명서에 따르자면, 현존하는 카프카스 지역의 분쟁이 아제르바이잔을 비롯한 아르메니아, 그루지야의 경제발전에 걸림돌이 되고 있다는 것이다. 또한 이 문서는 지역 내 관련 국가들이 분쟁을 해결하고 지역적 평화와 안정을 회복하려는 노력을 기울여야 한다고 주장했다.[108]

아제르바이잔 외무부 장관은 NATO와 EU 측에 그들이 코소보 사태에 개입했던 것과 마찬가지로, 카라바흐 분쟁 해결을 위해 적극적으로 나서줄 것을 요청하였다. 다시 말해서, 아제르바이잔은 문제를 해결할 수만 있다면 그 수단의 성격에 대해서는 신경 쓰지 않는 듯했다. 이는 아제르바이잔이 최단 기간 내에 이 분쟁으로부터 벗어나 경제발전에 심혈을 기울여야 하고, 전쟁 중에 발생한 수많은 난민의 고통을 치유하는데 앞장서야 할 당면한 문제가 있기 때문이다. 이러한 현실을 매우 잘 알고 있는 아르메니아 당국은 협상 과정에서 우위를 차지하게 될 것이다. 분쟁은 알리예프 정권하에서 정체 현상을 빚었

---

108) Amir-Ahmadian 2000, 510.

으므로 알리예프가 해결해야 한다. 그러나 알리예프는 그가 정권을 손에 넣도록 도와주었던 러시아 세력을 외면할 수 있을 정도로 기민하고 노련한 정치가이다. 이번 문제가 어떤 식으로 평화를 회복하여 어떤 결과가 빚어지든, 국민들에게 어렵지 않게 이해를 구해낼 것임은 패배를 자연스레 무마시켰던 예전과 별다르지 않을 것이다.

그가 아니고서는 문제를 해결할 자가 없으며, 서로 이웃한 두 국가는 관계를 회복하기 위한 청사진을 제시할 수 없다. 알리예프의 정치 고문 콜리자데의 충고처럼, 다게스탄에서 시작되는 분쟁은 쉽게 아제르바이잔 본토에까지 퍼지게 될 것이다.

알리예프 대통령은 아제르바이잔의 정치상황을 이용하여 현재 자신의 권력을 잃지 않고 계속 이어 나가려는 계산에서 카라바흐 분쟁으로 시간을 끌고 있다. 아제르바이잔의 국민을 대표하는 세력들은 이러한 알리예프의 계산을 간파하고 그가 취하는 정책에 반대한다. 그들은 알리예프가 카라바흐 분쟁에 적용하는 정책에 반대하기 때문에, 카라바흐 분쟁을 서둘러 종식시킬 것과 1999년 11월에 임명된 줄파가로프(Zulfagarov) 외무부 장관의 사임을 요구했다. 아제르인은 아제르바이잔의 법체계 구조하에서 카라바흐의 자치권을 확대하는 데 동의한 바 있다. 그러나 여기에는 아르메니아 군대가 점령지에서 무조건적으로 철수한다는 선결조건이 있었다. 아르메니아는 그러한 요구 사항을 거부하였고, 카라바흐의 법적 지위를 명확히 할 것과 카라바흐에 거주하는 아르메니아인은 비롯하여 국제위원회에서 수용할 수 있을 정도로 안전을 보장해 줄 것을 아제르바이잔에 요구했다.

1999년 12월 12일, 아제르바이잔은 오랜 각고 끝에 카라바흐의 운명이 달린 국민투표를 실시하였고 나고르노-카라바흐를 통치하는 합

법적인 정부라는 입장을 발표하기에 이르렀다. 이 분쟁지역의 대략적인 피해 규모는 다음과 같다.[109]

나고르노-카라바흐 전 지역이 점령당한 상태이다. 이 지역 내의 아제르바이잔 인구는 전체 30%에 달한다. 아제르바이잔 영토의 20%를 소유한 아르메니아인은 라친 시의 인접지역을 포함한 여러 도시[110]를 침략하여 황폐화시키는 등 700여 개에 달하는 도시와 전원 마을을 자신들의 통제하에 두고 있다.

2만 명이 넘는 아제르바이잔인은 전쟁에서 목숨을 잃었고, 4천여 명이 전쟁포로로 붙잡혔다. 이 중에 71명은 어린이, 320명은 여성, 그리고 173명은 노인이다. 그들은 여러 지역에 포로로 남아 있다. 1992년 1월 26일 일어난 하잘리(Khajali) 대학살 사건은 세기를 통틀어 가장 무사비한 대학살로 불린다. 210만이 넘는 아제르바이잔인은 지금 강제추방 당한 상태이며, 많은 아르메니아인 또한 이 전쟁에서 목숨을 잃고 있음은 두말할 나위도 없다.

점령지 내에서는 4000여 개의 산업, 농업 근거지와 6백만㎡에 걸친 18만 가구, 1천여 개의 교육시설, 그리고 3천 개의 문화시설, 7백여 개에 달하는 건강센터가 파괴되었다. 다음은 전쟁이 지정학상의 전략적 위치에 불러일으킬 주된 파장을 살펴본 것이다.

▷ 러시아의 영향력은 감소하고 서방 세력과 손을 잡으려는 움직임은 아제르바이잔과 그루지야 두 나라 모두에게서 쉽게 찾아볼 수 있다. 다시 말해 이 두 나라에서 러시아는 예전의 정치·

---

109) Amir-Ahmadian 2000, 511~14.
110) Kalbejar, Qobadli, Zangilan, Jebrail, Aqdam, Fozuli.

경제 양면 구도의 막강한 입지를 차츰 잃어가고 있는 것이다. 그루지야에서 러시아의 국경수비대가 철수하고 그루지야 내에 주둔하던 러시아 군대가 철수했다는 사실은 곧 아제르바이잔에 서도 또 다른 러시아의 군대가 쫓겨날 것임을 잘 말해 준다. 러시아 대선 후, 남부 카프카스 지역에서의 역할이 크게 감소하면, 지역 분쟁은 긴장을 불러올 것이다.

▷ 아르메니아는 러시아와 손을 잡을 것을 선언하고 전략상의 중 요성을 들어 러시아의 군대 주둔을 승인했다.

▷ 카프카스 지역 내의 정치·경제적 장(場)에서 미국인의 존재가 뚜렷해졌다.

▷ 이스라엘과 터키 간에 맺은 군사조약으로 인하여 카프카스 지 역 내에서의 이스라엘의 교전 가능성이 높아져 불안을 증폭시 켰다.

▷ 그루지야와 아제르바이잔 양국은 NATO의 평화계획을 위한 파 트너십[111)에 참여하고, 조만간 NATO의 회원으로 자리 매김할 것이다.

▷ 그루지야와 아제르바이잔은 합동군사작전을 위한 기구를 마련 하여, 예상되는 러시아의 봉쇄정책을 대비한 군사력을 확보하 였다.

▷ 터키는 카프카스 지역 내에서의 자국의 입장을 표명하여 그루 지야와 아제르바이잔과의 협력관계를 강화하였다.

---

111) Partnership for Peace Plan.

V. 분쟁 종식을 위한 제안

　군사적 패배를 맛본 아제르바이잔의 영토 수복 계획은 수포로 돌아갔다. 그리하여 아제르바이잔은 경제적 수단을 내세워 문제를 해결하려 하였으나, 이 또한 성공적이지 못한 전략이었던 것으로 입증되었다. 아제르바이잔은 일단 국력을 충분히 회복하기만 하면, 곧 카라바흐를 재탈환하고 아르메니아 남부로 연결되는 회랑 지대인 장게주르(Zangeh Zur) 점령에 뒤이어, 나히체반까지 합병하려 들것이라는 속셈을 아르메니아인은 너무도 잘 알고 있다. 그런 연유로 아르메니아인은 매우 조심스럽게 행동하며, 바로 앞에 놓인 여러 문제를 다차원에서 검토하는 것이다. 이러한 신중한 태도는 그들에 대한 러시아의 옹호적인 입장을 지켜내었다.

　UN 안전보장이사회가 적절한 시기에 평화유지군을 파견했다면, 카라바흐 분쟁은 이렇게 심각한 상황에 이르지는 않았을 것이다. 아르메니아인은 카라바흐뿐만 아니라 그 외의 넓은 지역을 점령해 왔다. 그럼에도 불구하고 UN 안전보장이사회의 결의안은 아르메니아를 침략국으로 규정하지 않는다. 그러므로 아르메니아의 공격에 잇따른 피해에 대해 아제르바이잔은 자신들이 직접 배상해야만 할 입장에 처해 있다.

결론적으로 나고르노-카라바흐 분쟁은 지역의 미래를 위한 광범위한 결과를 가져올 수 있으며 극단적으로는 중앙아시아, 중동, 그리고 심지어 전 세계의 세력균형을 바꿀 수도 있다. 분쟁을 종식시킬 수 있는 요인은 다음과 같다.

1) 경제적 자원의 고갈, 2) 장기간 전쟁으로 인한 후유증의 심각성, 3) 국제사회의 중재노력 등이다. 그러나 카라바흐 문제에 대한 실질적인 해결책이 발견되기까지 이 문제는 계속적으로 분출하는, 쉽게 예측할 수 없는 화산처럼 남아 있을 것이다.

CHAPTER

06

나고르노-카라바흐 분쟁과 국제관계

I. 민족국가 수립의 갈등과 외세개입

　앞서 언급했듯이 카라바흐는 역사적으로 남부 카프카스에 자리한 지역으로 이란 북부와 마주하고 있다. 아르메니아의 동부와 접해 있는 아제르바이잔의 영토인 이 지역은 그 지리학적인 위치상 위기의 조짐을 보여 왔다.

　아르메니아인은, 성스러운 아라라트(Ararat)산을 둘러싸고 있는 약속의 땅에 자신들을 감싸줄 포용력이 있는 자치 정부의 설립을 염원하고 있다. 아르메니아인은 과거로부터 지금까지 오랜 세대에 걸쳐 그들이 꿈꾸는 독립된 민족국가 정부의 이상을 가슴 깊이 간직하고 살아왔다. 또한 그들은 아제르바이잔과 이란·레바논·남북 아메리카 대륙을 비롯하여 다른 지역에 흩어져 있는 모든 동족이 한 곳으로 귀향해 올 수 있기를 갈망한다. 그러한 반면, 투르크 민족은 소아시아와 카프카스 지역 및 중앙아시아의 영토를 통합하고자 한다. 소련 시절 내내, 아제르 투르크인은 물론 아르메니아인도 그들만의 독립된 정부를 세운다는 것은 꿈도 꾸지 못했던 처지이기는 매한가지였는데도 말이다.

아제르바이잔과 아르메니아 양국의 갈등지역이자 자치주인 나고르노-카라바흐 분쟁은 1988년 2월에 발발했다. 국제적으로 이 분쟁은 인접국들, 특히 북쪽의 러시아와 남쪽의 터키 및 이란, 그리고 외부 세력인 미국 등에 지대한 영향을 미치며 그들 국가들의 국익을 위협해 왔다. 이 지역의 동서를 연결하는 전략적 요충지와 석유 및 천연가스를 위시한 에너지 자원 송출루트로서의 영향력 확보를 위해 이들 열강들은 패권게임을 벌여왔다. 이 장에서는 현재의 나고르노-카라바흐 분쟁을 둘러싼 주변 이해 당사국 이란, 터키, 러시아, 미국, 그리고 유엔을 위시한 국제기구의 역할과 국제관계를 살펴보고자 한다.

Ⅱ. 나고르노-카라바흐 분쟁과 러시아의 외교정책

소연방 해체 이후, 러시아는 카프카스 지역의 정세에 지대한 관심을 보여 왔다. 일부 학자들은 러시아가 아직도 제국의 야망을 가지고 있으며 그로 인해 이 지역에 큰 해를 끼칠 것이라고 주장하고 있다. 러시아의 외교정책은 중요한 국익의 영역으로 옛 소연방의 정치·지리적 영역을 포함하는 독트린에 기초한다. 처음부터 모스크바는 터키가 트랜스코카서스와 중앙아시아와의 관계에서 특별히 유리한 입장에 있다는 것을 알고 있다. 처음에는 트랜스코카서스에서 러시아-이란-터키 3국의 패권경쟁에서 러시아가 가장 성공적인 외부 세력이었다. 러시아는 과거 소연방의 모든 영토에 대한 정치·군사적 안보 수호국으로서의 역할을 하고자 했다.

골츠(T. Goltz)에 의하면 러시아는 의도적으로 카프카스 지방의 소수민족을 부추겨 이들로 하여금 자기들이 현재 살고 있는 영토를 담보로 민족자결주의를 요구하는 등의 분쟁을 일으키도록 하고 있다. 이렇게 되면 이해당사국들은 현상 유지를 위해 러시아에 정치·군사적으로 기댈 수밖에 없다면서 그루지야(Georgia)와 아브하지아(Abkhazia)의 예를 들고 있다. 또한 러시아가 다른 부분에 있어서도 이들 지역에 개입하고 있다. 그 증거로 러시아군이 철수하면서 무기고를 남겨 놓아 지방 군벌 후세이노프가 이를 이용, 엘치베이를 몰아내고 친러 성향의 알리예프에게 권력이 돌아가도록 했다. 시사 문제 해설가 한바비안(Armen Khanbabian)은 엘치베이의 사임과 알리예프의 취임을 '러시아 정책의 주요 성과'라고 분석하였다. 그러나 이 주장은 카프카스 지역의 러시아 정책을 설명하는데 있어서 적합하지 않다.

러시아는 카프카스에 대해 안보 이해를 가지고 있다. 러시아가 두려워하는 것은 지역 불안정으로 러시아의 곡창지대인 쿠반(Kuban) 지역이 위험한 상태에 처할 수도 있기 때문이다. 러시아 관리들은 지역의 안정을 바라거나 최소한 통제 가능한 안보 환경을 원하는 것이다. 이런 이유로 러시아는 아제르바이잔과 터키의 강한 반대에도 불구하고 CFE[112] 조약을 완화하고 수정하여 좀 더 많은 자국의 군대를 러시아 남쪽 국경지대를 따라 배치할 수밖에 없었던 것이다. 이는 또한 그루지야에서 러시아의 평화유지 역할과 나고르노-카라바흐 문제의 평화적 해결 중재 노력 등에 대한 이유이기도 하다.[113]

분쟁의 초기 단계, 즉 소련이 존재했을 때 크렘린은 아제르바이잔의 입장을 지지했다. 왜냐하면 국경에 대한 신성불가침의 원칙에 근거했기 때문이다. 아르메니아의 완전 자치와 그 이후의 독립 요구에

---

112) Conventional Forces in Europe.
113) Winrow 1995, 105.

대하여 소련이 반대하면서 아제르인은 유리한 입장에 있었다고 할수 있다. 모스크바는 이 지역의 분쟁으로 인한 무질서한 상황을 통제하기 위하여 증강된 병력을 집결시켰다. 극도로 긴장되고 혼란스런 상황에서 1988년 12월에 바쿠에 군대가 파견되었고, 계엄령이 수도와 몇몇 다른 지역에 선포되었다. 소련 공산당 중앙위원회 조직의 볼스키(Arkadii Volsky)가 이끄는 '특별행정위원회'가 1989년 1월 나고르노-카라바흐에 설립되었다. 이것은 모스크바로부터의 직접 통치를 의미하는 것이었다.

그러나 군대의 주둔은 단지 일시적으로 분위기를 진정시켰을 뿐이었다. 볼스키의 행동은 양측 모두로부터 비난을 받았고 사실상 상황을 더 복잡하게 했을 뿐이었다. 위기에 대한 중앙정부의 대처가 단지 부정적인 결과만을 초래하자, 다른 측에서 조치를 취하기 시작했다. 예를 들면, 아제르바이잔과 아르메니아의 민족전선 대표자 간의 회담이 그들의 그루지야와 발트 해 동료들에 의해 조정된 것이다. 소련의 최고회의 지역 간 조정 그룹에 속한 멤버들은 양측과 개별적으로 접촉했다. 그러나 모든 시도는 수포로 돌아갔다.

1988년 12월, 사하로프(Andrey Saharov) 박사가 주도하는 단체가 바쿠와 예레반을 방문했다. 긴장되고 적대적인 분위기 속에서 진행되었던 바쿠에서 베지로프(Vezirov)와 가진 회담은 실패했고, 아제르바이잔 과학 아카데미에서의 논의도 마찬가지였다.

1990년 1월 20일, 소련 군대가 바쿠에 입성하였다. 바쿠 북쪽으로부터 탱크의 호위를 받은 최소 2만여 명의 병사가 대중들에 의해 쌓여진 봉쇄 벽을 향해 진격하면서, 다른 한편 카스피 해상을 통해 수천 명이 전격 작전에 투입되었다. 그 작전은 야조프(D. Yazov) 국방부

장관과 바카탄(V. Bakatin) 내무부 장관의 지휘하에 수행되었다. 공식 집계에 따르면, 수백 명이 사망했고 700명 이상이 부상을 당했다. 반면 아제르바이잔 국민전선 PFA의 주장에 의하면, 침공 기간 동안 수천 명의 사상자가 발생했다고 한다.

소련 침공 배후의 동기에 대한 아르메니아인의 생각은 아제르바이잔인과 동일했다. 공식 성명을 거부한 주요 민족주의자 단체인 아르메니아의 민족운동단체는 "모스크바는 아르메니아인을 지키기 위해서가 아니라, 단지 소련의 힘이 강화되었기 때문에 폭력적 행위를 하기로 결정한 것이다"라고 주장했다.[114]

바쿠에서의 대규모 잔인한 군사 도발 행위는 우익 강경파가 모스크바의 권력투쟁에서 승리했음을 명백히 보여주는 것이었다. 그들은 군대를 강화하는 정책과 현상유지를 신봉하는 자들이었다. 처음부터 그들은 카라바흐 분쟁을 불안정의 요인으로 여겨 왔다. 그러나 이제 그들의 영향력이 커지자, 나고르노-카라바흐 분쟁에 대한 모스크바의 정책도 바뀌었다. 정책 재조정의 첫 번째 중요한 단계로서 1989년 11월 28일, 소연방 최고회의에 의해 '나고르노-카라바흐 특별행정위원회'가 폐지되고, 아제르바이잔 공산당 제2서기 폴리아니츠코의 주도로 공화국 조직위원회가 설치되었다. 며칠 후인 12월 1일에 아르메니아 공화국과 나고르노-카라바흐 대표자 합동회의는 소연방 최고회의의 결의를 거부하고 통합연방을 지지했다.

군대가 바쿠에 입성함과 거의 동시에 비상사태가 나고르노-카라바흐 내에 선포되고, 군이 여러 곳에 배치되었다. 군대는 공화국 조직위원회와의 긴밀한 협조하에 움직였다. 아르메니아인은 "나고르노-카

---

114) Vaserman/Ginat 1994, 353.

라바흐의 민족 구성을 바꾸고 싶어 하는 아제르바이잔 지도부의 뜻을 집행하는 자들"이라고 비난했다. 아르메니아 대의원들과 언론, 그리고 나고르노-카라바흐 내의 아르메니아인은 점령한 군대가 아르메니아인의 마을을 수색하여 무장 해제시키고 아르메니아인을 억류 또는 추방시키며, 그 지역을 아르메니아와 외부 세계로부터 고립시키는 등 카라바흐의 주민들을 공포에 떨게 하고 위협한 것에 대해 비난했다.

아르메니아인들은 특히 나고르노-카라바흐 비상사태 사령관인 사포노프(Safonov) 육군소장을 비난했는데, 그는 아르메니아 민족운동의 '법정'에서 사형선고를 받은 인물이었다. 사포노프는 반아르메니아인이라는 비난을 일축하며, "법에 따르면 나고르노-카라바흐는 아제르바이잔 공화국의 일부이다"라고 주장했다. 아르메니아인은 군대의 반행을 유감스럽게 생각했다. 1990년 5월 5일에 채택된 결의에서, 아르메니아 최고회의는 소연방 대통령에게 다음과 같은 사항을 탄원했다.

1) 나고르노-카라바흐에서 비상사태를 철회할 것
2) 내무부 산하 군대를 나고르노-카라바흐 영토에서 철수시키고 그 지역과 아제르바이잔 공화국의 인접한 국경지역 내의 관할구역에서 배치시킬 것

이 당시의 카라바흐의 위기에 대처하는 모스크바의 정책은 공화국에서 진행되던 정치적 과정과 연계되어 있었다. 아제르바이잔에서 공산주의자가 권력을 유지하는 가운데 군대 침공 이후 정권을 잡은 무탈리보프(Ayaz Mutalibov) 아래에서, 그들은 자신들의 지위를 오히려 더 강화시키는 것 같이 보이기조차 했다. 아르메니아에서는 공산주의자가 독립을 요구하던 민족주의자에게 권력을 양도했다. 1991년 4월

초, 아르메니아 정부가 발표한 선언문에서 나고르노-카라바흐 지역분쟁과 관련된 정책에 대하여 다음과 같이 소련 정부의 지도력을 날카롭게 비판하였다.[115]

> "소연방의 지도부는 공화국 간의 분쟁을 조장하는 데 일조해 왔다. 그들은 아르메니아 공화국의 정치적 독립과정을 고의적으로 가로막았으며, 동시에 정권 유지를 위해 아제르바이잔 공화국 내 주둔 소련 군대에 의존하는 아제르바이잔 지도부를 지원하여, 나고르노-카라바흐 내의 아르메니아인과 아제르바이잔인 사이의 무력분쟁을 조장하고 있다."

관련된 각 공화국의 지도부는 그들의 군대와 카라바흐의 상황에 대한 통솔력을 잃고 있었다. 바로 이것이 9월 20~23일에 러시아 연방의 대통령인 보리스 옐친과 카자흐스탄 공화국의 대통령인 나자르바예프에 의해 시작된 중재자로서의 역할이 실패한 이유 중 하나였다. 1991년 8월의 실패한 쿠데타 이후 소연방에서의 가장 영향력 있고 유명한 정치인들인 이 두 지도자는 그 지역을 방문해서 아제르바이잔과 아르메니아 대통령 그리고 나고르노-카라바흐 대표단 사이의 회담을 주선했다. 그 회담 마지막에 발표된 공식 성명에서 분쟁을 끝내기 위한 첫 걸음이 예견되었다. 그 임무는 애초에 분쟁의 정치적 해결을 찾는 데 있어서 아르메니아와 아제르바이잔 대통령의 의지만을 고려했기 때문에 성공하지 못하였다. 옐친과 나자르바예프는 분쟁 당사국 대통령들이 나고르노-카라바흐의 상황을 통제하지 않는다는 것과 양쪽 모두 군사적 해결을 모색하는 강력한 힘이 존재한다는 사실을 간과했다. 양국 간의 합의는 단지 휴지 조각에 불과하게 되었으

---

115) Ibid., 354.

며 마찰은 계속하여 격화되었다.

초기 분쟁 시와는 달리, 1992년 러시아는 아르메니아를 지지하기 시작했다. 모스크바의 이러한 심경 변화의 주요 원인은 위에서 알려진 대로 엘치베이가 이끄는 아제르바이잔 민족전선이 집권 세력으로 등장하면서 바쿠가 러시아에서 친터키로의 정치 노선을 변경했기 때문이었다. 1992년 말에는 아르메니아가 나고르노-카라바흐 지역을 모두 장악했고 5월에는 예레반과 바쿠가 미국·러시아·터키에 의해 완성된 평화안을 채택하였다는 사실에도 불구하고, 아르메니아의 공격적 행동은 1993년까지 계속되었다.

터키와 이란은 아제르바이잔에 대한 더 이상의 아르메니아의 공격을 방관하지 않을 것이라고 경고하였다. 게다가 거의 효과적이지 않았던 협상으로 인해서 분쟁은 이후 1993년의 봄과 여름까지 계속되었다. 아르메니아의 공격이 1993년 여름부터 초가을까지 계속되자 나고르노-카라바흐 군대가 이란 국경으로 진격했다. 이러한 사태에 직면해서 테헤란 정부는 이란 군대를 아제르바이잔으로 이동시켰다. 이것은 러시아의 강한 반발을 불러일으키는 가운데, 코지레프는 다음과 같이 발표했다. "이란의 진의가 무엇이든지간에, 이 행동은 우리의 이해관계와 상충할 수밖에 없다."[116]

다시 말하면, 러시아는 일찍이 터키와 미국의 개입을 거부했던 것처럼, 이제는 공식적으로 이란에게 옛 소련 국경을 침략하는 행위는 용납할 수 없다는 것과 병력을 철수시켜야 한다는 것을 통보했다. 트랜스코카서스는 점점 러시아의 영향권 안에 들어가는 것처럼 보이기 시작했다. 러시아는 옛 소연방 남부 지역에서 우월한 위치에서 다시

---

116) Smolansky 1995, 212.

국익을 보호할 수 있게 되었고, 모스크바가 이 중요한 정치적 승리를 거두는 데 이용한 수단이 나고르노-카라바흐 분쟁이었다.

1993년 9월, 호다 아프린(Khoda Afarin) 댐을 지킨다는 구실로 이란이 아제르바이잔을 침략한 사실을 러시아 외무부는 강도 높게 비난했고 이로 인해 양국관계는 급속히 악화되었다. 그러나 러시아·아제르바이잔·이란은 각기 카프카스 지역의 안정에 관심을 가지고 있다. 따라서 러시아는 현재 아제르바이잔-이란의 밀접한 유대관계를 강력히 지지하는 한편 러시아는 확실히 카프카스 지역에 계속해서 군사력을 유지하려 한다.

1993년까지 옐친 정부가 근본적인 외교정책의 접근 방식을 바꾸었다는 것이 명백해졌다. 기본적으로 친 서구노선을 유지하는 반면, 옛 소연방 공화국들에 대해 훨씬 단호한 입장을 나타냈다. 2월에 옐친은 러시아가 '옛 소연방의 영토에 대해 평화와 안정의 수호자'로서의 특별한 위치에 있다고 강조했다. 미국이 '러시아판 먼로 독트린'이라고 언급하면서 그 주장에 반대하고 나서자, 모스크바는 조용히 그 주장을 거두어 들였다. 그러나 4월에 러시아의 국방장관인 그라체프(Pavel Grachev) 장군은 자국의 안보에 대한 주된 위협은 남부 지역으로부터 확산된 것이라고 발표했다. 이것은 트랜스코카서스와 중앙아시아에서의 국익을 적극적으로 지키기 위해 군사 행동을 할 것임을 분명히 시사하는 것이다.

그리고 가을에는 코지레프가 되풀이하여 중앙아시아뿐만 아니라 트랜스코카서스 지방이 '러시아 영향권하의 전략적 지역'이라며, 어떤 국제기구나 국가들도 러시아의 옛 소연방 영역에서의 평화유지활동을 대체할 수 없다고 발표했다. 이즈베스티야지의 시사 해설자인 스투루아는 UN 총회에서 연설한 코지레프의 성명에 대해 '이것은 옛 공산사회에서 모스크바의 개입 권리를 주장한 브레즈네프 독트린의 축약판'이라는 적절한 평을 했다.[117]

사실상 알리예프와 아르메니아 대통령인 페트로시안이 1993년 9월 말에 모스크바를 방문해서 협상을 했으나 해결책에 도달하는 데는 실패했다. 명백하게 이번 회의에 터키·이란·미국의 대표는 초대되지 못하였다. 그들은 1993년 12월에 CIS 정상회의가 열리는 투르크메니스탄의 아쉬하바드에서 협상을 하는 가운데 나고르노-카라바흐 사태의 평화적 해결을 지지했으나, 더 이상의 진전은 없었다. 단념하지 않고 크렘린은 트랜스코카서스에서의 외교적 주도권을 얻기 위한 노력을 계속 했다. 그러나 새로운 요인은 협상과정에 러시아군의 개입을 상요하었던 것이다.

1994년 2월 18일에 아르메니아·아제르바이잔·나고르노-카라바흐·러시아의 국방 장관들이 휴전과 분쟁의 평화협정 단계까지 갔던 의정서에 서명을 했다. 전 과정을 주재했던 그라체프에 의하면 협정의 내용은 다음과 같다. 전투원의 교전 중지, 중립적 회랑지대(10~20㎢ 정도의 넓이)의 설치, 러시아 장교에 의해 명령받은 모든 당사국의 옵서버에 의한 35개 통제소의 설치가 그것이다. 이 모든 조치들은 이미 점령되었던 아제르바이잔 영토로부터 아르메니아 군대의 철수 이후에 이루어진다는 것이다. 모스크바 당국자와 페트로시안이 동의했음에도 불구하고 바쿠 정부에 의해 거부되었다. 바쿠 정부 대변인은 정전과 중립지역 설치 그리고 협상 등이 아제르바이잔 영토로부터 아르메니아 군대의 철수와 피난민의 아제르바이잔 및 나고르노-카라

---

117) Ibid., 218.

바흐로의 귀환과 동시에 이루어져야 한다고 주장하였다.

1994년 5월 주도적 역할을 포기한 그라체프는 또 다른 회합을 국방 장관들과 갖게 되었다. 거기에서 그들은 러시아의 계획을 수행하는 데 있어서 첫 번째 단계를 규정하는 문서에 서명할 것을 논의했다. 나고르노-카라바흐의 미래의 지위상태에 대한 결정·대화 회복·포로 교환·난민 귀환·점령지 해방 등 일련의 사건 뒤에 그 부대의 철수가 이루어졌다. 그라체프는 또한 통제소의 수를 49개로 늘릴 것과 그것들이 1,800명의 러시아군인들에 의해 배치될 것을 주장했다. 그라체프의 평화 정착을 위한 두 번째 시도 역시 실패로 끝났다. 아제르바이잔은 러시아 군대가 카라바흐로 들어오는 것을 허용하지 않았다. 단지 국제 감시단의 통제하에서 러시아의 평화유지군 활동이 이루어질 때만 그라체프의 계획을 따를 것이라고 했다. 널리 알려진 대로 크렘린 당국은 그 제안을 거절하였다. 이러한 상황에서 트랜스코카서스를 돌아보고 나서 옐친의 특사인 카지미로프는 오스트리아·스웨덴·핀란드와 같이 중립적인 유럽 국가들이 군대를 포함하는 다국적 평화유지군의 창설을 제안하기도 했다.

같은 해 10월, 민스크 그룹은 비엔나에서 회담을 개최하고 나고르노-카라바흐 분쟁지역에 국제평화군을 파견하기로 합의했다. 이러한 결정에 러시아 측 관계자는 '러시아에 대한 명백한 배타적 행위'라고 유감을 표명하며, 이는 분쟁지역에 러시아군의 주둔을 배제하기 위한 계략이라고 비난했다. 즉, 이것은 서방 세력의 소비에트 영토 침투로 간주되는데 그 배후에는 아제르바이잔과 서방 석유컨소시엄 간에 오고간 수십억 달러의 거래가 있었다는 것이다. 또한 이러한 상황에서 러시아는 트랜스코카서스에서 자국의 국익과 관련된 영향권을 쉽게 넘겨주지 않을 것이라는 것을 의미하기도 했다. 1994년 6월 이미 러시아 국방장관 그라체프는 이 지역을 돌아본 후 러시아가 아르메니아에 2개, 북부 아제르바이잔의 레이다 기지에 1개, 총 3개의 군사 기지를 그루지야에 계속 주둔시킬 것이라는 협정을 공고히 했다. 이렇게 함으로써 카프카스 지역에 통합공중방어시스템을 제공한다는 것이다.[118]

1994년 11월 중순, 러시아 외무부는 아르메니아와 아제르바이잔의 외무부 차관 간의 회담을 주재하였지만 별 진전이 없었다. 이와 같은 시기에 민스크 그룹의 대표들은 모스크바에 모여서 여전히 나고르노-카라바흐 분쟁의 해결책에 관해 논의하고 있었다. 회담이 열리기 전 러시아 외무성과 국방성은 "러시아의 주도적 역할을 가로막으려 하는 어떠한 세력도 평화유지에는 전혀 도움이 안 될 것이다"라는 경고성 발언을 하였다. 그들은 또한 UN·CSCE·CIS와 다른 관련 기관들에게 나고르노-카라바흐 분쟁해결에 협력해 줄 것을 요청했다. 그러나 이 회담도 성과는 없었다.[119]

트랜스코카서스 분쟁에 대한 국제적 접근방법의 중대한 분기점은 1994년 12월, 부다페스트에서 열린 CSCE 정기총회에서 마련되었다. 이때 CSCE는 OSCE로 재명명되었다. 여전히 모스크바는 서방 측에 옛 소연방의 영역을 러시아의 세력권으로 인식하고 러시아군을 분쟁 발생지의 평화유지군으로 파견하게 해 줄 것을 요구했다. 나고르노-카라바흐 분쟁에 관하여 러시아는 OSCE 자체 내의 평화유지군을 트랜스코카서스로 파견하는 것에 대해 반대 의사를 표명했으나 이는 내

---

118) Winrow 1995, 106.
119) Smolansky 1995, 218.

다수의 회원국에 의해 거부되고 말았다. 대신 그들은 3,000명의 강력한 다국적군을 분쟁지역에 보내기로 결정했고, 이 과정에서 러시아군의 수가 병력의 3분의 1을 초과하지 않도록 했다. 그러나 몇 가지 중요한 사안이 미해결 문제로 남아 있었는데 그것은 다음과 같다. 군의 통치위임권, 파견 병력의 정확한 숫자 집계, 병력배치, 그리고 평화유지군의 역할 등이 그에 해당되었으며 가장 중요한 것은 전군의 지휘권이었다. 그 문제의 해결 여부와 해결 방법은 오직 시간만이 말해 줄 것이다.

EU를 비롯한 서방 세력이 카프카스 지역 내의 문제에 개입하는 정도가 심화되었다. 즉, 동쪽으로 그 세력을 확장해 나가는 NATO와 '평화계획을 위한 파트너십'으로 뭉친 카프카스 지역 내 국가 간의 단결로 인하여 러시아는 점차 카프카스 지역에서 영향력을 잃기 시작했다. 1997년 6월 말경, 옐친 대통령은 알리예프와 회합하고, 바로 뒤이어 러시아 외무부 장관 프리마코프(Primakov)에게 아제르바이잔 편에 서서 카라바흐 분쟁의 종결을 도울 것을 지시했으나, 이전의 여느 협약들과 마찬가지로 얼마 가지 않아 곧 잊혀졌다.

Ⅲ. 나고르노-카라바흐 분쟁과 이란-터키관계

1. 이란-터키 패권관계

아르메니아와 아제르바이잔 사이의 분쟁은 국제사회의 관심을 끌었고, 특히 소련의 붕괴 이후 더하였다. 트랜스코카서스의 바로 남쪽에 있는 터키와 이란 양국은 북부 국경인 트랜스코카서스 지역에서 우호적인 독립국가의 출현을 기쁘게 받아들였다. 앙카라와 테헤란은 옛날부터 앙숙으로 지내던 러시아와 더 이상 국경을 두고 대치하지 않게 되었다. 전 세계는 나고르노-카라바흐에 대한 전례 없는 외교 활동에 들어가게 되었다. 전쟁은 CIS의 다른 국가들뿐만 아니라 터키와 이란까지도 끌어들이도록 하는 위험성을 내포하고 있었다. 국내문제로 여력이 없는 러시아는 대외정책에 일관성을 갖지 못했다. 그리고 중재자로서 행동하는 러시아의 능력은 그 자신의 '제국주의 국가' 이미지 때문에 제한되어왔다. 아제르바이잔은 그루지야와 몰도바에서와 같이 모스크바가 이 지역의 영향력을 보존하기 위해 분쟁을 조장했다고 비난하였다.

1991년 8월 30일, 불과 며칠 전에 모스크바 쿠데타를 승인한 무탈리보프(Ayaz Mutalibov)가 공산정권을 이끌게 되었다. 그리고 그는 다른 소연방 공화국들의 선례를 따라서 아제르바이잔의 독립을 선언하였다. 공산당 해체 뒤, 9월 8일에 치러진 대통령 선거는 여느 선거와 다를 바가 없는 것 같았다. 무탈리보프는 단독 후보로 입후보하여 거의 만장일치인 98.5%라는 유효투표로 다시 정권을 잡았다. 6개월 정도 지난 후인 1992년 3월, 그는 나고르노-카라바흐 분쟁을 잘못 처리하여 의회에서의 불신임투표를 통해 불명예스럽게 대통령직에서 추방되었다. 설상가상으로 이 지역 아제르 소수민족에 대한 인종청소가 대대적으로 개시되었다.

무탈리보프의 후계자로서 민족전선의 수장인 엘치베이는 1992년 6월에 최초의 민주적 선거에 의한 공화국 대통령이 되었다. 그는 지식계층의 전형적인 대표자로서 과거에는 반체제 인사였다. 그는 친터키 성향을 가지고 있음은 물론 이란에 있는 아제르 동포와의 통합주의자로서 알려져 있는데 아르메니아와의 분쟁에 대해서는 어느 정도 온건적 입장을, 옛 노멘클라투라에 대해서는 타협적인 입장을 보였다. 그는 러시아에 관해서 선거공약 중의 하나인, 독립국가연합으로부터 아제르바이잔의 대표를 철수시키는데 주저하지 않았다.

국제사회에서 터키는 아제르바이잔의 독립을 가장 먼저 승인하였다. 반면에 이란은 터키의 이러한 성급한 결정을 처음에는 비난하였으나, 이란은 터키에 뒤지지 않으려는 의도에서 즉시 아제르바이잔과의 외교관계를 수립했다. 이란-터키 양국은 공식적으로는 소연방 이슬람 공화국들에 대하여 경쟁적 관계에 있다는 것을 부인하였다. 그러나 어떤 이슈와 프로젝트에 대해서는 협력하려 했다. 이러한 협력 중 가장 주목할 만한 예로는 경제협력기구인 ECO가 있다. 터키·이란·파키스탄을 포함한 ECO 창설국가들이 1992년에 아제르바이잔·투르크메니스탄·카자흐스탄·키르기스스탄·우즈베키스탄·타지키스탄 등 6개의 이슬람 공화국들을 가입하도록 초청했다.

그럼에도 불구하고 이란과 터키의 경쟁관계는 계속 현실로 남아 있었고, 그 중요성은 점점 더 증가했다. 또한 이 두 국가 중 터키가 더 우위에 있었다는 것은 명백했다. 터키가 이들 국가와 먼저 관계를 개선했기 때문일 뿐 아니라, 그보다는 소비에트 무슬림과 동일한 민족 분파였기 때문이다. 그들의 대다수는 언어적으로 터키와 같은 투르크어를 사용할 뿐만 아니라 유사한 역사·종교적 배경을 갖고 있으며, 특이한 아제르인을 제외하고는 시아파보다 순니파 무슬림이 많았다.

덧붙이자면 터키는 이란 이슬람 공화국과는 판이하게 다른 현대 서구식의 비종교적 정치체제를 갖고 있다는데 자긍심을 가졌다. 따라서 중앙아시아 신생 독립 무슬림 공화국의 옛 공산당 엘리트들은 앙카라에 이끌리지 않을 수 없었다. 터키는 CIS 회원국 대부분에서 경제적 침체현상이 나타나는 것과 대조적으로 경제를 발전시킴으로써 중앙아시아 무슬림 공화국들의 모델 국가 중의 하나로 간주될 수 있었던 것이다. 트랜스코카서스 지역에서 이러한 모든 요소들 때문에 터키는 아제르바이잔의 민족주의자·반공산주의자·반러시아 전선에게 매력적인 모델이 되었다.[120]

게다가 옛 소연방국가의 지배 세력은 비종교적 공산주의자였고 그들과의 경쟁관계에 있는 지식인의 경우도 마찬가지이다. 글라스노스트의 초기 단계 때 지하 출판물에는 다음과 같은 글을 찾아 볼 수 있다. "꽤 많은 아제르바이잔 지식계층은 '이슬람 원리주의가 공화국 내에 존재할까?'라는 물음에 대해 명백하게 '아니다'라고 대답한다."

이러한 관점에서 세속적인 터키는 이란 이슬람 공화국에 비교할 수 없을 정도로 그들과 가깝게 보였다. 세계 무슬림 국가들 중에서 터키는 역사적으로 가장 현대화된 무슬림 국가로서 이슬람 세계와 선진 서방세계를 연결하는 가교 역할을 해왔다. 과거의 범투르크주의가 되살아난 것을 계속해서 부인하면서도, 터키 정치가와 언론은 "아드리아 해로부터 중국까지 뻗쳐 있는 지역의 문제에 대해 터키는 국가 정책의 책임을 다할 준비가 되어 있다"라고 떠들어댔다.[121]

터키 국가에 있어서 아제르바이잔 공화국은 가장 가까운 나라로서 오랜 오구스주의(Oghusianism)의 요체이며, 중앙아시아의 상업적·문화적 팽창의 기반이었다. 또한 아제르바이잔은 국내의 가장 유력한 정치 세력이 친터키 성향을 띠는 국가였다. 게다가 아제르바이잔-터키 사이의 강한 유대관계로 인하여 아제르바이잔은 나고르노-카라바흐 분쟁에서 터키의 지원을 기대할 정도였다. 터키는 친아제르 입장을 강하게 채택하고 공식적으로 '나고르노와 카라바흐 그리고 나히체반에서의 아르메니아의 공격'을 비난했다. 투르크인과 아르메니아인 사이의 역사적 적개심 때문에 터키 정부가 아제르인을 지지하는 건 당연한 것이었다. 이런 배경하에서 러시아는 공식적으로 중립적

---

120) Smolansky 1995, 208.
121) Swietochowski 1994b, 292~93.

위치를 선언하였으나, 현실적으로는 기독교 아르메니아 측을 지원하지 않을 수 없는 입장이다.

지역 패권 경쟁 세력인 터키와 이란은 오래 지속되는 아르메니아-아제르바이잔 분쟁이 트랜스코카서스 공화국들의 국경선까지 확산될 것을 두려워했다. 동시에 그들은 소련의 붕괴 이후, 이 지역의 세력균형 공백기에 따른 이익을 얻기를 원했다.

터키는 분쟁의 첫 4년간 완전한 중립을 주장했고 더 나아가서 분쟁 당사국들 사이에 중재를 시도했다. 그러나 갈등의 증폭 및 소련의 붕괴에 기인하여 터키는 아제르바이잔을 지지하게 되었다. 이것은 앞서 언급한 바와 같이 아제르인이 민족적으로, 문화적으로, 그리고 언어적으로 투르크인과 동일하다는 사실에 의한 것이다. 그러므로 나고르노-카라비흐 분쟁은 터키의 국내문제나 거의 마찬가지였다. 정치인·정당·개개 시민은 그들의 터키 형제 동족을 돕도록 정부에 압력을 가하였다. 터키 정부는 매우 조심스러운 정책노선을 걸었는데, 그것은 국제사회나 국제회의에서 아제르인의 입장을 지지하면서도 아제르바이잔에 대한 군사적 지원을 자제하고 평화적 해결을 계속 촉구하는 것이었다.[122]

이 분쟁에서 터키의 친아제르바이잔 정책의 부산물은 이란과의 영향력 경쟁에서 아제르바이잔에 대해 우호적인 조건을 만든 것이었다. 이란이 아제르바이잔과 경제적 유대관계를 중심으로 몇 가지 중요한 협정에 서명하는 동안, 터키는 아제르바이잔과 주로 정치적 유대관계를 발전시키는데 더 성공했다. 터키와 아제르바이잔은 정치·무역·경제·과학·기술·문화협력 등 12가지 분야에서 조약을 맺었다.

---

122) Vaserman/Ginat 1994, 359.

1992년 말까지 100개 이상의 공동투자 벤처기업들이 아제르바이잔에 설립되었다. 아제르바이잔 의회가 라틴어 알파벳을 채용하고 더 나아가 그들의 언어를 아제르바이잔어에서 투르크어로 바꾸기로 한 결정은 현재 비종교적인 친터키 세력들의 강화된 영향력을 반영한다.

2. 아제르바이잔-이란-아르메니아 관계

트랜스코카서스와 중앙아시아에서의 3파전 패권국가 중의 하나는 이란 이슬람 공화국이었다. 앙카라에 비교해서 테헤란의 입장은 상대적으로 미약한 것이 사실이다. 그럼에도 불구하고 이란은 그 지리적 인접성으로 말미암아 어느 정도의 영향력을 행사할 수 있었다. 이란은 한편으로 아제르바이잔과 중앙아시아에서, 다른 한편으로는 페르시아 만과 터키의 지중해에 있는 항구 사이의 '수송 연결로' 역할을 할 수 있는 잠재력을 갖고 있다. 게다가 이란인은 민족적 및 문화적으로 타지키스탄과 관련이 있고, 아제르인과 같이 시아파 이슬람을 신봉한다. 사실 남부 아제르바이잔은 역사적으로 이란의 지배하에 있었다. 이런 이유로 테헤란은 어느 정도의 영향력을 행사한 것은 사실이지만 모스크바 및 앙카라와의 경쟁관계에서 테헤란은 강력한 영향력을 행사하지는 못했다.[123]

그러나 나고르노-카라바흐 분쟁은 이란에게 그 지역에서의 영향력을 증대시킬 기회를 제공하였다. 아르메니아-아제르바이잔 양국 정부는 이란이 그들 분쟁을 중재할 합당한 국가라고 간주했다. 사실 터키의 친아제르 성격 때문에 분쟁의 중재자로서 앙카라 정부의 개입이

---

123) Smolansky 1995, 209.

거부당했고, 러시아는 사태를 해결하는데 있어서 무기력했기 때문이었다. 아르메니아는 터키 영향력에 대한 균형 세력으로서 테헤란과 우호관계를 유지했다. 테헤란 정부가 이란 내의 2천여만 명으로 추산되는 아제르 공동체의 감정을 무시하지 않을 것으로 간주하여 아제르바이잔 정부 역시 이란의 중재에 호의적이었다.

초기에 아제르바이잔 국민은 분쟁기간 동안 이란으로부터의 많은 지원을 기대했지만 정치적인 이해관계로 인하여 애매한 입장을 취한 테헤란 정부에게 곧 실망하였다. 분쟁에서 아제르바이잔보다는 오히려 아르메니아를 지지하는 듯 보였던 이란의 불명확한 태도는 이란의 공정한 이미지를 부각시키는 역할을 했다. 그러한 가운데 이란은 일정한 기간 동안 조정자의 역할을 했으나 별 효과는 없었다.[124]

그러나 아르메니아가 분쟁에서 큰 군사적 성공을 거두면서, 이란의 중재 노력의 결과는 기대 이하였다. 이로 인해서 아제르바이잔은 오히려 이란을 편견을 가진 중재자로 여기게 되었다. 이란-아제르바이잔 양국의 시아파 이슬람이라는 종파적 동질성을 이용하여 영향력을 확보하려 했던 이란의 시도는 실패했다.

1993년 가을까지 이란과 아르메니아의 관계는 마치 하나가 된 것 같았다. 이란에는 약 20만으로 이루어진 아르메니아 공동체가 지역경제에 있어 중요한 부분을 차지하며 의회에서의 발언권도 보장받고 있었다. 아르메니아 정부는 이란의 석유 및 천연가스 파이프라인과 연결하여 페르시아 만 통로를 이용하려 했으며, 이란 정부는 아르메니아를 국제사회로 나아가는 정치·경제적인 통로로 여기고 있었던 것이다. 페트로시안 대통령을 포함하여 여러 고위 사절단이 이들 양

---

124) Alieva 1995, 298.

국 간에 상호 왕래했다. 이슬람 이란이 기독교 아르메니아와 유대관계를 가졌었다는 것은 카프카스 지역에서 추구한 실용주의 노선의 한층 더 확실한 증거가 되었다. 이러한 유대관계에 고무되어 이란 정부는 더욱더 나고르노-카라바흐 지역분쟁 중재를 모색했다.

아제르바이잔-이란 양국이 유대관계를 강화하려고 하는 시기, 1992년 초에 이란은 나고르노-카라바흐 분쟁의 지속적 평화적 해결을 위하여 캠페인을 벌였다. 2월 이란 외무장관 벨라야티는 그 지역을 순방한 후, 아르메니아-아제르바이잔 양국 대통령과 함께 회담을 가졌다. 아르메니아-아제르바이잔 양국은 테헤란에서 3월 16일 잠정적으로 휴전을 결정했는데 이것이 소위 테헤란 협약이다. 이란 부총리 마흐무드 바에지(Mahmud Va'ezi)는 휴전의 세부사항 및 전쟁포로와 사망자들의 시체 교환문제 등을 협의하기 위해 바쿠와 예레반으로 향했다. 이란이 중재한 휴전으로 유엔은 이 지역에 밴스(Cyrus Vance) 특별사절단을 파견했다. 유엔 사무총장 갈리는 벨라야티에게 이란이 분쟁을 해결하도록 중재 역할을 해준 것에 대해 감사 서한을 보냈다.125)

그해 4월 바에지가 다시 한 번 그 지역을 방문했고, 이어 5월 8일 바쿠에서는 라프산자니의 주선하에 페트로시안 대통령과 야굽 마메도프 아제르바이잔 대통령 권한 대행이 한데 모이게 되었다. 테헤란에서 재차 협정이 이루어졌고 그에 따라 휴전은 이제 1주일 앞두고 있었다. 이 협상으로 아르메니아에 대한 경제봉쇄의 해제, 국제 참관자들의 방문 허용, 포로 교환, 그리고 난민 문제에 대한 합의를 보기로 되어 있었다. 그러나 다음 날 나고르노-카라바흐의 마지막 아제르

---

125) Winrow 1995, 99.

바이잔 본거지인 슈사가 무너지고 아르메니아 군대가 나히체반을 위협하고 있다는 소식이 전해지자 또다시 바에지는 급히 달려갔다. 그는 곧 이 '공공연한 침략행위'를 공식적으로 비난하고 "이란은 나고르노-카라바흐를 아제르바이잔의 일부이며 이 지역의 어떠한 국경의 변화에도 반대한다"라고 선언했다.

1993년 후반까지 이란과 아르메니아의 관계가 급격히 나빠지지는 않았지만, 이란의 일방적인 중재는 사실상 끝난 것과 마찬가지였다. 아제르바이잔과 아르메니아 양국은 이란의 중재 역할에 만족하는 것 같았으나, 나고르노-카라바흐의 아르메니아인 입장에서 본다면 속박당하는 것이었기에 그들은 간과할 수가 없었다. 엘치베이는 이란의 중재를 그리 믿지 않았고 처음부터 터키가 이 분쟁에 좀 더 적극적으로 개입하기를 비랐다. 그러나 이것은 오판이었다

1993년 7월 아그담 시는 아르메니아에 의해 정복되었고, 이어서 8월에는 피줄리(Fizuli), 9월에는 이란과 국경 도시인 고라디즈(Goradiz)가 각각 아르메니아의 수중에 들어갔다. 이제 아르메니아는 아제르바이잔 영토의 약 20%를 차지했으며 이로 인해 약 1백만 명의 난민이 발생하였다.

어쨌든 아르메니아 측의 일련의 무력 행동은 성공했고, 그 결과 아제르바이잔 난민은 이란 국경 지역으로 대거 몰려들었다. 이에 1993년 가을 이래로, 이란은 나고르노-카라바흐 분쟁에 새로운 입장을 취하게 된다. 1993년 9월 이란은 예비 차원에서 북부 국경지역에 군대를 배치하기 시작했다. 이란이 호다 아프린(Khoda Afarin) 댐을 보호하기 위해 아제르바이잔에 군대를 파견했다는 보도도 있었다. 이란은 남부 아제르바이잔과 북부 이란 사이에 완충지대를 만들어야겠다고

판단한 것이다. 테헤란 정부는 이란 북부 국경지역의 긴장으로 인해, 이란 내의 주류 소수민족인 아제르바이잔인의 악감정이 유발될 수도 있다는 사실에 놀랐다. 이란-아르메니아와의 관계는 악화되었고, 이란-아제르바이잔과의 유대는 강화되었다. 라프산자니는 1993년 10월 바쿠 연설에서 "이란이 아제르바이잔에 군사 지원을 하지 않을지도 모르지만, 이슬람 세계는 아르메니아가 아제르바이잔을 공격하게 놔두지는 않을 것이다"라고 경고했다. 상황이 이러하다 보니 이란이 아르메니아와 아제르바이잔 사이에서 중재역을 한다는 것은 여간 어려운 일이 아니었다. 그러나 1993년 가을 이래로, 아르메니아-이란 관계가 냉랭한 상태이긴 하지만 아르메니아는 여전히 터키보다는 이란과 협상하기를 원하고 있었다.

따라서 이란은 계속해서 나고르노-카라바흐 분쟁의 평화적 해결안을 꾸준히 제시할 수 있었다. 특히 1994년 1월과 6월에 러시아의 나고르노-카라바흐 문제 칙사인 카지미로프(V. Kazimirov)는 테헤란에서 정부 각료들과 자문회의를 열었다. 그러나 이란이 이 문제에 있어 평화유지 세력으로 기능할 가능성은 거의 없어 보였다. 러시아 우위의 CIS 세력은 아마 OSCE의 지시하에 전문가들과 함께 이곳으로 파견될 것이다. 이란은 OSCE뿐 아니라 CIS 어느 곳에도 속해 있지 않다. 이란과의 외교관계가 중단되고 아제르바이잔과는 마찰을 빚고 있는 상태에서, 미국의 카프카스 지역 개입은 부득이한 것이었다. 심지어 실용주의 노선의 라프산자니도 미국과의 친교 회복에 대비하지 않고 있었다. 미 정부는 계속해서 이란과의 외교관계를 불신의 눈초리로 바라보았다. 1994년 여름 크리스토퍼(Warren Christopher) 미 국무장관은 런던과 부에노스아이레스에서 발생한 유태인에 대한 테러 폭발사건의 배후 세력으로 이란 정부를 비난했다.

　이란의 하타미 정권이 「미 국민과의 대화」를 제의하여 미국의 對이란 정책에 변화의 조짐이 보였다고는 하나, 이란 국내에는 1998년 4월에 온건파의 테헤란 시장이 보수파 세력에 의해 체포되는 것처럼, 보수파의 이란 정치에 대한 영향력은 막강한 것이다. 이란이 「이슬람공화국」인 이상, 보수파의 주창처럼 이슬람 정치 이데올로기를 쉽게 포기하지는 못할 것이다. 그러나 현실적인 하타미 정권의 동향과 이에 응하려는 미국의 對이란 정책의 변화는 이란이 러시아·중국과의 접근을 시도하고 있고, 미국-터키-이스라엘 3국의 중앙아시아·카프카스의 개입을 경계하는 종래의 유라시아 구도를 점차 변화시켜 나갈 가능성을 내포하고 있다. 러시아와 유럽안보협력회의가 평화구축을 위한 해결책을 찾으려 노력하고 있지만, 이 노력의 중심에는 이란도 있음을 잊어서는 안 될 것이다.

Ⅳ. 미국의 정책과 나고르노-카라바흐 분쟁

1. 미국의 국익과 파이프라인 전략

미국을 비롯한 서구 국가들은 소연방의 붕괴를 매우 기쁘게 받아들였다. 그들은 소연방의 영역에 있던 트랜스코카서스를 포함한 중앙아시아의 신생 독립 공화국들이 서구 세계에 부담이 되지 않을 뿐만 아니라 시간이 지나면 경제적 요소로서 서구 세계에 포함되는 긍정적인 발전을 할 것으로 보았다. 그들은 아제르바이잔·카자흐스탄·투르크메니스탄이 향후 풍부한 유전과 천연가스의 보고로서 기능할 것으로 간주했기 때문이다.

서구의 자료에 근거해 보았을 때, 그 규모와 중요성 면에서 세계 3위를 차지하는 풍부한 석유자원의 보고로 알려진 카스피 해 역시 카프카스 지역에 속한다. 따라서 미국은 21세기의 에너지 확보라는 전략적 차원에서 이 지역을 주목해 왔다. 실제로 미군은 그 지역에 자신들이 주둔할 수밖에 없도록 하는 안보상의 명분을 내세워, 그 지역에서 이란과 러시아를 효과적으로 견제할 수단을 포함한 전략을 가지고 있다. 이러한 사실 자체로 판단해 보면, 카프카스 지역은 더 이상 러시아의 영향권 아래에만 있지 않으며 이란과 러시아의 직접적인 협력은 오히려 부정적 결과를 초래할 가능성도 있다.

미국 기업들의 아제르바이잔에 대한 경제적·상업적 이해관계는 매우 크다. 예를 들면 국제석유컨소시엄[126]은 정치적 이유로 이란을 경유하는 파이프라인 건설에 반대하기는 하지만 카스피 해의 원유 개발에 착수했다. 카스피 해 연안에서는 남쪽의 이란, 북쪽의 러시아, 동쪽으로는 중국, 그리고 서쪽의 흑해나 지중해로 원유 수출이 가능하다. 러시아가 이것을 지지하는데 실패한다면 경제적 이해관계로 인해 미국-아제르바이잔 관계는 호전될 것이다. 알리예프의 유엔 총회 연설 후 1994년 9월 클린턴은 백악관에서 그를 환대했다.

1994년 9월 20일 Socar는 미국의 5개 석유회사, 영국석유회사(British Petroleum), 노르웨이의 스타토일(Statoil), 그리고 터키 및 사우디의 국영 석유회사 등으로 이루어져 있는 국제석유합자회사와 계약을 체결하였다. '세기의 계약'이라 명명된 그 계약에 따르면 아제르바이잔은 대략 수익의 80%를 받을 것이라고 되어 있다. 30년 이상의 기간 동안 80억 달러를 투자하기로 되어 있었던 합자회사 역시 아제르바이잔 측에 보너스로 3억 달러를 지불하기로 했다. 게다가 아제르바이잔은 추출된 모든 천연가스를 받는 것으로 계약되어 있으며, 이로 인한 수익은 계약기간 동안 어림잡아 350억 달러에 달할 것으로 추정되었다.

126) 국제석유컨소시엄 회원국으로는 Pennzoil, Amoco, Unocol, Ramco, McDermott사 등이 있다.

초기의 하루 석유 생산량은 8만~9만 배럴 가량으로 아제르바이잔의 수도 바쿠와 러시아의 흑해 항구 노보로시스크 간의 파이프라인을 통해 수송할 수 있었다. 점차 생산량이 증가하자, 새로운 파이프라인이 필요하게 되었다.

이러한 엄청난 경제적인 이익에 더하여, 석유협약은 아제르바이잔에 있어 주요한 정치적 이익 또한 가져다주었다. 앞서 말한 대로 서방 세력, 특히 미국을 자극하여 트랜스코카서스의 정세에 관여하게 하고, 석유협약 체결에 관한 협상에서 중요한 역할을 하게 했을 뿐만 아니라 나고르노-카라바흐 분쟁의 해결을 위해 러시아가 트랜스코카서스에서 지배적 역할을 하는 것을 막기 위한 노력에도 가담하게 했다. 그래서 원유 거래에 관한 최종 협상은 휴스턴에서 열리게 되었다. 계약이 체결된 후, 클린턴 미 대통령은 미국이 석유 협약에 있어 항상 공정한 자세로 임할 것임을 알리예프에게 공언했다. 이에 더해 9월 하순에 있었던 클린턴은 옐친 대통령과의 정상회담에서 원유거래에 대한 러시아 외무부의 반대 의사를 철회해 줄 것을 요청하였다. 이에 대해 옐친 대통령은 이 일은 러시아와 미국의 전문가들이나 고려해 봐야 할 일이라는 식으로 말하면서 미국 측을 반격했다.[127]

1994년 9월, 국제석유합자회사와 아제르바이잔 간의 석유협약체결 역시 나고르노-카라바흐 분쟁에 평화종결의 실마리를 가져다주지는 못했다. 모두가 분쟁의 평화적 해결을 계속 주장하고 있었지만, 러시아 측은 석유협약에 대한 날카로운 비판을 계속하면서 상황을 더욱 악화시키고 있었다. 실질적으로는 러시아 측의 양측에 대한 압력이 알리예프의 역습이라는 결과를 낳았다고 할 수 있다. 알리예프는 러

---

127) Smolansky 1995, 221.

시아 측이 투옥된 정치범들의 탈옥을 조작한 장본인이라고 비난하며, 아제르바이잔은 러시아 국경 수비대가 이란 국경지대를 따라 주둔하는 것을 허용하지 않을 것이라는 사실을 공언하고 나섰다.

미국 역시 새로 체결된 석유협약을 계기로 나고르노-카라바흐 대치 정국에 적극 개입하기 시작했고, 이와 관련된 주제가 논쟁거리가 된 것은 9월 하순경에 있었던 미-러 정상회담이었다. 옐친 대통령이 러시아군의 이란 국경 주둔이 트랜스코카서스 분쟁을 평화적으로 종결하는 데 주요 실마리가 될 것이라고 주장한 반면, 클린턴 미 대통령은 러시아는 이 사태에 대해 기존의 국제법적 기준에 따라야 하며 반드시 UN과 CSCE의 통제하에서 조치를 취해야 한다고 역설했다. 이에 대하여 러시아의 시사평론가는 "마치 워싱턴이 트랜스코카서스로 사리를 옮긴 것 같다. 클린턴 정부는 미국의 구이을 적극적으로 추구하고 수호할 준비가 되어 있다고 옐친 대통령에게 알리고 있는 것 같다"라고 표현했다. 트랜스코카서스에서 러시아의 예전과 같은 '무제한적 역할'은 이로써 마침내 종말을 고하게 된 것이다.[128]

이러한 미국의 정책은 북쪽에서부터 이란이 포위되는 또 다른 결과를 가져올 수 있으며, 다른 한쪽에서는 러시아의 뒷마당이라 할 수 있는 남부 지역이 위험에 처하게 된다. 카스피 해 지역을 분할하게 되면, 이러한 상황은 더욱 악화됨과 동시에 카스피 해 주변 지역에서 이란의 고립도 역시 심해질 것이다. 이러한 쟁점은 러시아 자국 내에서 대두하는 정치·경제 전반의 문제에 새로운 변화를 가져왔다. 발칸 반도의 분쟁과 NATO의 옛 유고슬라비아 공습 또한 같은 맥락에서 러시아의 큰 개입 없이 일어났다. 다시 말하자면 러시아를 제외한

---

128) Ibid., 216.

정치 구도에 대해 모스크바의 끊임없는 경고에도 불구하고 서구 진영은 전혀 개의치 않았다. 러시아가 유고슬라비아의 분열과 그에 이은 보스니아 크로아티아 내전, 러시아 정책 반경에서 멀어지는 우크라이나, 흑해 어귀와 크림 반도 분할 등에 관여하느라 분주한 사이, 카프카스 지역은 러시아의 영향권 아래에서 분리되었다. 이러한 상황은 단순한 우연의 일치가 아니며, 모두 서구 정책의 산물이었던 것이다. 즉, 옛 소련이 붕괴하는 과정에서 미국이 이라크를 공격한 것과 유사한 논리이다.

중앙아시아나 아제르바이잔 등 이슬람계의 옛 소련 남부 제국을 둘러싼 미 외교정책의 기본목표는 이들 제국에 대한 이란의 영향력을 배제하고 '이슬람 원리주의'의 대두를 막는 것과 동시에 석유와 가스 등 풍부한 천연자원을 보유하고 있는 옛 소련 남부 제국 중앙아시아 국가들과의 정치적 또는 경제적 연계를 강화하고, 미국의 에너지 안보를 확실히 하는 것이었다. 그런데 이와 같은 방침을 추구하였던 미국의 정책에도 점차 변화가 생기고 있는 것이다.

그것은 이란과 중앙아시아 국가들과의 경제적 연결을 끊는 것이 얼마나 어려운 것인지를 미국 정부가 점차 인식하고 나서부터의 일이다. 이란은 지리적으로 중앙아시아와 아제르바이잔에서 해양으로의 교통로와 또 이들 제국이 자원을 유럽과 아시아에 수출할 때 파이프라인의 루트를 제공할 수 있기 때문에, 이란-중앙아시아 관계가 한층 더 발전하게 되었다. 이란이 추구해 온 경제를 중심으로 하는 이들 제국과의 연계, 즉 이란을 둘러싼 「지리-경제적 요인」이 미국에 의한 對이란 봉쇄정책을 무력화시키고 있다. 미국의 이란 봉쇄가 경제이익의 추구에 역행하는 것은 명백한 일로서, 미국 이외의 제국이 이란과의 경제교류를 늘려가고 있는 시점에서 미국의 對이란 강경노선은 한층 더 역효과를 초래할 것이다.

예를 들면 1995년 4월, 바쿠가 미국의 강력한 압력에 굴복하고 불과 6개월 전 테헤란과 맺은 계약을 파기함으로써 이란의 지역정책은 좌절되고 말았다. 그 사건은 이란으로 하여금 러시아 외무부의 입장을 옹호하고 서구와의 오일 협정의 합법성에 도전하게끔 하였다.[129]

투르크메니스탄도 1997년 12월에 이란에 천연가스 파이프라인을 개통시키는 등 옛 소련 남부 제국은 주변의 중동 제국과의 실리적 외교를 전개하기 시작하였다. 중앙아시아와 카프카스에서 이란 주도의 '이슬람 원리주의'의 영향을 배제한다는 미국 정부의 주장은 자원공급과 수송 루트로서의 이란의 중요성에 따라 호소력이 반감되었다.

옛 소련 남부 제국 독립의 기운을 러시아의 영향으로부터 탈피하기 위해 종래 러시아에만 의존했던 자본 송출 루트의 다각화를 꾀하게 되면서, 이란의 지리적 위치는 중요하게 부각되었다. 또 이란은 그루지야와 아르메니아 등 분쟁 국가들과는 달리 정치 사정도 비교적 안정되어 있다. 그러한 의미에서도 이란 루트는 자원을 보유하고 있는 옛 소련 남부 제국이 적극적으로 검토하고 있는 대상이 되고 있다.

이러한 이유로 클린턴 정부는 1997년 8월 성립한 이란 하타미 대통령의 「미 국민과의 대화」의 제안에 대해, 이에 응하는 자세를 보인 것이다. 클린턴은 하타미가 대통령으로 선출된 시점부터 이란의 온건한 정치 지도자에 대한 관심을 가지기 시작하였다. 더구나 하타미가 서구문화를 포함하는 이슬람 이외의 문화에 대한 이해를 나타내자, 미국도 상이한 문화와의 대화를 지지한다는 자세를 분명히 했다.

---

129) Smolansky 1995, 223.

이란은 옛 소련 남부 제국에 대해 이슬람 이데올로기가 아닌, 경제 중심의 현실적인 실리주의 정책을 추구하여 왔다. 원래부터 70년간이나 소련의 지배를 받아 온 중앙아시아와 아제르바이잔에서는 이슬람 부흥의 속도가 더디고, 또 독립 후의 정치 지도자들 중 다수가 옛 소련 시대의 공산당 엘리트이기 때문에 이란이 주창하는 이슬람 정치 이데올로기에는 관심이 없다. 이란 측에서도 라프산자니 전 대통령에 이어 하타미 대통령 등 온건파는 이들 제국을 자극하지 않는 정책을 취해왔다. 이란은 북쪽으로 인접하는 제국의 안정이 자국의 안보에 중요하다고 여겨, 이들 제국에 관련된 분쟁에도 조정자 역할을 하고 있다. 게다가 이란은 옛 소련 남부 제국의 정치적 안정과 질서유지를 위해서는 러시아의 영향력을 용인하는 자세를 보이기 시작하였다.[130]

미국은 이 지역에 있어서 이슬람 국가인 이란의 영향력이 증대하여 서구의 이익과 적대되는 이슬람 원리주의가 대두되는 것을 우려한다. 그러므로 미국은 타지키스탄에서 옛 공산주의 세력이 정권을 잡는 것을 묵인하고, 또 체첸 전쟁에서 이슬람 세력의 대두를 경계하여 러시아의 군사개입을 비난하지 않았다. 미국은 타지키스탄에서 옛 공산주의 정권이 붕괴하면 이란·아프가니스탄·파키스탄에 망명한 이슬람 세력이 정권을 잡고 반서구를 정치의 기조로 삼아, 그 영향이 다른 중앙아시아·카프카스에도 파급해 나갈 것을 두려워한 것이다.

이런 미국의 의도에 가장 잘 부응한 나라가 아제르바이잔이다. 아제르바이잔의 알리예프 대통령이 1997년 8월에 미국을 방문했을 때, 그는 이란과 이슬람 원리주의의 영향이 카프카스에 침투하는 것을 막는 방파제의 역할을 담당할 것이라고 밝혔다. 이러한 아제르바이잔

---

130) 宮田 律 1998, 17.

의 자세에 대해 이란은 미국과 이스라엘의 환심을 사기 위한 것이라고 비난했다.[131]

이란은 북쪽의 인접국가인 아제르바이잔이 미국 주도의 안전보장체제에 속하여, 친미와 친이스라엘 국가로 변모해 가는 것을 경계하고 있다. 이란-아제르바이잔 양국은 시아파 이슬람을 신봉한다는 공통점이 있기 때문에, 이란은 시아파 종주국으로서 아제르바이잔에 대한 종교적 영향력을 행사할 수 있다. 그러나 아제르바이잔 정부는 이란이 주창하는 이슬람 정치에는 관심이 없고, 러시아의 영향에서 벗어나 미국 등의 서방세계에 합류함으로써 경제발전과 안전보장을 확실하게 하려는 의도가 있다. 그래서 아제르바이잔은 아르메니아와의 현안이 되고 있는 나고르노-카라바흐 분쟁의 해결도 미국 등 서구를 배경으로 해결하려는 의도를 가지고 있다. 이러한 아제르바이잔의 자세로 이 지역에 미국 및 이스라엘의 영향이 미치기 때문에 이란이 아제르바이잔의 외교정책에 주목하고 있는 것에는 재론의 여지가 없다.

1997년 9월 초순, 카라바흐에서 열린 대통령 선거에서 독단적인 코차리안이 아르메니아의 대통령으로 당선되었고, 이는 아제르바이잔을 뒤흔들어 놓는 결과를 가져왔다. 카라바흐 외무부 장관 구카시안(Ghukasian)은 카라바흐가 아제르바이잔 영토의 일부가 될 수 없다고 선언하였다. 그뿐만 아니라 미국 의회는 아제르바이잔에 대한 원조를 보류하는 한편, 아르메니아에 대한 경제적 지원은 확대하는 것으로 합의했다. 상황이 이렇게 전개되자, 당황한 것은 당연히 아제르바이잔의 정부 관료들이었다.

카라바흐 분쟁은 남부 카프카스 중심지와 카프카스 서부의 아부하

---

131) Ibid., 26.

지아 지역에서 발발한 연유로 흑해에 닿는 아제르바이잔 송유관 경로의 안전성을 위협한다. 그러므로 아제르바이잔의 대통령은 가능한 한 단기간 내에 카라바흐 분쟁을 해결할 방법을 모색하며, 이 목적의 달성을 위해서 그는 노골적으로 미국에 도움을 청했다. 이와 마찬가지로 그루지야 대통령인 세바르드나제(Shevardnadze)도 1997년 방미 기간 중, 미국이 아부하지아 문제의 중재자로 나서줄 것을 요청했다. 그는 그 후에도 미국을 방문할 때마다 중재해 줄 것을 잊지 않고 청했다. 그러나 정작 미국의 반응은 이렇다 할 만한 것이 없었다. 알리예프와 세바르드나제 두 대통령은 모두, 석유 수출을 통해 외화의 유입을 촉진시켜 그들 국가의 경제·군사적 발전을 이루는데 발판이 되는 안전성을 확보하고자 한다. 그들은 또한 빼앗긴 영토를 되찾길 원한다. 이러한 반면, 미국은 카프카스 지역의 자원에 마음이 있다기보다 어떻게 하면 카프카스 지역 내에서 자신들의 입지를 확고히 할 것인가에 관심을 집중시킨다.

중앙아시아의 산유국들은 정치·경제 두 가지 측면에서 미국의 관심의 대상이다. 그러나 미국은 빼앗긴 영토를 재탈환하는 것은 빠른 시일 내에는 불가능하며 카라바흐를 지나는 석유 수송 파이프라인 건설은 여전히 먼 훗날의 이야기일 뿐이라고 말한다. 아르메니아인은 그러한 파이프라인 건설을 수락하지 않은 것임을 명확히 해왔다. 옐친은 카프카스 지역이 러시아의 안보와 직결된 전략적 위치임을 강조하면서 미국의 카프카스 분쟁 개입에 경고했다.[132]

1999년부터 아제르바이잔과 그루지야를 거쳐 흑해에 이르는 이동 경로를 통해 원유 수출이 시작된 것은 미국과 유럽연합이 그 지역에

---

132) Amir-Ahmadian 2000, 504.

정치적인 의도를 투영하고, 이미 짜인 각본에 따라 움직이도록 하는 그들의 결의가 상당히 확고한 것임을 드러낸다. 가장 신속하면서도 안전하고 또한 가장 경제적인 운송 경로가 이란을 통한 것임은 누가 보아도 명백한 사실이다. 그러나 그 원유 수출 경로에서 이란·러시아·아르메니아 3국은 제외되었다. 터키에 닿는 원유 수송 경로의 경우에도, 터키에서 시작하여 지중해 지역에 이르는 경로가 아르메니아와 이란을 통과할 수 있었다는 사실은 말할 필요가 없는데도 말이다.

과거 러시아가 장악했던 중앙아시아 카스피 해 연안국의 풍부한 석유가 이제 미국이 건설한 송유관을 통해 서방에 직접 공급된다. 아제르바이잔 바쿠(B)~그루지야 트빌리시(T)~터키 세이한(C)을 연결하는 BTC송유관이 2005년 5월 25일 개통됐다. 2005년 말 완전 가동될 경우 하루 운반능력은 1백만 배럴, 전 세계 생산량이 1%에 불과하지만 미국이 러시아 견제에 유리한 고지를 점령했다는 점은 지정학적으로 적잖은 의미를 갖는다. 즉, 미국의 중앙아시아 영향력 확대를 의미한다. 직경 1m에 총길이 1,770㎞로 세계 최장 길이인 BTC송유관은 11년간에 걸쳐 건설됐다. 공사비 40억 달러는 미국의 지원으로 조성됐으며, 영국의 메이저 석유기업 브리티시페트롤리엄(BP)이 운영 컨소시엄의 지분 30%를 차지하고 있다. 이외에 미국·프랑스·노르웨이 석유기업들이 참여했다.

이 송유관은 카스피 해 연안의 질 좋은 경질유를 터키의 지중해 연안으로 직접 운반하게 된다. 원유판매의 가장 큰 문제이던 운송이 해결된 셈이다. 미국·유럽·일본 등 주요 석유소비국들은 불안한 정세로 출렁이는 중동 이외의 지역에서 안정적인 석유 공급선을 확보하기 위해 소련 붕괴 이후 이 지역을 주목해왔다. 이번 BTC송유관은 이들 국가가 더 이상 기존 러시아 송유관(CPC)에 의존하지 않아도 된다는 것을 의미한다. 흑해와 이스탄불 앞 보스포루스 해협을 통과해 지중해까지 우회하는 유조선도 이제 옛말이 될 것으로 보인다. 파이프라인이 지나는 옛 소련권 국가들의 탈러시아 움직임도 가속화될 전망이다. 미하일 사카쉬빌리 그루지야 대통령은 "BTC송유관과 추가로 건설되는 송유관이 완공되면 이 지역 에너지 자립이 촉진될 것"으로 내다봤다. 2003년 장미혁명을 통해 친서방 정권을 수립하며 러시아의 정치적 영향력에서 벗어난 그루지야는 전력 및 가스 등은 여전히 러시아에 의존하고 있다.

이외 송유관이 통과하는 국가들도 러시아로부터의 에너지 의존을 벗어날 것으로 보인다. 이 같은 점 때문에 러시아는 송유관이 자신들의 뒷마당인 중앙아시아에서 영향력을 넓히려는 미국의 의도라며 경계해 왔다. BTC송유관 프로젝트 성공을 위해 미국은 세계 7위의 부패국가 아제르바이잔의 독재정권에 눈감았다는 비판을 받는다. 미국은 송유관이 바쿠에서 카스피 해를 가로질러 투르크메니스탄-우즈베키스탄까지 연장될 것에 대비해 최근 반정부 시위가 일어난 우즈베크 국내정세에도 계속 신경을 쓰고 있다. 송유관 통과 구간의 환경오염 및 테러 우려도 제기된다. 송유관은 터키와 그루지야의 오염되지 않은 협곡과 농촌 마을을 그대로 관통한다. 지하 1m에 묻혀 있어 이라크에서와 같은 테러 공격이 잇따를 경우 환경오염은 더욱 심각해질 것으로 전망된다.

2. 미국의 정책

트랜스코카서스에 대한 제3자의 개입을 논의할 때 서방세계에 대하여 언급하지 않을 수 없다. 1993년 초, 전반적으로 서방은 모스크바처럼 나고르노-카라바흐 분쟁의 결과에 대해 큰 관심이 있는 것처럼 보이지 않았다. 유고슬라비아 사태에서 보여주었던 무기력 때문에 서구 열강은 아르메니아-아제르바이잔 전쟁에 개입하는 것을 원치 않았다. 이들 국가는 유엔 안보리에서 강한 어조로 결의안을 통과시키는 방법으로 그들의 우려를 표시하였고 유럽 국가들에 의해 계속되어 온 외교적 노력을 지지하였다. 그러나 서구의 이익이 크게 존재하지 않는 트랜스코카서스에 대한 그들의 군사적 개입은 준비되어 있시 않았다.

냉전 후, 미국의 외교관계에 있어서도 카프카스 지역의 중요성은 상대적으로 그리 높은 것 같지 않았다. 미 정부는 중앙아시아-카프카스 지방이 러시아의 영향력하에 있다는 것을 묵시적으로 인정하고 있다. 러시아의 안보 이해관계를 알고 있는 클린턴 행정부는 이 지역이 불안정하지 않다는 가정하에 러시아의 영향력을 용인하려는 듯하다. 카프카스 지역에서 이와 같은 일에 대한 미국, 보다 일반적으로는 서방의 우려로 유엔 안보리는 이전에도 그루지야에 러시아 평화유지군을 파견했었다.

카라바흐 전쟁은 점점 모든 아제르바이잔 지도자의 운명에 영향을 미치는 지배적인 요소가 되었다. 1992년 10월 자유지원법안[133]의 세 907조의 발효로 미국과 아제르바이잔 관계는 심각하게 악화되었다.

---

133) Freedom Support Act.

미 의회는 아제르바이잔의 아르메니아 봉쇄를 이유로 공식적인 모든 인도주의적인 對아제르바이잔 원조를 금지했다. 당연히 이는 엘치베이 정부의 지위를 취약하게 만들었다. 아르메니아 또한 나히체반을 봉쇄했지만 말이다. 원조 금지는 분명히 고도로 조직화된 아르메니아의 對미국 로비활동의 결과였다.

1992년 러시아와 미국, 터키를 추진국으로 하는 CSCE의 민스크 그룹이 창설된 이후에 모스크바는 바쿠와 예레반에 미국-러시아 합동 외교사절을 급파할 것을 제안했다. 미 국무성은 그 제안을 거절하였는데, 이것은 러시아로 하여금 미국이 동등한 협력자 관계에 관심이 없다고 결론짓는 결과를 낳았다. 대신 워싱턴은 모스크바가 비공식적인 3국 협력체제, 즉 미국·러시아·터키 트로이카 체제의 형성에 동의할 것을 요구했다. 이런 조정 과정으로 미국은 중재자, 즉 상부 재판관으로서의 역할을 하길 원했다. 미국·터키 양국이 러시아와 동등한 관계에서 협력하는 것을 꺼려했던 사실로 인하여, 모스크바 정부 당국은 트랜스코카서스 지역에서 지배적 위치를 재구축하려는 또 다른 자극제 역할을 했을지도 모른다.

1993년 후반부에 옐친의 강경해진 대외정책의 일환으로서 모스크바 정부가 나고르노-카라바흐에 대한 워싱턴의 입장을 공개적으로 비판하자, 미 행정부 역시 러시아 외교정책에 대해 불만족을 나타냈다. 이것은 미국과 그 동맹국들이 러시아의 트랜스코카서스에 대한 영향력이 강화되는 것에 분개하고 있다는 것을 의미한다. 러시아 외교정책의 기조는 적대관계를 청산하고 난민 및 아르메니아의 경제적 봉쇄 같은 문제가 전쟁이 끝나기 전에는 해결될 수 없다는 가정하에 휴전을 성립시키는 것이었다. 이와 반대로 미국과 유럽의 동맹국은

전체 평화정착 해결안을 냉정하고 학문적으로 개진할 뿐이었다.[134]

그러나 클린턴 행정부는 팍스-러시아(Pax-Russia)가 카프카스 지역을 휩쓸게 해서는 안 된다며, 직접적인 연관은 없다고 하더라도, 유럽안보협력회의를 이용하여 러시아를 견제해야 한다고 주장했다. 미 정부는 현재 이란-아제르바이잔 유대가 지역 안보에 중요하다는 사실을 좀 더 확실히 인식해야 할 필요가 있다.[135]

1993년 5월 미국은 러시아·터키와의 3자 위원회에 즉각 개입하여 나고르노-카라바흐 지역분쟁을 종식시키기 위한 해결책을 찾고자 했다. 물론 미국이 이 민스크 그룹의 10개 회원국 중 하나라는 사실을 고려해야 한다. 5월의 미국·러시아·터키 간 합동 평화안은 비록 나고르노-카라바흐의 당사자이긴 하였지만 아제르바이잔이 아닌 아르메니아에 의해서 지부되었다.

이러한 가운데 아제르바이잔 미국 대사관은 두 나라 사이에 있던 잘못된 인식의 벽을 허물어 나갔으며, 1993년 5월 아제르바이잔 의회 대변인 겜바르(Isa Gambar)가 이끄는 대표단이 미국을 방문하기에 이르렀다. 대표단은 미국 의회와 국무부에서 회의를 가졌으며, 아제르바이잔 대사관 개관식에도 참석하였다. 이 방문은 두 나라의 관계 변화의 시작처럼 보였고, 새로운 아제르바이잔 정부에 대한 미국 정치가들의 태도에 긍정적인 변화를 일으켰다.

1993년 9월, 스트롭 탈보트가 이끄는 미국 국무성 대표단은 바쿠를 방문하였다. 알리예프 대통령과의 회담에서 그는 방문의 가장 큰 목적이 이 지역에서의 평화 정착에 도움을 주고, 아제르바이잔의 독립

---

134) Smolansky 1995, 210.
135) Winrow 1995, 108.

을 지지하는 것이라고 말했다. 알리예프는 이에 화답하여, 민주주의
발전·독립·시장경제·평화적인 관계 등 주요한 원칙을 고수할 것
임을 탈보트에게 확인시켰다.[136]

알리예프의 모스크바의 평화 중재안에 대한 비타협적인 태도는
1994년 중반까지 미국을 위시한 서방 세계로부터 확실한 지지를 받
았다. 5월경 일련의 협상이 실패로 끝나기 전에, 아제르바이잔 주재
미국 대사가 "카라바흐 사태를 조정할 수 있는 어떤 계획도 민스크
그룹을 통해서만 수행되어야 한다"라고 주장하자, 이에 모스크바는
불쾌함을 표시했다. 이것은 분쟁의 관련 국가들과 마찬가지로 서방
세계 역시 그 지역 이익에 대한 야망을 가지고 있다는 증거이다.[137]

1994년 8월 클린턴이 페트로시안 대통령에게 대대적인 원조를 약
속한 이후, 아르메니아는 미국의 지속적인 원조를 받고 있다. 현재 아
르메니아에 대한 미국의 1인당 원조액은 옛 소비에트 공화국들 중 최
고 수준이라고 발표되었다.

미국과 터키 등 그의 맹방들은 카라바흐 분쟁의 평화로운 종결에
지대한 관심을 보인다. 제이한-바쿠 사이의 석유 수송관 건설 계획
달성은 카프카스 지역의 안전이 확보된 다음에야 가능하다. 현재의
상황이 미국에게 적지 않은 도전이 되기 때문에 이러한 정황에서 미
국과 터키, 아제르바이잔은 분쟁을 잠재울 수 있는 묘책을 찾고 있다.
아제르바이잔은 미국이 아르메니아에 대한 압력을 더욱더 가함으로
써, 그들이 현 점령지에서 철수하여 아제르바이잔의 영토를 반환하도
록 힘써 줄 것을 바란다. 그런 중에, 아르메니아가 러시아와 동맹했다

---

136) Alieva 1995, 305.
137) Smolansky 1995, 214.

는 사실과 미국 내에서 막강한 영향력을 행사하는 아르메니아의 로비활동은 아제르바이잔의 앞길을 막는 큰 골칫거리가 아닐 수 없다. 미국이 아제르바이잔과의 우호관계를 천명하면서도 對아제르바이잔 원조 증액을 꺼리는 반면, 2000년 對아르메니아 원조 금액을 8,960만 달러로 증액 책정했다.

아무튼 1998년은 카프카스가 소란으로 얼룩졌던 한 해였다. 아제르바이잔-미국의 우호관계 및 아제르바이잔의 석유산업에 투자하는 미국 기업들의 움직임과는 별개로 미국은 카라바흐 분리주의자들에 대한 자금 지원 규모를 1,250만 달러로 증액하였다. 게다가 아제르바이잔에 대한 미국의 원조를 정지하여야 한다는 내용의 미 의회 법안 제907조를 무효화하라는 아제르바이잔의 반복되는 요구를 미국은 무시하여 왔다. 오히려 미국은 아르메니아에 경제 지원을 7,900만 달러 더 늘렸다. 이러한 양상은 모두 아르메니아 로비스트들의 활발한 활동의 결과이다. 다수의 미 의회 의원들은 아제르바이잔 정부에 카라바흐 분리주의자와 직접적인 협상에 나설 것을 강력히 권고하는데, 사실 이는 카라바흐의 독립을 승인하는 것과 다를 바가 없다. 이러한 전개 양상은 결국, 알리예프의 정책이 잘못되었다는 신랄한 비판을 불러일으켰다.

1999년 11월, 이스탄불에서 OSCE의 회담이 거의 끝나갈 무렵, 수많은 국제 저명인사들은 아르메니아와 아제르바이잔 양국 사이의 평화를 이끌어 내려고 노력했다. 미 국무장관의 터키 방문과 터키 대통령의 바쿠 행 및 그에 뒤이은 알리예프와의 회합 등의 시도는 민스크 그룹이 제안한 강화 조건을 알리예프가 준수할 것을 공고히 하기 위함이었다.

아제르바이잔과 아르메니아의 대통령이 한 자리에 모인 OSCE의 11월 이스탄불 정상회담은 카라바흐 분쟁의 해결이 거론된 최초의 회합 장소인 듯했다. 그러나 양국 정상 간의 회담을 비롯해 클린턴 대통령의 단독 회담까지 개최되었음에도 불구하고, 실질적인 성과는 얻지 못했다. 그렇지만 코차리안 대통령이 카프카스 지역에 위치한 국가들과 더불어 안보방위체계를 조직하겠다는 방안을 내놓기도 하는 등의 이득이 있기도 했다. 이러한 종류의 정책에 의해 평화를 회복하고 카라바흐 분쟁을 해결하는데 일조를 할 것이며, 결국에는 분쟁 당사국 모두에게 이익을 가져오게 되리라는 것이 그의 견해이다. 마찬가지로 알리예프 대통령 역시 미국·터키·아르메니아·아제르바이잔·그루지야·러시아가 참여하여 코차리안이 제안한 것과 유사한 조약을 체결해야한다고 강조했다. 미국은 비록 조약 체결국으로 고려되고 있기는 하지만, 이 문제의 직접적인 관련 당사국이 아니며, 이 지역적 구도에 편승하길 원하는 것도 아님을 확실히 밝히는 발언을 한 바 있었다.[138]

전반적으로 볼 때, 이스탄불 회담은 카라바흐 분쟁과 아르메니아-아제르바이잔 양국 평화와 관련된 만족할 만한 성과를 얻지는 못하였다. 결국 분쟁의 불씨는 이 지역의 앞날을 불투명한 상태로 남게 하였다.

---

138) Amir-Ahmadian 2000, 495.

V. 카라바흐 분쟁에 있어서의 UN과 NATO

1. UN

아제르바이잔 정부는 아르메니아의 공격을 비난하고 미국과 UN에 중재를 요청하였다. 워싱턴은 전쟁 행위의 확대를 비난하며 평화적 해결을 위한 노력을 재개하였다. CSCE의 회원국에 의해 평화적 해결 안이 논의되었으나, UN으로부터 아르메니아의 공격에 대한 비난을 끌어내려던 아제르바이잔 정부의 시도는 UN 안전보장이사회의 5개 상임이사국 중 러시아·프랑스·미국에 의해 거부되었다. UN을 통한 평화로운 해결의 전망이 희미해지자, 엘치베이 정부는 CSCE를 통한 분쟁의 해결에 초점을 두었다.[139]

온건한 지도자로 알려진 두 공화국의 지도자, 즉 아르메니아의 페

---

139) Alieva 1995, 294.

트로시안과 아제르바이잔의 엘치베이는 CSCE의 민스크 그룹의 틀 속에서 기나긴 협상의 과정을 시작하였다. 그러나 일련의 합의는 아르메니아 측이 새로운 공격을 감행함으로써 깨졌다. 1993년 4월, 5개국의 대표들은 아르메니아 군대가 켈바자르 지역을 점령하는 동안 그 분쟁에 관한 논의를 위해 제네바에 모였다. 1993년 7월, CSCE의 민스크 그룹의 의장인 라파엘리(M. Rafaelli)는 아르메니아 군대에 의해 점령되었던 아제르바이잔의 아그담 지역을 방문했다. 마레스카(John Maresca) 대사에 따르면, 켈바자르 지역의 점령으로 인해 아르메니아인은 그들의 군사적 행동의 정당화 수단으로서 자국의 방어라는 명분을 더 이상 사용할 수 없었다. 또 그 전쟁은 위협을 느낀 소수민족의 방어가 아니라 아제르바이잔을 파괴하는 전쟁이었다고 했다. 1993년 8월부터 10월까지, 아르메니아 군대는 다섯 지역[140]을 더 점령하였다. UN 안전보장이사회는 아르메니아 군대의 점령지로부터의 즉각적인 철수를 요구하면서 4개의 결의안- 822, 853, 874, 그리고 884호-을 채택하였다.

그러나 이러한 결의안은 아르메니아 측에 의해 무시되었으며, 전혀 이행되지 않은 채, 그 기나긴 협상의 과정은 막다른 골목으로 가는 것으로 보였다. 대부분의 합의서와 휴전협정이 파기되었다는 사실은 전쟁에 의해서만이 분쟁이 해결될 수 있다는 양국 정부의 믿음을 보여준다. 아르메니아 측은 '협상에 있어서 많은 부분을 차지할수록 그 결과로 얻는 것이 많아진다'는 원칙에 근거하여 협상에서 좀 더 유리한 고지를 점하기를 원한다.

UN 결의안 822호가 처음 발표된 것은 1993년 4월 30일이었다. 그

---

140) Fizuli, Gubadi, Zangelan, Goradiz, Djabrail.

것은 아르메니아가 아제르바이잔의 켈바자르 지역을 점령한 뒤의 일이었다. 그 결의안은 양국이 각각 영토 보전 원칙을 준수함과 동시에 분쟁 당사국이 곧 정전을 합의 도출하고 인권을 존중할 것을 주요 골자로 하고 있다. 또한 양국은 CSCE의 민스크 그룹 체제 안에서 서로의 상이한 견해를 조정해야 한다는 것도 명시되었다.[141]

1993년 7월 29일 두 번째 결의안이 발표되었다. 아르메니아가 아그담 지역을 빼앗은 후에 발표된 결의안 제853호였다. 그것은 두 나라 사이의 분쟁이 계속될 것을 염려하는 내용이 담긴 민스크 그룹 보고서를 바탕으로 만들어진 결의안이었다. 이 결의안은 양국이 모두 인권을 존중해야 하며 정전을 이끌어 내야 한다고 밝히는 가운데, 또한 결의안 822호에 명시된 조항을 이행할 것을 촉구했다. 주민들의 강제 이주를 심히 염려하여, UN은 두 나라에 우선적으로 상대방의 영토 보전 원칙을 준수할 것을 촉구하고, CSCE 테두리 안에서 문제를 해결할 수 있도록 할 것을 요구했다. 이에 더하여 아르메니아는 아그담으로부터 군대를 철수시켜야 한다고 했다. 타 국가들도 교전 양측에 무기를 지급하는 일이 없도록 할 것을 당부했다.

분쟁이 돌발하자, 아제르바이잔의 동부에서 새로운 난민들이 속출하였다. 이에 따라 1993년 10월 14일, 또 다른 결의안 874호가 나온다. 이 문서에서 UN은 1993년 10월 8일의 양국 고위급 모스크바 회담에 관해서 언급하며, 두 나라가 협상을 계속하여 평화 구축과 분쟁 종식을 위해 끊임없는 노력을 쏟기를 바란다는 입장을 표명하였다. 그 뿐만 아니라 다른 결의안과 마찬가지로 이 결의안 또한 분쟁에 얽힌 양측이 CSCE의 민스크 그룹 후원하에서, 상호 간에 영토 보전 원칙을

---

141) Amir-Ahmadian 2000, 512.

준수하여 정전을 이끌어 내어야 함을 명시했다.

네 번째 결의안 884호는 1993년 11월 11일, 아르메니아가 잔갈리안(Zangalian)을 비롯한 카라바흐 남부 지역, 그리고 아락세스 강과 이란 국경에 이르는 지역의 시민을 공격하자 그에 뒤따라 나온 것이었다. 이 전쟁이 치러지는 내내 점령 지역과의 통신이 두절되었고 점령 기간 동안 이란과 맞닿은 아르메니아의 국경은 원래의 40km에서 120km까지 확대되었다. 이란과 접한 이 국경선은 아제르바이잔과 아르메니아를 연결하는 국경 지점부터 동부에 위치한 후라디즈(Huradiz)까지 펼쳐졌다. 결의안은 교전국들이 민스크 그룹의 지도 아래 회담을 재개할 것과 이전 관련 결의안에 명시된 조항을 준수할 것을 다시한 번 촉구하는 내용이었다. 아르메니아는 잔갈리안 지역 및 후라디즈 시에서 군대를 철수할 것을 요구받았다.

모든 결의안에서, 아르메니아는 침략국으로 명확히 명시되지는 않고 '점령군'으로 표현되었다. 또한 그 어떤 결의안도 전쟁의 발발과 전개과정에 대해서 영향을 미치지 못하였던 것은 특이한 경우이다. 이러한 일련의 침략은 여러 차례 UN 안보리 결의안이 통과되었음에도 불구하고 계속되었다. 이 결의안은 아르메니아 군대가 최근 점령한 아제르바이잔 영토에서 "즉시, 완전하게, 무조건적으로 철수할 것"을 요구하고 있으며, 아르메니아가 이러한 요구에 응하지 않을 경우에는 적절한 조치가 있을 것임을 경고하고 있었다. 아르메니아의 공격적인 행동이 계속되자 터키와 이란은 계속 경고를 했고 결국 고라디즈(Goradiz)가 점령된 후에는 이란 군대가 아제르바이잔에 실제로 개입했다. 이것은 모스크바의 강한 반발을 불러일으켰다. 12월 중순에는 아제르 군대가 점령지 일부에 대해 거주하던 아르메니아인을

쫓아내기 위해 공격했으나, 1994년 초에 흐지부지 끝나 버렸다. 1994
년 10월말 UN 사무총장 갈리는 바쿠와 예레반을 방문하고 평화유지
를 기본으로 한 아래와 같은 원칙을 천명했다.[142]

* 아제르바이잔의 영토를 보전하고 유지한다.
* 아제르바이잔 국경을 불가침 지역으로 선포한다.
* 나고르노-카라바흐 분쟁 해결 방법의 하나로 무력사용을 금지한다.
* 군사작전 수행 중 불법적으로 점령한 모든 아제르바이잔 영토를
  해방한다.

갈리 유엔 사무총장은 이 원칙이 UN 안보리 결의안 822, 853, 874
그리고 884호에 의거하여 만들어진 것임을 밝혔다. 아제르바이잔 측
은 이에 대해 충분한 이해를 표명했으나, 이러한 문서상의 원칙이 이
행된 적이 한 번도 없음에 대해 우려를 나타냈다. 또한 아세르바이잔
측은 나고르노-카라바흐 분쟁의 종결을 위해 국제평화유지군의 창설
을 추진하고 있는 유럽안보협력회의에 대해 지원해 줄 것을 UN 측에
요청했다. 알리예프는 특히 아제르바이잔 측의 입장을 다시 한 번 밝
히면서, 이와 더불어 아제르바이잔 내의 아르메니아인 거주자에게는
아무런 피해가 없도록 보호하겠다고 덧붙였다. 아르메니아 측은 유엔
사무총장의 견해나 요구에 거의 무관심했다.

실패로 끝난 여러 번의 평화중재 시도와 3번 이상의 UN 안보리 결
의안 덕분에 마침내 1994년 후반에 모스크바에서 휴전 중재안이 타
결되었으나, 당사자들의 이해관계 문제는 해결될 기미가 보이지 않았
다. 한 치도 양보할 수 없는 원칙의 차이 때문에 협상에는 어려움이

---

142) Smolansky 1995, 217.

많았다. 그 원칙은 다음과 같은 것이었다.[143]

* 아제르바이잔 군대에 의해 확정된 국경에 대한 불가침의 원칙
* 민족자결권(아르메니아 측이 강조)
* 소수민족의 독립된 존재로서의 권리, 즉 국가의 지위(아르메니아 측이 강조)
* 개인의 인권 존중 및 보장을 위한 필수조건으로서 안정을 이룰 필요성

그러나 나고르노-카라바흐 분쟁 조정 실패의 주요 원인은 각 당사자에게 상호 간의 합의 가능한 협상안을 만들려는 정치적 의지가 결여되어 있었기 때문이다. 이러한 이유로 협상을 중재하기 위한 모든 시도가 실패로 끝나는 것이 다반사였다. UN과 특히 민스크 그룹 및 카자흐스탄의 대통령 나자르바예프의 알마아타 중재안, 그리고 미국·러시아·터키·이란에 의해 이루어진 중재안 역시 실패로 끝났다. 가끔 공통의 의견을 보였던 이러한 의안들의 주요 문제는 결정된 사항을 채택하고 시행하는데 소홀히 했다는 것이다.

2. NATO

카프카스 지역의 중요성은 그 자체로 전략적 성격을 띠는 지리학적 위치에 기인한다. 이 지역의 전략적 중요성에 대한 이해 없이는, 카라바흐 분쟁에 관하여 면밀히 분석하기는 어렵다. 카프카스는 냉전 시대에 양대 군사 동맹의 교차로였다. NATO와 바르샤바(Warsaw) 조약으로 구성된 양 진영은 카프카스의 중심부에서 대치했다.

---

143) Ibid., 203.

흑해의 동해안과 카스피 해의 서해안을 연결하는 카프카스의 자연 지리적 위치로 인하여 이 지역은 공격에 쉽게 노출되는 취약성을 가진다. 이란과 카스피 해를 둘러싼 지역에 닿으려면 반드시 카프카스의 회랑 지대를 거쳐야 하기 때문이다. 이러한 이유로, 유럽이 이 지역에 펼치는 모든 지상 군사 작전은 카프카스에서 실시된다.

사실상 카프카스는 러시아의 직접적인 영향력 아래 있다. 이러한 배경에 힘입어, 제정 러시아와 소련 시절에 카프카스는 정치·경제적 면에서 상당히 중요한 지역으로 간주되었다. 카프카스의 산맥은 남부와의 자연적인 경계를 형성하여 러시아에 이르는 전략적 요충지이다. 이러한 사실만으로도 러시아는 카프카스 대(大)산맥과 일치하는 남부 국경 방어에 매우 세심한 주의를 기울인다. 그루지야와 아제르바이잔 두 국가는 산맥의 남쪽에 위치하며, 그 나머지[144]는 산맥의 북쪽으로 자리 잡고 있다. 카라바흐 지역은 산맥의 남쪽에 위치해 있어서 러시아와 서방 모두에게 전략상 중요하다. 아제르바이잔과 그루지야는 나토에 가입하길 원했으며, 이들이 NATO와 유럽회의[145]의 회원국으로 가입할 경우, 이 지역은 미국의 영향권으로 편입하게 된다. 이렇게 되면 러시아와 아르메니아의 관계는 악화될 것이다. 또 한편에서는 아제르바이잔을 지나는 이란과 러시아 사이의 지상 연락망 또한 그에 못지않은 악영향을 받게 된다.[146]

아제르바이잔은 NATO의 안전보장체제에 참가하기를 바라고 있으므로 서방제국의 강한 관심의 대상이 되고 있다. 1994년 5월 4일 아제르바이잔은 NATO의 「평화계획을 위한 파트너십」 프로그램에 참

---

144) Dagestan, Chechenya, Ossetia, Kabardabalker, Qarachai Cherex.
145) Council of Europe.
146) Amir-Ahmadian 2000, 498.

가하였다. 1997년 2월, 소라나 NATO 사무총장이 바쿠를 방문했을 때 알리예프 대통령은 아제르바이잔이 NATO에 참가할 의향이 있음을 공식적으로 전했다. 알리예프 대통령은 아제르바이잔이 유럽의 동쪽에 위치하고 있기 때문에 「확대 NATO」에 포함되는 것은 당연하다는 생각을 나타내고 있다.

이와 같이 아제르바이잔은 독립국가연합국 중에서 NATO의 일원이 되고자 하는 최초의 국가이다. 알리예프는 NATO의 가입을 통해, 잃어버린 영토를 되찾겠다는 야심을 가지고 있다. 이에 대해 러시아 국방장관은 아제르바이잔의 NATO 가입이 그들의 영토 재탈환에 그리 큰 도움이 되지 않으리란 사실을 깨달아야 하며, 러시아와 협력 구도를 이룩하는 것만이 좀 더 빨리 문제 해결에 접근해나가는 길임을 확실히 하고자 했다.

1999년 2월 초, 아제르바이잔의 대통령 고문인 콜리자데는 Baku Eurasia Daily지와 가진 기자회견에서 NATO가 아베시룬(Abeshrun) 반도에 군사기지를 세워줄 것을 요청했다. 콜리자데는 아제르바이잔의 국가 안보가 위험한 상황이므로, NATO와 터키 그리고 미국의 군사적인 보호가 필요함을 역설했다. 또한 아제르바이잔은 러시아의 의도를 신뢰하지 않으며, 만약 러시아가 아제르바이잔과 터키를 상대로 하는 전쟁을 유도하려고 한다면 그 의도를 명백히 드러내야 할 것이라고 강조했다. 아제르바이잔의 관료들은 자국의 정치·군사·경제적 안전 보장을 위하여 미국·이스라엘·터키와 같은 국가들과의 탈(脫)지역적 동맹의 도움을 바란다. 아제르바이잔은 군비를 증강하여 러시아와 이란 그리고 아르메니아에 직접적인 도전을 하고자 할 것이다. 이러한 현 상황을 두고, 알리예프는 '카라바흐'라는 지렛대를 이용하여 그의 정치적 입지를 굳히려고 할 것이다.

터키와 NATO에게 군사 기지를 제공하겠다는 발상은 러시아로부터 군사적 지원을 받고 있는 아르메니아에 대응하기 위한 전략에서 나온 것이다. 1999년 3월, 아제르바이잔 국방장관과 미국 대사 및 대사관 무관이 모인 회담에서 아제르바이잔 국방장관은 카라바흐 분쟁의 해결이 자꾸만 미루어지는 것은 최근 MIG 29전투기와 S-300 미사일을 러시아로부터 사들이는 등 아르메니아가 군사력 강화를 추진하고 있는 것에 기인한다고 발표했다.

코차리안이 실권을 장악하게 되자, 아르메니아의 비타협적인 자세는 더욱 강경해졌다. 아르메니아는 그들이 지역 내에서 막다른 골목에 다다랐다는 사실을 알아차렸고, 그러한 이유로 그들은 러시아와의 협력관계를 강화하였다. 이제르바이잔과 그루지야가 서방진영, 그중에서도 NATO에 의지하는 것은 아르메니아가 위협을 느끼기에 충분했다. 그러나 아르메니아 역시 NATO에 가입할 경우, 그들은 현 점령지를 아제르바이잔에 반드시 반환하게 되리라는 것이다. 이미 언급한 바 있듯이, 아제르바이잔은 빼앗긴 영토의 회복을 위해 서방세계에 호소하고 있다.

1999년 4월 17일 바쿠-수프사(Baku-Supsa) 사이의 송유관 건설의 탐사를 마친 후, 아제르바이잔은 석유 수송로를 지켜줄 탈(脫)지역적 방위군의 지원을 요청했다. 아제르바이잔 정부가 터키와 NATO를 불러들여 아베시룬 반도에 군사 주둔을 요청한 것도 같은 맥락에서 이해할 수 있다. 반도의 전략적인 위치상, 아제르바이잔의 요구에 응하게 될 경우에는 반도를 섭렵한 군사력을 가진 나라가 카스피 해의 유전지대와 해변까지 손안에 넣을 수 있다. 이러한 성격을 고려해 보았을 때, 남부 지역의 무장해제만이 카프카스 지역에 평화와 안정을 가져다 줄 것임은 자명하다.

VI. 중앙아시아를 둘러싼 역학관계

러시아가 당면하고 있는 가장 해결하기 어려운 문제가 바로 나고르노-카라바흐에 대한 아르메니아와 아제르바이잔 간의 분쟁이었다. 러시아 내의 인종적 무슬림 민족주의로 인해서, 동시에 역사적으로 러시아의 우방이었던 기독교 국가인 아르메니아를 포기할 수 없었기 때문에 러시아는 이 지역에서 자국의 정치적 입지가 불안정하게 되었다. 무엇보다도 강력한 중심 세력이 없는 상황에서 분쟁은 국제적인 문제로 비화되었고, 간접적으로 관련 국가들의 숫자도 증가하게 하였다. 이러한 상황의 변화가 나고르노-카라바흐 분쟁을 더 조정하기 힘들고 통제하기 어렵게 만들었다. 러시아는 자국을 소련의 법적 계승자로 여겼으므로, 분쟁의 조기단계에서 그것을 해결하지 못한 소련의 실패에 대해 어떤 책임을 느꼈다.

이란은 호메이니 사후 중앙아시아 지역과 카프카스 지역에 대해 실용주의 노선을 추구하고 있다. 또 이란은 이슬람계의 옛 소련 남부 제국에 대해 종교적 대의(大義)보다는 오히려 경제적 관계를 중시하여 실리적인 외교정책을 추구하여 왔다. 옛 소련 남부 제국에 있어서도 이란은 지정학적으로 중요하다. 옛 소련 남부 제국은 미국에 동조할 강한 동기가 없는 한, 미국의 이란 봉쇄에 가담할 리 없다. 예를 들어 아제르바이잔이 미국과의 친밀한 관계를 구축하려는 것은 자원을 둘러싼 미국과의 경제적 관계를 강화함과 동시에 아르메니아와 쟁점이 되고 있는 나고르노-카라바흐 분쟁을 미국과 NATO의 영향 아래에서 해결하려는 의도가 있기 때문이다. 이에 비해 투르크메니스탄은 미국을 배경으로 해결할 필요가 있는 정치적 과제를 갖고 있지 않고, 오히려 자원의 송출 루트를 다양화함으로 인해 러시아·미국 등 강대국의 독점적인 영향권에서 벗어나려는 의도를 지니고 있다.

해양으로의 출구가 없는 옛 소련 남부 제국에 있어 이란이 중요한 이유는 역시 페르시아 만과 인도양으로 자원의 송출 루트를 확보하여 지금까지 기존의 러시아의 파이프라인에 의존하여 왔던 루트를 다각화함으로써 모스크바의 영향권에서 벗어날 수 있고, 새로운 경제 발전의 가능성을 가져다준다는 요인 때문이다.

미국이 옛 소련 남부 제국을 둘러싸고 이란에 대한 봉쇄정책을 계속 고수한다면, 이들 제국은 옛 소련 시대처럼 러시아에 경제적 의존이 유지되고, 미국 등의 서방제국에 대한 에너지 공급이 막힐 가능성이 있다. 그러한 사태가 되는 것을 미국 역시 피하고 싶어 하는 이유는 미국에게 있어 카스피 해 연안의 자원이 너무나 중요하기 때문이다. 미 국민의 석유소비는 계속 증가하고 있어, 미국은 에너지의 안보를 확실히 해 두기 위해 자원의 구입선을 다양화하지 않을 수 없다.

이러한 이유로 미국이 카스피 해 연안의 자원에 주목해 왔으나 이란
에 대한 봉쇄를 계속 유지한다면, 이 지역의 자원의 획득은 곤란해
질 것이다.

신중동으로 떠오른 중앙아시아-카프카스 지역은 이러한 에너지를
중심으로 하는 경제적 국익과 전략적인 측면에서 미국·러시아·이
란·터키 등 이해 당사국들의 치열한 패권경쟁 무대가 되고 있다. 이
러한 복잡한 국제정치 역학관계 속에서 결국, 아르메니아-아제르바이
잔 양국 스스로가 이 복잡한 분쟁을 해결해야 할 것이다. 여기에 대
해 외세가 취할 수 있는 최악의 행동은 공정성이 결여된 개입일 것이
다. 그와 더불어 탈식민지화의 역사적 과정은 계속될 것이다. 옛 소연
방의 일부였던 이 지역에 대해서는, 약 2세기 전에 분리되었던 트랜
스코가서스가 중동으로 재편입될지는 시간이 말해줄 것이다.

체첸-러시아 갈등의
역사와 이슬람 세력화

I. 이슬람과 체첸 민족 공동체

카프카스 지역은 지정학적으로 흑해와 카스피 해 사이에 위치해 있고, 유라시아와 중동을 잇는 교두보 역할을 하고 있어서 역사적으로 외세의 침략이 끊이지 않았다. 이 지역은 한반도 면적의 2배의 크기인 44만㎢로서 50여 개의 수많은 소수민족이 이슬람, 유대교, 그리고 기독교[147] 및 토속 종교를 신봉하고 있는 동서 교차로이기도하다. 이 지역은 제정 러시아의 남진정책과 그 뒤를 이은 소련 공산주의의 팽창정책의 결과 18세기부터 계속 그들의 영향력하에 있었다.

역사적으로 체첸인은 쿠르드인과 마찬가지로 자신들의 국가 조직을 한 번도 제대로 가져 보지 못한 채 계속해서 외세의 침략에 시달려야 했다. 이러한 체첸 민족은 고르바초프의 개혁·개방징책으로 소연방이 붕괴된 후, 1991년 11월 독립을 선포했다. 러시아 정부가 무력

---

147) 개신교, 아르메니아 정교, 그리스 정교.

진압에 나서자, 체첸-러시아 전쟁이 1994년과 2000년 사이에 두 차례나 발발했다.

이러한 상황에서 모스크바 등 주요 도심지에 연쇄 폭탄 테러 사건이 끊이지 않았고, 이 테러의 주동자들은 체첸 저항 세력 가운데에서도 과격한 이슬람 원리주의자들의 소행으로 드러났다. 지난 수백 년 동안 對러시아의 침략에 맞서 '지하드', 즉 '무장투쟁'은 체첸의 민족주의와 이슬람이라는 종교적 정체성148)을 바탕으로 활성화되어왔다. 그도 그럴 것이 체첸인들 중 90%에 달하는 대다수가 무슬림이며, 이들은 순니파 이슬람을 신봉하고 있다. 1997년 체첸 정부가 알코올 판매를 금지하고 이슬람 율법(sharia)을 체첸 공화국 내에 도입한 이후로 이슬람은 이 지역에서 하나의 관습법으로서 기능하는 가운데, 이슬람과 체첸 민족공동체의 전통은 강한 결속력을 지니고 있다.149)

18세기 러시아의 카프카스 점령 이후 수피 이슬람 종단을 배경으로 조직화된 체첸인은 1917년 볼셰비키 혁명, 1940년대 제2차 세계대전, 1991년 소연방 붕괴 등 국내외 정세의 대격변기에 따른 권력의 공백기를 틈타 여러 차례 민중봉기를 일으키며 독립운동을 전개했다. 이와 같은 북카프카스에서의 체첸 민족독립을 위한 분리주의 운동은 러시아 연방의 안보에 중대한 영향을 미치는 사안이다. 또한 체첸 분쟁은 정치적으로 러시아 연방의 안보뿐만 아니라 종교·문화적 요인 및 역사적 배경과 관련되어 있다.

지금까지 국내 대학의 다수 러시아 전공 학자들은 체첸-러시아 분

---

148) 카프카스-중앙아시아에서 '종교적 정체성'과 관련이 있는 지금까지의 주요한 분쟁사례는 다음과 같다. 아제르바이잔과 아르메니아 간의 나고르노-카라바흐 분쟁, 체첸 분쟁, 타지키스탄 내전, 아프간 내전.

149) 순니 이슬람의 신비주의적 형태인 수피즘은 체첸의 산악 고지대에 거주하고 있는 사람들의 문화에 특히 잘 맞아떨어져서, 수피즘은 이 지역 주민들의 지역을 토대로 한 개인주의, 인류 평등주의, 전통 의식과 어른을 공경하고 위계질서에 반대하는 문화와 잘 결합하였다(Walker 1998).

쟁을 소수민족의 민족주의, 분리주의 운동, 그리고 지배 세력과 피지배 세력 사이의 정치적 현상으로 보고 있으며, 일부 러시아 전공 학자 및 중동 이슬람 전공 학자는 종교·문화적인 이슬람 시각으로 접근하는 경향이 있다.[150]

체첸-러시아의 분쟁의 역사는 1785～1921년 사이의 전쟁과 1990년대 이후의 전쟁으로 구분해볼 수 있다. 보통 1990년대 이후의 분쟁은 종교적이기보다는 국가주의적이고 민족주의적이라고 간주되고, 18～19세기의 전쟁은 종교적이라고 간주된다. 체첸-러시아 분쟁에 대한 근본적인 이해를 돕기 위해 먼저 체첸 민족문화와 정체성, 체첸-러시아 갈등의 역사, 체첸 민족의 이슬람화 과정, 그리고 체첸 민족의 저항정신의 구심점인 수피 이슬람 세력의 對러시아 항쟁 과정을 중심으로 조명해보고자 한다.

---

150) 홍완석 교수는 「험난한 여정, 러시아의 체첸 분쟁」이라는 논문에서 이 분쟁을 카프카스 산맥을 경계로 한 문명충돌, 이슬람 원리주의, 미-러 간의 對중앙아시아 신패권다툼(New Great Game) 등 외부적 변수를 모두 아우르는 다중적 관점에서 분석할 필요가 있다고 주장하고 있다. 신앙섭 박사는 그의 논문 「중앙아시아의 러-체첸 분쟁」에서 이 분쟁의 이면에 이슬림이라는 정신력과 수피 이슬람 종단 특유의 뛰어난 조직력이 밑바탕이 되고 있다고 분석하고 있다. 문명식 교수는 「체첸 전쟁과 북카프카스 지역의 민족문제」에서 민족주의와 이슬람을 중심으로, 유의정 박사는 「체첸-러시아 분쟁에 관한 연구」에서 체첸의 문화와 사회적 특징을 중심으로, 박정호 박사는 「체첸분쟁」에서 정치 경제적 요인을 주요 대상으로 체첸분쟁을 분석하고 있다. 「러시아 연방주의 현실과 체첸분쟁」에서 고상두 박사는 러시아와 체첸 간의 현실적 갈등구조를 연구하고 있다. 서춘식 교수는 제2차 체첸 분쟁을 민군관계에서 분석하고 있다.

Ⅱ. 체첸 민족문화와 이슬람

1. 체첸 민족문화와 사회

지리적으로 해발 2~3천 미터의 카프카스 산맥 북쪽에 자리 잡고 있는 체첸 자치 공화국은 흑해와 카스피 해 사이에 가로놓여 있다. 전체 영토 면적은 1만 7천㎢로, 동쪽으로는 다게스탄, 서쪽으로는 잉구쉬(Ingush) 자치 공화국, 남쪽에는 그루지아 공화국, 북쪽으로는 러시아와 국경을 접하고 있다. 체첸은 독자적인 헌법 보유와 의회 및 내각의 구성 그리고 자체 언어 사용이 허용된 러시아 연방 내의 자치 공화국 중의 하나이다. 현재 러시아 연방 내에는 21개의 자치 공화국에 150여 개의 소수민족이 뒤섞여 거주하고 있다.

소련 통치시기에 체첸 민족은 잉구쉬 민족과 함께 하나의 자치공화국을 형성하고 있었다. 1989년 인구조사에 의하면, 북카프카스[151]

에 위치한 체첸-잉구쉬 공화국에는 총 127만 명의 인구 중 체첸 민족이 74만, 잉구쉬 민족이 16만, 그리고 29만의 러시아 민족이 거주하고 있었다. 2002년도 체첸의 인구는 약 1.5배 증가한 110만 명이다.[152] 한편 체첸 민족의 상당수가 이 공화국 이외 지역에 거주하고 있다. 현재 그 수는 약 40만 명으로 추산되는데, 특히 스탈린 시대에 중앙아시아로 강제 이주된 역사 때문에 카자흐스탄에 가장 많은 7만 명이 살고 있다.[153]

북카프카스 지역에서 가장 오래된 민족이자 비교적 다수 민족을 구성하고 있는 체첸 민족의 기원에 대해서 정확하게 알려진 것은 거의 없다. 단지 체첸 영토 내에서의 고고학적 발굴은 이미 기원전 3000년경부터 이 지역에 인류가 거주하기 시작했음을 밝혀주고 있다. 지금의 체첸 지역에 거주하던 사람들이 역사 속에 처음 등장한 것은 7세기 아르메니아의 기록에서이다. 아르메니아에서는 당시 체첸인들을 나흐차마찌얀이라 불렀다. 이들은 원래 14세기까지 산악지대에 거주해왔으며 이후 평원지대로 이주하여 살았다. 반만 년의 역사를 지닌 체첸인들은 인종적으로 북카프카스 나흐족의 일파로서, 그들은 자신들을 "나흐치(Nakhchi)" 혹은 "나흐추바(Nakhchuva)"라고 부른다. "체첸"이라는 명칭은 체첸의 수도 그로즈니(Grozny)[154] 근교의 아르군(Argun) 강가에 위치한 큰 부락의 이름인 체첸-아울(Chechen-Aul)에

---

151) 1936년 소비에트 연방 헌법에 따르면, 북카프카스의 영역은 체르케시아(Cherkessia), 아디게(Adyghe), 카라차이(Karachay), 카바르디노-발카리아(Kabardino-Balkaria), 북오세티아(Northern Ossetia), 체첸-잉구쉬(Chechnia-Ingushetia)와 다게스탄(Daghestan)이 포함된다(Avtorkhanov, 1992, 148).
152) en.wikipedia.org/wiki/Chechnya.
153) 고상두 1997, 88.
154) 체첸의 수도인 그로즈니는 1818년 이 지역 러시아군 총사령관인 에레몰로프가 필사적으로 저항하는 카프카스의 산악민족을 정벌하기 위해 만든 전초기지였다. 러시아어로 "무서운"이라는 의미를 가진 그로즈니는 도시의 인구 구성이나 역사로 볼 때 전형적인 식민지 도시의 성격을 강하게 띠고 있다(고상두 1997, 89).

서 유래한 것으로 추정된다.[155]

이 용어는 러시아인들이 18세기 초 이 지역을 침략하면서부터 사용하기 시작했으며, 이때부터 러시아 문헌에서 나흐치는 체첸으로, 그들이 거주하는 지역은 체첸야로 기록되기 시작했다.[156]

시대를 초월하여 문화는 민족구성원이 공유하는 동질성과 정체성의 바탕이 된다. 민족문화는 언어, 종교, 관습, 의식, 사고방식 등을 포함하는데 문화의 구성 요소 중 언어와 종교는 민족정체성의 근간을 이룬다. 특히 언어는 민족구성원 간의 의사와 감정, 사고를 교환하는 매개체로서의 역할을 한다.[157] 체첸인들이 사용하는 고유 언어는 카프카스 어족으로, 이 어족에는 30개 이상의 언어가 포함되어 있다. 이 중 나흐어의 역사는 5천~6천 년 이전으로 거슬러 올라간다. 언어학적으로 체첸인들의 언어인 나흐치어는 카프카스-이베리아 어족의 나흐(Nakh)계열에 속한다. 즉, 체첸인의 언어는 세계에서 가장 오래된 언어 중 하나인 것이다.[158] 따라서 이는 체첸인들이 자신의 역사를 반만년 역사라고 자랑하는 근거가 되고 있다. 그 후 이 언어는 이 지역으로 이주해 민족들의 언어인 알타이계 어족이나 인도-이란계 어족과 문화적으로 융합되면서 오늘에 이르고 있다. 북카프카스 지역에는 터키계, 이란계, 카프카스계 등 다양한 언어 군에 속하는 19여 개 민족이 살고 있는데, 언어학적으로 분석해볼 때, 체첸족은 한때 소련 정부에 의해 체첸-잉구쉬 자치 공화국으로 결성되었던 이웃의 잉구쉬족과 가장 가까운 친족관계에 있다.

---

155) Tishkov 1997.
156) 체첸 민족의 거주지를 이란을 비롯한 이슬람 문화권에서는 체체니스탄(Chechenistan), 러시아를 비롯한 유럽 문화권에서는 체첸야(Chechenya)라고 부른다.
157) 문명식 2000.
158) Walker 1998.

체첸족의 일반적인 신체적 특징은 고수머리에 잘생긴 백색인종으로, 장신이며 강인한 체력과 신중한 성격을 소유하고 있다. 그들은 이란인들과 마찬가지로 손님접대를 최대한의 미덕으로 생각하지만 자존심이 강한 성격을 지니고 있다. 이러한 체첸인들은 "민족적 자긍심"이 남다른 것으로 여겨져 소련 시기 내내 중앙당과 KGB의 특별 주목 대상으로 남아 있었다.[159]

이들은 러시아인을 비롯한 다른 민족과 많은 갈등을 겪었는데, 그 갈등이 심화된 것은 20세기 접어들어 러시아가 이 지역에 석유화학을 발전시키면서 많은 이민족이 유입된 이후였다. 이로써 농경사회였던 체첸인들의 사회 환경은 크게 달라졌고, 이주한 민족들과 갈등이 심화될 수밖에 없었다.

체첸-잉구쉬 공화국에 대한 KGB 기록에 의하면, 이 지역에서 민족주의가 미치는 이러한 폐해는 종교와 종족을 구별하는데서 비롯된다. 또한 이슬람 원리주의를 정치적으로 이용하려는 울라마가 비무슬림인 러시아인을 비롯한 타민족을 증오하도록 전파하며, 소비에트 정권이 무너질 것이라 예언하여 무슬림 민중들에게 해로운 영향을 끼치고 광신주의를 자극하며 전통과 윤리를 지키고 보존하려 한다는 것이다.

한편 1980년대에는 타지역으로 이주하는 체첸인들이 급증하였다. 사람들은 나은 직장과 소득을 찾아 남부 러시아 지역의 도시로 혹은 시베리아의 석유생산지로 떠났다. 체첸 민족은 외지에서 생활하는 능력 그리고 같은 민족끼리는 상부상조하는 정신이 뛰어났다. 그리하여 많은 체첸인들은 지하경제에 성공하여, 고르바초프 시대에 그들은

---

159) Hamid 2007, 11.

"카프카스 마피아"라고 불리기도 했다. 그러한 결속력은 체첸 사회의 전통적 관습과 관련이 있다. 북카프카스에서 체첸 사회를 떠받치고 있는, 가장 역사 깊고 거대한 두 개의 기둥은 집단 공동체와 이슬람이다. 오늘날까지 변함없이 체첸 사회를 구성하는 기본 핵은 약 165~170개에 달하는 '타이프(teip)'[160]라 불리는 공동체 단위이다.

이러한 체첸의 전통적인 정치조직은 매우 민주적이다. 카프카스의 정치제도에 관해 기술한 19세기 유럽 문헌에 의하면, 체첸 정치제도는 귀족이 없는 평등사회라는 이상적인 형태로 묘사되어 있다. 최고 정치권력은 공동체 수장의 모임인 종족회의에 속하였다. 이러한 전통에 근거하여 반 두다예프(Zhoukhar Dudayev) 세력은 두다예프[161] 정부의 독재가 과거의 민주적 전통에 위배되는 것이라고 비난하였으며, 마찬가지로 러시아 중앙정부도 같은 맥락에서 1994년 9월 두다예프에게 그의 모든 권력은 각 공동체의 수장들이 참여하는 거국내각에 이양할 것을 요구하였다.[162]

이상에서 살펴본 바, 러시아로부터 분리 독립을 원하며 무력 충돌로까지 비화된 전쟁이 있기까지 체첸 사회, 문화의 특징적 요소는 다음과 같이 정리할 수 있다.[163]

첫째로, 체첸은 러시아 공화국 내에서는 큰 단일 민족 자치 공화국

---

160) 체첸 사회는 전통적으로 '타이프(teip)'라는 자치적인 씨족공동체들로 구성된 조직제제였다. 오늘날에도 대대수 체첸인들은 자신들이 속한 타이프에 대한 강한 충성심과 긴밀한 유대감을 근간으로 이슬람이라는 종교적 공통이념과 더불어 타이프가 체첸 사회의 모든 측면에서 차지하는 비중은 실로 절대적이다. 이로 인해 현대에 이르기까지 체첸은 사실상 근대적 의미의 국가조직을 형성하지 못하였으며, 그 대신에 '투크홈'이라는 타이프들의 집합체이자, 군사-경제연합체가 외적의 침입에 대한 공동방어 및 경제활동 증진 등 주요한 국가적 역할을 담당해오고 있다(박정호 2005, 58).

161) 두다예프는 터키 민족주의자 Alpaslan Turkes와 관계를 맺고 러시아로부터 체첸의 분리주의 운동을 펼쳤기 때문에 모스크바 당국은 이를 우려하였다(Hunter 1994, 153).

162) 고상두 1997, 90~91.

163) 유의정 2000, 80~81.

중 하나로서, 러시아와는 다른 자신들의 종교인 이슬람과 그 율법에 기초한 사회생활, 강한 공동체 의식 등을 토대로 살아왔기 때문에, 소련의 지배하에서도 러시아의 문화에 비교적 동화되지 않은 민족이다. 언어의 경우도 대다수가 러시아어를 제2언어로 자유롭게 구사하고 있으나 어디까지나 이는 제2언어일 뿐이고, 자신들의 토착 고유 언어를 잘 고수하고 있다. 이는 자치 공화국보다 큰 단위의 중앙아시아 공화국들이 1991년 소연방 붕괴에 따라 독립한 후에 토착 언어를 국어로 지정하고 거의 20년이 지났지만, 자신들의 토착 언어로만 의사소통을 하기에는 여전히 문제가 있다는 점과는 대조를 이룬다.

둘째로, 체첸은 낮은 고용기회, 실업, 낮은 생활수준, 뒤늦은 근대화 등과 같은 사회적 문제들로 고통을 받아왔다. 소련 시절 체첸 사회의 문제짐들을 제대로 피악히지 못한 채 개선의 노력 없이 방치한 결과는 위와 같은 현실적인 문제들과 함께 러시아 내에서 체첸에 대한 부정적인 이미지를 심게 되었다. 부정적 이미지에서 출발한 배타성은 체첸이 러시아에 속한 하나의 자치 공화국임에도 불구하고, 체첸과 러시아가 서로 다른 '우리'와 '그들'로 일반인들의 인식 속에도 자리를 잡게 되었다. 이러한 인식은 전쟁으로까지 사태가 치닫게 되면서 더욱 굳어지게 된 것이다.

셋째로 1960년대에서 80년대는 체첸의 근대화 시기였는데 일부 체첸인, 특히 도시지역 거주자들은 상대적으로 높은 수준의 교육을 받았으며 이들은 주요 경제 관료나 군인, 정치가, 학자가 되었다. 소비에트 사회 시스템이 붕괴되고 과거 공산당 관료들의 영향력이 약화되자 이 새로운 엘리트들은 '인민의 이름으로' 자신들의 요구에 맞는 정권을 수립하고 국가 자원을 확보하였다. 더욱이 급진적인 지도자들은 '독립과 자주'라는 슬로건으로 대중들을 결속시켰다. 여기에 '두다 예프'의 집권은 중앙으로부터의 분리를 공고히 하였고 대중적으로 큰 인기를 누렸던 그의 언변은 어떠한 물리적인 충돌도 불사할 수 있도록 하는 기폭제가 되었다.

2. 체첸 민족의 이슬람화

이슬람 세력의 최전선으로서 북카프카스 지역은 동서양 민족 및 문명충돌의 가능성이 점증되는 가장 대표적인 분쟁공간이다. 이는 북카프카스의 체첸을 위시한 무슬림 소수민족이 반러시아 저항운동의 전진기지로서 이슬람 민족주의를 근간으로 독립된 민족의 국가 건설을 추구하고 있기 때문이다. 체첸과 잉구쉬 민족의 이슬람화는 8세기경 시작되었다. 이들이 받아들인 이슬람은 특히 체첸의 씨족제도와 쉽게 융합할 수 있는 수피즘(Sufism), 즉 이슬람 신비주의에 바탕을 둔 낙쉬반디의 수피 이슬람 종단이었다. 수피즘은 때로는 Adat라고 불리는 이 민족의 관습법의 편에서, 이슬람 율법인 샤리아를 거부하기도 했다. 따라서 수피즘은 체첸의 전통적인 고산지대 문화와 융합될 수 있었던 것이다.[164]

16세기부터 전개되기 시작한 다게스탄 선교사들의 포교활동으로 체첸인들은 본격적으로 이슬람을 신봉하게 되었고, 그 이후 체첸의 이슬람화가 진행됨에 따라 18세기 무렵 이슬람은 체첸 민족의 지배적인 종교로서 자리 잡게 되었다. 체첸의 이슬람 신앙은 특히 18~19세기 러시아의 침략과 지배로 인하여 더욱 강해졌다. 이 종교는 체첸

---

164) Walker 1998.

의 집단 공동체 전통과 긴밀하게 결합되었다. 그리하여 소련 시대에도 공산당 간부들은 당보다는 오히려 자신이 속한 공동체의 종교적 형제에게 더 큰 의무감을 느끼고 있었다.

체첸-러시아 분쟁에서 체첸 민족이 러시아의 강압통치하에서도 지금까지 버텨 올 수 있었던 힘은 수피즘에 바탕을 둔 수피 이슬람 종단의 조직이다. 사실 카프카스의 여러 민족들은 역사상 지금까지 한 번도 국가 조직을 경험하지 못했다. 국가 조직을 대신한 사회 조직이 바로 수피 종단의 조직이었다. 이슬람이 이 지역에서 러시아의 정복에 대한 무장투쟁의 이데올로기가 된 것은 체첸이 1859년 러시아에 완전히 병합되던 때부터였다. 이들의 對러시아 투쟁 원동력은 지도자에 절대 복종하는 종교적 관례와 수피 이슬람 종단이었다.[165]

앞서 언급한 바와 같이 체첸 민족이 최초로 이슬람을 접하게 된 시기는 8세기 초반이었다. 그러나 10세기경 셀주크 투르크족이 이 지역에 진출하기 전까지 이슬람은 이 지역에서 크게 환영받지 못하였다. 그 후 빠른 속도는 아니지만 이슬람은 다게스탄과 체체니스탄 지역에 서서히 확산되었다가, 13세기부터 금호르드(Golden Horde) 공국의 세력이 이 지역에 영향력을 미치면서 많은 민족들이 이슬람으로 개종하게 되었다. 그러나 1391~1395년 사이에 금호르드를 멸망시킨 티무르도 역시 이 지역의 이슬람화에 힘을 쏟았지만, 티무르 군대의 난폭한 행동이 카프카스 민족이 이슬람으로 개종하는데 있어서 악영향을 끼쳐 이 지역의 이슬람화는 잠시 주춤하게 되었다. 그러나 티무르 제국이 멸망한 후, 오스만 투르크 제국과 타타르족의 영향으로 이 지역은 다시 이슬람화되었다. 18세기 무렵에는 체첸인들의 대다수가 순

---

165) 고재남 1996, 307.

니 무슬림으로 개종함으로써 이 지역에서의 이슬람은 체첸의 종교로서 자리 잡게 되었다.

그러나 19세기 중반 러시아가 카프카스 지역을 완전히 장악하고 이어 20세기 초반부터 공산주의 정권이 들어서면서 카프카스의 이슬람은 암흑기를 맞이했다. 즉, 러시아 정교의 제정 러시아와 공산주의의 소련이 이 지역의 이슬람에 가혹한 탄압을 자행함으로써 이슬람이 크게 쇠퇴한 것이다. 1924년 체체니스탄이 소련에 완전히 편입된 후에는 그때까지 체첸 민족들이 사용해왔던 아랍문자의 사용 역시 금지되고 라틴 알파벳으로 대체되고 그 후에는 다시 러시아 키릴 문자로 바꾸었다.[166)

1920년대 말부터 모든 소비에트 연방 내에서 역사상 유례없는 종교탄압이 시작되었는데, 특히 이슬람에 대한 탄압이 가장 심했다. 1937~39년 사이에 수천 명의 체첸 무슬림 지도자들과 학자·시인들이 처형되거나 투옥되었으며, 1944년부터 실시된 강제 이주정책으로 이슬람은 물론 체첸 민족 자체가 멸망 위기에 놓이게 되었다. 강제 이주 당시 체첸족이 소유하고 있던 아랍어로 표기된 체첸의 종교·문학 서적들이 수도 그로즈니 광장에서 소각되어 그 연기가 하늘을 가릴 정도였다고 전해진다. 1937년에 체첸 공화국 내에 310개의 모스크가 존재했던 반면, 1978년까지 이 지역의 모든 이슬람 사원이 폐쇄되었다.[167) 수도 그로즈니에서는 1988년까지도 모스크가 허가되지

---

166) 체첸족이 사용하는 문자는 1938년에 라틴 문자에서 다시 러시아 키릴 문자로 대체되어 오늘에 이르고 있다. 당시 문자개혁은 소비에트 정부의 이슬람 탄압정책의 일환으로서 이슬람 지도자들의 영향력을 약화시키려는 의도에서 실시되었다. 1992년 3월 17일 체첸 의회는 러시아로부터의 분리 독립을 과시하기 위해 또다시 키릴 문자에서 라틴 문자로 전환하는 법안을 통과시킨 바 있다. 1997년 2월 10일 대통령으로 취임한 마스하도프 체첸 대통령은 재차 공식 문자 체계를 개혁하여 러시아 키릴 문자를 폐지하고 아랍 문자를 부활시키며, 11월에는 '체첸 공화국'의 창설을 대내외에 선포한 바 있다(장병옥 2001, 19).
167) Broxup 1992, 100.

않았다.[168]

　이렇게 쇠퇴했던 이슬람은 고르바초프의 개혁·개방정책에 힘입어 체첸 공화국 내에서도 본래의 모습을 되찾기 시작했다. 1991년 11월 1일 러시아 연방으로부터의 탈퇴를 선언하고 독립을 선포한 체첸 공화국의 헌법은 종교와 정치를 분리시키는 대신에 모든 종교 활동을 정부가 지원키로 규정하고 있다. 그 예로 그로즈니에 정부 부설 '이슬람 연구소'를 세우고, 그 산하의 '이슬람 문화원'에 재정적 지원을 아끼지 않고 있다. 또한 과거에 폐쇄되었던 모스크들이 다시 복원되었으며, 그로즈니에는 기독교 교회와 유대교 회당이 각각 1개씩 문을 열었다.

---

168) Lieven 1998.

Ⅲ. 체첸-러시아 갈등의 역사

1. 러시아의 남진정책과 카프카스 1~2차 전쟁

　체첸 민족의 역사는 외세 침략으로 점철된 저항의 역사이다. 그들은 4세기경에 훈 제국의 침략을 받았고, 5~6세기에는 이웃한 비잔틴 제국과 사산 페르시아 제국의 영향하에 있었다. 7세기에 아랍군의 침략을 시작으로 우마이야 제국의 아르메니아 총독이었던 마르완(Marwān b. Muḥammad)[169]이 736~738년 현재의 체첸 영토인 드루즈키스탄(Drudzukistan)으로 진출했을 때, 처음으로 체첸 민족은 무슬림과 접촉하면서 점차적으로 이슬람 문화에 동화되기 시작했다. 10세기에 셀주크 투르크 제국이 카프카스에 침략해 들어오면서 이슬람은 이 지역에 급속도로 전파되기 시작했다. 그러나 이것이 정치적 굴복

---

169) 후에 마르완은 우마이야 제국의 2대 칼리파로 등극했다.

을 의미하지는 않는다.

그 후 체첸 민족은 13세기에 몽고 제국, 14세기에 티무르 제국, 16세기에 오스만 투르크 제국의 침략을 받았다. 오스만 투르크족이 카프카스 지역의 통치에 나섰지만, 북카프카스 민족들의 완강한 저항으로 오스만 제국의 영향력은 카프카스 지역 남부에 국한되었다. 체첸 민족은 이처럼 강력한 외세의 침략이 있을 때마다 산악지대로 피신해 독립을 유지할 수 있었으며, 이때 이들은 방어의 수단으로 독특한 축성법을 창안해 내었다. 체첸 민족의 축성법은 곧 카프카스 전 지역에 확산되었으며, 지금도 체첸의 산악지대에는 완벽한 축성법으로 지어진 고성(古城)들이 많이 남아 있다. 이와 같이 카프카스의 여러 민족은 외세의 침략이 있을 때마다 산악 민족으로서의 강인한 체력과 정신력을 무기로 완강히 저항해 왔다.[170]

러시아와 체첸 간의 갈등의 역사는 18세기 제1차 카프카스 전쟁으로 거슬러 올라간다.[171] 당시 러시아는 부동항을 얻기 위해 끊임없는 남진정책을 추진했고, 결국 제1차 러시아-오스만 터키 전쟁(1768~1774)이 러시아가 서북카프카스를 통제하는 시발점이 되었다.[172] 러시아-오스만 터키 제1차 전쟁 결과 터키는 러시아에 참패하여 크림반도를 잃고, 러시아는 흑해와 발칸 반도에서 영향력을 행사했다. 이 전쟁에서 승리한 러시아는 1774년에 터키와 '쿠축카이나르지(Kuchuk Kainarja)' 조약을 체결한 후, 마침내 흑해연안과 크림반도를 차지하고 오스만 제국 내의 그리스 정교회 기독교 국가의 보호자가 되었다.[173]

---

170) 신양섭 1999, 30.
171) 러시아 역사에서는 이 전쟁을 '북카프카스 전쟁'이라고 칭하는데 반해, 이슬람 역사에서는 '지하드(Jihad)' 즉, 성전이라 부르며, 이는 무장투쟁을 의미한다.
172) Richmond 2008.
173) Armstrong 2000.

흑해로의 출구를 확보한 러시아는 영토팽창의 방향을 틀어 카프카스 정벌에 나섰다. 특히 러시아가 체첸과 그 주변 산악 민족에 대한 군사적 침투와 경제적 식민화를 꾀했던 두 차례의 원정을 '카프카스 전쟁'이라 부른다. 러시아인들은 16세기 전반부터 카프카스 북부 지역에 진출해 테레크 강 연안을 따라 그들의 정착촌을 건설하면서부터 이주하기 시작했다. 1722년 남진정책을 시도해온 러시아의 피터 대제는 이 지역을 안전지대로 간주하고 이란과의 전쟁 중에 한동안 머물기도 했다. 그러나 곧 무장한 체첸 병사들이 1732년 7월 7일 코흐(Koh) 중령의 지휘하에 있던 러시아군에 대승을 거두면서 이후 체첸과 러시아 간의 200년 이상에 걸친 분쟁이 시작되었다고 볼 수 있다.

제1차 카프카스 전쟁(1785~1791) 때에는 체첸의 족장 쉐이크 만수르(Sheikh Mansur)와 같은 뛰어난 종교지도자가 앞장서서 수피 이슬람의 지하드 정신 아래 조직적인 무장투쟁을 지속할 수 있었으며, 제2차 카프카스 전쟁(1834~1859) 시기에는 종교지도자 이맘 쉐이크 샤밀(Sheikh Shāmil)의 주도로 강력한 對러시아 지하드를 전개했었다. 수 세기에 걸쳐 이루어진 러시아 제국의 영토팽창이 이 지역에서처럼 강력한 저항을 받은 적은 없었다.

카프카스의 대부분 지역이 그러하듯이 17세기 중반에서 18세기 중반까지 러시아 제국에 복속되는 과정부터 1944년 강제 이주까지, 체첸과 러시아의 관계는 반복되는 갈등의 시기였다. 체첸이 러시아에 병합된 것은 카프카스 전쟁이 끝난 해로 여겨지는 1859년의 일이다. 그 전까지 체첸을 포함한 북카프카스는 러시아 제국, 오스만 제국, 페르시아 제국 등 강대국의 정치군사적 경쟁의 각축장이 되었다.

소비에트 정권이 수립되는 데에는 볼셰비키 혁명전까지 행정적으로 떼르스끼 구역의 한 부분으로 구분되어졌던 체첸의 강력한 시민 투쟁이 큰 역할을 하였다. 이는 당시 다른 소수민족들 사이에서도 볼 수 있는 현상인데 '사회주의 건설에 동의하면 소수민족의 문화, 종교, 자치권을 보장하겠다'는 레닌의 정치적 슬로건에서 기인한 현상으로 여겨진다. 제정 러시아로부터의 해방과 민족자치를 소비에트를 지지함으로써 얻어낼 수 있을 것이라는 기대감이 체첸뿐만이 아닌 다른 소수민족들 사이에도 퍼져 있었는데, 바로 이러한 분위기가 소비에트 사회주의 연방 형성에 큰 힘이 되었던 것이다. 이들은 볼셰비키 적군과 연합하여 백군에 대항하여 승리했다.[174]

당시 볼셰비키 혁명으로 제정 러시아 국내 정세가 불안한 틈을 타, 북카프카스의 무슬림 지도자들은 1917년 8월에 개최된 다게스탄 국민의회에서 낙쉬반디 지도자 쉐이크 나즈뭇딘(Sheikh Nazmuddin)을 다게스탄과 체첸 지역의 이슬람 종교 최고지도자 '이맘'으로 선출했다. 이로써 쉐이크 샤밀이 체포된 이후 종식되었던 북카프카스 이맘 공국(Imamate)의 전통은 다시 부활되었다. 또한 이 지역의 수피 이슬람 무장 세력은 볼셰비키 세력에 의하여 제정 러시아가 1919년 붕괴되자 대대적인 반 볼셰비키 반란을 일으켰고, 이는 1926년까지 산악 지역에서 계속되었다.

이맘 나즈뭇딘 및 쉐이크 우준 하지(Sheikh Uzun Haji)는 자신들의 휘하에 1만 명의 무장한 제자들을 거느리고 있었다. 그들은 대부분 낙쉬반디 종단 소속의 추종자들로서 강력한 무장 세력이 되었다. 우준 하지는 이들을 이끌고 1919년 여름과 가을 두 차례에 걸쳐 당시

---

174) 유의정 2000, 69~71.

북카프카스에 주둔하고 있던 데니킨(Denikin) 지휘하의 제정 러시아 군대를 격퇴시킨 후 체첸과 다게스탄 북동부 지역을 해방구로 지정했다. 그러나 우준 하지가 1920년 5월에 사망하고 그 해 여름에 혁명에 성공한 볼셰비키 세력이 적군을 앞세워 북카프카스 지역에 다시 진출하자 이를 저지하려는 대규모의 저항운동이 수피 이슬람 종단들에 의해 시작되었다. 거의 1년간 지속된 이들의 저항은 강력한 화력을 앞세운 적군에 무너져 결국 북카프카스 지역 전체가 공산화되었다.

카프카스 1~2차 전쟁은 러시아 역사상 가장 격렬한 성격의 소수민족 투쟁이었다. 러시아는 이러한 체첸 민족의 완강한 저항에 맞서 무자비한 학살과 탄압으로 식민정복 사업을 진척시켜 나갔다. 그러나 거의 반세기 가까이 지속된 이 두 차례의 전쟁 과정에서 러시아 제국은 막대한 인적 및 물적 손실이라는 정복의 대가를 톡톡히 치러야만 했고, 체첸 역시 인구의 절반 이상이 희생되었다. 이처럼 체첸 민족사는 바로 '외세의 침략에 대한 불신과 반목의 역사'이자, '정복에 대한 저항의 역사'였다고 정의되고 있다.

2. 체첸의 이슬람 민족국가 건설과 투쟁의 역사

북카프카스의 민족들은 18세기 말부터 19세기 말까지 러시아 제국의 침략에 연합하여 무장투쟁을 지속했을 뿐만 아니라 러시아에 병합된 이후에도 무장봉기를 일으킨 역사를 갖고 있다.

그러나 쿠르드족과 같은 불운한 역사를 가진 체첸족은 설상가상으로 러시아에 항쟁하는 한편 다른 소수민족들과도 싸워야 하는 이중고를 치러야 했다. 1810년 체첸족과 뿌리가 같은 잉구쉬족마저 러시아에 투항한 후 체첸족과 대립했다. 이처럼 당시까지 "체첸-잉구쉬"로 나란히 호칭되던 명칭은 분리되었으며, 러시아도 체첸족과 잉구쉬족을 별도로 취급하기 시작했다. 이것은 체첸족 반대 세력의 결집을 통해 체첸의 분리주의 운동을 차단하려는 러시아 제국의 '이이제이(以夷制夷)' 전략에 의한 것이다. 험준한 산악지대에 19개의 소수민족이 상호 동맹과 배신을 반복하는 이합집산의 환경은 체첸의 독립을 저해하는 하나의 요인이 되었던 것이다. 그 후 러시아가 신무기를 앞세워 침략해오자, 체첸 민족은 과거 역사에서도 그랬던 것처럼 남부의 산악지대로 피신했으며 북부의 비옥한 평원지대는 러시아가 차지하게 되었다.

이 지역에서의 對러시아 항쟁은 이제 다게스탄 지역으로 옮겨갔고 뛰어난 종교 지도자들이 연이어 나타나 항쟁을 주도했다. 그 대표적인 인물들이 낙쉬반디 종단의 지도자 이맘 가지 무함마드(Imām Ghāzī Muḥammad, 1832년 死)와 그의 후계자 함자 베이(Hamza Bey, 1834년 死), 그리고 북카프카스의 전설적인 영웅 쉐이크 샤밀(Sheikh Shāmil, 1871년 死) 등으로, 특히 샤밀의 25년에 걸친 對러시아 항쟁사는 역사상 보기 드문 것이었다. 샤밀은 천재적인 군사전략가로서 '최초의 무슬림 게릴라 지도자'라는 칭호를 갖고 있기도 하다.[175]

사실 이들의 지칠 줄 모르는 對러시아 항쟁으로 카프카스 남부 지역의 러시아화는 지연되었다. 체첸을 포함한 북카프카스 지역이 완전히 러시아의 수중에 들어가게 된 것은 알렉산드르 2세의 통치기인 1859년 샤밀이 체포된 다음 해였다. 수많은 북카프카스 민족들은 러시아의 지배를 피해 오스만 터키 제국의 영토로 망명했으며, 이때에

---

175) Hamid 2007, 77.

러시아 정부는 이 지역의 유태인들도 같이 추방했다. 러시아에 병합된 이후에도 체첸 민족은 러시아로의 동화를 완강히 거부하고 자신들의 종교와 전통 생활양식을 고수했으며, 그중 일부는 카프카스 산속으로 들어가 반러시아 민중 봉기를 이어갔다. 이에 대한 대응책으로 러시아가 강제 이주를 통한 체첸 민족의 말살정책을 강력하게 추진했음에도 불구하고, 체첸 민족은 러시아에 완전 정복되거나 쉽사리 동화되지 않았다. 러시아에서 볼셰비키 혁명이 발발하자 체첸 민족은 이 혼란기를 틈타 다시 봉기했다.[176]

이렇게 지속적인 체첸 민중 봉기에서 특히 수피 이슬람 종단이 對러시아 항쟁의 구심적 역할을 하였는데, 그들은 자신들의 투쟁을 지하드로 규정하고 탈러시아 민족해방 투쟁을 지속적으로 펼치며 독립의 호기를 엿보고 있었다.[177]

그 첫 번째 독립의 호기는 1917년 10월 러시아 공산혁명 직후 북카프카스 지역이 내전에 휩싸였던 때이다. 즉, 북카프카스 무슬림에게 새로운 독립의 희망을 준 것은 제정 러시아를 타도하기 위한 볼셰비키 혁명 전후의 권력의 공백에 따른 것이었다. 이러한 기회를 틈타 체첸을 포함한 북카프카스 산악 민족들은 1917년 5월 쉐이크 우준 하지(Sheikh Uzun Haji)의 주도 아래 "북카프카스 민족 산악공화국" 즉, '테레크-다게스탄 이슬람 공화국' 수립을 선포하고 독립운동을 전개했다. 또한 그들은 1918년 5월 11일 러시아 연방으로부터의 탈퇴를 선언하고, 1919년에 "다게스탄 공화국(산악 공화국)"[178]을 건국했다.

---

176) 신양섭 1999, 30∼31.
177) 홍완석 2005, 241∼243.
178) 오늘날의 다게스탄 자치 공화국의 전신이다. 다게스탄(Dāghestān)은 '산(山) 혹은 산악'이라는 의미의 투르크어 다그(Dāgh)와 '지역이나 국가 혹은 영토'를 의미하는 이란어(페르시아어) 어미 에스탄(-estān)의 합성어이다. 따라서 다게스탄은 "산악 지역" 혹은 "산악 국가"를 의미한다.

혁명으로 정권을 장악한 볼셰비키주의자들은 1921년 다게스탄을 재점령한 후, 1924년 다게스탄 공화국을 해체시켰다.

두 번째 독립의 호기는 제2차 세계 대전의 발발과 함께 찾아왔다. 1941년 독일은 '독소 불가침조약'을 일방적으로 파기하고 소련을 침공하였다. 당시 독일군은 전쟁수행에 필요한 석유자원 확보를 위해 대규모 유전지대인 카프카스의 마이콥, 그로즈니, 잘로이 등을 향해 진격하며 친독일 산악 민족들에게는 독립국가의 창설을 약속했다.[179]

따라서 1943년 독일군이 그로즈니 문턱까지 진격해오자, 체첸인들은 이들을 해방군으로 맞이했고 나치 독일군과 협력하여 소련군에 맞서 싸웠으나 그 대가는 혹독했다. 1943년 초, 카프카스 지역에서 독일군을 격퇴시킨 이후 스탈린은 체첸 민족이 독일군에 부역했다는 이유로 체첸-잉구쉬 자치 공화국을 해체하여 일부는 북오세치아 공화국에, 일부는 다게스탄에 편입시켰다. 스탈린의 이와 같은 체첸 영토의 강제 편입은 장차 이 지역에서 영토 분쟁이 일어날 소지를 남겨 놓았다.

소련 정부는 1944년 2월 체첸-잉구쉬인 거의 전체에 해당하는 50만여 명을 카자흐스탄 등 중앙아시아 지역과 시베리아 평원으로 강제 이주시켰다.[180] 그러나 존슨(Johnson)에 따르면 당시 스탈린은 100만여 명의 체첸-잉구쉬인과 다른 카프카스인들을 시베리아로 강제 추방했는데, 그 이유는 제2차 세계대전 후의 저항을 우려했기 때문이다. [181]

---

179) Borjian 2000.
180) 당시 스탈린이 체첸 민족을 강제 이주시킨 또 다른 이유는 소련이 아나톨리아 동부의 터키 영토 일부를 병합고자 하는 야심을 갖고 있었기 때문이다. 그는 터키와 전쟁이 벌어졌을 때 소련의 후방에 해당하는 카프카스 지역에서의 반란도 예방할 포석으로 강제 이주정책을 단행하여 저항이 가장 심한 체첸 민족을 격리시켰다고 할 수 있다.
181) Johnson 2007, 140.

이 강제 이주 및 정착 과정에서 약 25만여 명이 사망했다. 10년 이상에 걸쳐 유배지에서 강제 노역에 시달리다 고향으로 돌아온 체첸인은 그들 인구의 절반에 불과하다. 이것은 카프카스 전쟁 이후 체첸 민족사에서 가장 많은 희생자를 초래했던 대참사로 기록될 것이다.

세 번째 독립의 호기는 1991년 소연방의 붕괴에 따른 것이었다. 세계사의 대전환점이었던 소연방의 붕괴는 각 공화국들의 분리 독립의 계기가 되었고, 또한 체첸 민족에게도 주권국가 수립을 위한 새로운 동기부여를 해 주었다. 이에 체첸의 지도부는 러시아 연방체제 전환기 속에서 강력한 분리주의 운동을 전개하였는데, 이는 러시아에 대한 체첸 민족의 뿌리 깊은 적대감과 반목의 역사적 결과였다. 소련이 붕괴해 가는 와중인 1991년 11월 민족 지도자 두다예프는 체첸의 독립을 선언하고 對러시아 무력항쟁의 선봉에 서게 된다. 이는 또 다른 체첸-러시아 전쟁으로 비화되었다.

Ⅳ. 체첸 수피 이슬람 종단의 對러시아 항전

    수피 무슬림 세력은 이슬람 세계가 위협을 받을 때마다 선봉에 서서 외세를 격퇴하는 데 앞장섰다. 이러한 현상은 러시아의 남하정책에 위협을 느꼈던 중앙아시아 및 카프카스 지역에서도 마찬가지였다. 특히나 이 지역에서는 낙쉬반디 종단이 큰 역할을 했다. 물론 까디리 종단도 對러시아 항쟁에서 중요한 역할을 수행했지만, 러시아는 전략적으로 체첸에 있는 까디리 종단을 부분적으로 중립화시킬 수 있었다.

    카프카스 지역에서 260년 동안 진행된 對러시아 항쟁의 지도자들은 대부분 낙쉬반디 종단의 스승들이었으며, 그 가운데 최초로 조직적 항쟁을 주도한 인물은 쉐이크 만수르(Sheikh Mansūr)였다. 수피 무슬림인 만수르는 1785년에서 1791년에 이르기까지 짜르의 행정제도와 지방 산악 영주들에 맞서기 위한 무장항쟁을 벌였다. 그는 자신의 제자들을 무장시키고 1785년 순자(Sunzha) 강 유역으로 나가 당시 그 지역에 주둔하고 있던 러시아군을 섬멸했다. 이어 만수르는 북카프카스의 각 민족들에게 對러시아 항쟁에 참여할 것을 호소해 다민족으로 구성된 북카프카스 지역 대부분을 그의 지휘하에 두는 데 성공했다. 그는 對러시아 항쟁의 4가지 원칙으로 순수 이슬람으로의 회귀, 비이슬람 관행과의 투쟁, 이슬람법의 적용, 이교도 러시아에 대한 지하드를 선포했다. 그는 낙쉬반디 종단 소속원뿐만 아니라 지방 호족 및 농민들의 지원을 받아 러시아 항쟁에 나서 큰 성과를 거두었지만, 나중에 호족들의 배반으로 1787년에 진압되고 말았다.

만수르는 북다게스탄에서 쿠반까지 이르는 지역에 걸쳐 항쟁하였으나 1791년 러시아군에 체포되어 '인민을 선동하고 제국에 해를 입혔다'는 이유로 종신형을 선고받고 수감 중 1793년 형무소에서 옥사하였다. 그의 항쟁은 결과적으로는 실패로 끝났지만 이슬람을 기반으로 한 그의 항쟁은 민중들 사이에 이슬람 신앙심을 크게 북돋아 이후 계속된 러시아와의 전쟁에서 카프카스 민족들이 용맹스럽게 대항할 수 있는 계기가 되었다.

카프카스의 또 다른 전설적인 인물인 쉐이크 샤밀(Sheikh Shamil)은 1824년부터 對러시아 항쟁의 기반을 다지기 위해 낙쉬반디 수피 종단의 조직을 시골의 농촌지역까지 확산시켜 나갔다. 그 후 그는 1834년부터 농민들을 이끌고 봉기를 일으켰고, 이는 러시아 및 그들과 결탁한 지방 영주들에게 공포의 대상이 되었다. 1844년, 샤밀은 다게스탄 지역의 영주 대부분을 제압한 후 이슬람법에 따른 통치를 선언하고 가무, 음주, 흡연 등을 금지시켰다. 샤밀은 수피 이슬람 국가를 건설하려 하였으며 이는 이 지역의 많은 이들에게 절대적인 지지를 받았다. 1846년 샤밀은 러시아 군대의 병영들을 공격하고 러시아군에 큰 타격을 주었다. 그도 역시 1859년에 러시아군에 패배하였지만 그의 영향력 때문에 수피 이슬람 운동은 더욱 거세게 일어났다. 수십 년간 진행된 북카프카스 지역의 무력항쟁은 짜르가 통치하는 러시아 제국에 심대한 영향을 끼쳐 로마노프(Romanov) 왕조의 몰락을 앞당겼다. 결국 샤밀은 1871년 4월 2일 그가 최후로 순례를 갔던 메디나에서 숨을 거두었다.[182]

이후에도 다른 이슬람 정치·종교 지도자들인 가지 무함마드(Ghazi Muhammad), 함자 베크(Hamza Bek) 등의 지도하에 러시아에 대한 지하드는 계속되었다. 이러한 지하드는 1834년부터 1863년까지 30년 동안 지속되었다. 그러나 이슬람 저항 세력은 수적으로 우세하고 성능이 좋은 신무기로 무장한 러시아군과의 전투에서 패배할 수밖에 없었다. 패배한 이슬람 투사들의 반란을 두려워 한 러시아 제국은 북카프카스의 전 인구를 강제 이주시키는 정책을 실시했다. 1864년에는 1백20만 명이 강제로 추방당했다. 많은 사람들이 강제 이주 중에 죽었고, 약 8만 명이 오스만 터키에 이주·정착했다. 이것으로 북카프카스 지역의 이슬람 세력의 저항은 종결되는 듯했다.[183]

그러나 1877~1878년의 러시아-오스만 터키 전쟁은 체첸과 다게스탄 지역에 새로운 봉기의 기운을 일으켰다. 북카프카스 지역의 이슬람 투사들이 알리-베크 하지(Ali-bek Haji)의 통솔 아래 다시 반러시아 대중봉기를 일으킨 것이다. 이 전쟁은 러시아인들에게 무자비하게 진압당했으며, 그 결과 많은 사람들이 유배되거나 이주했다.

---

182) Hamid 2007, 175.
183) 문명식 2000, 75.

이후 수피 종단의 활동은 지하드를 포기하고 지하로 숨어들어 비밀 결사체의 성격을 띠기 시작했다. 1879년부터 1917년 사이에 두 차례의 반란이 더 일어났지만 그때마다 러시아에 의해 진압되었다. 그럼에도 불구하고 카프카스 지역에서는 오히려 수피 이슬람 종단들이 체첸 민족을 대표하는 저항 세력으로 발전하였다. 이렇게 체첸인은 러시아인에 대한 수차례의 무장투쟁을 통해서 호전적인 이슬람 무장투사가 되었고, 이러한 전통은 현재까지 지속되고 있다.

이후에도 체첸과 소비에트의 마찰은 계속되었다. 특히 1929년에는 러시아의 집단 농장화에 반대하는 투쟁이 체첸과 카프카스의 다른 소수민족 지역에서 일어났다. 이때 러시아는 약 1만의 군사를 동원하여 이 투쟁을 저지하였다. 그 이후에도 소규모의 게릴라전은 1935년까지 지속되었다. 그 이후 잠시 동안은 이러한 반란들이 잠잠해지는 듯했지만, 러시아가 체첸 반군으로 여겨지는 수천 명의 전사들을 체포해 처형한 NKVD 작전 이후 1937년 또 한 번 이 지역의 분쟁이 발발하게 되었다.[184)

제2차 세계대전을 승리로 이끈 스탈린에게는 전쟁 중에도 반란을 일으킨 북카프카스 민족들, 그중에서도 체첸 민족은 보복의 첫 번째 대상이 되었다. 결국 스탈린은 1943년 이들이 나치 독일군에 부역했다는 이유를 들어 체첸 민족을 강제 이주시켰다. 거의 50만 명에 이르는 체첸 민족을 혹독한 환경의 시베리아와 카자흐스탄으로 강제 이주시킴으로써 이들의 수피 활동을 근절시키려고 했던 스탈린의 정책은 오히려 예기치 않은 부작용을 낳는 두 가지 결과를 가져왔다.

첫째, 1944년 체첸인들이 강제 이주를 당한 후에 다게스탄인의 일

---

184) Lieven 1998.

부가 그 지역으로 강제 이주되었다. 거의 반세기 뒤인 1993년 체첸 공화국이 그 지역에 대한 과거 연고권을 주장하자, 체첸-다게스탄 양 공화국 간의 유혈충돌이 일어났다. 이러한 충돌은 단일 민족의 결집력을 약화시키기 위한 스탈린의 강제 이주정책이 이 지역 공화국 간의 영토분쟁의 소지를 남겼기 때문이다.

둘째, 체첸인들이 카자흐스탄에서 유배생활을 하는 동안에도 수피이슬람 종단으로서 자신들의 정체성을 유지했다. 그들의 수피 활동은 체첸 민족주의의 상징이 되는 가운데 오히려 더욱 확산되어 나갔다. 스탈린 사후 유배지에서도 살아남은 체첸 민족은 1957년에 복권되어 자신의 고향으로 돌아와서 중앙아시아 지역에 잘 조직된 수피 조직을 남겨 놓았다.

그러나 1950년 말에 북가프기스의 수피 종단들은 또 한 차례의 조직적이며 가혹한 박해에 시달려야 했다. 수피 종단에 소속된 사람들에게 '반동'이라는 죄목 대신에, "산적"과 "테러리스트"라는 새로운 죄목을 적용하여 그들의 검거 선풍이 일어났는데, 전자는 경제 파업의 주동자라는 의미에서, 후자는 무장봉기의 주동자라는 의미에서 붙인 명칭이다. 당시의 소련 사회학자들은 수피 종단을 "극단적 광신집단" 혹은 "소련의 골칫덩어리 반역자들"이라고 표현했다.

실제로 북코카서스에 사는 소수민족 중 체첸인들이 가장 열렬한 이슬람주의자인 동시에 호전적 민족주의자들이었다. 이들의 반러시아 감정은 이러한 역사 과정을 통하여 더욱 강화되었다. 체첸 지식인들은 1960~1970년대부터 자민족의 종교, 언어, 문화 등을 보전하기 위한 대대적인 노력을 하였으며 모스크바 당국의 과도한 러시아화에 저항하였다.[185]

1989년에는 고르바초프 개혁정책의 파도가 체첸에까지 밀려왔다. 수많은 모스크들이 재건되고 코란을 가르치는 종교학교가 문을 열었다. 수피 이슬람 종단은 합법적인 단체로 인정받았음에도 불구하고 정치에 깊이 관여하지 않는 가운데, 새로 창당된 이슬람계 정당들은 약간의 정치적 영향력을 행사하면서 체첸 민족주의자들의 정신적 보루 역할을 하였다. 이런 상황에서 1990년 11월 수도 그로즈니에서 두다예프가 '체첸인의 민족회의'를 조직하고 독립국가 건설을 위한 본격적인 정치운동에 앞장섰다.

---

185) 고재남 1996, 309.

V. 체첸의 이슬람 민족주의

　체첸은 비잔틴, 페르시아, 셀주크 터키, 몽고, 티무르, 오스만 터키 제국 등 외세의 침략에 대한 항쟁의 연속선상에 있다. 실제로 러시아-체첸 양국 관계는 200년 정도의 역사를 가지고 있음에도 불구하고, 러시아 언론에서 흔히 '러시아-체첸 400년 갈등의 역사'란 표현을 쓴다. 이러한 사실은 그만큼 갈등의 골이 깊다는 의미일 것이다. 체첸인들은 소련 통치 암흑기 70년간의 민족말살정책에도 불구하고 이슬람 법(sharia)에 기초한 전통적인 생활양식을 지금까지 고수하고 있다. 체첸인들은 사회주의에 적합하지 않은 민족이며 타민족에 배타적인 것으로 간주되어 소비에트 중앙정부의 '요주의' 민족으로 지목을 받게 되었다.

　이슬람 민족주의를 바탕으로 무슬림 공동체가 외세의 침략을 받을 때마다 수피 종단들은 이슬람의 수호자를 자처하며 침략자 격퇴에 중요한 역할을 수행했다. 계속되는 침략과 억압 속에서도 체첸 민족이 살아남을 수 있도록 그들을 강하게 만든 가장 중요한 요인은 그들의 종교적 배경인 이슬람의 수피 종단이다. 향후에도 과거 대러시아 항쟁에서와 같이 체첸 반군들은 험준한 산악지대로 피신하여 게릴라전을 펼치는 가운데 무슬림이 많은 다른 인접국가들로 분쟁지역을 확산시키려고 시도하면서 저항할 것이다. 그러한 과정에서 중동과 중아시아를 위시한 외부의 이슬람 원리주의 세력들이 개입할 가능성도 있는 것이다.

이렇듯 체첸인들은 70년 이상 지속된 소비에트 공산주의 치하에서의 민족말살 정책에 굴복하지 않고 오늘날까지 자신들만의 이슬람 종교 및 전통문화 양식을 고수하여 왔다. 체첸 정치지도자들은 이슬람 종교에 자신들의 권력 기반의 정통성을 찾는데 노력하는 모습이 보인다. 이슬람을 정신적 구심점으로 하고 있는 체첸인들은 제정 러시아와 소련, 그리고 다시 현재의 러시아와의 끊임없는 전쟁을 통하여 더욱 민족주의적 결속력을 보여 왔으며 이는 앞으로도 계속될 것이다.

CHAPTER

체첸-러시아 분쟁의
원인과 전개과정

I. 체첸-러시아 분쟁 개관

    체첸 민족을 위시한 북카프카스 여러 소수민족들이 온갖 고초를 겪으면서까지 2세기 이상에 걸친 對러시아 무장투쟁을 줄기차게 전개해 온 이유는 무엇이고 과연 그 힘은 어디서 나오는 것일까? 그들은 이교도 러시아인을 자신들의 신성한 영토에서 몰아내고 독립된 조국 즉, '체첸 민족국가'를 건설하려는 단순한 이유 이외에 다른 어떤 목적도 없다. 그리고 그들이 소비에트 공산주의 치하에서의 민족말살 정책에 굴복하지 않고 오늘날까지 버텨온 힘은 '이슬람주의'와 '민족주의'[186]를 양축으로 하는 그들의 정신적 구심점 때문일 것이다.

    고르바초프의 개혁·개방정책으로 소연방이 붕괴되고 연방 내의

---

186) 민족주의와 이슬람에 대한 내용은 다음 논문을 참조할 것; Mirbagheri, F. Nationalism and Islam. *The Iranian Journal of International Affairs* Vol. 12, No. 4(2000~2001).

각 민족이 주권을 회복하자, 체첸 민족도 독립의 열망에 휩싸이면서 1991년 11월 독립을 선포했다. 체첸 분쟁은 소연방 붕괴의 혼란기에 이슬람주의자들이 모스크바 당국의 경고와 위협에도 불구하고 일방적으로 '이슬람 국가' 수립을 선포함으로써 시작된다. 또한 이 당시 체첸 민족주의자들 역시 탈러시아 '체첸 민족국가' 수립을 위한 독립투쟁을 전개했는데, 그 중심에는 '제2의 이맘 샤밀'로 추앙받은 체첸 민족의 전설적 영웅 '두다예프(Zhoukhar Dudayev)'가 있었다.

그러나 모스크바 정부는 체첸 자치 공화국의 독립선언이 소연방 내 다른 자치 공화국들에 분리주의 운동을 확산시키고, 카스피 해저 광상의 경제 이권을 상실할 것을 우려하여 체첸에 대한 무력 진압에 나섬으로써 1994~96년과 1999~2000년에 걸쳐 두 차례나 체첸-러시아 분쟁이 발생하게 되었다. 제1차 분쟁은 러시아가 평화협정을 맺고 군대를 철수하면서 종식되었으나, 제2차 분쟁은 러시아가 강력한 군사작전을 펴 체첸의 대부분 지역을 장악함으로써 끝났다. 그러나 체첸 역사에서도 반복되었듯이 체첸 남부의 카프카스 산악지대로 피신한 체첸 저항군[187]이 지하화하여 지속적으로 이슬람 지하드라고 명명되는 자살폭탄 테러전과 동시에 게릴라전을 펼치고 있어서 체첸-러시아 분쟁은 아직 끝나지 않았다. 2009년 12월의 러시아 열차 테러에 체첸군이 개입한 것으로 밝혀졌을 뿐만 아니라, 2012년 들어서도

---

187) 러시아 지역 연구학자들이나 언론에서는 주로 체첸 '반군'이라는 표현을 사용하고 있으나 이러한 표현은 다분히 강대국적 시각에서 바라본 용어이다. 이슬람 지역연구학자인 신양섭 박사는 그의 논문에서 반군이라는 표현 대신에 보다 객관적인 체첸 '저항군'이라는 표현을 사용하고 있다. 한편 체첸인들은 그들의 무장 독립투쟁을 '지하드(Jihad, 성전)' 또는 '민족해방 전쟁'으로 규정한다. 반면 러시아 당국은 체첸 반군들의 저항을 '전쟁'이라 하지 않고, '반테러 작전'이라고 규정한다. 체첸을 정식 '국가'로 인정하지 않기 때문에 '전쟁'이란 용어는 적합하지 않다는 것이다. 그렇다면 러시아 시각에서 '분쟁'이라는 용어 사용도 적합하지 않을 것이나, 이 책에서는 '체첸-러시아 분쟁'이나 '체첸-러시아 전쟁', 그리고 체첸 '반군'과 '저항군' 또는 '무장 독립투사'라는 표현을 혼용해서 사용하기로 한다.

체첸 남부에서 러시아군과 체첸군 사이의 교전이 벌어져 인명피해를 내기도 했다.

여기에서는 체첸-러시아 분쟁의 갈등 요인과 배경, 제1~2차 분쟁의 전개과정, 그리고 분쟁 후 지금까지의 최근 상황을 살펴보기로 한다. 향후 이 분쟁이 재발하여 제3의 체첸 전쟁으로 치달을 경우 이 지역 평화와 안보에 위협이 될 것이므로 우리의 큰 관심사가 되지 않을 수 없을 것이다.

Ⅱ. 분쟁의 원인

　체첸 민족의 對러시아 무장투쟁에서 이교도에 대한 지하드(Jihad)를 강조하는 수피 이슬람의 영향을 받은 종교지도자들이 민족주의 운동을 주도했다. 이런 과정에서 수피 이슬람에 근거한 민족정체성을 중심으로 강한 민족의식이 고취되었다. 이 지역 소수민족들은 지배민족 러시아인에 대한 뿌리 깊은 적개심과 문화적 동화에 따르는 이슬람 민족정체성의 상실로 위험에 처했었는데, 이러한 저항적 민족주의가 북카프카스의 분쟁의 주된 원인으로 작용한다. 따라서 북카프카스의 민족문제와 이슬람 간의 관계의 규명이 이 지역 분쟁의 배경과 원인을 이해하는데 중요하다.

1. 민족주의와 민족 간의 갈등

민족 간의 긴장과 갈등의 요인은 다양하다. "내부적 식민주의 (internal colonialism) 이론"[188]에 따르면 지배민족과 종속민족 간의 '정치, 경제, 사회적 불평등', 산업화에 따라 상승하는 기대감과 현실의 불일치에서 나오는 '상대적 박탈감', 다른 민족의 민족주의에 자극을 받아 생기는 '심리적 반발과 저항', 역사적 사실에 기인한 '민족 간의 증오심과 문화적 요인' 등 민족분쟁의 원인은 다양하다. 제국주의국가나 다민족국가에서 지배민족은 피지배 민족주의의 불씨를 제거할 목적으로 종속민족의 언어와 종교를 말살하기 위한 언어·문화적 동화정책을 실시하게 된다. 이러한 문화적 동화정책에 대하여 어떤 종속민족이나 소수민족은 지항 없이 동화되고, 일부 다른 민족은 반발하여 모국어와 고유문화를 보존하기 위한 민족주의 운동을 펼친다. 산업화 과정에서 발생하는 경제·사회적 불평등 못지않게 문화적 동화정책도 민족주의 운동의 한 원인이 된다.

민족주의적 경향이 강한 옛 소련의 소수민족 공화국들은 소련 통치 말기부터 정치·경제적 권한 확대에서 시작하여 문화적 자치권의 획득, 주권선언, 분리주의 운동을 전개하기 시작했다. 민족주의는 독특한 특성을 가진 민족이 민족의 이익이나 가치를 어떤 다른 정치적 이익이나 가치보다도 우선시하는 정치적 이념인 동시에 이것을 실현하기 위한 선조로부터 물려받은 영토 또는 지역에 독립국가를 건설하려는 정치적 운동이다. 이러한 조상의 땅에 대한 연고권에 대한 집

---

188) 내부 식미주의에 대한 자세한 이론은 다음 책을 참조할 것: Hechter, M., Internal Colonialism, (Berkeley, University of California Press, 1975).

착은 곧 타민족에 대한 배타성으로 발전될 수 있다.[189]

또한 앞서 언급한 내부적 식민주의 이론에 따르면 다민족국가에서 소수의 지배민족과 다수의 피지배민족 간의 지배와 종속의 관계가 확립됨으로써 양 민족 간의 갈등이 심화될 수 있다. 중심지역의 소수의 지배민족은 다수의 종속민족이 거주하는 주변이나 변경지역을 식민지로 여기고 경제적 수탈을 자행한다. 따라서 지배민족과 피지배민족간의 경제·사회적 불평등이 심화되기 때문에, 종속민족은 이러한 불평등을 해소하기 위해서 민족주의 운동을 벌이게 되는 것이다. 민족 간, 지역 간 경제·사회적 불평등이 다민족 다(多)영토 국가에서 민족 간의 긴장을 증대시키는 촉매작용을 한다는 것은 사실이다. 또한 경제·사회적 요인 외의 다른 심리적·문화적 요인도 민족주의를 유발할 수 있다. 그리고 민족주의는 개인이나 집단의 기대감과 그것을 성취하려는 능력 간의 격차에서 생길 수 있다. 소련 시절의 대중교육 기회의 확대는 중앙아시아 및 러시아 연방 변경지역 소수민족 젊은이들의 신분 상승의 기대감을 높였지만, 그것은 이미 고위직을 대부분 차지하고 있는 러시아인들 때문에 좌절되고 만다. 이러한 결과, 그들에게 러시아인에 대한 폭력을 행사하는 '반발적 민족주의(reactive nationalism)'가 나타났다.[190]

종속민족에 대한 지배민족의 행동은 수용, 동화, 회유에서 강제추방, 민족청소, 대량살육에 이른다. 이에 대해 종속민족의 대응은 이주, 묵인과 적응에서 심리적·정치적 거부, 주권선언과 같은 법률적 대항, 폭력적 저항, 분리주의 및 독립운동까지 포함한다.

---

189) China, J. & R. Kaiser, *Ethnicity and Nationalism in the Soviet Successor States, Russians as the New Minority*, (Colorado, Westview Press, Inc., 1996), pp. 22~23.
190) 문명식 2000, 68~72.

종속민족으로서의 체첸 민족은 다음과 같이 지배민족인 러시아인에게 대응했다. 먼저 이들은 다른 민족이 경험하지 못한 강제 이주기간 동안의 쓰라린 고초를 통해서 러시아인에 대한 뿌리 깊은 증오심과 강한 민족정체성을 키웠다. 게다가 역사를 거슬러 올라가 살펴보면, 그들은 '이슬람'이 강조하는 이교도 러시아인과의 지하드를 벌인 경험도 있다. 또한 체첸은 종속민족의 대응 중 하나인 분리·독립을 하기 위한 바탕인 경제적 자립의 재원이 될 수 있는 유전과 정유산업을 갖고 있다. 체첸은 100여 년 전 부터 석유생산으로 널리 알려진 바 있으며, 볼셰비키 혁명 이전, 체첸의 수도인 그로즈니의 석유생산 기지는 아제르바이잔의 바쿠 다음으로 러시아에 가장 중요한 지역이었다. 1980년 체첸은 1,500개의 유정으로부터 연간 740만 배럴을 생산했고, 1991년에 그로즈니 정유시설에서는 연간 1천7백만 톤을 정제했다. 1993년에는 서시베리아산 석유를 정유하여 수입이 8억 달러에 달해 체첸 경제의 자립을 뒷받침했다. 그러나 혼란과 내전으로 이 정유산업이 위협을 받으면서 경제난이 가중되자 두다예프의 통치에도 타격이 되었다.[191]

그러나 체첸을 통과하는 주요 송유관으로부터 나오는 통행세도 상당하고 또한 체첸 지역 내에도 막대한 석유 매장량이 산재해 있다. 옐친은 두다예프를 불신하고 있었던 것을 이유로 체첸을 침공했으나, 실제로는 체첸의 석유 통제권을 완전히 장악하고자 하는 의도 역시 있었다.[192]

또한 체첸이 러시아에게 보다 주요한 요인으로 작용하는 것은 교

191) Johnson 2007, 142.
192) Ibid., 141.

통의 요지라는 점이다. 이곳을 통하여 러시아와 트랜스카프카스에 철도가 운행되고, 1994년 9월에 안전상의 이유로 러시아 측에서 중단하기 전까지 매일 8회의 항공편이 연계수송을 맡았다. 교통의 중심지라는 장점은 체첸으로 하여금 근동지역을 교역대상으로 하는 최대 무역지가 되도록 하였다.[193]

이와 같은 체첸의 지리적 또는 경제적 중요성은 이곳을 둘러싼 주도권 다툼으로 이어지게 했다. 오늘날 러시아로 운송되는 물자는 주로 두 가지 통로를 이용하게 되는데 이는 발틱 통로와 체첸을 경유하는 카프카스 통로이며 분쟁의 시작은 이 두 통로를 장악하기 위한 측면도 있다. 이것이 바로 체첸-러시아 분쟁 원인 중의 하나라고 할 수 있다.

2. 북카프카스의 민족문제

옛 소연방의 민족문제를 분석하는데 있어서 민족별 인구 구성비, 경제·사회적 요인, 문화적 동화의 상태, 민족탄압 및 강제 이주 같은 역사적 사실에 기인한 민족 간의 증오심과 상대적 박탈감 같은 심리적 요인들이 종합적으로 고려되어야 할 것이다.

러시아-체첸 간의 정복과 저항으로 점철된 역사 속에서 형성된 반러시아 감정 때문에 대체로 북카프카스 민족들의 러시아 문화로의 동화수준은 매우 낮다. 그중에서도 러시아 제국과의 무장투쟁을 주도함으로써 강제로 이주 당했던 경험을 갖고 있는 체첸인이 러시아어와 문화에 가장 적대적이다. 그 다음으로 러시아어와 문화에 적대적

---

193) 고상두 1998, 89.

인 감정을 가지고 있는 민족은 잉구쉬인이다. 그러나 다게스탄의 여러 소수민족은 소수비율로 인구를 구성하고 있기 때문에 민족 간의 의사소통 언어로서 러시아어가 필요했고, 이 때문에 러시아어와 그 문화를 어느 정도 받아들일 수밖에 없었다. 한편 북 오세치아인의 러시아 문화로의 동화수준은 북카프카스 지역에서 가장 높아서 인구의 대부분이 러시아 정교를 믿고 있으며 공화국 내의 러시아인과 모스크바 중앙정부에 대하여 우호적이다.[194]

전 세계적으로 민족문제와 민족에 대한 이해, 정책 간의 괴리는 피지배 민족에게 나타나는 일반적인 현상이었고, 바로 이러한 점들로 인하여 그동안 억눌려 왔던 민족갈등은 소연방 붕괴 후 가장 터부시되었던 개별 민족 독립국가 설립의 욕구로 분출되어 나타났으며 체첸 분쟁도 이와 같은 맥락에서 일어났다.

러시아 연방으로부터의 분리주의 운동은 무엇보다도 연방제도의 결함에 있다. 소수민족에게 공화국의 지위와 그에 따른 정치적 지위를 제공한 볼셰비키 민족정책의 유산은 러시아 연방을 민족에 의해 분할된 제도로 만들었고, 자치권을 가진 민족들은 민족국가로의 발전을 원하게 된다. 하지만 모든 민족 공화국이 연방으로부터의 탈퇴와 독립을 요구하는 것은 아니다. 왜냐하면 러시아 연방의 자치 공화국에서 소수민족이 다수를 차지하는 경우가 많지 않기 때문이다. 그러나 체첸 민족은 자신들의 공화국에서 총인구의 2/3를 차지하고 러시아인은 1/5밖에 되지 않는다는 점에서 다른 소수민족들보다 분리주의 운동이 일어나기 더 유리한 입장에 있었다. 그러나 이것으로는 체첸 사태를 모두 설명하지는 못한다. 앞에서 살펴본 바와 같이 체첸 분쟁

---

194) 문명식 2000, 86.

을 분리주의 운동의 결정 요인별로 살펴보게 되면 다음과 같다.[195]

우선 체첸 민족은 인종, 종교, 문화에서 러시아와 큰 차이를 보일 뿐만 아니라, 역사와 심리 면에서 반러시아 감정을 가지고 있다. 따라서 분리 독립을 지향하는 강렬한 민족의식을 가지고 있다. 두 번째로 체첸 민족은 부족 공동체적인 전통적 구조에 의해 결속되어 있고, 이러한 조직이 두다예프에 의해 정치적으로 강화되고 동원되었다. 세 번째로 체첸 민족은 공화국의 지위를 가지고 있었다. 초기에는 '잉구쉬'와의 공동 공화국이었으나, 잉구쉬와의 분리를 시도하고 이것을 연방으로부터 승인받음으로써 보다 나은 협상력을 가지게 되었다. 마지막으로 체첸 공화국은 러시아 연방에서 가장 먼저 옛 공산당 권력 구조를 무너뜨린 공화국이다. 새로운 계층이 지배 엘리트가 되면서 권력의 정통성을 토착민족으로부터 구하고자 한 것이다.

이렇게 지속적으로 분리주의 운동을 해왔던 체첸 민족은 제2차 세계대전을 승리로 이끈 스탈린에게 보복의 첫 번째 대상이 되었다. 결국 스탈린은 1943년 이들이 나치 독일군에 부역했다는 이유로 체첸 민족을 강제 이주시켰다. 1944년 2월 29일 당시 KGB의 전신인 NKVD 의장이었던 베리아가 스탈린에게 보낸 전문에 의하면 이주는 2월 23일 고산지대의 소수를 제외한 대다수 지역에 걸쳐 시작되어 2월 29일까지 잉구쉬인 91,250명을 포함하여 총 478,479명이 강제 이주 특별 화물열차에 실렸다. 180개 화물열차 가운데 159대가 새로운 정착지로 보내졌다. 이후 체첸-잉구쉬 자치공화국은 현재 체첸의 수도인 그로즈니의 한 구역으로 편입되어 행정구역이 변경되었다.[196]

---

195) 고상두 1997, 94~95.
196) 유의정 2000, 71~72.

1953년에 스탈린이 사망한 후 체첸인들을 위시한 여러 소수민족의 자치가 복원되기 시작하였다. 스탈린 사후 체첸 민족이 강제 이주당한 지 13년이 지나서, 흐루시초프는 유화정책으로 체첸인들의 귀환을 허용했다. 1956년부터 흐루시초프는 스탈린 격하운동의 일환으로 그의 소수민족 탄압정책을 강력히 비난하며 이를 원상회복시키기 위해 노력했다. 더 나아가 그는 체첸족과 잉구쉬족의 옛 영토를 회복시켜 다시 '체첸-잉구쉬 자치 공화국'을 수립하도록 지원하는 조치를 취했다. 소련 공산당 중앙위는 같은 해 11월 24일 불법적인 강제 이주를 비난하는 결의안을 채택하고 체첸인과 잉구쉬인의 귀환기간을 1957~60년 사이로 설정하였다. 1957년 1월 9일 흐루시초프에 의해 체첸-잉구쉬는 소연방 내 한 구역으로 정식 편입되었고 1957년 한 해에만 약 5만 가구의 체첸인들이 기향했다. 이러한 사실들은 자연히 이후 체첸 지역으로 다시 돌아온 체첸인들과 이주자들 간의 갈등으로 이어졌다. 그 대표적인 예가 1958년 수도 그로즈니에서의 체첸인들과 러시아인들 사이의 충돌이었다. 모스크바 당국은 체첸 민족의 불만을 인위적으로 봉합하면서 사태를 수습하려 했으나, 소연방 시기 체첸의 민족주의와 반러시아 감정은 밖으로 분출되지 못한 채 억눌려 있었다.

3. 이슬람 요인과 지하드

문화의 구성 요소 중 언어와 종교는 민족정체성의 근간을 이룬다. 언어는 민족구성원간의 의사와 감정, 사고를 교환하는 매개체로서의 역할을 한다. 특히 종교는 특정 민족의 가치관, 사고방식, 윤리, 도덕, 관습에 지대한 영향을 미치며 민족정체성의 정신적 구심점이 된다.

지리적으로 체첸 지역은 동서양을 연결하는 문명의 교차로에 위치하고 있기 때문에 여러 차례에 걸친 이민족들의 침략을 통해 종교적으로도 기독교 및 이슬람 세력의 영향을 각각 받게 되었다. 이슬람 이전, 카프카스 지역에 불교도 전파되었지만 체첸 민족의 대부분은 자연-동물숭배 등의 토속 신앙을 가지고 있었다. 또한 고대 체첸 민족의 사원 벽면에서 십자가를 비롯한 기독교 문양들의 흔적이 남아 있기는 하지만, 기독교는 이 지역에서 큰 호응을 얻지 못했다.[197]

반면, 이슬람은 북카프카스의 여러 민족을 결집시키는 정체성의 구심점이 되었다. 이들 소수민족들은 이슬람 지도자들의 종교적 명령에 따라 러시아의 침략에 대항하며, 지금까지 분리주의 운동에 대중의 지지를 동원하기 위해 이슬람의 종교적 유대감에 의존하고 있다. 이슬람은 체첸인들 사이에 민족적 문화적 자아인식의 중심 요소가 되었다. 체첸 사회에는 계층이 존재하지 않으며 샤리아, 즉 이슬람법이 공동사회의 규율이 되었다. 이슬람은 체첸인들의 공식 종교이고 그 역할은 단지 신앙 면에만 국한되어 있는 것이 아니라 그들의 의식의 근간을 이루고 있으며 체첸인들 생활의 일부분이 되어 있다. 특히 이슬람은 체첸-러시아 전쟁 중에 보여준 체첸 민족의 정신적 구심점 역할을 하였을 뿐만 아니라 최근의 정치, 경제, 사회적 영역에서 절대적인 영향력을 행사하고 있다. 사실상 체첸의 정치권 내에 종교계의 영향이 구체화된 것은 소연방 붕괴로 인한 정치적 변화를 겪는 과정에서부터였다.[198]

과거 공산당 지도자와 관료들이 불참한 가운데 치러진 1991년 10

---

197) 신양섭 1999, 32.
198) 유의정 2000, 67~68.

월 27일 체첸 대통령 및 의회선거에서 새로운 체첸 정부의 이념적인 부분은 바로 종교에 기초했다. 오늘날의 이란 이슬람 공화국과 마찬가지로 종교계 지도자들이 체첸 공화국의 많은 요직을 차지했다. 체첸 신정부는 대중 매체와 출판물을 통해 이슬람 국가의 설립을 가장 먼저 공표하였다. 최근 발생한 대다수 지역적 차원의 민족분쟁은 민족정체성 확립의 핵심토대가 되는 종교적 요인, 즉 '이슬람 요인'과 직·간접적 연관성을 갖고 있다.[199] 이처럼 탈냉전기 신국제질서 환경 속에서 '문명충돌의 핵심기제'로서 대두되기 시작한 이슬람 요인은 해당지역의 분쟁을 한층 더 첨예화시키는 갈등 변수로서 작용하였다.

이슬람은 16세기 경 체첸을 위시한 북카프카스 지역에 본격적으로 전래되면서, 다양한 민족집단을 결집시키는 중심축의 역할을 했다. 1772년 러시아군이 북카프카스 지역의 정벌에 나섰을 때, 러시아군은 이슬람 정치·종교지도자 만수르(Sheikh Mansur)가 이끄는 체첸과 다게스탄의 무슬림들의 조직적인 저항에 직면했다. 만수르는 이슬람의 깃발 아래 모든 북카프카스 종족을 결속시켜 이교도 러시아군과의 전투를 벌려 큰 타격을 입혔다. 1791년 그는 러시아군에 체포되어 종신형을 선고받고 교도소에서 복역 중 2년 후인 1793년 옥사했다. 러시아군의 무자비한 탄압으로 북카프카스의 무슬림 세력의 저항은 수그러들었다.[200] 러시아 역사에서는 이것을 제1차 카프카스 전쟁(1785~1791)이라 부르고, 그 후 종교지도자 이맘 샤밀(Imam S. Shāmil)의 주

---

199) 박정호 2005, 48.
200) 북카프카스 지역의 이슬람 전래과정과 무장투쟁의 상세한 역사에 대해서는 러시아의 이슬람 전래의 역사를 참조하고, 체첸인들의 대러시아 무장투쟁의 역사에 관해서 다음 문헌을 참조할 것. Muhammad Iqbal Khan, The Muslims of Chechnya, Struggle for Independence (Leicester, United Kingdom, The Islamic Foundation, 1995).

도로 일어난 강력한 對러시아 무장투쟁을 제2차 카프카스 전쟁(1834~1859)이라 부른다. 한편 이슬람 역사에서는 이러한 이교도에 대한 저항이나 무장투쟁을 '지하드'라고 기술하고 있다.

제1차 러시아-오스만 터키 전쟁(1768~1774년)에 이어 일어난 제2차 러시아-오스만 터키 전쟁(1877~78년)에서 살아남은 북카프카스 지역의 이슬람 무장투사들 역시 對러시아 지하드를 선포하고 결사 항전했으나 실패했다. 북카프카스 이슬람계 민족의 이러한 러시아에 대한 지하드 운동의 전통은 지속되어 소련 정권이 수립된 이후에도 잠재적인 위협이 되었다. 옛 소련 정치지도자들은 마르크스의 무신론에 입각하여 종교탄압의 일환으로 이슬람 교세의 약화 및 이슬람계 민족의 단결을 차단하려고 노력했다. 공산주의 이데올로기에 바탕을 둔 종교와 민족의 차이를 초월하여 소련의 다민족을 통합시킬 정체성을 확립하려는 그들의 정책은 성공하는 것 같았다. 그러나 이슬람이 사라지지 않고 급진주의화 되자, 이를 차단하기 위해 소비에트 정부는 친정부적인 '공식적 이슬람(official Islam)'을 창안하고 국가가 인정한 물라(mullah) 제도와 등록된 모스크 설립을 허용했다.[201]

소련 말 개혁·개방정책이 시작됨에 따라 다른 비러시아계 민족들처럼 북카프카스의 이슬람계 민족들은 민족정체성의 회복과 민족문화의 부흥의 차원에서 이슬람 부흥운동을 활발히 벌였다. 이슬람계 공화국에서는 모국어의 학교 교육과 공용어 채택과 함께 이슬람 부흥이 우선적으로 추진되었다. 민족정체성의 회복차원에서 민족문화의 일부인 이슬람은 민족주의자들과 정치지도자들의 지원하에 부흥되기 시작했다. 민족주의 운동에 대한 대중적 지지를 모으기 위해 민

---

201) Johnson 2007, 63.

족주의자들은 대중의 종교적 유대감을 공유하고 있는 이슬람을 정치적으로 이용했다. 이슬람은 비이슬람계 민족 및 정치체제에 대한 민족주의 운동에 무슬림의 대중적 지지를 동원하는데 기여했다.

1990년대 초, 북카프카스 지역의 다게스탄과 체첸 공화국에서 러시아로부터의 정치, 문화, 민족적 분리 독립을 주장하는 지역 이슬람 단체들이 등장했다. 예를 들면, 체첸 공화국의 '이슬람 길당(Islamic Way Party)', 다게스탄의 '이슬람 민주당(Islamic Democratic Party)' 등이 창당된 것이다. 이들 단체는 이슬람 교리와 가치관의 전파를 언급했지만, 결국에는 소수민족과 지역주민의 이익을 대변하는 정치적 활동을 했다. 고르바초프의 개혁정책이 실시된 후에 모스크 및 코란 전수(傳受) 학교가 신축되고 수피 이슬람이 더욱더 세를 확장하게 됨에 따라 체첸의 이슬람 민족주의자들은 지지 기반을 넓히게 된다.[202]

그들은 체첸의 독립을 저지하기 위해 침공한 러시아군과의 투쟁을 지하드로 규정하고 전 세계 무슬림들의 지원을 호소했다. 또한 체첸의 두다예프 추종자들 역시 소연방 지역의 무슬림뿐만 아니라 세계 이슬람권 국가들의 지원을 얻기 위해서 러시아군과의 전쟁을 이교도와의 지하드라고 선포했다. 실제로 체첸 공화국 주위의 다게스탄 및 잉구쉬치아의 자발적인 이슬람 무장투사들이 체첸 이슬람 저항군에 가담하여 러시아군과 싸웠고, 이란이나 아프가니스탄의 이슬람 원리주의자들이 체첸군을 지원했다는 주장도 있다. 체첸-러시아 분쟁 초기에 양식 있는 무슬림과 러시아 기독교도의 다수는 체첸 전쟁을 종교분쟁으로 해석하기를 거부했다. 그러나 러시아와 서방의 언론매체들은 체첸 전쟁의 민족적인 분쟁의 요인을 무시하고 종교적인 측면

---

202) 문명식 2000, 77.

을 과장해서 보도하며 '문명충돌론적' 시각으로 몰고 가는 경향도 있었다.

지금까지 살펴본 바와 같이 역사적으로 이슬람은 러시아의 식민침략에 대항하여 북카프카스 여러 민족들을 단결시켜 무장 저항 세력을 형성하는 구심점이 되었다. 이슬람 지도자들은 러시아에 대한 무장투쟁을 지하드로 규정하여 무슬림 민족들을 동원했는데, 이러한 지하드의 전통은 오늘날의 체첸 공화국의 민족주의자들에 의해 계승되었다.

Ⅲ. 체첸-러시아 분쟁 발발의 과정

　결코 양립할 수 없는 앙숙관계인 체첸과 러시아 간의 분쟁은 그 역사가 깊다. 이들 간의 역사는 대부분이 러시아의 지배와 체첸의 저항으로 점철되어 있다. 소연방 붕괴 이후 벌어진 체첸-러시아 간의 두 차례에 걸친 분쟁은 민족 멸망의 위기에까지 몰렸던 체첸인들의 독립을 쟁취하기 위한 무장투쟁에 기인한 것이다.

　체첸에서의 유혈 충돌은 일차적으로 체첸-러시아 두 민족 간 언어, 인종, 종교, 풍습, 정치사회적 제도 등의 차이에서 비롯된 민족분쟁의 성격을 띤다. 그리고 그 발단은 오랜 기간 러시아 제국의 압제에 억눌려왔던 체첸인들이 자신들의 정치 경제적 주권과 민족적 이익을 되찾기 위해 러시아를 상대로 조직적인 저항을 하면서부터 야기된다.[203]

---

203) 홍완석 2005, 238.

체첸의 민족 독립운동의 배후에는 체첸인으로서는 최초의 유일한 소련군 장성이었던 두다예프[204]라는 인물이 있다. 1990년 여름, 당시 소연방 에스토니아 공화국의 타르투 주둔 공군 사령관이었던 두다예프 장군이 같은 해 11월 예편하고 체첸으로 귀향해 '체첸 민족회의'를 결성하여 강력한 정치단체로 발전시키며 체첸을 잉구쉬와 분리하고 러시아 연방으로부터 탈퇴한다고 선언했다. 이와 같이 체첸의 저항이 표면화된 계기는 1990년 11월 25일 '체첸 민족회의'가 결성되고, 체첸-잉구쉬 자치 공화국이 11월 27일 주권 선언을 채택한데 있다. 체첸 민족회의는 처음으로 체첸의 권익과 민주화를 위해 투쟁하는 것을 목표로 삼았으나 두다예프가 대통령으로 당선되고 난 이후에는 러시아 공화국으로부터의 완전 분리 독립을 표방하게 되었다. 두다예프는 1991년 6월 두 번째로 열린 체첸 민족회의의 의장으로서 선언문을 통하여 "체첸은 소연방이나 러시아 공화국 어느 쪽에도 속하지 않는다"라고 선포했다. 이와 동시에 체첸 민족회의의 최고위원회는 그들이 새로운 공화국 내의 유일한 합법적 최고 권력기관임을 밝혔다.[205]

1991년 8월 고르바초프 대통령을 축출하려던 쿠데타 발발 당시 두다예프는 그로즈니에서 대규모 시위와 함께 총파업을 주도하였고, 9월 6일 공화국 정부 청사를 무력으로 장악하였는데, 이는 체첸의 국가권력이 기존의 공산주의자 세력으로부터 민족주의자 세력으로 넘

---

204) 두다예프는 1944년 스탈린의 강제 이주정책의 시행이 시작되기 몇 주 전에 체첸의 산악지대에서 태어나 이주된 카자흐스탄에서 어린 시절을 보냈으며 군사학교를 마치고 시베리아, 우크라이나, 아프가니스탄, 에스토니아 등지에서 소련 공군으로 근무한 인물이다. 체첸에서 생활한 적도 거의 없었음에도 불구하고 체첸 언어를 잘 구사하였으며 강한 민족의식을 가진 강직한 성격의 인물로서 체첸 민족 독립운동을 주도했다.
205) 유의정 2000, 78.

어감을 의미했다. 그해 가을까지만 해도 두다예프의 일방적 독립선언 움직임에 그 당시 러시아 정부는 별 신경을 쓰지 않았다.[206]

그러나 1991년 10월 6일 체첸 민족회의 산하 국민방위대가 행정부 및 KGB 청사를 접수함으로써 사태가 심각하게 돌아가고 있음을 감지한 옐친의 수차례에 걸친 경고에도 불구하고 그로즈니는 완전히 두다예프의 통제하에 놓이게 되었다. 같은 해 10월 27일 '체첸 민족회의'의 최고위원회가 실시한 대통령 선거에서 두다예프가 압도적인 득표율로 대통령에 당선되었다. 체첸 공화국의 초대 대통령으로 당선된 두다예프는 11월 2일 일방적으로 러시아 연방으로부터의 주권 독립을 공식적으로 선포하였다. 이에 대응하여 옐친 대통령은 체첸 공화국에 비상사태를 선포하고 체첸-잉구쉬 자치 공화국에 경제봉쇄를 난행하겠나고 위협하였다. 이에 대해 체첸 측은 자치 공화국 내의 러시아 자산의 국유화를 선언했다. 옐친의 조치는 체첸 민족의 반러시아 감정을 격화시켰고, 두다예프를 체첸 민족의 영웅으로 만드는 결과를 초래했다.

두다예프는 러시아 연방으로부터의 분리 독립의 정체성을 이슬람에서 찾고 이슬람 국가를 건설하고자 했다. 종교가 체첸 사회에서 강력한 힘을 발휘하였기 때문에 두다예프도 그의 권력기반을 다지기 위한 수단으로 이슬람에 의존하였다. 그리하여 1991년 11월 9일 그는 대통령 취임식에서 여타 이슬람권 국가의 수뇌처럼 코란에 손을 얹고 엄숙히 선서를 하였다. 당시 취임식에는 많은 종교 지도자가 그 자리에 참석하였는데, 심지어 멀리 요르단에서 온 종교 지도자도 있었다. 이러한 상징적 행위를 통하여, 그는 러시아의 간섭이나 내부 반

---

206) Johnson 2007, 140.

대 세력을 반이슬람적 행위로 낙인찍고 규탄하였다.[207]

두다예프는 독립국가의 기반을 강화하기 시작하였으며 1992년 3월 17일에는 신헌법을 채택하였다. 신헌법은 모든 국민의 종교의 자유를 인정하면서 정교분리의 세속국가 건설을 명시하고 있다. 헌법은 각 민족 간 평등함과 러시아어 및 체첸어를 공용어로 사용할 것을 규정하고 있다. 한편 두다예프는 옐친의 對체첸 경제봉쇄에 대해 강력히 항의하며 같은 해 3월 체첸을 관통하는 러시아 송유관을 폐쇄했다. 이에 러시아는 3월 25일 1억 5천만 루블을 체첸에 제공했다.[208]

그러나 체첸으로부터 러시아 기술자를 포함한 고급 인력이 추방되자, 체첸의 경제는 급속히 악화되었고, 그 결과 반두다예프 세력이 등장하여 정부에 반기를 들면서 폭력이 난무하여 체첸은 거의 내전 상태에 처해졌다. 모스크바 당국은 그 지역 불안정의 책임을 두다예프에게 돌렸다. 러시아군이 그 지역의 질서를 회복하기 위해 1992년 10월에 진주했을 때 거의 7만 명의 잉구쉬인들이 탈출했다. 두다예프는 이것이 러시아의 對체첸 침공의 전주곡이라고 주장하며, 국가 비상사태를 선포하고 국민 총동원령을 내렸는데 이는 자신의 지도력을 회복할 수 있는 좋은 기회가 되기도 했다.[209]

체첸은 1993년 초 러시아 연방의 신헌법 승인과정과 12월 총선에 전면 불참하면서까지 탈러시아 독립의지를 대내외에 천명하였다. 체첸의 독자적인 분리주의 노선을 결코 묵과할 수 없었던 옐친 정부는 첫 번째 단계로 두다예프의 반대 세력에 대한 간접적인 군사지원을 계획했고, 이것이 실패할 경우에 두 번째 단계는 체첸에 대한 직접적

---

207) 고상두 1997, 91.
208) 고재남 1996, 310.
209) Johnson 2007, 141.

인 무력 개입을 하고자 했다. 즉, 크게 다음의 두 가지 직·간접적인 정책방안을 통해 체첸 사태를 수습하고자 하였다.[210]

첫째, 두다예프 반대 세력에 대한 군사지원을 통한 체첸 사태 해결의 정책방안이다. 이는 체첸 내부 파벌 간의 역학관계에 따른 권력투쟁을 적절히 활용한, 반두다예프 세력을 결집하여 친러시아 정권의 수립을 통해 체첸의 분리주의 운동을 차단하려는 소위 '이이제이(以夷制夷) 정책'이라 할 수 있다. 전통적으로 씨족단위의 이슬람 공동체 생활을 영위해 왔던 체첸에는 험준한 산악 지대에 160여 개의 족벌들이 군웅할거(群雄割據)하면서 병존해 왔다. 체첸 저항군 지도자 마스하도프, 바사예프, 하타브 등이 대러시아 항쟁에서 독자적인 군사작전을 전개하고 있기 때문에 이는 체첸 저항군들의 결속력을 저해시키는 요인이 되고 있다.[211]

둘째, 러시아 연방군의 직접적인 무력개입 방안이다. 이것은 두다예프의 반대 세력에 대한 간접적인 지원정책의 실패로 인해 야기된 갈등상황을 해소하기 위한 강공책이었다. 옐친 정부는 의회 및 행정부의 반대파 세력과 1993년 4월 경제난에 따른 수도 그로즈니에서의 대규모 군중시위로 인하여 한때 수세적 분위기에 몰려 있었다. 그러나 옐친 정부는 같은 해 10월 의회를 강제 해산하고 12월의 러시아 연방 신헌법 승인을 통하여 체첸 무력 침공의 길을 열었다.[212]

1994년 8월부터 11월까지의 체첸의 두다예프 정부 전복을 위한 친러시아파의 반란이 실패로 돌아가자, 샤밀 바사예프 및 라만 살두예

---

210) 두다예프를 실각시킴으로써 체첸의 분리주의 운동을 악화시키기 위한 대책을 마련하기 위하여 1994년 8월 모스크바에서 관계 장관들이 모여 비밀회의를 열었다. 러시아는 체첸 북부지역에 있는 반군에게 무기와 장비를 제공하였고, 11월 26일에 이들이 수도 그로즈니를 공격하도록 했다(고상두 1997, 92).
211) 홍완석 2005, 245.
212) 박정호 2005, 7.

프가 저지른 인질 사건 등을 구실로 옐친은 두다예프를 제거할 최후의 기회로 삼아 직접적인 對체첸 무력 침공에 나선다. 이것이 제1차 체첸-러시아 전쟁의 계기가 되었다.

그러나 제1차 체첸-러시아 전쟁은 국내외 여론의 악화에 따라 1996년 하사뷰르트 (Khasavyurt) 협약에 의해 잠정적으로 중단되었다. 모스크바 당국이 평화협정을 체결하고 군대를 철수했기 때문에 결과적으로 이 전쟁에서 러시아가 패배했다고 주장하는 학자가 다수이다. 1999년 8월 체첸 저항군이 다게스탄의 이슬람 원리주의 세력과 연대하여 "북카프카스 이슬람 공화국"의 건국을 선언하자 이것이 또 다른 분쟁의 원인이 되었다. 특히 9월부터 모스크바를 비롯한 러시아의 주요 도시에서 이슬람 원리주의자들에 의한 연쇄 자살폭탄 테러가 일어나자 러시아가 체첸 공화국에 군사작전을 감행하면서 제2차 체첸-러시아 전쟁으로 비화되기 시작했다. 제1차 전쟁과 달리 제2차 전쟁은 러시아의 대권 경쟁과 맞물려 옐친의 뒤를 이은 푸틴 정부가 강력한 군사작전을 펴 체첸의 대부분 지역을 장악함으로써 끝났다. 체첸에 대한 제2차 공격을 감행한 이유에 대해서는 외환위기와 모라토리엄 선언 이후 지지도가 급락한 옐친 정부의 인기를 끌어올려서 예정된 1999년 12월 총선과 2000년 대선에서 승리하여 정권을 재창출하기 위한 목적에서 감행되었다는 분석이 많다.[213]

---

213) 문명식 2000,. 66.

Ⅳ. 체첸-러시아 분쟁과 국가이익

　체첸 분쟁은 세계 여러 곳에서 발발한 분쟁들과 몇 가지 면에서 유사점을 가지고 있다. 먼저 이 분쟁은 아프리카에서의 상황과 같이, 약소국이 지역의 강대국 또는 지배국에서 독립하려는 데에서 기인한 분쟁이다. 둘째, 이 분쟁은 코소보나 걸프전과도 유사한데, NATO를 위시한 연맹 세력이 분쟁의 대의명분으로 인도주의를 끌어들였다는 것이다. 셋째, 분쟁으로 인한 사상자의 대부분이 일반 시민이었다는 점에서도 동티모르나 코소보, 아프리카 여러 지역에서의 분쟁과 유사하다. 마지막으로 지정학적인 이권과 관계된다는 점에서, 우리 역사 속에서 일어났던 모든 분쟁들과도 일맥상통한다.[214)]

　러시아 정부가 국내외의 많은 문제에도 불구하고 체첸의 독립을 인정하지 않는 주요 원인은 정치·경제·문화·지정학적 국가 이익의 요인 때문이다.

　첫째, 정치적으로 체첸의 독립을 허용하면 러시아 연방 내의 150여

---

214) www.globalissues.org/article/100/crisis-in-chechnya

개의 소수민족들이 연이어 독립을 요구하는 도미노 현상을 초래하여 러시아 연방체제 마저 해체될 수 있는 위협요인이 될 수 있다. 최악의 상황에서 러시아는 현재 소유분의 25%까지 손실할 가능성도 있는 것이다.215)

둘째, 경제적으로 카스피 해 연안은 에너지 자원의 보고이기 때문이다. 카스피 해는 21세기에 중동을 대체할 수 있는 막대한 원유와 천연가스가 매장되어 있는 국익의 사활지대이다. 특히 체첸을 경유하는 송유관은 러시아 연방의 경제발전에 크게 기여하고 있다.

셋째, 문화적으로 체첸은 기독교 세력과 이슬람 세력이 충돌할 수 있는 최전선으로서, 이슬람 원리주의 확산을 막는 최후의 보루이다. 체첸을 위시한 카프카스가 이슬람권으로 재편될 경우 러시아 연방 내 3천여만 명의 무슬림의 동요를 초래해 '문명충돌'로 비화될 소지가 있다.

넷째, 지정학적으로 체첸 공화국은 카스피 해와 러시아의 연결고리 역할을 하는 교통의 요지에 위치하고, 체첸 영토 자체 내의 수많은 유전은 러시아의 경제에 중요하다. 러시아 남부벨트의 전략적 요충지로서 체첸은 양도할 수 없는 국익의 사활지대이다.

체첸의 저항 세력은 인접 카프카스 무슬림 공화국으로 분쟁지역을 확산시키는 전략을 사용하여 외부의 이슬람 원리주의자들의 개입을 유도하고 있다. 러시아는 18세기부터 시작하여 거의 3세기에 걸쳐 이 지역을 합병하여 연방을 형성하는데 들인 희생과 노력이 수포로 돌아갈 것이기 때문에, 체첸의 분리주의 운동을 막기 위해 전쟁도 불사하고 있는 것이다.

---

215) http://rehmat1.wordpress.com/2009/02/02/chechnya-without-chechens/

CHAPTER

09

체첸-러시아 전쟁의
전개과정과 국가테러

Ⅰ. 체첸-러시아 전쟁

　현재 러시아 연방 내에는 체첸 공화국을 포함한 21개의 자치 공화국에 150여 개의 소수민족이 뒤섞여 거주하고 있다. 이 중 러시아 남부 특히 카프카스 지역에서만 1768년부터 2000년 사이에 러시아와 6차례의 전쟁이 발발했었다. 그것은 각각 두 차례씩의 카프카스 전쟁(1785~1859), 러시아-오스만 터키 전쟁(1768~1878), 그리고 체첸-러시아 전쟁(1994~2000)이다. 이렇게 피비린내 나는 전쟁으로 점철된 원한의 역사는 체첸 무슬림 민족의 의식에 반러시아 감정을 깊이 각인시켜 놓았다. 러시아는 1760년대부터 카프카스에 대한 제국주의적 지배권을 확장해나가기 시작했으나, 100년 이상이 지난 1870년대가 되어서야 비로소 체첸인들을 굴복시켰다. 러시아의 식민통치, 강압정치, 그리고 스탈린의 강제 이주정책은 체첸 민족에게 잊을 수 없는 상처를 주었다.

현대에 들어와 1994~1996년, 그리고 1999~2000년에 걸친 러시아와 체첸의 전쟁은 지속적으로 체첸이 독립을 주창함으로써 발발하였다. 러시아 정부가 국내외의 많은 문제에도 불구하고 체첸의 독립을 인정하지 않는 주요 원인은 정치·경제·문화·지정학적 국가 이익의 요인 때문이다. 러시아가 체첸의 독립을 인정하게 되면, 러시아 연방의 다른 소수민족들 또한 독립을 요구할 수 있는 상황을 열어주게 될 것이다. 한편 체첸은 막대한 원유가 매장되어 있어 그동안 러시아의 경제발전에 큰 기여를 했다. 또한 체첸의 지정학적 중요성 또한 러시아가 체첸을 포기할 수 없는 이유로 여겨진다. 한편 러시아가 러시아 연방 내에 체첸의 이슬람주의가 확산되는 것을 우려한 것도 하나의 이유이다.216)

　친 러시아 성향의 대통령 카디로프가 체첸의 대통령으로 당선된 이후에도 상대국가에 대한 계속적인 테러가 자행되고 있어 체첸과 러시아 간의 분쟁이 언제 종지부를 찍게 될지는 자명하지 않다. 여기에서는 체첸-러시아의 제1~2차 전쟁과 그에 따른 체첸 반군들의 게릴라전과 테러, 이에 대한 보복으로 러시아가 체첸 반군 주요 지도자들을 무차별 암살하는 전략을 포함한 국가테러를 중심으로 전쟁 후 지금까지의 최근 상황을 살펴보고 재조명하고자 한다.

---

216) 체첸-러시아 전쟁의 자세한 배경과 원인에 대해서는 다음 논문을 참조할 것. 장병옥(2009), 「체첸-러시아 갈등의 역사에 관한 연구- 체첸의 이슬람화 세력화를 중심으로-」, 『한국국제지역학회』 13(1), pp. 513~530, (2010), 「체첸-러시아 분쟁의 원인과 전개과정」, 『중동연구』 29(2), pp. 31~51.

Ⅱ. 제1차 체첸-러시아 전쟁
(1994~1996)

러시아의 경고를 무시하고 국민투표를 강행하여 체첸 공화국의 초대 대통령으로 당선된 두다예프가 1991년 11월 2일 일방적으로 러시아 연방으로부터의 탈퇴와 독립을 공식적으로 선포하자, 체첸-러시아 간에는 전운이 감돌았다. 당시 러시아 당국은 체첸의 선거를 불법으로 규정하고 11월 8일 옐친은 체첸-잉구쉬 공화국에 비상사태를 선포하여 2,500명의 KGB군을 투입하였다. 이에 맞선 두다예프는 15세 이상 50세 이하의 체첸 주민 총동원령을 내려 항쟁함으로써 첫 번째 유혈 충돌이 발생했다. 그러나 이 당시의 소연방 정부는 체첸에 군사력을 투입할 준비가 제대로 되어 있지 않았다. 사실상 옐친과 대립관계에 있었던 러시아 의회는 체첸에서의 군사작전을 반대하고 협상을 통한 문제 해결방안을 제시했었다. 일촉즉발의 위기상황 가운데 국내외의 여론도 좋지 않은 상황에서 러시아 의회가 옐친이 체첸에 내린 비상사태 선포를 126 : 21의 압도적인 표차로 부결시키자, 비상사태 선포 3일 만인 11월 11일에 병력을 철수시킴으로써 위기는 일단락되었다.

한편 잉구쉬족은 같은 해 11월 30일 별도의 국민투표를 실시해 러시아 연방에 잔류하기로 결정함으로써 실질적으로 체첸-잉구쉬 공화국은 분리되었고, 체첸 민족은 독자적으로 러시아와의 투쟁을 계속해야 했다. 그 뿐만 아니라 러시아에 동조하는 친러시아 진영과 두다예프 대통령을 지지하는 민족주의 진영으로 양분되는 시련도 겪어야 했다. 마침내 1992년 12월 러시아 의회는 체첸에 대한 정치적 타협안으로 체첸-잉구쉬 자치 공화국의 분리 및 체첸 공화국의 수립을 승인하였다. 이는 지난 3월 연방조직 체결과정에서 불참한 체첸을 달래기 위한 일종의 양보조치로 볼 수 있다.

체첸 공화국은 1993년 4월 25일 실시된 러시아 국민투표와 같은 해 12월 12일에 실시된 지방의회 선거에 참여하지 않음으로써, 자신들의 독립의지를 분명히 나타냈다. 계속되는 체첸 공화국의 독립표명과 독자적인 행동에 위기감이 극도에 달한 옐친 정부는 체첸에 대한 '이이제이(以夷制夷)' 전략을 본격 구사하기 시작했고, 1994년 5월 30일 체첸과 잉구쉬 공화국 접경지대에 비상사태를 선포하는 등 체첸 공화국의 러시아 연방으로부터의 이탈을 방지하기 위한 대책 마련에 부심했다. 마침내 러시아 연방의 잔류를 주장하는 체첸 공화국 내의 친러시아파는 두다예프 정부에 반기를 들었다. 1994년 8월 러시아의 지원을 받은 아브투르하노프가 두다예프 정권의 타도를 선언하고 나섬으로써 체첸 내 정부군과 반란군 사이에 내전이 시작된다. 반란군은 두다예프 축출을 위한 무장투쟁을 개시하였고 같은 해 10월과 11월

에 수도 그로즈니에서 시가전까지 벌였으나, 체첸 정부군의 공세에 밀려 패배했다.[217)]

이 과정에서 모스크바 당국이 친러시아 반란군을 배후 조종했다는 사실을 알고 분개한 두다예프가 70여 명의 러시아인 포로를 인질로 잡았다. 이에 더하여 러시아의 부다뇨프스키에서 샤밀 바사예프가 주도한 인질 사건과 그 후 라만 살두예프가 다게스탄 공화국의 끼질야르에서 행한 인질 사건 등을 빌미로 옐친 정부는 무력 사용이라는 직접적인 군사개입을 함으로써 제1차 체첸-러시아 전쟁의 원인이 되었다.

체첸 전쟁은 러시아 공군기들이 수도 그로즈니를 공습하면서 시작된다. 1994년 11월 26일 러시아군이 수도 그로즈니를 장악하는 데 실패하자, 옐친은 이틀 뒤인 28일 대치상태를 보이고 있던 체첸 공화국 내전 당사자들에게 48시간 내 휴전과 무장해제를 요구하는 최후통첩을 보냈다. 두다예프가 최후통첩을 거부하고 끝까지 항전할 것임을 선언하자, 옐친은 12월 1일 6시를 기해 러시아군을 체첸 국경에 배치한 일촉즉발의 위기 상황에서 두다예프와 러시아 국방장관 그라체프는 전투 중지에 동의했다. 그러나 1주일 후 옐친은 국내외의 반대 여론에도 불구하고 12월 9일 체첸에 대한 총공세를 명령함에 따라 러시아 정예군 3만 명이 그로즈니를 향해 진격했다. 탱크와 장갑차를 앞세운 러시아의 대규모 기갑부대 병력이 12월 11일 체첸의 영토에 침입하면서 양 군대의 전면전이 시작되었고, 이것이 바로 제1차 체첸-러시아 전쟁이다. 이와 같은 체첸 사태에 대한 러시아의 군사개입의 근본적인 원인을 몇 가지로 정리해 보면 다음과 같다.[218)]

---

217) 홍완석 2005, 246.

첫째, 옐친 정부는 만약 체첸의 분리 독립을 인정하였을 경우 그 파장이 전체 연방으로 번져 러시아 연방의 붕괴가 초래될 수도 있다는 정치적 우려를 표명했다.

둘째, 체첸의 수도 그로즈니에는 카스피 해에서 흑해 등 동부지역으로 연결되는 송유관이 통과하고 있을 뿐만 아니라 석유정제 시설이 있는 등 경제적 가치가 매우 크다.

셋째, 옐친이 1995년도 연두교서에서 밝히고 있는 바와 같이 체첸은 1991년 11월 독립을 선언한 이래 모스크바 당국의 정책을 계속해서 반대 또는 이행치 않았으며 1993~94년에는 마약, 비행기 납치 및 무기 밀거래 등 범죄의 온상지로 변화되어 러시아 정부의 골칫거리였다.

넷째, 1994년 10월 11일에 있었던 루블화의 폭락 등 경제위기의 심화 및 치안부재로 옐친에 대한 국민의 지지도가 떨어졌기 때문에, 이를 만회하기 위해서 정치적으로 체첸 사태를 이용했다고 볼 수 있다.

러시아군의 막강한 군사력에 맞서 체첸 전 국민이 완강한 저항을 계속함으로써 분쟁은 장기화되었다. 1995년 1월 러시아군의 그로즈니 공격으로 수천 명의 민간인이 사망했는데 그 수는 적어도 2만 7천 명으로 추산된다. 러시아군은 1월 19일에서야 체첸 저항의 상징인 그로즈니 대통령궁을 접수하고, 여름이 되어서야 체첸의 주요 전략거점들을 장악함으로써 일시적으로 2월 8일에는 휴전이 이루어졌다.

수도 외곽으로 밀려난 체첸 저항군은 산악 게릴라전과 테러전을 병행하며 남부 러시아 도시에서 1,500명을 납치하여 인질로 잡았다. 체첸 반군을 제압하려는 러시아군의 무자비한 공격은 중앙아시아 국

218) 고재남 1996, 312~313.

민들을 결속시키며 두다예프의 약화된 정치적 운명을 되돌려 놓는 계기가 되었다. 과거 두다예프 반대 세력은 물론 중동뿐만 아니라 중앙아시아로부터의 수천 명의 무슬림 자원병들이 게릴라전에 합류하여 싸웠다. 체첸의 아흐마드 카디로프(Akhmad Kadyrov)는 체첸인들이 러시아에 대항하여 성전에 임하고 있다고 선언하고 세계 무슬림 투사들의 동참을 호소했다.[219]

전투는 1995년에 잉구쉬치아로 확산되었으며, 러시아군은 그곳에서 체첸 반군과 교전을 벌이며 시민들을 인간방패(human shield)로 삼았다. 그러자 20만 명이 국경을 넘어 북 오세치아의 옛 집단 농장과 텐트촌에 난민촌을 형성했다. 이러한 결과로 옛 소연방 및 러시아 내에서 전쟁에 대한 불만이 고조되었고 오히려 전쟁은 깊은 수렁에 빠져들며 러시아군의 '신속한 승리'는 요원해보였다. 1995년 4월 두다예프가 러시아군의 미사일 공격에 의해 살해되었지만, 체첸 저항 세력은 전열을 재정비한 후 수도로 진격하여 마침내 8월 그로즈니를 탈환하는데 성공했다. 다른 한편 1995년 6월과 1996년 1월에 바사예프 장군이 이끈 체첸 특공대는 인질극을 벌이며 끈질긴 항전을 계속하였다.

체첸 저항 세력이 승리한데에는 여러 가지 요인이 있겠지만 러시아군의 준비 부족, 항명 사태, 각 부대 간 작전협력 부재, 사병들의 사기 저하, 그리고 체첸군의 예상을 초월하는 전투준비 때문이었다. 4만 명이 넘는 러시아 정예군을 동원하고도 모스크바 당국이 그로즈니를 함락하는데 3개월이나 소요되고, 6천~7천여 명에 불과한 체첸군이 이처럼 장기간 저항할 수 있었던 이유는 러시아군 내부의 문제

---

219) Johnson 2007, 144.

도 있었지만 러시아군이 1992년 체첸으로부터 철수할 때 다량의 무기를 체첸군에게 무상 또는 유상으로 넘겨주었기 때문이었다. 또한 체첸군이 다량의 무기를 미리 구입하였기 때문이기도 하다.

1996년 6월 러시아 대선에 앞서 옐친은 같은 해 3월 체첸과의 평화협정 체결을 선거공약으로 내걸며 체첸에서의 전투를 중지하고 러시아군을 철수시킬 것을 시사했다. 8월 6일 샤밀 바사예프는 1,500명의 반군을 거느리고 그로즈니에 주둔하고 있었던 러시아군 병영을 공격했다. 8월 21일 러시아 국가 안보 보좌관 레베드(Lebed)가 체첸과 휴전에 동의하고 10일 뒤에 공식적으로 협정서에 서명했다. 즉, 하사뷰르트(Khasavyurt) 평화협정이 1997년 5월 12일에 크렘린 궁에서 체결되었다. 이 협정의 주요 내용은 다음과 같다.[220]

> 1) 체첸 영토에서 러시아군이 철수하는 대신 체첸은 2001년 12월 31일까지 5년간 체첸 공화국의 독립문제 논의를 유보한다.
> 2) 어떠한 난제 해결에도 무력 사용을 영구히 포기한다.
> 3) 정치 안정이 회복된 후 체첸의 미래를 체첸 주민들의 의사에 맡긴다.

이와 같이 국내외 정치적 비난에 따라 모스크바 당국은 분쟁 발생 21개월 만에 체첸과 평화협상을 체결하고 군대를 철수시킬 수밖에 없었다. 1997년 1월 27일 체첸에서는 의회 총선과 두다예프 전 대통령의 사망으로 그동안 연기되었던 대선이 실시되었다. 대선은 총 13명의 후보자 가운데 온건파 마스하도프(Aslan Maskhadov)와 강경파 바사예프(Shamil Basayev) 양자 구도로 압축되었다. 1차 전쟁 당시 러시

---

220) 홍완석 2005, 248.

아 남부의 한 마을에 있는 병원에서 인질극을 벌임으로써 일약 체첸의 영웅으로 떠오른 30대의 바사예프는 체첸의 완전한 독립을 위해 對러시아 무력항쟁을 주도해 온 급진주의적 인물이었다. 그러나 러시아의 지원을 받은 마스하도프가 바사예프를 59.3% : 23.5%의 득표율로 압승하고, 1997년 2월 10일 체첸의 제2대 대통령으로 당선되었다. 체첸 공화국의 새로운 대통령이 된 마스하도프는 옛 소련군 포병장교 출신으로 체첸 지도자 중에서 가장 온건한 성향을 가지고 있으며, 러시아 측도 가장 무난한 협상파트너로 간주하고 당선을 원했던 인물이다.[221]

그러나 친러시아 정책을 취할 것으로 기대했던 마스하도프 대통령이 오히려 체첸의 독립을 추구해 나가는 가운데 독자적인 군대를 창설했다. 그는 러시아 키릴 문자를 폐지하고 아랍 문자를 부활시키는 등 공식 문자체계도 변환했으며, 11월에는 '체첸 공화국'의 창설을 대내외에 선포했다. 이에 대해 러시아는 하사뷰르트 평화협정 위반이라고 비난하면서 군사 및 경제제재를 단행하겠다고 위협했으나, 오히려 체첸 정예군은 모스크바와 같은 러시아의 주요 도시에서 자살 폭탄 테러를 감행하면서 중동 이슬람 원리주의자들의 지하드 방식으로 러시아에 항전했다.

1998년 말과 1999년 초, 체첸의 도발적 행위로 인해서 그 지역에 더 큰 불안감이 조성되기 시작했다. 마스하도프 정부는 외교적 임무로 파견되었던 옐친의 대통령 특사 블라소프(Valetin Vlasov)를 1998년 5월 납치했다. 설상가상으로 같은 해 7월 마스하도프 정부군과 과격한 지하드주의자들의 교전이 일어나 50여 명의 민간인이 살해되고

---

221) 고상두 1997, 94.

권력투쟁의 양상을 보이며 내분이 일어나기 시작했다. 마스하도프는 1999년 2월 이슬람법(Sharia)을 도입하기도 했다.[222]

한편 바사예프는 체첸 공화국과 다게스탄 공화국을 통합하여 하나의 신생독립국을 창설하고자 했다. 바사예프는 1999년 8월 말 다게스탄의 이슬람 원리주의 세력과 결탁해 "북카프카스 이슬람 공화국"의 건국을 선포했고, 이에 그동안 잠복하고 있었던 체첸-러시아 간의 갈등은 다시 표면화되었다. 이런 와중에 모스크바를 비롯한 러시아 주요 도시에서 체첸 저항군의 소행으로 추정되는 연쇄적인 아파트 폭탄테러 사건이 발생했다. 이에 대한 보복으로 러시아군이 같은 해 9월 중순 체첸 국경지역에 위치한 저항군의 요새를 무차별 공습하며 체첸으로 전격 침공해 들어감으로써 체첸-러시아 간의 분쟁은 전면전으로 비화되었는데, 이것이 바로 제2차 체첸-러시아 전쟁의 시발점인 것이다.

---

222) Johnson 2007, 147.

Ⅲ. 제2차 체첸-러시아 전쟁
(1999~2000)

러시아가 체첸을 재차 침공하게 된 원인은 여러 차원에서 설명할 수 있지만, 우선 다게스탄 침공 및 모스크바 테러와 체첸 공화국의 내부적 측면이 먼저 고려되어야 할 것이다. 전체적으로 보면, 우선 제1차 전쟁 직후인 1996년 8월부터 1999년 8월에 이르기까지 체첸은 국내 정치안정을 유지하지 못했다. 둘째, 러시아 연방군이 제1차 전쟁에서 체첸을 항복시키지 못했다는 사실이다. 셋째, 총선과 대선을 앞둔 정치적 상황도 하나의 원인으로 꼽힌다. 넷째, 국제사회가 제1차 전쟁은 물론 전쟁 후에도 체첸의 정치 경제적 상황에 대해 적절하게 대응하지 못했다.

1998년 여름 옐친 정부는 총체적 난국에 직면해 있있다. 특히 모라토리엄 선언은 옐친의 정치력을 약화시키는 단초가 되었고, 대권주자들로부터 도전을 받아 궁극적으로는 퇴진을 재촉하는 계기가 되었다.

옐친 대통령과 가신들은 다가오는 총선과 대선에 극도로 민감해질 수밖에 없었다. 문제는 표심이었고, 국면 전환이 절실한 상황에 마침 모스크바를 비롯하여 여러 지역에서 테러가 발생하였다. 옐친 정부에게는 호재였다. 국민들이 경제 이외에 다른 관심거리, 곧 안보의 중요성을 인식하기 시작한 것이다.[223]

주지하다시피, 체첸과 러시아의 전쟁은 1999년 8월이 기점이 되었다. 당시 급진 이슬람주의자들이 다게스탄 공화국에서 반란을 일으킨 것이다. 이때 대부분의 이슬람주의자들은 체첸에서부터 유입된 사람들이었다.[224] 옐친 대통령은 체첸 저항군의 도발을 사전에 막지 못했다는 이유로 1999년 8월 9일 스테파신 총리를 전격 경질하고, 연방안보위원회 서기 블라디미르 푸틴을 신임 총리로 임명했다. 푸틴은 테러가 계속되던 9월 15일에 계산된 발언을 했다. 그는 "아파트 테러리스트들이 체첸 공화국 땅으로 숨어들고 있다"며 그들의 인도를 요청하고, 또 "체첸인은 범죄인 성격을 지니고 있다"는 식의 인종차별적 발언도 서슴지 않았다. 그의 발언을 계기로 1999년 9월 말경에 이르러 러시아 연방군 수뇌부 역시 침공 의지를 드러냈다. 표심을 쫓는 정치인들의 발언에 군사적으로 뒷받침할 준비가 되어 있다는 화답을 한 것이다.[225] 푸틴이 총리로 인준될 당시만 해도 대통령으로 당선될

---

223) 서춘식 2003, 118~119.

224) oreignaffaris.org/20000301faessay26/rajan-menon-graham-e-fuller/russia-s-ruinous-chechen-war.html.

225) 푸틴 총리는 군부대를 방문할 때 일종의 일체감 표시로 군복을 즐겨 착용했으며, 군부대에 물질적 혜택도 약속했다. 전쟁에 참여하는 장교들에게 월 1,000달러라는 파격적인 급료지급을 약속한 것이다. 평소 그들의 월급이 50~100달러에 불과했던 점을 감안하면 전례 없는 조치였다. 또한 국방비 증액을 약속하였다. 푸틴 총리의 행보는 옐친 대통령과 대조적이었다. 옐친 대통령은 군부를 통제의 대상으로 삼았다. 또한 견제 차원에서 내무군에 많은 투자를 하였다. 12월 총선에서 군인과 그 가족들은 체첸 전쟁에 대한 지지를 투표장에 가는 것으로 표현했다. 국방부에 따르면 장병 및 군인 가족의 90% 이상이 투표에 참여했다. 그 수는 무려 600만 표로 전체 유권자의 10% 이상에 해당했는데 대부분이 제2차 체첸 침공을 계기로 푸틴 총리에게 열렬한 지지를 보냈다(서춘식 2003, 130).

전망은 아주 낮았다. 8월말 2%에 불과했던 지지도는 강성 발언을 하고, 체첸 침공의지를 분명히 하면서 상승세를 타기 시작했다. 특히 다게스탄 침공군을 군사적으로 제압하면서 당선 가능성은 더욱 높아졌는데, 이를 마치 기다리기라도 한 듯 옐친 대통령은 푸틴 총리를 자신의 후계자로 발표했다.

제2차 체첸 분쟁이 푸틴을 총리로, 그리고 대통령으로 만들었다는 분석은 이 분쟁이 러시아 국내정치와 밀접한 관계가 있음을 시사한다.

러시아군 수뇌부가 모스크바 당국을 압박하며 등을 돌린 상황에서 이미 정치력을 상실한 옐친 대통령은 강경파를 중심으로 하는 군부세력을 감당하기에는 역부족이었던 것이다. 극단적으로 표현하면, "크렘린 당국은 푸틴을 권좌에 오르게 하기 위해 전쟁이 필요하다. 이세 체첸 전쟁은 친푸딘 강경파 진영의 권력을 유지하는데 필요하다"는 말까지 나돌고 있었다.[226]

옐친 대통령의 사임 직후, 권력을 승계한 지 불과 몇 시간 뒤에 푸틴 대통령 권한대행은 곧 전선을 향했다. 그는 장병들에게 "(전쟁은) 러시아의 명예와 존엄성을 회복하려는 것이 아니다. 그보다 더 중요한 것은 러시아 연방의 붕괴를 막는 것이다"라고 밝혔는데, 이는 체첸 침공의 성격은 물론 목적을 새롭게 규명한 셈이었다. 그동안 제2차 체첸 침공은 이슬람 원리주의자들이 활동하고 있는 체첸 지역 내의 군사적 거점을 파괴하는 제한된 성격을 띠었기 때문이다. 뿐만 아니라 그의 연설은 민군관계 차원에서 볼 때, 그동안 군부가 주장해온 확전 논리를 공식적으로 수용한다는 뜻도 담겨 있었다.

푸틴 대통령은 날로 증가하는 러시아 내의 테러와 지역안정에 위

---

226) Nemirovic, 2002.

협이 증대되는 상황에서 러시아군이 개입하지 않을 수 없다고 판단했다.227) 러시아군의 공격에 대응하여 마스하도프 대통령은 계엄령과 지하드를 선포하고 무제한의 전쟁에 항쟁하라는 대국민 호소문을 발표했다. 러시아 국민들은 제2차 체첸 전쟁을 對테러작전으로 받아들였다. 다게스탄 침공과 모스크바 시내 폭탄테러가 서로 맞물려 있었기 때문에 강력한 응징이 필요하다고 믿었다. 양대 선거를 앞둔 시점에서 푸틴을 비롯한 정치인들은 이런 유권자들의 표심을 읽으며 시의 적절하게 상황에 대처해 나가며 정치적으로 이용했다.

푸틴은 2000년 3월 러시아 대선에서의 승리를 위해 '체첸 카드'를 적극 활용했다. 즉, 일련의 아파트 폭탄테러가 체첸 반군의 소행으로 알려지자, 푸틴 정부는 체첸 반군과 테러리스트를 소탕한다는 명목으로 1999년 9월 체첸에 대한 전면적인 공격을 감행한다. 러시아군은 공군력의 월등한 화력과 함께 10만 보병으로 체첸 반군을 압도했다. 9월 16일 세르게예프 국방장관은 "청소가 끝났다. 다게스탄이 테러리스트로부터 완전히 해방되었다"라고 푸틴 총리에게 보고했다. 러시아 연방군은 10월 체첸 북부의 테레크 강 이북을 완전히 점령한 이후 11월에는 체첸 제2의 도시 구데르메스를 점령했다. 푸틴 대통령은 "이제 체첸에서의 전투작전은 효과적으로 종료되었다"라고 선언했다.

크렘린 궁의 전면적인 전쟁을 경고하는 對체첸 최후통첩은 미국과 유럽을 위시한 국제사회의 비난 속에서 마침내 1999년 12월 철회되었다. 그러나 러시아 공군과 육군의 총공격으로 그로즈니는 초토화되었다. 2000년 1월 4일 체첸 반군은 기습공격을 가하여 일시적으로 그

---

227) 특히 카프카스 지역의 정치적 위협요인 분석에 대한 자세한 내용은 다음 논문 pp. 408~412 참조; Maleki, A., Increased Political Risks in the Caucasus: Factor Analysis. Amu Darya: The Iranian Journal of Central Asian Studies Vol.5, No. 7(Tehran: IPIS, 2001).

지역의 일부를 통제했다. 러시아군의 무자비한 공격으로 1월 중순 수도 그로즈니는 함락되었다. 제1차 체첸 전쟁 실패를 교훈삼아 연방군은 지상군 투입에 앞서 체첸 전 지역을 공습하며 반군을 무력화시킨 후, 2000년 1월말 수도 그로즈니를 향해 진격했다. 체첸 반군은 식량, 식수, 그리고 탄약이 부족하여 고전하면서 마침내 2월 1일 야음을 틈타 서남부 산악지대로 피신했다. 그러나 체첸 역사에서 반복되었듯이 반군은 또다시 산악 게릴라전을 펼치고 있다.

푸틴은 2월에 그로즈니마저 완전 장악함으로써 제2차 체첸-러시아 전쟁을 사실상 승리로 이끌었다. 2차 침공 당시 체첸 반군을 간단하게 제압한 푸틴은 일약 러시아의 국민적 영웅으로 부상하였고, 그 결과 2000년 3월 26일 대선에서 유리한 고지를 선점할 수 있었다. 11명이 입후보한 대신에시 푸틴은 53.4%의 압도적인 득표율로 옐친에 이어 러시아 연방 대통령에 당선된다.[228] 이런 일련의 과정에서 2차 체첸 전쟁은 푸틴이 러시아 최고 통수권자에 오르는데 기여했던 것이다.

체첸과 러시아의 1차 전쟁과 2차 전쟁은 다음과 같은 몇 가지 점에서 차이점이 있다.[229]

첫째, 국제정치적 시각에서 체첸의 민족 독립운동에 기인한 1차 전쟁은 국제사회의 호응을 얻을 수 있었다. 그러나 2차 전쟁 당시 국제사회에는 체첸의 이슬람 원리주의적 민족주의 운동의 확산을 우려하는 분위기가 조성되었다. 더욱이 체첸 저항 세력이 도심연쇄 폭탄테러를 일으킨 주범[230]으로 각인되었기 때문에 2차 전쟁은 당연히 국제사회로부터 외면당할 수밖에 없었다. 체첸 저항 세력의 항복 난계

---

228) 고재남 2000, 58.
229) 박정호 2005, 56~57: 신양섭 1999, 49~50.
230) 러시아 국민들은 제2차 체첸전쟁을 대체로 對테러작전으로 받아들였다(서춘식 2003, 142).

에 이르러서야 비로소 "유럽안보협력기구(OSCE)" 및 "나토(NATO)" 등이 체첸 민족의 인권보호를 내세워 러시아에 압력을 가하기 시작했을 뿐이다.

둘째, 국내정치적 관점에서 체첸 사태 주도 세력의 성격과 민족 통합력에 관한 부분에도 차이가 있다. 1차 전쟁 당시에는 두다예프가 전체 부족공동체들의 대동단결을 기반으로 강력한 체첸의 독립운동을 주도해 나갈 수 있었다. 이를 통하여 체첸은 러시아로부터 평화조약 체결이라는 정치적 양보를 이끌어내며 승리했다. 그러나 2차 전쟁에서는 체첸 강온 양파가 대립된 상태에서 전투에 돌입함으로써 상대적으로 러시아의 강한 군사작전에 대응할 시기를 놓친 셈이다. 바사예프의 강경노선에 불만을 품어 온 마스하도프 대통령은 실제로 러시아의 공격이 진행된 한참 후에야 대응태세에 들어갔다.

셋째, 군사적 시각에서 1차 전쟁 시기에 옐친 정부 및 군부는 체첸 저항 세력의 전투능력을 얕잡아 보고 사전 대비책을 충분히 세우지 않은 상태에서 무모하게 연방군대를 투입했다가 체첸 반군의 완강한 저항에 밀리며 장기 소모전의 양상을 띠게 되었다. 1994년부터 1996년까지의 2년에 걸친 1차 전쟁에서는 사실상 체첸과 러시아 어느 측도 뚜렷한 승리를 거두지는 못했다. 반면에 2차 전쟁에서는 푸틴 총리를 비롯한 군 관계자들이 사전에 치밀한 군사작전을 수립하고 군대를 투입함으로써 전쟁의 승리라는 소기의 목적을 달성하게 되었다.

넷째, 사회적 측면에서 1차 전쟁은 당시 연방 붕괴 직후여서 민족주의 열기가 고조되던 시기였기 때문에 체첸 민족의 독립 요구는 국내외적으로 지지를 받았으나, 2차 전쟁에서는 체첸 저항 세력의 자체 내분과 파벌싸움으로 전력이 약화됨에 따라 러시아군에 패배하게 되었다. 러시아에서는 제1차 전쟁에 대한 사회여론의 반응은 대체로 회의적이었던데 반하여, 제2차 전쟁에서 러시아 국민은 '테러와의 전쟁'이라는 대의명분에 적극 공감하면서 푸틴 정부의 체첸 군사작전에 전폭적인 지지의사를 보냈다.

Ⅳ. 체첸-러시아 전쟁 이후 보복 테러전(2000~2010)

1. 체첸 지하드주의자의 자살폭탄 공격과 테러

체첸 전쟁은 러시아-체첸 양측 간의 상호 납치, 살해, 고문, 암살과 같은 잔혹한 행위로 특징지어진다. 1996년부터 본격적으로 감행된 수많은 테러공격으로 민간인 사상자와 주요 건물, 철로 및 기차역이 파괴되었는데 이것은 체첸 반군의 소행만은 아니었다. 체첸 내 반군들 중에서도 이슬람 원리주의 정신으로 무장한 '지하드주의자(Jihadist)'와 다게스탄 및 아랍 세계 이슬람 자원병과 같은 무자헤딘 세력들이 무장투쟁을 계속 이어가고 있다. 이것은 단지 체첸의 '해방'을 위한 투쟁이 아니라 오히려 신세계 질서의 구축에서 나타난 '글로벌 지하드(global Jihad)'와 체첸의 '이슬람화'를 위한 것이다. 그들은 탈레반과 팔레스타인 무자헤딘의 순교자 투쟁정신에 고무되어 역사적 사명을 완성하기 위해 죽음으로 러시아군에 맞서고 있다. 그들은 게릴라전과 자살폭탄 공격에서 자신들의 영웅적 행위를 비디오로 촬영해 그 열정을 평가한다.[231)

2000년 3월에 1천 명의 체첸 정예군이 러시아군 진지를 공격하여 큰 전과를 올렸다. 아랍 자원군 출신인 무자헤딘들과 합동으로 체첸 반군은 산악 게릴라전과 동시에 러시아군 및 경찰 차량 매복 습격, 지뢰 매설, 그리고 러시아인과 친러시아 인사들에 대한 암살 및 테러전으로 대응하고 있다. 5월 반군의 테러 공격의 일환으로서 원격조정 장치에 의한 폭발로 체첸 주둔 러시아군 부사령관 즈베르예프 (Zveryev) 등 수많은 유명 인사들이 살해되었다.

2000년 6월 6일 첫 번째 자살폭탄 공격에 이어 7월 2~3일 사이, 그리고 2001년 11월에는 자신의 가족을 잃어버린 가즈예프(Elza Gazyev) 라는 체첸 여성이 수류탄으로 자살폭탄 공격을 가하여 러시아군 사령관 가드지에프(Gadzhiev) 장군을 살해하려 했으나 부상을 입히는데 그쳤다. 그러나 그는 그 부상으로 인해서 곧 사망했다. 또한 같은 해 12월 그로즈니에 있는 러시아군 빌딩으로 폭발물을 가득 실은 트럭을 몰고 돌진하던 중 15세 된 소녀가 사살되기도 했다. 2002년에도 러시아 군복을 착용한 자살 폭탄 테러리스트가 정부청사에 진입을 시도했다.

체첸 지하드주의자들의 무자비함은 2002년 1월에 발생한 3일간의 모스크바 극장 점거 사건으로 더욱 악명을 떨치게 되었다. 40명의 테러리스트들이 700명을 인질로 잡고 체첸 공화국으로부터 러시아군의 완전 철수를 요구했다. 러시아 특수군이 투입되는 가운데 협상으로

---

231) Johnson 2007, 148.

시간을 끌다가 결국 극장 내에 독가스를 투입시켜 그들을 제압했지만 100여 명이나 희생당하는 최악의 비극적 사태로 끝났다. 바사예프는 그 후에 자신의 소행이라고 자인했다. 러시아군과 러시아인에 대한 체첸인의 테러 공격은 장소와 때를 가리지 않고 무차별적으로 자행되었다. 2002년 5월 다게스탄에서 군사퍼레이드 도중 폭탄이 투척되어 17명의 어린이를 포함해 42명이 사망했다.

2003년 7월 2명의 체첸 소녀가 모스크바 근처 투쉬노 공군기지에서 열린 록 페스티발에 입장하려다가 저지되자 순간 자폭하면서 15명이 사망했다. 이것은 러시아 영토 내 깊숙이에서 일어난 최초의 자살폭탄 공격이었다. 12월에 모스크바 남부 도시에서 통근 열차로 출근하던 한 남성이 자폭하면서 44명이 살해되고 2백 명이 부상을 입었다. 5일 뒤에 한 여성 자살폭탄 테러리스트에 의해 크렘린 근처에서 6명이 살해되었다. 위에 언급한 모스크바 극장 점거 사태에 이어 바사예프는 이 공격 역시 자신의 소행이라고 밝혔다. 2004년 2월에는 자폭공격이 아침 통근 열차에 가해져 39명이 살해되고 134명이 부상을 당했다. 같은 해 8월 24일 2명의 체첸 여성이 2대의 러시아 여객기에서 자폭하여 90명의 승객과 승무원을 살해한 것은 가장 과감한 공격이었다.[232] 그러나 가장 악명 높은 인질 사건은 2004년 9월 베슬란(Beslan)의 학교를 점거한 것이었다. 30명 이상의 테러리스트들이 학교를 점거하고 1,000여 명을 인질로 삼았는데 그들 중 대부분이 어린 아이들이었다. 2일 이상 보안군과 대치하다가 결국 특수군에 의한 인질 구조작전 중에 거의 대부분의 테러리스트들이 살해되는 가운데 331명이 사망하고 특수군도 11명이나 사망했다. 베슬란에서의 대량

---

232) Ibid., 157.

인명살상 사건은 체첸의 대의명분에 깊은 영향을 미쳤다. 한편 2005년 10월에는 카바(Kabardino-Balkaria)의 수도인 날치크(Nalchik)가 체첸군에 의해 공습되기도 했다.[233]

암살당한 아흐마드 카디로프(Akhmad Kadyrov) 대통령의 아들 라마잔 카디로프(Ramazan Kadyrov)가 총리가 되어 2005년부터 점차 실권을 잡고 사실상의 통치자로서 행세하게 되었다. 그의 통치 방법은 납치와 고문으로 비난받은 자신의 비정규군 사병을 이용한 비정상적인 것이었다. 총리가 된 후 곧 그는 체첸의 석유산업을 장악하고 모스크바로부터 재정적 지원을 확보했다. 그러나 경제적 유인책에도 불구하고 체첸 국민의회는 러시아 국경수비대를 제외한 모든 러시아군의 철수를 요구했다. 라마잔 카디로프 자신도 작전조사국으로 알려진 러시아 연방 경찰청을 비난했다. 이렇게 체첸 국내 정치는 계속 불안정한 상태이다. 2006년 4월 29일 카디로프의 사병과 알하노프(Alu Alkhanov) 대통령 수하의 무장 갱단이 충돌하는 사건이 발생했다. 카디로프 파당은 특히 정적에 대한 납치, 고문, 살해를 일삼고 있어 비난받아 왔다. 따라서 카디로프는 결국 자신의 사병을 해산하지 않을 수 없었지만, 그는 여전히 중앙아시아 국가에서 그러한 것처럼 같은 지역에 연고를 둔 종족 및 부족 파당과 일부 반군으로부터의 지지를 받고 있다.[234]

카디로프는 더 많은 민중의 지지를 얻기 위해 그의 정책을 수정한 후 통치기반을 견고히 하고 있다. 2006년에 가장 놀라운 일은 그가 폭넓은 이슬람화 정책을 도입했다는 것이다. 1월에 그는 음주와 노박

---

233) http://news.bbc.co.uk/2/hi/europe/3293441.stm
234) Johnson 2007, 162.

을 금지하고 여성의 히잡 착용을 강제 시행하며 일부다처제를 선호한다고 말했다. 또한 체첸 학교에서 코란과 이슬람법 샤리아를 필수과목으로 정해야 한다고 제안하기도 했다. 2월에는 체첸 미디어가 다루는 내용의 '비도덕성'과 관련하여 공개적으로 비판을 가하며 언론검열법을 도입했다. 알하노프 대통령도 샤리아의 도입에 찬성한다고 제안하며 그의 정책을 지지했다.

다른 한편 2005년 2월 마스하도프 대통령과 러시아 간의 마지막 체첸 협상 시도는 실패하고 그의 휴전 제안도 묵살된 후 그 다음 달 그는 러시아 특수군에 의해 살해되었다. 그의 죽음은 체첸 내의 온건파 정치 세력의 종말을 고하는 것을 의미한다. 그의 후계자 사두라예프(A. Sadulayev)는 저항의 정치적 리더십에 실질적 변화를 가했으나, 그가 2006년 6월에 사망하자 강경파 체첸 반군 사령관 우마로프(Doku Umarov)가 지도자가 되었다. 우마로프의 대변인은 체첸의 목표가 더이상 자유민주주의나 민족주의 독립국가의 수립이 아니라 샤리아 법에 기초한 '북카프카스 연합국(North Caucasian Emirate)'의 건설이라고 발표했다. 이러한 국가는 이슬람주의자 전쟁 영웅들의 대표들로 구성된 집단 지도체제에 의해서 통치된다는 것이다. 그들은 정치적 리더십을 군사화된 구조로 재구성하고 카프카스 국경선에 상관없이 전쟁을 전 지역으로 확대한다는 의도를 가지고 있다.

체첸의 반군 즉, 좀 더 정확하게 말하면 지하드주의자들은 분쟁을 카프카스 나머지 전 지역으로 확산하려는 시도를 여러 차례 하였다. 온건한 체첸 민족주의 지도자들의 죽음은 이들 급진주의자들에게 체첸 민족정체성보다는 호전적 이슬람 이데올로기를 수용하도록 하게 했던 것이다. 마스하도프는 모스크바 당국에 체첸을 독립국가로 인정해줄 것을 요청했지만 지하드주의자들은 더 나아가 카프카스 지역에서 러시아인들이 모두 떠날 것을 요구했다. 이것은 민족적 대의보다 지역적 대의가 우선한다는 것을 의미한다. 2006년 4월 체첸 반군 사령관 우마로프는 러시아와의 어떤 협상 기회도 이미 끝났다고 선언했다.

체첸 반군은 점차 테러리즘을 포함한 광신적인 전술 즉, 더욱 극단적인 와하비 이슬람 교리를 채택하여 저항함으로써 2006년까지 체첸-러시아 전쟁은 교착 상태에 빠지며 보복의 악순환을 거듭하고 있다. 체첸 반군 사령관 우두고프(M. Udugov)는 러시아가 언젠가는 체첸을 공격할 것이라 주장하며 이러한 새로운 강경노선 입장에 화답했다. 그는 이제 체첸의 적이 있는 곳에서는 어디서나 '총력전(total war)'의 성우가 될 것이라고 주장했다. 이러한 그의 주장은 테러가 향후 더욱 더 증가할 것이라는 것을 의미한다.

2007년에는 앞서 언급한 바와 같이 국제사회의 여러 인권단체에서 비난받고 있는 친러 성향의 라마잔 카디로프가 러시아의 지원하에 대통령으로 당선되었다. 러시아의 영웅으로 신뢰받고 있는 카디로프는 체첸 국민들을 직접적으로 통제할 수 있는 권리를 부여받게 된 것이다.[235] 푸틴과 카디로프는 2006년과 2007년에 걸쳐 체첸 반군들에게 사면될 수 있는 기회를 부여하게 된다. 그들은 2007년 1월까지 반군들이 항복의 의사를 표명한다면 처형을 받지 않도록 사면해준다고 밝혔다. 이에 약 500명이 사면을 받을 수 있도록 신청한 것으로 알려졌다. 사면 신청을 하지 않은 병사들이 New York Times에 따르면, 이 사면 프로그램에는 분리주의 반군보다는 다른 죄수들이 더 많이 포

---

235) Dumlop and Menon 2006, 98.

함되었다. 그러나 러시아와 카디로프는 사면 프로그램이 성공적이었다고 말했다.

2010년 3월 29일 모스크바에서 지하철 연쇄 자폭테러로 39명이 숨진데 이어 이틀 뒤인 31일에는 다게스탄 공화국에서도 자폭테러가 발생해 12명이 사망했다. 이슬람 무장단체 '카프카스 에미리트'의 지도자 도쿠 우마로프는 이날 다게스탄 공화국에서 2차 지하철 테러사건이 터진 뒤 몇 시간 후 인터넷에 동영상을 올려 지하철 연쇄 자폭테러를 자신들이 저질렀다고 공개했다. '카프카스 에미리트'는 체첸과 러시아 북카프카스 지역 인근에서 활동 중인 체첸의 이슬람 무장단체이다. 우마로프는 블라디미르 푸틴 대통령 시절 벌어진 체첸 분리 독립전쟁의 반군 지도자 중 한 명으로, 현재 체첸의 반정부 무장단체 지도자 가운데 가장 큰 세력으로 꼽힌다. 러시아 남부 카프카스 거주 무슬림들을 규합한 이슬람 독립국가 건설을 표방하고 있는 우마로프는 최근 러시아 주요 도시에 대한 시가전을 벌이겠다고 공표한 바 있다.

이 테러사건으로 러시아는 다시 '테러의 공포'에 휩싸였다. 체첸 분리주의자들은 1994년과 1999년 두 차례 체첸전쟁 이후 잉구세티아, 다게스탄, 북 오세티아 등 러시아 카프카스 지역에서 다양한 테러를 벌여왔지만 2004년 두 차례 테러사건 이후 모스크바에서 테러를 감행하지는 않았다. 이 때문에 러시아 정부는 이번 테러가 약 6년 만에 모스크바에서 일어났다는 점에 당혹해했다.[236]

특히 2009년 11월 27일 모스크바에서 상트페테르부르크로 가던 급

---

236) "러 연쇄 테러, 체첸 이슬람 무장단체 소행 주장", 『헤럴드경제』, 2010~04~08.
http://biz.heraldm.com/common/Detail.jsp?newsMLId

행열차에서 발생한 테러가 체첸 분리주의자들의 소행으로 밝혀진 이후 러시아 당국은 대중교통 이용객들의 안전을 보장하겠다고 약속했지만 테러가 다시 연이어 발생함에 따라 정부는 국민들의 비난을 받아야 했다. 드미트리 메드베데프 대통령은 이날 러시아 전역의 교통시스템에 대한 보안 강화를 지시했고, 테러리스트에 대해 강력히 대응하겠다고 밝혔다. 이에 따라 이슬람 분리주의자들에 대한 강력 테러 진압으로 국민들의 지지를 얻어온 푸틴 총리는 앞으로 체첸 분리주의자들에 대해 즉각적이고 대대적인 소탕 작전에 나설 것으로 보인다. 푸틴은 체첸 무장단체 테러범 소탕 전쟁을 통해 정치적 리더십을 강화하고 차기 대선 출마에 확실한 발판을 만들고자 하는 것이다.

러시아는 지금까지 자국의 안보가 어느 정도 안정을 이루었다고 밀표했다. 비록 과격 체첸 반군들의 공격은 계속되고 있지만, 그것들의 규모가 작고 간헐적이기 때문이다. 그러나 이러한 안정세에는 많은 대가가 치러지고 있다는 것이 인권주의자들의 주장이다. 카디로프가 질서 유지를 위해 고문과 살인 등의 행위를 서슴지 않았기 때문이다.[237] 일각에서는 러시아가 카디로프를 대통령으로 당선시킴으로써 단기적인 평화는 구할 수 있겠지만, 결과적으로 러시아는 체첸과의 끝나지 않는 전쟁의 길을 열어준 것이라 지적했다.[238] 카디로프 당선 이후 체첸 저항운동은 민족주의와 결별하고 이슬람 지하드 운동으로 변질되고 있으며, 그와 동시에 분쟁은 체첸의 국경을 벗어나 주변 북카프카스 공화국들로 번지고 있다.[239] 이렇듯 분쟁이 북카프카스 지역 전체로 퍼지게 된 것은 체첸의 급진 무장단체들이 러시아가 체첸

---

237) http://terrorism.about.com/od/originshistory/tp/Russia---Chechnya--- Terrorism.htm
238) http://news.bbc.co.uk/2/hi/europe/6528427.stm
239) 현승수 2009, 306.

에만 집중하는 것을 막기 위해 취한 조치로 보인다.[240]

2. 러시아의 보복 국가테러

러시아 당국은 무차별 자살폭탄 공격에 대응하여 테러와의 전쟁을
선포하고 거의 모든 체첸 반군을 테러리스트와 악한으로 낙인찍고
보복 테러를 단행하기 시작했다. 체첸 강경파 지도자 사우디(Saudi)와
쌍벽을 이루던 바사예프도 트럭 폭발물 장치로 살해되었다.[241] 전쟁
에서 승리하기 위한 러시아의 이러한 방법은 '국가테러(State terror)'의
한 형태로 간주되어 국제적으로 비난을 받았다. 국제 엠네스티를 포
함한 세계 인권기구들의 평가에 의하면 1999년 이래로 5천 명의 체첸
인들이 '실종'되었다. 그들은 러시아 보안군이 강간, 살해, 납치 등 반
인륜적인 방법을 사용해 인권을 유린했다고 비난했다. 2000년 3월 미
국부장관 올브라이트 역시 러시아의 이러한 인권침해는 국제적 비난
의 대상으로 고립을 자초하는 행위라고 경고했다. 카디로프 대통령도
러시아의 이런 살인마적 행위를 비난하고 있으나, 역설적이게도 자신
도 정권을 유지하기 위해서 보안 경찰과 그의 아들의 지휘를 받는 민
병대를 이용하여 고문과 살인을 서슴지 않고 있다.

체첸 반군들에게는 전쟁 포로들의 지위도 부여되지 않았기 때문에
이들은 종전 후에도 석방될 수 없었다. 그 대표적 예로 체첸 반군 사
령관 라두예프(Salman Raduyev)는 2001년 12월 재판을 받고 테러와 살
인죄가 인정되어 러시아 형무소에서 복역하다가 1년 뒤 옥사했다.

---

240) Dumlop and Menon 2006, 100.
241) 러시아는 Beslan 인질 사건에 대한 책임을 물어 바사예프를 처형했다. http://www.infoplease.com/
spot/chechnyatime1.html#2006.

반군의 무자비한 테러에 대응하여 러시아의 특수군과 체첸 정부의 무장경찰이 합동으로 2000년 5~6월 강력한 보복 소탕작전을 전개했을 당시 체첸 반군도 분열적 양상을 보이고 있었다. 체첸의 비공식적 분리주의자인 외교장관 아흐마도프(Ilyas Akhmadov)는 러시아에 대항한 '이러한 쓸데없는 전쟁'을 끝내자고 주장한 반면, 강경파 지하드주의자들은 이에 반대하며 러시아군과 친러시아 체첸 정권을 전복하기 위해 2001년부터 테러 전술을 훨씬 더 많이 사용하기 시작했다.[242]

한편 푸틴 대통령은 모스크바에 충성할 수 있는 체첸 인사를 물색한 끝에 2000년 6월 친러시아 성향의 이슬람 종교지도자 아흐마드 카디로프(Akhmad Kadyrov)를 체첸 임시정부 수반으로 임명하였다. 푸틴은 친러시아 체첸 정부의 설립을 위해 국민투표를 실시하여 신헌법을 제정하도록 했으나 많은 체첸인들이 선거에 참여하지 않았다. 모스크바 당국이 내세운 카디로프에 대한 체첸인들의 지지도 역시 약했다. 2003년 10월의 대통령 선거에서 카디로프는 그의 정치적 라이벌들과 분리주의자들에 대한 투표를 불허함으로써 80%의 득표율로 승리했다. 그러나 체첸 저항군 입장에서 카디로프는 조국을 배반한 매국노였기에 제거해야 할 암살 대상 1호였다. 여러 차례 테러를 모면해 왔던 카디로프는 결국 2004년 5월 체첸 저항군의 폭탄테러에 의해 암살되었고, 그 이후 새로운 대통령 선거가 실시되었다. 체첸 반군의 투표소와 정부청사에 대한 습격에도 불구하고 선거는 진행되었다. 푸틴 정부는 친러시아 체첸 내무장관 알하노프(Alu Alkhanov)를 지원하여 2004년 8월 치른 대통령 보궐선거에서 그를 재차 당선시킨다. 이번에도 체첸 저항군은 알하노프 역시 러시아의 앞잡이라고 비난하

---

242) Johnson 2007, 153.

며 카디로프와 같은 운명을 맞이할 것이라고 경고했다.[243]

위에 언급했듯이 베슬란 인질 사태 2주 후 바사예프가 웹사이트를 통하여 그 사건이 자신의 소행임을 인정한 것은 푸틴의 對체첸 강경 노선에 힘을 실어주게 된다. 2004년 10월 러시아 의회는 향후 인질 사태에 대해서는 테러리스트의 가족들을 체포하여 러시아 인질들이 당한 만큼의 보복을 하도록 하는 규정을 명문화하는데 동의했다. 그러나 베슬란 사태에서 중요하게 눈여겨보아야 할 점은 체첸인들도 더 이상의 인질 전략으로는 체첸의 대의명분을 성취할 수 없다고 인식한 것이다. 체첸인들의 인명 손실도 컸기 때문에 이 사건으로 체첸 반군은 국민의 지지를 상실하게 되었다. 반군 지도자들을 포함한 많은 체첸인들은 테러리스트들이 너무 멀리 나갔다고 느꼈던 것이다.

한편 이러한 수많은 자살폭탄 공격에 대응하여 러시아 정보부는 체첸 반군의 악명 높은 지도자 하탑(Khatab)으로 알려진 사우디(Saudi)를 2002년 3월 19일 독약이 든 편지를 이용해 살해했다. 2003년에는 러시아 정보부 빌딩을 폭파하기 위한 자살 테러범이 폭탄을 가득 실은 트럭을 이용한 사건이 2차례나 있었다. 2004년 4월 16일에는 사우디의 후계자 알-왈리드(Abu al-Walid)가 러시아 전투기의 폭격으로 살해되었다. 또한 전투적 자마아트 운동의 이맘인 만사로프(Kantash Mansarov)가 2005년 2월 19일 보안군에 의해 암살되었다. 그 다음 달에는 체첸 반군 사령관 치티고프(Rizvan Chitigov)가 친러시아 체첸 보안군에 의해 살해되고, 5월에는 전 부통령 아르사노프(Vakha Arsanov)와 2명의 체첸 게릴라 지도자마저 살해되었다. 마지막으로 푸틴 대통령이 체첸 전쟁의 분수령이라고 지적한 마스하도프 정권하에서 전 체첸 보

243) 홍완석 2005, 251.

안사령관이었던 아흐메드 아브토로하노프(Akhmed Avtorkhanov)의 죽음으로 체첸 전쟁 이전 지도자들은 거의 모두 제거되고, 전투적 무슬림과 이슬람권 출신 자원병 무자헤딘들이 그들의 뒤를 잇게 되었다.

체첸 반군의 테러 공격 사건은 2000~2004년에 걸쳐서는 상대적으로 적게 발생했다. 그러나 2004년에는 30건의 테러 공격이 있었고, 러시아 사회과학원에 따르면 2005년 첫 6개월 동안에는 70건의 테러 사건이 일어났다. 그러나 테러 사건의 수보다는 질적으로 더 정교화되고 있다는데 문제가 있다. 2006년에도 반군 지도부를 제거하는 정책은 계속된다. 마스하도프가 살해된 이래로 소위 반군 '대통령'으로 불리는 사두라예프(A. Sadulayev)가 2006년 6월에 사살되었다.[244]

체첸 분쟁에서 전사한 사상자나 실종자의 수는 각 발표 기관에 따라 다르다. 러시아 인권그룹 Memorial의 추산에 의하면 1,893명이 2002~2006년 사이에 납치되었는데, 그중 653명이 생존, 186명 사망, 그리고 실종 1,023명이라고 판명되었다. 이러한 조사는 단지 그 나라 전체 납치 건수의 1/3에 불과하며, 그 규모는 훨씬 더 커질 수 있다. 러시아 국방부는 1999~2002년 사이 전투에서 4,700명이 사망했다고 발표했으나, 러시아 관영 이타르타스 통신은 2002년 한 해에만 그 정도 이상의 사망자가 있었을 것이라고 보도했다. 공식 통계로는 2005년까지 러시아 내무부 군대 및 정보 요원들을 제외하고도 3,450명에 이른다. 영국의 Janes 통계로는 1~2차 두 차례의 전쟁에서 11,000명의 러시아군과 체첸 정부군이 사망했다. 체첸 정부는 제2차 체첸 전쟁에서 민간인이 20만 명 사망했다고 추산했으나, 체첸 반군은 25만~30만 명이라고 주장했다. 객관적 판단에 의하여 그 지역에서 사망

---

244) Johnson 2007, 155.

한 민간인들의 수는 8만 명으로 추산하고 있다. 체첸 반군 측에 의하면 반군은 5천 명이 사망했으나, 러시아군은 5만 명이 사망했다는 주장은 상당히 과장되어 보인다.

1차 체첸 전쟁에서 10만 명의 민간인과 5천~1만 4천 명의 러시아인의 인명 손실에도 불구하고 체첸 민족의 독립문제는 미해결 상태로 남았는데, 이는 '끝나지 않은 전쟁'의 대표적인 경우이다. 2차 체첸 전쟁에서 푸틴은 국제적 비난에 신경을 덜 썼으며, 국내에서도 일부 지지를 받았다. 9.11 테러 사태 후, 그는 체첸의 지하드주의자와 알-카에다의 이데올로기를 연계시켜 국제적으로 주목을 끄는데 성공했기 때문이다. 이와 같이 러시아 정부가 체첸에서의 '더러운 전쟁'을 테러와의 전쟁으로 합리화하려고 시도하고 있지만 유럽의회, 유럽인권법원, 유엔인권위원회가 납치, 살해, 고문, 강간, 실종 등을 자행하고 있는 모스크바의 행위를 인권유린으로 비난하고 이의 시정을 요구하고 있다.

이러한 국제적 여론에 따라서 납치, 살해에 대한 몇 건의 경우는 재판에 회부되었다. 한 건은 2003년에 바다노프 대령이 체첸 여성을 납치하여 살해한 경우이고, 다른 하나는 2004년 특수군 요원이 6명의 체첸인을 총살에 처한 것으로, 그중 한 명은 장애인 여성이었다. 그들은 그 범죄를 은폐하기 위해서 시신을 비밀리에 불태워 버렸다. 러시아의 이러한 무자비한 행위에는 체첸 반군이 동일한 방법으로 '전쟁'을 전개하도록 한 것에 대한 책임이 있다.

이러한 체첸 전쟁이 남긴 유산으로는 크게 다음 3가지가 있다.

첫째, 체첸 전쟁 참전 용사들의 70%가 전쟁 후유증으로 '체첸 신드롬(Chechen Syndrome)'을 겪으며 정신적으로 많은 스트레스를 받고 있다. 그중 일부 젊은 병사들은 아프간 전쟁 후의 병사들이 보였던 현상처럼 폭력적으로 변하고, 알코올 중독에 빠졌으며 자살률도 상당히 높은 것으로 알려졌다.[245]

둘째, 러시아 경찰의 잔인성과 범죄율이 전쟁 이전보다 훨씬 더 높아졌다. 경찰은 체첸 전쟁에서의 전술에 익숙한 나머지 납치와 고문을 일삼는 가운데, 2005년 러시아 내무부는 경찰에 의한 범죄가 46.8% 증가했다고 시인했다.

셋째, 세계보건기구에 의하면 체첸 국민의 거의 90%가 심리적으로나 정신적으로 '고통'을 당하고 있다. 이들 중 1/3은 전쟁 외상 스트레스(trauma)를 받고, 많은 어린이들은 폭력과 비극에 대한 공포심을 계속 가지고 있다. 카프카스 지역에서 사람들에 대한 인종차별적 공격도 증가하고 있다. 인종차별 폭력사태는 이전이 20건에서 2003~4년에는 45건으로 2배 이상 증가했다. 또한 러시아인들 사이에서도 민족주의적 감정이 상당히 증가하고 있다. 푸틴이 민족주의 카드를 활용하면서 여전히 국민의 지지를 받고 있는데, 아이러니컬하게도 체첸 정부 역시 마찬가지이다.

---

245) Ibid., 166.

V. 체첸-러시아 관계 전망

체첸 전쟁은 역사적으로 지금까지 세계 여러 곳에서 발발했던 전쟁들과 몇 가지 면에서 공통점을 보여주고 있다. 제1, 2차 체첸-러시아 전쟁은 본질적으로 체첸 이슬람 민족독립국가의 쟁취라는 점에서 기본 목표는 동일하다. 반면 모스크바 당국은 '러시아 연방의 붕괴를 막는 차원에서 소수민족 분리주의를 차단해야만 한다'는 국가 안보라는 측면에서 체첸의 독립을 결코 용인할 수 없는 입장에 있다. 만약 체첸의 독립을 허용한다면 러시아 연방 내 수많은 소수민족의 분리주의 운동으로 확산되는 도미노 현상을 초래하여 러시아 국가는 걷잡을 수 없는 더 큰 국가적 위기에 처할 것이다. 제2차 전쟁의 종식 이후에도 지금까지 여전히 체첸 남부의 카프카스 고산지대로 피신한 체첸 반군은 러시아 정부군을 상대로 자살폭탄 테러와 산악 게릴라 전을 지속적으로 펼치고 있다. 이러한 상황에서 체첸-러시아 전쟁은 언제든지 제3차 전쟁으로 비화될 수 있는 폭발력을 지니고 있기 때문에 이 지역의 불안한 평화는 언제 깨질지 알 수 없다.

2007년에 일부 전문가들은 체첸지역에도 곧 평화가 정착될 것이라는 예측을 했었다. 이는 체첸이 물질적으로나 이데올로기적으로 고갈되었다는 분석에서 온 견해이다.[246] 이를 증명이라도 하듯 3월 26일의 보도에 따르면 카디로프 체첸 대통령은 더 이상 체첸의 테러범이 없다고 발표하며 反테러작전을 31일 종결할 것이라고 밝혔다. 그는 현재의 테러에 대한 보도는 과장된 것이며, 남아 있는 소수의 테러 조직원들도 곧 모든 테러행위를 중단할 것이라고 말했다. 그러나 2009~10년에 일어난 자폭테러 사건들로 보아 그의 말은 사실이 아님이 드러났다. 전문가들은 대테러 부대 유지가 쉽지 않기 때문에 카니로프가 反테러작전을 종결한다는 결정을 내린 것이라고 주장한다.

2010년 3월 '카프카스 에미리트'의 지도자 도쿠 우마로프는 웹사이트에 성명을 올려 "모스크바 지하철역 연쇄 자폭테러 공격은 러시아 보안군이 체첸과 잉구셰티야의 가난한 주민들을 살해한 데 대한 우리들의 보복 공격"이라고 말했다. 우마로프는 또한 테러를 러시아 전역으로 확대할 것이라고 경고하면서, 러시아 국민들을 상대로 "전쟁은 당신들의 거리에도 일어날 것이고, 당신들의 삶 속에서 피부로 느끼게 될 것"이라고 말했다. '카프카스 에미리트'의 대변인 격인 셈세틴 바투카예프는 로이터와의 인터뷰에서 "우리는 러시아의 경제적 타깃을 공격할 계획을 여전히 갖고 있다"고 말했다. 우마로프 역시 지난달 러시아 석유 파이프라인 등 러시아 경제를 타깃으로 공격할

---

246) http://www.swisspeace.ch/typo3/fileadmin/user_upload/pdf/FAST/ Updates
/2007/FAST_Update_Chechnya_1_2007.pdf

것이라고 위협한 바 있다.

러시아 당국은 최근 몇 년 동안에도 지속적으로 북카프카스 지역에서 이슬람 무장단체들과 교전을 벌이고 있다. 지난해에도 이 지역에서 폭력사태로 916명이 사망하여, 2008년의 586명보다 크게 증가한 것으로 나타났다.[247]

러시아 당국은 다게스탄에서 연쇄테러가 발생한 뒤 평소보다 경찰력을 3배 증강해 보안을 강화했고, 드미트리 메드베데프 대통령은 러시아 전역의 보안 강화를 지시하고 테러리스트에 대해 강력히 대응하겠다고 밝혔다. 체첸 분리주의자들에 대한 러시아의 대테러 활동은 강화될 것으로 보인다. 그러나 지나친 친러주의 성향으로 국민들의 지지를 잃은 카디로프와 메드베데프 대통령의 강경대응 정책이 체첸과 러시아의 긴 분쟁의 역사에 종지부를 찍는 사건이 될지는 자명하지 않다.

247) "체첸 무장단체 지하철 테러 자행 주장", 『경향신문』, 2010~04~01.
     http://news.khan.co.kr/kh_news/khan_art_view.html?artid.

타직 민족의 정체성과
페르시아 문화

I. 이란과 타지키스탄의 문화적 연계성

    이란-타직 외교관계가 공식적으로 시작된 1992년 1월 8일을 기점으로 테헤란 정부의 對중앙아시아 정책에서 타지키스탄은 중앙아시아의 신생독립국들 가운데 특별히 중요한 위치를 차지한다. 타지키스탄이 투르크메니스탄이나 카자흐스탄과 같은 경제적 중요성이나 우즈베키스탄 같은 정치적 비중을 갖고 있지는 않지만 문화와 이데올로기의 동질성 때문에 타지크-이란관계는 중앙아시아에 대한 이란의 전반적인 외교정책을 수립하는 데 특별한 역할을 한다.

    정치 분야에서 이란은 모든 중앙아시아 국가들과 외교관계를 수립하고, 이란에서 타직 외교관들을 교육시킨 바 있다. 이란은 중앙아시아의 지도자들이 파괴적이라고 볼 수 있는 행동을 취하지 않도록 주의를 기울였다.

    옛 소련의 상황이 변화함에 따라 각각의 중앙아시아 공화국들도 외국과 직접적으로 협상할 수 있게 되면서, 타지키스탄과 이란은 1989년부터 지금까지 수차례의 공식방문을 교환하였으며, 경제, 학술, 문화 등 다양한 방면에서 협력하겠다는 의향을 공식적으로 발표하기에 이르렀다. 예를 들면 타지키스탄 문화재단은 1990년에 이란의 출판업체와 협정을 맺고 타지키스탄 내에서 코란, 사전, 문학작품, 교육자료 등의 서적을 판매하게 되었다. 이란 대통령 라프산자니는 페르시아 문자 인쇄 장비를 타지키스탄 문화재단에 선물로 보내는 것을 승인하였다. 타지키스탄의 수도 두샨베에서는 이란 영화제와 이란 도서 전시-판매전이 1990년 가을 개최되었다. 이때 상영된 영화들은 비록 모든 어휘가 타직인에게 이해가 된 것은 아니지만 - 자막 없이 페르시아 원어로 상영되었다. 이란 국영 라디오 텔레비전 방송사인 Voice and Vision과 이란 문화부 직원들이 이 두 행사를 진행하기 위하여 타지키스탄을 방문하였다.

신생 '무슬림' 국가들 가운데 타지키스탄만이 유일한 페르시아어 공용국가이며 이란의 문화적 환경과 특별한 연관성을 가지고 있다. 이란은 중앙아시아 모든 공화국과의 문화적, 종교적 관련성을 강조하는데, 특히 언어적 연관성 때문에 타지키스탄을 중시한다. 이와 같이 타지키스탄은 다른 중앙아시아 국가들과는 달리 이란에 대한 어느 정도의 중요성을 갖고 있다. 사실 이란 지도자들이 타지키스탄을 단지 기회로 뿐만 아니라 '부담'이나 '의무'로 생각하는 것은 바로 이러한 문화적 요인 때문이다. 이러한 문화와 종교적인 유사성은 이란-타직 관계를 복잡하고도 때로는 혼란스럽게 한다. 결국 이 문화적 요소들이 이란-타직 관계에 있어서 가장 지속적인 요인으로 작용할 것이다.

본 장에서는 이 지역 신생독립국 중 하나인 타지키스탄의 일반적 상황을 정치, 경제, 사회적 측면에서 기술한 다음, 내부적 갈등 및 정치상황을 고찰함과 동시에 페르시아 제국 시대부터 이란-타직 관계에 이르기까지의 특별한 문화적 연계성을 논할 것이다. 역사적으로 타지키스탄과 이란은 문화적 유사성이 있기 때문에 이란의 정책입안 및 결정권자들은 잠재적 가능성을 가진 이 나라에 각별히 주목했다. 왜 타직 지식인마저 對이란 관계를 이란과 페르시아 문화 중심으로 생각하는가? 이 문제는 경제를 비롯한 다른 정책 방향에도 영향을 줄 수 있다.

이러한 양국의 관계를 고려하여 이란의 對타직 정책에 있어서 두 가지 가설을 설정할 수 있다. 첫째 가설은 양국의 발전에 필요한 토대를 구축하기 위해 동일한 종교, 혁명주의적 성향, 이슬람 세력 중심의 일치된 징체성을 강조히어 타직 무슬림에게 문화적 지지를 호소하고 정치, 종교 선전과 무슬림 집단의 지지를 통해 타지키스탄에서의 이슬람 운동을 강화하여 이란의 對중앙아시아 진출의 교두보로 삼는 것이다. 다른 가설은 종교상으로 즉, 순니-시아파라는 종파상의 대립은 고려하지 않고 민족 간의 문화적 공통성을 힘의 축에 두고, 여기에 경제협력관계를 강화하여 이란의 대외정책을 추구하는 것이다.

Ⅱ. 타지키스탄-페르시아의 역사적 관계

1. 타직의 어원과 타직 민족의 문화 정체성

오늘날 '타직(Tajik/Tozhik)'이란 용어가 중앙아시아와 아프가니스탄 북부에서 페르시아어(Farsi)를 사용하는 사람들의 자아 정체성을 나타낸다는 학설에는 의심의 여지가 없다. 타직이라는 용어는 중앙아시아 국민의 자아 정체성의 결과로 생긴 것이 아니라 아랍인이 붙인 이름으로서 등장한 것이다. 이 용어는 그 뒤 투르크계 사람들이 그 당시 아랍인으로서 널리 간주되었던 모든 비투르크인 즉, 페르시아어를 사용하는 무슬림을 지칭하는 말로 사용된 것이다.

또 다른 견해에 의하면 타지키스탄이 투르키스탄에서 분리되기 전, 트랜스옥시아나(Transoxiana)를 통해 아랍인이 들어오자 타직인은 스스로를 투르크인과 구별했다. 타직이라 명명한 것도 지역 내 투르크인과 구별하기 위함이었다. 타직인은 정착민으로 투르크인보다 좀 더 일찍 무슬림이 되었다. 이러한 이유로 당시 이슬람을 받아들이지 않은 투르크인은 이들을 타직이라 불렀고 아랍인도 그같이 불렀다. 그후 이러한 명칭은 타지로 변형되었다.[248]

이슬람을 믿는 아랍인의 경우와 같이 종교를 인종 집단과 동일시하는 경향은 중세기부터 20세기까지 계속되었다. 타직이라는 용어는 11세기부터 쓰이기 시작하여 이슬람의 전파를 위해 투르키스탄에 진출한 페르시아인에게 널리 적용되었다. 그러나 타직이라는 용어가 언제부터 그 민족을 나타내는데 사용되었는지는 아직도 명확하게 밝혀지지 않았다.[249] 타직이라는 단어는 두 가지 의미를 가지고 있다는 것이 오랫동안 정설로 남아 있다.

첫째, 광의의 의미로서의 타직이라는 용어는 중세에 발전된 것으로 이란어를 사용하는 농경 정착민 특히 이란 동북부(아프가니스탄 서북부와 코라산), 중앙아시아 일부, 그리고 동부 투르키스탄의 서남부 지역을 포함하는 광범위한 지역의 도시민들을 지칭한다.

둘째, 협의의 의미로서의 타직은 중앙아시아 동남부와 아프가니스탄 북부 지역에 오랫동안 거주해온 민족을 뜻한다.

현재 타직인의 선조는 정착생활을 했는데 고대 실크로드의 중요한 구역을 관리했다. 그들은 처음에는 투르크 부족들에게, 나중에는 몽고와 우즈베크 민족들에게 정치적 실권을 빼앗긴 후에도 중앙아시아의 도시들을 지배했다. 또 이들은 새로운 이름으로 불리기도 하였다. 앞서 언급한 바와 같이 아랍인은 타직인을 페르시아어를 사용하는

---

248) Fesharaki 1998, 88.
249) Chvyr 1993, 246.

무슬림이라고 생각한 반면에, 투르크 부족은 그들을 이란인이라 생각하면서 국외자로 취급했다. 투르크계 방언을 사용했던 중앙아시아의 타직 도시 거주자들은 고대 이름인 '사르트(Sart)'로 불렸다. 많은 타직인은 전문적 기능공인 장인 계층이 되었으며 머지않아 모든 도시의 장인들이 사르트인이라고 불리게 되었다.[250]

오래 전부터 중앙아시아 유목민들은 어느 특정한 인종적 집단에 소속되는 것보다 어떤 문화적 계층에 속하는 것을 더 중요하게 여겨왔다. 그래서 B.C. 2000년 전 초기에 등장했던 '사르트'라는 용어는 상인 또는 무역업자를 의미하기도 했다. 그러나 후에 이것은 '무슬림'과 '타직'의 동의어가 되었다. 유목민들에게 이러한 개념들은 새로운 용어의 생성과 융합되었다. 예를 들면 사르트는 상인과 무역인 계층을 형성해낸, 정착한 무슬림 전체를 명명하는 이름이 되었다. 중요한 특성은 그 사람이 상인이었다는 것과 어디에서 태어났느냐 하는 것이다. 그러나 그들이 사용한 언어가 페르시아어이든지 터키어이든지는 중요하게 여기지 않았다. 그와 같은 시기에 '타트(Tat)'라는 또 다른 용어는 유목민에 의해 정착생활을 하는 지방의 농경민과 도시 상인을 동일시하는 단어로 쓰였다. 역사적으로 다의어인 '타직'이라는 용어는 현재 투르키스탄에서 지역별로 다소 폭넓게 사용되고 있다. 어떤 민족 집단은 그들 자신을 타직어를 사용하는 우즈베크인으로 여기는 사람도 있고, 우즈베크어를 사용하는 집단이 그들 자신을 타직인이라고 부르는 사람도 있다. 타직어를 사용하고 자신들을 타직인이라고 인식하는 집단도 있지만 그들은 자신들의 언어를 '파르시'[251]

---

250) Rashid 1994, 165.
251) 이란어를 Porsi 또는 Farsi, 즉 Persian라고 부른다.

라고 부른다.

　부하라에 거주하는 사람들에게는 1920년대 초반까지 자신들이 어느 특정한 민족에 소속되어 있는지의 문제는 그리 중요하지 않았다. 그들이 중요하게 여긴 두 가지는 첫째, 어떤 사람이 무슬림인지의 여부, 둘째, 그 사람이 도회지 사람인지 농민인지 아니면 유목민인지의 여부였다. 그래서 소비에트 당국은 중앙아시아 내에서의 국경을 확정할 때 당시 민족 정체성의 문제로 곤혹스러워 했다.

　전통적으로 타지키스탄의 언어적·문화적 특징은 정치적 혹은 민족적인 경계선으로 규정되지 않는다. 이슬람 범주 안에서 그 지역의 전통적인 고급문화와 대중문화는 페르시아·터키·아라비아 문화가 복합된 양식을 취하고 있다. 주요 강과 계곡의 정착민 사이에서, 터키-페르시아어 양 언어의 사용이 전통적으로 일반화되어 있다. 페르시아어는 터키 사람들이 중앙아시아의 남쪽 지방을 수적으로나 정치적으로 점령한 후에 오랜 동안 행정·교육·문학에서 널리 사용되었다.

　중앙아시아 국가들은 당시 왕조가 어떤 정권을 갖고 있는 것인가로 규정되지, 그 왕조의 국경과 민족이 어떻게 구성되어 있는가로 규정되지 않는다. 1,000년 동안 중앙아시아에서 제1언어로 페르시아어를 사용했던 국가는 한 번도 없었다. 한 나라가 천 년 전에 존재했다는 사실은 확실히 현재의 정치와 연관성을 가진다.[252]

　예를 들면 "나는 러시아인입니다. 당신은 누구이십니까?"라는 질문에 "우리는 무슬림입니다"라는 대답을 한다. 이러한 대답은 질문에 대한 오해에서 기인한 것이 아니다. 이는 모든 타직인이 그들 자신을 여러 사회집단과 동일시하기 때문이다. 그는 단순한 종교인 이상의

---

252) Atkin 1997a, 280.

이슬람에 대한 신앙심을 강조한다. 타직인은 오랫동안 이슬람과 유대 관계를 맺어왔다. 오늘날 이는 종교적 의미뿐만 아니라 민족 문화적 의미로서 가치를 지니고 있다. 이것은 종교적 정체성 특히 이슬람의 정체성을 강화하였다. 이는 그의 세계관과 삶의 가치관, 그리고 다른 문명에 대한 인식방법을 보여준다.

타직인의 마음속에는 인종적 공동체와 조상의 고향에 대한 개념 역시 그들의 민족적 정체성의 한 부분을 차지한다. 인종-민족학자들이 지적했듯이 타직 인종집단 구성원의 자아 정체성은 기본적으로 지리-지역색과 문화에 따라서 계층 분화가 이뤄졌다. 인종적 계층 분화는 주로 평지에 살고 있는 북부 타직인과 주로 산악지대에 거주하는 남부 타직인의 주요 지역집단들로 나누어진 것에 근거하고 있다. 이러한 계층 분화는 자아 정체성을 나타내는 기준으로 확립되지는 않았지만 양대 대표적인 집단들이 자신들을 타직인이라고 부르고 있고 각자 자신들이 '진정한' 타직인이라고 주장하고 있다.

주로 평지의 도시와 대도시에 살고 있는 북부 타직인은 조상들이 이룩한 위대한 문명의 유일하고 진정한 계승자는 자신들이라고 믿고 있다. 그들은 남부에 거주하는 자신들의 동족을 미개한 '시골뜨기' 또는 '야만인'으로 여기고 있다. 그러나 산악지대에 살고 있는 남부 타직인은 자신들이 진정한 타직인이라고 주장하며, 경작민인 우즈베크인과의 접촉을 통해서 북부 타직인이 상실한 문화적 전통을 자신들만이 보존하고 있으며 타직인의 순수 혈통을 유지해 왔다고 주장한다. 이와 같은 상황에서 양대 집단은 상대방의 민족적 동질성을 인정하지만 각각 타직 역사 및 문화적 유산의 진정한 수호자로서의 상대방 권리는 서로 부정한다. 이러한 양대 주요 집단은 단순히 그들의 심리 상태뿐만 아니라 문화적 전통과 언어학적 특성에도 차이가 있다. 이는 그동안 여러 민족 지리학자, 언어학자, 고고학자, 그리고 동양학 학자들이 수행한 많은 연구 결과로 입증되었다.[253]

16~17세기에 이란으로부터 '이란인(Irani)'으로 알려져 있는 상당수의 이주민이 부하라에 정착했다. 이 새로운 이주민은 자신들을 타직 또는 페르시아인이라고 불렀다. 이는 곧 그들이 시아파 신도라는 사실과 연관이 되어 그곳 원주민이 자신들은 순니파라고 내세우는 원인이 되기도 했다. 19세기에 중앙아시아를 여행한 러시아 탐험가들은 타직이란 용어를, 이란어를 사용하는 모든 투르키스탄인을 나타내는 범주로 종종 사용하였다. 이러한 전통 속에서 타직인은 결코 페르시아인과 자신들의 정체성을 동일시하려 하거나 그들과 문화적으로 융합하려 하지 않았음을 명백하게 보여준다.

2. 타직 민족의 역사

B.C. 1500~1000년 사이에 페르시아 부족[254]이 북쪽으로 이동하여 중앙아시아와 아프가니스탄으로 진입해 왔을 때 오늘날 타지키스탄이라 불리는 지역에서는 전원적인 유목생활이 이루어지고 있었다. 이 부족들은 B.C. 700~300년 사이에 북쪽에서 중앙아시아로 침략해 온 스키타이인(Scythian)에 의해 침략당하기 전까지 아무 강(Amudarya)과 시르 강(Syrdarya) 사이에 정착했다. 그 후 스키타이인은 페르시아 제국이 200년 동안 중앙아시아를 계속 통치하며 영향력을 넓혀 나가자

---

253) Chvyr 1993, 252.
254) 이 부족은 Tat, Tajik, Sart, Galsha, Farsiwan 등 여러 가지 이름으로 불렸다.

시르 강 건너편까지 계속 밀려났다.

페르시아 왕들은 타지키스탄 남부와 아프가니스탄으로 뻗어 있는 박트리아(Bactria)와 우즈베키스탄 남부와 타지키스탄 서부로 뻗어있는 소그디아(Sogdiana)를 통치했다. 타직인의 조상은 소그드인(Sogdian)으로서 알렉산더 대왕이 B.C. 329년 중앙아시아를 정벌하기 위해 카불을 떠났을 때 파미르 지역에서 살았다. 알렉산더 대왕은 아무 강을 건넌 후 오늘날 코잔드(Khojand)라 불리는 알렉산드리아(Alexandria-the Farthest)라는 도시를 세우고 북쪽으로 계속 진격했다. 사마르칸드를 정복하면서 그는 시르 강 북쪽에 살고 있던 스키타이인들을 패배시켰다. 그리고 나서 그는 남쪽으로 기수를 돌려 그의 가장 유명한 전투 중 하나이며 소그드인들이 난공불락이라고 여겨온 '소그드 요새(Sogdian Rock)'를 함락시켰던 것이다.

그들을 정복한 알렉산더 대왕은 중앙아시아에서 가장 아름다운 여인으로 알려진 소그드 왕 옥스야르테스(Oxyartes)의 딸 록사나(Roxana)와 결혼했다. 신체적으로 타직인은 혼혈의 한 전형적인 예이다. 아프간 타직인이 강한 카프카스인의 특징을 나타내는데 반해서, 북쪽으로 갈수록 타직인은 강한 몽고 인종의 특성을 드러낸다. 알렉산더의 침략에 의해 그리스인의 피가 섞였기 때문에 아직도 금발머리와 파란 눈, 그리고 그리스인의 코를 가진 타직인도 존재한다.

알렉산더는 B.C. 323년 33세 때까지 많은 나라들을 정복했다. 러시아 제국이 19세기에 중앙아시아로 세력을 확장하기 전까지 유럽과 아시아 양 대륙을 석권한 그의 정복활동은 세계사의 한 장을 차지하고 있다. 그리스인과 그 후계자들은 서쪽으로 헤라트까지 뻗친 박트리아(Bactria) 왕국을 통치했다. B.C. 300~140년까지 통치한 박트리아

인은 헬레니즘, 불교, 그리고 중국의 영향을 받아 외래 혼합 문화를
갖춘 사카인(Sakas)에 의해 굴복당했다. 사카인이 남쪽으로 밀고 내려
가 인도까지 진격해 들어간 후, 일련의 유목민 침략자들이 연속해서
타지키스탄을 침략·정복했다. 이들은 바로 파르티아(Parthians)·페
르시아 사산 제국·에프탈리테 훈 제국(Ephthalite Hun)이며, 서기 400
년경에는 처음으로 투르크 유목민이 침략했다.

타지키스탄과 아프가니스탄은 중앙아시아 주변부에 위치해 있는
오늘날과는 달리 고대에는 군사와 경제의 중심지였다. 이 지역은 서
부로는 이란과 유럽, 동부로는 인도로 진출하는 중요한 통로에 위치
하고 있어서 역사적으로 수많은 침략자의 관심의 대상이었다. 게다가
이 지역은 실크 로드의 중요한 부분이었기 때문에 이곳에서부터 정
복사들은 상당한 경제적 이득을 누릴 수 있었다. 정치·경제 분야에
서 타지키스탄 내에 일어난 사건들은 중국·아프가니스탄·인도·
유럽에까지 영향을 미쳤다. 타지키스탄 북부 지방에서는 판자켄트
(Panjakent)라고 하는 고대 불교 도시가 고고학자들에 의해 발견되었
다. 그곳의 유적은 그 도시가 중앙아시아 전체의 종교·문화·무역에
영향을 미치는 중요한 교차점이었다는 사실을 명백히 밝혀준다.

비록 중앙아시아가 급속히 투르크인의 통치하에 들어갔지만 페르
시아어를 사용하는 타직인은 대대적으로 이어지는 정복자들 아래서
주요 관직을 차지했으며 시장과 무역, 그리고 페르시아와 인도로부터
이주한 장인들을 통제하면서 중요한 역할을 담당했다. 문화적으로 사
람들은 사고방식에서 본질적으로 페르시아인이었기에, 타직의 영향
력은 오히려 역으로 페르시아 중심지역에 퍼졌다. 중앙아시아에서 최
초의 페르시아 무슬림 왕조를 세운 사만인(Samani)은 원래 타직인이

었다. 사만인은 부하라를 수도로 하는 강력한 왕국을 중앙아시아에 세웠다. 그들의 통치기간(874~999) 동안 미술・과학・문학에 있어서 거대한 학문적 번영이 이루어졌고, 한 세기 후에 유럽에까지 큰 영향을 미쳤다. 그리고 부하라는 300,000명의 인구를 가진 세계에서 가장 큰 도시들 중 하나가 되었다.[255]

사만왕조는 여러 투르크계인들의 계속된 침략에 의해 결국 멸망했다. 카라한(Qarakhan) 투르크인, 몽고 지역에서 온 흑요(黑遼, Qara-khitai) 유목민, 현대 터키인의 조상인 셀주크 투르크인, 지금의 아프가니스탄을 정복한 가즈나(Ghazna)왕조 투르크인, 그리고 1077년 키바(Khiva)에 독립국가를 세우고 100년 동안 중앙아시아 전 지역을 통치한 하레즘샤인(Kharezmshah)이 그 당시의 침략자들이다. 타지키스탄은 1220년 몽고인에 의해 황폐화되었고 150년 후에 티무르 치하에 있던 바를라(Barlas) 투르크인에 의해 정복당했다. 티무르가 사마르칸드에 그의 제국의 수도를 세운 후 아프가니스탄 북부 지방의 발흐(Balkh)도 중심지로 성장했으며, 이들은 중앙아시아의 나머지 국가를 정복하기 위해 타지키스탄을 전초기지로 자주 사용했다. 티무르의 후계자들은 우즈베크인에게 침략당했는데 이 패배로 인해 중앙아시아에서의 페르시아인과 타직인의 영향력은 현저히 감소했다. 타직인은 처음에는 우즈베크인이 세운 샤이반 왕국(Shay bani Khan), 나중에 19세기에는 부하라와 코칸드 공국의 통치하에 들어가게 되었다.

러시아는 중앙아시아로 세력을 확장해가면서 1868년에 타지키스탄 북부 지방을 병합했다. 인도에서부터 세력을 팽창해 오는 영국의 세력팽창에 대한 두려움 때문에 모스크바 정부는 파미르 지역 전체

---

255) Rashid 1994, 166.

를 병합했고 그 지역은 타슈켄트에 위치한 투르키스탄의 총독 관할 아래로 들어갔다. 러시아인이 중앙아시아로 전진해 헤라트 지역을 탐내기 시작하면서 비롯된 인도에서의 영국과의 대립관계는 바로 타지키스탄에 영향을 주었고 파미르를 국제 관심의 중심에 놓이게 했다.

러시아와 영국 간에 인도 지역의 지배를 놓고 벌어진 '거대한 패권 경쟁(Great Game)'은 본격적으로 시작되었고, 끈질긴 경쟁 끝에 양 세력은 1884년 3월에 앵글로-러시아 국경 위원회를 두기로 합의했다. 이 위원회는 결국 '투란드 라인(Turand Line)'이라고 불리는 국경을 책정해 아프가니스탄 북부 국경지대를 현재의 타지키스탄과 명백히 분리하였다. 새로운 러시아 국경이 인도와 근접하는 것을 막기 위해 타지키스탄과 오늘날의 파키스탄을 구분해주는 와칸(Wakhan) 종주지형이 파미르 지역에 만들어졌다.

Ⅲ. 타직 민족 정체성과 페르시아어

　'투르키스탄'은 과거 소연방에 속해 있던 중앙아시아 지역의 역사적인 명칭이지만, 그 거주자들은 지금도 그리고 과거에도 오로지 투르크인만은 아니었다. 투르크인 이외에 그 지역의 또 다른 주목할 만한 거주자는 그곳에서 선사시대부터 지금까지 살아왔고 정치와 문화에 깊은 영향을 준 다양한 이란 민족들이었다. 이러한 의미에서 '이란인'이라 하면 단지 현대의 이란 거주자나 페르시아어 사용자뿐만 아니라 유라시아의 초원지대, 중앙아시아의 오아시스와 산악지대, 그리고 남아시아를 가로지르는 사막지대를 포함하는 광활한 지역에서 여러 시대에 걸쳐 살아왔던, 아리안계 언어를 사용한 보다 넓은 의미의 이민족 전체를 의미한다.

　타직인은 투르크계 언어를 사용하지 않는 유일한 중앙아시아 국적을 가진 민족이다. 그 지역이 한때는 페르시아 제국의 일부였기 때문에 타직어는 페르시아어와 같은 계통의 다양한 방언으로 발전했다. 앞서 언급한 바와 같이 'Tajik'이라는 용어의 기원은 taj나 taz로부터 유래되었는데, 이 말은 페르시아어만 사용했던 중앙아시아인을 언급하기 위해 초기 아랍 침략자들에 의해 사용되었다.

또 다른 중요한 구분의 기준은 유목민과 정착민이었다. 대략 천 년에 이르는 기간 동안 페르시아어 사용자들과 투르크족을 구별하는 데에 쓰여 왔던 '타직'이라는 명칭은 현대 중앙아시아에서는 페르시아어 사용자뿐만 아니라 정착민인 우즈베크인에게도 사용되었다. 부하라의 우즈베크 족장들의 영역에서 페르시아어는 정치, 학문, 그리고 문학적 언어로 쓰이는 한편 페르시아어 사용자는 종종 우즈베크어도 알고 있었다. 이러한 상황에서 다양한 페르시아 방언은 투르크족의 인어들로부터 영항을 받았다.

페르시아어는 아랍-이슬람 정복 몇 년 후까지만 해도 그 지방의 토착 이란계 언어들을 압도하지 못했다. 그러나 중세와 현대에 페르시아어는 토착민이 아닌 사용자들에 의해 때때로 정치·교육·문학의 언어로서 중앙아시아와 아나톨리아로부터 인도에 이르기까지의 서아시아 지역에서 사용되어왔다. 페르시아어의 사용이 광범위해지면서 그것을 통해 표현되었던 페르시아 문화와 전통의 영향도 확산되었다. 이란인에서 투르크인에 이르기까지 중앙아시아 비유목민 인구의 이동은 특히 11세기부터 아랍 정복 이후에 본격화된다.

중앙아시아의 다양한 민족은 그들의 기원·언어·생활 방식·문화 등에서 상이하다고 오랫동안 알려져 왔다. 19세기와 20세기 초반, 대부분의 중앙아시아인은 초국가적 범주인 이슬람을 따르거나 하부 국가적 범주인 지역이나 종족의 전통을 따르며 관습적으로 그들 자

신을 동일하다고 인정했다.[256]

현대 중앙아시아에서 이란 민족 중 가장 다수를 차지하고 정체성이 강하게 유지되고 있는 민족은 단연코 페르시아어의 동부 방언을 쓰는 타직인이다. 이 종족의 혼인 관습을 비롯한, 과거 문화의 맥을 유지하려는 민족성은 외세문화에 대한 타직인의 방어적 태도를 보여주는 것이다. 그래서 타지키스탄은 러시아 황제의 지배와 공산주의자의 통치를 가장 나중에 받은 나라였다. 그들 가운데 적어도 지식인과 정치인에게 있어서 이란 민족, 특히 페르시아인이라는 것은 그들 자신을 하나의 민족으로 정의하는 기준이 된다. 또한 이것은 이웃의 투르크족에 의해서 동화되지 않거나, 러시아화된 '새로운 소비에트인'으로 동화되지 않으려는 의지를 정당화하는 필수적인 요인이다. 식자층의 타직인은 과거보다 폭넓은 이란-페르시아 세계의 연계가 하나의 국민으로서 그들의 생존에 매우 중요하다고 본다.

타지키스탄을 포함한 중앙아시아 남부 지역 전반에 걸쳐 페르시아어는 높은 교양 수준에서 통용되는 언어였다. 생활의 많은 부분에서 수세기에 걸쳐 중앙아시아에 영향을 끼친 이란과 터키의 문화는 융합되어 투르코-페르시아 세계를 만들었다. 그러나 중앙아시아인과 이란인 사이에는 중요한 차이점이 있다. 타직인을 제외한 중앙아시아인은 러시아 어휘 증대에 중요한 역할을 한 터키 방언을 사용한다.[257]

현 중앙아시아의 정치·문화적 제도들은 정치적 통제를 목적으로 한 소비에트 정권이 고안하였고 1920~30년대에 모스크바의 명령에 의해 그 지역에 강요되었다. 타직 민족국가 정체성은 1940년대에 논

256) Atkin 1994, 128,
257) Odom & Dujarric 1995, 193,

의되기 시작했지만 정치적 불확실성의 증대와 함께 고르바초프 통치 시기부터 더 개방적으로 활발하게 모색되고 있다. 소비에트 시기 정체성 회복에 대해 다시 정의를 내리면서 문화적 쟁점에 집중되었다. 정부가 민족 정체성을 스탈린 통치방식의 '유물론적' 판단기준에 따라 정의하고 정당화했던 민족정책을 추구했다.

문화와 함께 시작하여 다른 영역으로 확대되는 민족적 자아를 정의하는 과정은 19세기 중동부 유럽에서 그랬듯이 여러 소비에트 민족을 포함하여, 다양한 민족에 의해 역사적으로 추구된 방식들 가운데 하나였다. 소비에트 정부는 최소한 표면적인 문화적 자치권을 중앙아시아 각 민족에게 공식적으로 허용하였다. 일부의 타직 민족주의자는 이란 세계의 비페르시아적인 요소들, 특히 중앙아시아의 동부 이란 민족에게 주의를 기울였다. 이란 세계란 지금 동일한 이름을 갖고 있는 국가 개념보다는 더 폭넓은 의미를 갖고 있다. 그것은 남쪽으로 시르 강(SyrDarya)부터의 남부 중앙아시아와 이란 고원 지역에 거주한 적이 있는 이란어 사용자 모두를 포함하는 더 광범위한 지역을 의미한다.

페르시아어 사용자들 외에도 타직인과 다른 이란 민족들 사이의 연계는 무엇보다 고대 중앙아시아의 가장 저력 있고 문명화된 민족 중의 하나인 소그드인(Soghdian)에 기원을 둔다. 현재 우즈베키스탄에 있는 부하라, 사마르칸드와 타지키스탄에 있는 판자켄트(Panjakent) 및 코잔드(Khojand)를 포함하는 몇몇 중앙아시아의 주요 도시는 소그드인의 업적에 대해 논의하고 있다.

타직인의 한 단체가 1989년 모스크바에 비공식적인 문화기구를 설립했을 때, 그들은 러시아어로 그것을 수그디아나(Sughediana)라고 불렀다. 현대의 타지키스탄에 사는 동부 이란 민족들 중 소규모 집단들은 또한 타직 민족의 이익을 주장하는 자들의 관심과 주목의 대상이 되었다. 이것은 특히 소그드인의 후손인 야그납(Yaghnab)인에게 더욱 큰 관심을 불러 일으켰다. 그래서 그들의 언어를 보호하는 것은 타직어를 타지키스탄의 공식 언어로 채택하는 안건과 함께 중요한 논쟁의 대상이 되었다. 타직인은 그들 자신의 정체성을 잃을 위기에 있는데, 그 주된 원인은 페르시아 세계와의 연계가 약하기 때문이다.[258]

타직 민족주의자는 대부분의 타직인이 그들의 문화유산, 언어, 그리고 민족 정체성에 관해서 무지하다고 본다. 교육받은 지식층 이외의 많은 사람은 그들 자신의 정체성을 한 국가에 속한다고 생각하는 것보다 타지키스탄 공화국 내의 어떤 특정한 향토 지역의 관점으로부터 정의 내리는데, 그렇다면 국가를 벗어나 있는 사람들이야 더할 것이다. 많은 타직인은 그들 자신의 역사에 관하여 무지할 것으로 추정된다. 지식인 계층을 포함한 타직인은 일반적으로 자신들의 모국어를 잘 모른다. 1980년대 후반 무렵부터 많은 사람이 타직어를 집 밖에서 더 이상 사용하지 않았다. 학교에서 타직 문학을 교육하지 않았을 뿐만 아니라 타직어나 페르시아어로 출판된 도서는 서점에서 찾아 볼 수도 없었다.

타직 민족주의자에 따르면 이러한 문제의 원인은 소련의 민족분할 통치정책의 일환으로 페르시아어를 사용하는 더 넓은 지역으로부터 타지키스탄을 인위적으로 고립시켰기 때문이라고 한다. 민족주의자는 중세 타직 역사와 1917년 이전 문학과 예술에 대한 접근에서 현재 이란·아프가니스탄·인도 북부·파키스탄을 포함한 세계 모든 곳

---

258) Atkin 1994, 129.

에 있는 페르시아어 사용자들과 중앙아시아의 타직인은 뗄 수 없는 관계에 있다고 주장한다. 또한 자신의 종족이 역사상 풍부하고 영향력이 큰 문화유산뿐만 아니라 강력한 지도자들을 갖고 있었기 때문에 지금과는 비교될 수조차 없는 우수한 민족이었다고 강조한다. 오늘날 일부 타지키스탄의 지식인은 사만조 시대(875~999) 영토가 현재의 독립 타지키스탄과 부분적으로 겹치는 문화적 선진국이었으나 타직인이 더 강한 나라에 종속됨으로써 낙후된 민족으로 전락했다고 본다.

이 논쟁에 따르면, 타직인의 문화유산이 현재 주목을 크게 받지 못하는 이유는 모스크바 정부의 민족문화 말살정책의 결과인 것이다. 모스크바 당국은 1929년 타직어를 표기하는데 쓰이던 페르시아어 문사의 사용을 금지하였다. 한 타직 시인이 언급했듯이 그들의 문화유산에 대한 직접적인 접근 수단을 차단하여 타직인을 무지하게 만들었고 또한 이란 및 아프가니스탄의 동일한 언어 사용자들과의 교류를 단절시킴으로써 언어 자체를 약화시켰다.

더욱이 모스크바 언어정책에 의해서 상당수의 러시아적 요소가 타직어에 혼합되었다. 중앙정부 기관들도 역시 소위 타직어라 불리는 중앙아시아의 페르시아어 문어와 소비에트 국경을 넘어 두루 쓰이는 페르시아어 사이의 구별을 인위적으로 강화했다. 결과적으로, 타직어가 외래어에 침식당하고 붕괴되면서 타직인은 점차적으로 다른 언어들을 사용하게 되었다. 따라서 러시아어는 많은 생활 영역에서 타직어를 말살시키고 그 위상이 향상되었다. 타지키스탄 역사와 페르시아어 문학의 교육은 대학의 소수 전공과정 학생을 제외하고는 단기간의 형식적인 수업에 그쳤고, 정치적으로도 왜곡하여 해석되었다. 심지어 고르바초프 개혁 기간 동안에도 공산당 지도자들은 여전히 자신들의 이익을 위해서 타지키스탄의 타직인을 비판했다.[259]

경제적 고통과 정치적 분열에도 불구하고 독립 후 타지키스탄의 문화 부흥운동은 활발하게 일어났다. 타직인은 루다키(Rudaki), 코스로우(Nasir-i Khusrau), 루미(Ru mi), 사디(Saddi), 자미(Jami), 그리고 물론 12세기 시인인 페르도우시와 같은 페르시아의 시인과 철학자의 글을 유행시킴으로써 민족 고유의 고전 문학을 재구성하여왔는데, 특히 페르도우시라는 시인의 동상이 현재 타지키스탄 수도 두샨베에 우뚝 서 있다. 그러나 이러한 페르시아 전통은 공산주의자에 의해 철저하게 무시당했는데 그들은 타직인에게서 언어를 비롯한 이란과의 문화적 관계를 단절시켰다. 따라서 일부 젊은 타직인은 1991년이 되어서야 최초로 그들의 언어인 Farsi가 이란에서 사용되는 언어와 동일하다는 것을 깨닫게 되었다.

한편, 줄피크로프(Taimur Zulfikrov)처럼 페르시아와 러시아 간의 문학적 전통관계에 있어서의 동화된 모습이나 긴장관계를 모두 예증해준 작가는 없었는데, 명실 공히 그는 타지키스탄에서 가장 위대한 작가이다. 소설가이자 시인이며 시나리오 작가 및 극작가로서 그는 거의 모든 문학 장르에 손을 대었고 엄청난 성공과 인기를 얻어왔다. 러시아의 문학평론가들은 그를 현대판 단테에 비유하기도 했다. 비록 그가 페르시아어보다는 러시아어로 글을 썼지만 그의 문체는 명백한 페르시아 풍이었다. 그는 "나는 페르시아의 고시들과 과거에 관한 신화들을 재창조하려고 노력하지만 그것들을 가장 현대적인 수준으로 끌어올린다. 그리고 나는 마치 오랫동안 잃어버렸던 언어를 재생시키

---

259) Atkin 1997a, 281.

는 것처럼 노력하고 또 집필한다"라고 말한 바 있다. 그의 문체는 강한 신비주의 철학적 사색 속에서 내면세계를 일관되게 흐르는 수피즘이라는 강한 끈으로 연결되어 있다. 러시아인 또한 그가 러시아의 고대 신화를 종종 공산주의 및 스탈린에 대한 탐구와 접목시켰으므로 그의 작품을 사랑한다.[260]

민족문화가 말살되어온 이러한 상황에서 민족주의자가 제시하고 있는 주요한 치유책은 국경을 넘어 현재뿐만 아니라 과거를 초월하여 페르시아어를 사용하는 더 넓은 세계로 눈을 돌리도록 하는 것이다. 수 년 간, 타직인은 단순히 고대와 중세의 페르시아인을 타직인이라고 재명명함으로써 그들이 페르시아인과는 구분된다는 것을 설명하는 소비에트의 노력에 반론을 펴려고 애썼다. 그들은 공개적으로 타직인의 페르시아 정체성을 강조하며 소연방 밖의 수백만 페르시아어 사용자에게 관심을 보이고 있다. 서유럽으로 망명해서 살고 있는 대중음악 가수들과 거기서 공부하는 이란 젊은이들처럼 그들은 어디에 살든지 페르시아어 사용자의 관심과 호기심의 대상이 되었다. 더 중요한 것은 그것이 중앙아시아에서, 특히 언어와 문학 분야에서의 타직 문화를 육성하기 위해 해외로부터 페르시아 문화를 끌어들일 수 있다는 것이다.

다른 한편 의회 활동 중에 타직 최고회의는 1989년의 언어법에 대한 법안을 수정·통과시켰다. 수정안에는 타직 언어가 더 이상 Farsi (이란어)가 아니라는 것이다. 타직 공산당 조직분과 의장인 슈크라트에 의해서 제출된 이 수정안은 현재의 반이란 분위기를 여실히 반영하고 있다.

---

260) Rashid 1994, 172.

1989년 타직 정부는 타직어를 국어로 하는 법을 제정했다. 몇몇 다른 소비에트 언어법과 공화국의 헌법은 타직어와 페르시아어를 동일하다고 표시했다. 표준 타직어, 테헤란 페르시아어, 카불 페르시아어인 다리어는 모두 페르시아어와 매우 밀접한 언어 또는 방언으로 간주된다. 일상 구어체의 수준에서 이것들은 문어에서 변형된, 상당히 많은 방언들로 나뉜다. 이 방언들은 9세기와 10세기에 중앙아시아로부터 이란 남동부의 시스탄에 이르는 지역에서 문학어로 발전했고 거기서부터 넓게 퍼져나간 신페르시아어로부터 유래한다. 이 세 언어는 공통점이 많고 실제로 상호 이해가 가능할지라도, 타직어 및 다리어는 테헤란 페르시아어와 일부 발음상의 차이점을 가진다. 게다가 현대 타직어는 문법적 측면에서는 우즈베크어로부터의 영향, 그리고 어휘에서는 지방 페르시아 방언의 영향을 보인다. 더군다나 언어법은 타직어를 사용하여 출판물을 인쇄하도록 언론사에 요구하고 있다.

　　1989년까지 1,000명 이상의 수강생이 페르시아어 초급 교육과정을 이수했다고 알려졌다. 학교는 현재 6학년과 그 이상의 학년에서 페르시아어 초급과정을 필수 과목으로 가르치게 되어 있지만 그것을 교육할만한 교과서는 아직 없다. 민족주의 단체들은 페르시아어와 타직어의 밀접성 및 페르시아어 문자의 중요성에 대해 비슷한 견해를 갖고 있다. 그들은 타직어를 풍부하게 하기 위해 이란과 아프가니스탄에서 사용되는 페르시아 신용어를 차용할 것을 주장한다. 현재까지 사용되어왔던 러시아 어휘들이 공식적인 출판물들 속에서 페르시아어 어휘로 대체되고 있기 때문에 타직 문어체는 과도기 상태에 있다. 소비에트 지명 역시 그 이전의 역사적 이름으로 복귀시키려는 움직임이 있다. 이와 동일한 움직임이 또한 러시아를 포함한 이전의 소연

방에서도 진행 중이다.[261]

　예를 들면 1991년 초반, 타직 정부는 레닌아바드(Leninabad)를 제2
의 큰 도시이자, 고대 소그드인과 그리스인의 정착지이며 몇 세기에
걸쳐 군사 및 무역 중심지였던 코잔드(Khojand)라는 과거의 지명으로
재명명했다. 또한 일부 타직 지식인 계층은, 타직인 각 개인의 이름에
러시아화한 철자가 사용된다거나 그들의 성에 '-ov, -ev' 등의 접미사
가 붙는 것에 대해서도 공개적으로 거부감을 보였다.

---

261) Atkin 1994, 132.

Ⅳ. 페르시아–타직문화의 연계성과 타직 민족주의

민족주의라는 문제는 1980년대 말과 1992년 사이에 타지키스탄의 정치적 이념에 있어서 중요한 요소였지만, 그것이 옛 소련이 붕괴되기 전까지 소연방으로부터 완전히 독립하기 위한 조직적 운동을 의미하지는 않았다. 수십 년 동안 타직 지식인은 사실을 왜곡하고 비방하는 소련에 맞서서 그들 자신의 유구한 유산적 가치를 드높이는데 힘썼다. 이와 같이 민족주의의 개념은 소련이 해체될 때까지 대단한 중요성을 지녔다.

개혁주의자에게 민족주의는 소련의 경제적·환경적·인구통계적 교육정책을 비판하는 수단으로서 간주되었다. 심지어는 두샨베의 보수적인 반개혁주의자 수구파 정권에서조차 자신들의 특권적 지위를 더 이상은 소비에트 당국의 권위주의에 의존할 수 없게 된 1989년 이후에도 민족주의를 대중적 지지를 획득하기 위한 유용한 수단으로 이용했다. 민족주의와 애국심을 결합시키기 위한 반정부 세력의 시도는 두 가지 측면을 지니고 있다.

하나는 타직인을 결속시켜 공동체적인 연대감을 강조하고 국가분열을 야기하는 지역적 맹종을 타파하는데 있었다.

다른 하나는 국적과는 상관없이 타지키스탄에 거주하는 모든 국민의 이익을 위해 개혁은 필요하다고 주장함으로써 비타직인의 지지를 획득하려는 데에 있었다.

그러나 모스크바 당국이 옛 공산당 수구파를 지지함으로써 비롯된 타직 민주당(DPT)의 당수인 유스프의 간헐적인 반러시아 감정의 폭발은 많은 러시아인과 다른 비중앙아시아인으로 하여금 변화에 대한 두려움을 갖게 만들었다. 유스프의 행위는 민족주의적 반정부 세력을 내표한 것이 아님에도 불구하고 매우 위협적으로 보였다.[262]

네오 소비에트(Neo-Soviet)주의자는 인종 차별과 이슬람 국가 건설을 주창하는 반정부 세력에 대한 유일한 대안으로서 자신들을 내세우며 소수민족들의 두려움을 이용했다. 이러한 메시지는 국민들에게 공감을 줄 만한 것이었다. 러시아어를 사용하는 다른 비중앙아시아인과 러시아인의, 소연방이 붕괴될 무렵부터 야기된 타지키스탄에서의 생활에 대한 불만족은 증가되어왔다. 이것은 부분적으로는 낮은 생활수준의 결과이지만, 한편 다른 요인으로는 지금까지 러시아어 사용자들이 타직인보다 더 우월하게 대우받고, 직업·주택·교육 등에 있어서 특혜를 준 소련체제의 약화가 그들 자신의 기득권을 위협했다는 것에 기인한다.

타직인에게 좀 더 공평한 대우를 주창하는 타직 민족주의가 러시

---

262) Atkin 1997b, 337.

아어 사용자에게는 자신들의 지위에 대한 위협으로 보였다. 반정부 세력을 급진주의 이슬람 세력과 동일시한 계속적인 선전은 비중앙아시아인에게는 두려움을 가중시켰다. 비타직인에 대한 타직인의 비방과 유언비어는 상황을 더욱 악화시키는 가운데, 러시아어 사용자들로 하여금 나비예프 정권에 대한 지지와 해외로의 이주를 증가하게 만드는 결과를 초래했다. 결국 1990년대 중반에 타지키스탄에는 소수의 러시아인만이 남게 되었다. 우즈베크인 또한 新소비에트주의자들을 지지했고, 그들은 남부 분쟁지역에서 우즈베키스탄 인접지역과 코잔드 지역으로 이주했다.

타직 민족주의는 공식적으로 타지키스탄 인구의 65%에 해당하는 타직인에게조차도 호소력을 갖고 있지 못하고 있다. 소비에트가 이란어를 쓰는 중앙아시아인에게 적용한 타직인의 정체성은 역사적인 공명을 거의 갖지 못했다. 이 지역의 페르시아 문화 중심지인 부하라 및 사마르칸드는 이 정체성의 형성을 위한 상징이었다. 이곳은 투르크 왕조의 수도였으며 우즈베키스탄이 지배한 변방 지역에 둘러싸여 있다. 1924년 소비에트가 최초로 투르키스탄에 민족국가들의 경계선을 그었을 때, 주로 페르시아어를 사용하는 인구가 있었던 지역은 우즈베키스탄의 일부로서 타지키스탄 자치주에 포함되었다. 1929년 타지키스탄은 민족자결주의로 소연방 사회주의 국가로 편입되었으나, 부하라와 사마르칸드는 우즈베키스탄에 남게 되었다.

타직인의 다양한 집단은 독특한 문화적 특성과 정치적 충성심을 가지고 있다. 파미르 산맥으로 둘러싸여 있는 고르노바다흐샨 자치지구의 파미르인은 타직인과는 달리 동부 이란어를 사용하며, 순니파 무슬림인 다른 타직인과는 달리 그들은 시아파의 한 분파인 이스마일 종파를 따른다. 쿠르간 테페(Qurghan Tepe) 남부 지방에서 타직인으로 분류된 그들 중 다수는 혈통에 의해 그들 자신을 아랍인으로 생각한다.[263]

타직인은 정착한 다른 중앙아시아인처럼 씨족 결속을 기반으로 그들의 지역과 자신을 강하게 동일시한다. 중앙아시아 평원 지대에서, 페르시아어를 사용하는 타직인은 이란뿐만 아니라 우세한 투르크 침략자 및 정착민과 상호 문화이입의 과정을 오랫동안 겪어왔다.

최근의 타직 민족주의 운동은 페르시아나 다른 문화가 자신들의 문화에 영향을 미치는 것을 최소화하기 위한 것이다. 타직인은 이란과 공유하고 있는 문화유산을 자신들의 정체성을 회복하고 재정의하는 데에 사용하고 싶어 하는 듯하다. 즉, 그들은 이란으로부터 문명을 수동적으로 빌어들인 것이 아니라 스스로의 힘으로 성립된 독특한 민족으로서의 정체성을 확립하고자 한다. 타직인이 이란에 의존하지 않으려는 희망은 이란이 주도적인 역할을 하는 부분에서 잘 드러난다. 타직 언어를 철자할 때 키릴 문자에서 페르시아 문자로 바꾼 철자 변화가 바로 그 예이다. 타지키스탄에서 가장 영향력 있는 이슬람 지도자 투르잔자데(Turjan-zade)는 1991년 11월 파키스탄을 방문하였는데, 방문 목적 중 하나가 바로 파키스탄에서 인쇄장비를 얻기 위한 것이었다.[264]

타지키스탄과 이란, 또는 아프가니스탄 사이의 모든 접촉이 모두 타직 문화를 활성화시키기 위한 것만은 아니다. 어떤 것들은 소련에 의해 그들의 정치적 목적을 달성하기 위해 고안되기도 했다. 예를 들

---

263) Rubin 1994, 211.
264) Atkin 1994, 136.

어, 1920년대 초반 소련은 중앙아시아 지역에서 페르시아어로 선전 자료를 간행하여 이란과 아프가니스탄의 페르시아어 사용자들에게 배포하였다. 1960년대와 1970년대 소연방 시민은 교사나 경제개발 프로젝트 관련자로서 이란에 파견되기 전, 타지키스탄 국립대학에서 페르시아어를 공부하였다.

소연방의 통제하에서, 타지키스탄 학술원의 동양학 연구소 학자들은 이란과 아프가니스탄에 관한 쟁점들을 연구하기 시작했다. 그리고 1980년에는 이란과 아프가니스탄의 정세 발전에 대응하여 정치-경제-사회-종교 분과를 추가하였다. 소연방 타직인은 다양한 민간인 신분의 입장에서 1979년 아프간 침공 때부터 1988년 철수할 때까지 아프가니스탄에서 소련군과 함께 활동하였다. 아프간 학생들은 교육을 받기 위해 타지키스탄으로 파견되었다. 1989년 말, 타지키스탄 학술원은 출판부와 라디오 송출시설을 갖춘 파이반드 소사이어티를 설립하여, 해외 거주 타직 동포들에게 소비에트체제하에서 고국의 타직 국민이 얼마나 행복하게 생활하고 있는지를 알리고 페레스트로이카와 글라스노스트 정책을 찬양하는 데 이용하였다.

고대 페르시아 신년축제인 노루즈(Nou Ruz)는 이슬람 종교 등장 이전의 민속축제로 존재했음에도 불구하고 현재까지도 페르시아 문화권 및 중앙아시아 민족들에게 널리 퍼져 있다. 타직 정부는 노루즈를 폐지하거나 적어도 그것을 전통과 무관한 의미 없는 봄철 축제로 바꾸려고 노력했음에도 불구하고, 국민 대다수가 전통적으로 그 명절을 계속 지켜오자 그 날을 국정 공휴일로 선포하기에 이른다. 비록 이 사건이 페르시아 문화유산을 강조하는 데에 관심이 많은 지식인 계층 타직인에게는 특별한 중요성을 지니기는 하지만, 이러한 움직임은 터키-페르시아 국경지대의 문화적인 전통에 더 큰 의미를 갖는다. 우즈베키스탄과 아제르바이잔 공화국도 노루즈를 국정 공휴일로 제정하였다. 사실 양국의 국민은 여러 세기 동안 페르시아 문화에 영향을 받았음에도 불구하고, 특유의 정체성을 강하게 갖고 있는 투르크계 민족이다

1989년과 1990년, 타지키스탄의 문화단체는 중기 페르시아 시대의 음유시인 바르바드(Barbad)를 추모하는 행사를 가졌다. 그는 약 600년 경에 활동하였고, 페르시아 음악의 창시자로 일컬어지며 이란과 중앙아시아에 대한 아랍-이슬람 정복전쟁 이전에 살았다. 이러한 행사들은 1990년 4월 두샨베에서 있은 국제회의로 마무리되었는데, 참석자 중에는 이란에서 온 사절도 포함되었다. 일반 타직인이 여기서 청취한 메시지는 바르비드기, 비록 그는 페르시아어 사용자가 타직인이라고 불리기 이전에 살았던 사람이지만, 타직 시와 음악에 크게 공헌한 인물이고 그 영향력이 그리스에서 인도에 걸칠 정도로 국제적으로도 유명한 예술가였다는 것이다.

이러한 추앙은 오늘날 타직 엘리트 계층 사이에서 일어나고 있는, 이슬람 이전의 이란 문명을 타지키스탄의 유산으로, 그리고 자부심의 원천으로 생각하는 전체적 경향의 일부에 불과하다. 팔레비 왕조 (1925~79)의 통치기에 이란 민족주의자는 이슬람 이전 과거 페르시아의 영광을 칭송하며 재현하려고 하였다. 그것이 직접적으로 현재의 타직 민족주의자가 조로아스터, 바르바드, 또는 소그드인들에 대해 갖고 있는 관심에 영향을 주었다고는 단정할 수 없다. 그러나 소연방 붕괴 후 최근에 조로아스터교와 그 문헌들은 세계문명에 공헌한 타직 문화로 추앙받게 되었다.

1991년 타지키스탄의 한 학자는 지금 자국에서는 전국적으로 조로
아스터교(Zoroastrianism)에 대한 열풍이 불고 있다고 전했다. 저명한
영국의 학자인 메리 보이스가 '소칸(Sokhan)'이라는 타지키스탄 작가
동맹의 주간지 창간호(1990년 3월 18일)에서 그러한 주제에 대해 쓴
책을 번역하여 간행한 사실은 그 한 가지 사례라고 할 수 있다. 이러
한 관심은 종교적이라고 하기보다는 다분히 문화적인 것이다. 예를
들면, 이슬람을 중시하는 한 타직인은 고대 이란어로 쓰인 조로아스
터 경전인 '아베스타'를 간행할 것을 촉구했다. 그리고 그것을 민족
서사시에 비유할 뿐 아니라 존중할 만한 가치가 있는 것으로 찬양하
였다. 아베스타는 다른 여러 이유로도 타직인에게 귀중하게 간주되어
오고 있다.[265]

이와 비슷한 태도는 이스마일 시아파에 대한 우호성과 중세 페르
시아어권의 동부 특히 중앙아시아에 대한 연관성에도 내재되어 있다.
이는 시와 소설을 썼던 작가이자 이스마일리즘의 전파에 공헌한 인
물로서 중앙아시아의 페르시아어 사용자였던 나시르 쿠스로우(N.
Khusraw, 1004~1072)를 긍정적으로 논의하고 있는 데에서도 드러난
다. 타지키스탄에서 그는 문화적 공헌자로서 그리고 인문철학자로서
추앙받고 있는데, 이는 이스마일 교의가 '자유로운 사고'와 중세 이슬
람 기득권층에 대한 도전을 옹호하기 때문에 추앙받는 것과 같은 이
치이다. 비록 이러한 것이 페르시아 문화유산에 대한 열정의 반영이
긴 하지만, 그것은 현재 시아파 이란에 대한 동경의 표현은 아니라는
것이다.

심지어 타지키스탄의 이슬람주의자는 이란의 전폭적인 지지를 기

---

265) Atkin 1994, 137.

대하면서도 순니 하나피파를 신봉하고 있기 때문에 시아 문화와 이슬람 혁명 이념에 완전히 공감하고 있지는 않다. 그러나 이러한 차이점을 제외하고 이란과 타지키스탄 양국의 문화적 공통성은 상호 관심사를 올바로 이해하고 실행하는 데 더할 나위 없는 버팀목이 될 것이다. 타직인이 과거 위대한 페르시아 문화의 맥을 이어가고 있기에 타지키스탄의 정치 무대에서 활동하는 모든 단체들은 이란이 그들의 근본적인 후원자가 되어야 한다는 생각을 하게 되었다. 왜냐하면 타지키스탄은 이란 문화에서 떨어져 나온 일부분으로서 이란 문화권 내에 있기 때문이다.

타직 지식층 역시 페르시아 문화의 근본 중심지인 이란과의 관계가 중요하다고 생각하기 때문에 양국 간의 교류를 확대하려 한다. 연구소 실립·출판사·필시본 수집·이란학 센터·동양학 연구소·학술단체·페르시아어와 타지키스탄의 문화 보급을 위한 문인협회 창설 등이 그러한 의도에서 비롯된 것이다. 정부는 이러한 사업들을 공식 후원해 준다. 1991년 2월에 타지키스탄 대통령의 명에 의해서 12만 5천 달러에 달하는 아미르 사마니의 동상이 수도 중심부에 세워졌다.[266]

이는 우리들로 하여금 타직인의 대외 문화교류에 대한 관심이 어느 정도인지를 알 수 있게 해준다. 대부분의 민족주의자에게 있어, 이는 이란의 일부가 되려는 희망 또는 타지키스탄에 이슬람 공화국을 창설하겠다는 의도를 반영한 것이라고 할 수는 없다. 오히려 그들의 관심사는 페르시아어를 사용하는 이란인의 문화적 발전과 독립이라는 비종교적인 사항에 집중되었다. 사실 일부 타직 식자층은 이란으

---

266) Fesharaki 1998. 91.

로부터의 이슬람 '유입'이라는 기우가 소비에트 정부에 의해 문화 접촉을 금지하는 수단으로 이용되지 않도록 하기 위해 노력했다. 두 명의 작가들이 불평했듯이, 이러한 기우는 다음 두 가지 가정에 기초를 두고 있다.

> 첫째, 타직인이 종교를 가질 법적 권리가 없다.
> 둘째, 이슬람 교의에 대한 신념은 유해한 이란 문화의 영향에서 비롯된다는 것이다.

타직인은 그들과 페르시아-이란과의 연계성을, 적어도 경쟁적인 의미에서 이용하였는데, 이는 우즈베크 민족을 포함한 다른 민족에 의해 국가위상이 위협받는다는 반발로 일어난 것이다. 적대적인 이들에 대항하여 타직인은 2,500년 동안의 페르시아 동부 이란 문명의 후손이 바로 자신들이라고 자랑스럽게 내세우고 있다.

소연방 내에서 타직인의 표적이 된 것 중의 하나는 러시아화된 소비에트 기득권층이었다. 이들의 사고방식에 의하면, 타직인과 다른 중앙아시아 민족들은 '낙후한 민족'으로 그들이 이만큼 발전한 것은 모두 소비에트체제 덕분이며, 그 체제하에서는 러시아 것이면 무엇이든지 진보된 것이었다. 타직인의 또 다른 표적은 중앙아시아의 투르크인인데, 그들 중 특히 우즈베크인을 인종차별의 원흉으로 생각하였다. 우즈베크인에 대한 타직인의 증오는 훨씬 더 뿌리 깊게 박혀 있으며, 러시아인에 대한 분노보다 더 격렬하게 표현되어 있다. 동부 이란과 페르시아 전설의 주인공들이라고 주장함으로써, 타직 민족주의자는 자신들이 유일한 토착 중앙아시아인이고 그 지역 유일의 문명인임을 과시하였다. 이러한 논쟁에서 투르크계 민족은 외부 정복자이며, 파괴자 그리고 압제자로 묘사되는 반면 타직인과 그들의 조상은 인류 문명의 위대한 공헌자로 언급되었다.

타직인은 페르시아어권 세계 내의 그들의 중요성을 높이기 위해서 타직 민족의 정체성을 강조한다. 이것은 이란 국민이 타직인을 단순한 주변부의 지방민으로 간주하고 페르시아 문화의 중심지가 이란이라고 생각하려고 하는 데에 대한 대응이다. 타직인은 중앙아시아의 이란인, 특히 소그드인의 고대문명의 업적을 상기시키며, 과거에 활동했던 많은 페르시아어 작가들을 페르시아인이 아닌 타직인이라고 역설하고 있다. 비록 그들이 중앙아시아로부터 멀리 떨어진 곳에서 업적을 쌓았더라도 말이다. 그래서 페르시아 민족 대서사시 중 가장 사랑을 받는 작품인 '샤너메(Shahname; 王書)'의 작가 페르도우시를 타직인이라고 부르고 있다. 지금의 아제르바이잔 공화국에서 태어난 니자미, 남서부 이란의 쉬러즈에서 태어난 사디와 하페즈, 인도 아대륙에서 태어난 쿠스로우·비달·이크발 같은 시인들도 역시 타직인으로 불린다.

하지만 근본적인 반론은 중앙아시아가 아랍 정복 이후 발전했던 신(新)페르시아 문화의 탄생지라는 것이다. 타직인이 우즈베크인에 대하여 펼쳤던 똑같은 논쟁, 즉 타직인이 중앙아시아에 깊은 뿌리를 둔 페르시아-동부 이란의 후계자라는 주장은 이란의 페르시아인에게도 논란을 불러 일으켰다. 이러한 주장에 따르면, 아랍 정복과 함께 중기 페르시아 문어가 점차 쇠퇴하면서 신생 페르시아어가 중앙아시아에서 동부 이란어의 영향을 받으며 문학어로서 발전하기 시작했다. 이러한 논쟁은 여러 가지 점에서 비타직 학자들에 의해 도전을 받았지만, 신 페르시아 문학이 처음으로 꽃핀 곳이 바로 사만 왕조의 영토, 즉 874년부터 999년까지 중앙아시아와 동부 이란 지역을 통치했던 곳이라는 점은 사실이다.

타직 민족주의자의 견해에 따르면 이란의 페르시아인은 그들의 언어와 문학이 타직인의 공헌에 힘입은 바 크다는 것이다. 1987년에서 1990년까지 타지키스탄 문화부 장관을 역임했던 누르 타바로프는 타직인이 자긍심을 갖도록 하기 위해서 타직어를 국어로 만들자는 법안에 찬동했다. 그러한 맥락에서 그는 또한 이란과 아프간 주민에게 중세 페르시아의 위대한 시인들의 언어가 바로 타지키스탄의 '국어'라고 강조했던 것이다.[267]

타지키스탄이 이란과의 교류를 증대해 나감에 따라 이란의 지식인도 타지키스탄에 대해 관심을 표명하였다. 그들은 타지키스탄을 예전에 건재했던 거대한 이란 세계의 일부분으로, 그리고 자국 문화가 외래문물의 유입으로 상실했던 뿌리를 되찾을 수 있는 정보의 원천으로 바라보았던 것이다.

예를 들면, 이란 국립도서관의 관장인 무함마드 라자비 박사는 예전에 두샨베에서 바르바드를 참관하였던 이란 사절 중 한 명이었다. 그는 테헤란으로 돌아온 후, 페르시아인과 타직인 사이의 관계에 대한 자신의 생각을 이란 신문에 기고하고 인터뷰를 하기도 하였다. 그가 언급한 바에 따르면, 타직인은 한때 이란 영토의 일부 지역이었던 곳에 살고 페르시아어를 쓰며 심지어 이란에 사는 주민보다 더 유창하게 말한다. 또한 그들은 중세 페르시아 문학의 초기 작품에 나오는 언어를 간직해 왔으며, 계속되는 서구 영향력의 침투로 이란 본토에서는 이미 잊힌 이란 문화 역시 보존하고 있다는 것이다. 이란 출판

267) Atkin 1994, 140.

국의 국장인 마디 피루잔 박사도 타직 언어의 효용성에 대해 비슷한 견해를 피력하고 있다.

타직 민족주의자는 고유문화를 재건하려는 일부 타직인의 노력의 일환으로 타지키스탄 밖의 페르시아어 사용자로부터 외래문화를 차용하는 것은 오히려 타직 고유문화와 정체성이 상실될 것이라고 주장하기도 한다.

V. 타직 국가발전과 이란모델

현재 타지키스탄에서의 정치적 역동성은 주로 정치·경제·사회적 성격의 내부 문제에 기인하고 1985년에서 1991년까지의 소연방의 변화와도 밀접하게 관련되어 있다. 동시에 아프가니스탄과 이란에서 발생된 외부적 요인도 타지키스탄의 정치발전에 깊이 영향을 끼쳤다는 사실을 인정하지 않을 수 없다.

소연방의 해체는 중동과 서남아시아 무슬림 국가의 지배계층으로 하여금 중앙아시아에서의 그들의 입지를 강화시키는 기회를 가져다주었다. 그들이 이러한 광대한 중앙아시아 지역의 경제적, 과학적, 기술적 문제에 관심을 갖고 이용할 수 있는 기회는 소연방 시절에는 없었던 것이었다. 그들은 특히 타지키스탄의 다양한 무슬림 당파 및 단체에 특별한 주의를 기울이며 그들의 사회-경제적 발전모델을 전수시키려 했다. 인접한 중동 무슬림 국가들은 그들의 성공을 부각시키면서 서로 공개적으로 경쟁했다.

최초로 사우디아라비아는 경제적 능력과 이슬람의 본거지라는 점을 이용해 타지키스탄에서의 위상을 강화시키려고 시도했다. 사우디 정부는 8,000명의 중앙아시아 무슬림의 순례 여행 경비를 전액 부담하였다. 1990년 '하지' 순례를 마치고 타지키스탄에 돌아온 순례자들은 사우디아라비아에서의 생활을 찬양했다.

다른 한편 이란을 방문한 타직인은 타지키스탄 각 지방 자치정부의 수도에 영사관을 설치하자는 제안을 하여 라프산자니 이란 대통령으로부터 긍정적인 반응을 얻었다. 1991년 말 소비에트체제가 붕괴하고 신생독립국가가 탄생함에 따라, 양국 간에 보다 높은 수준의 관계를 정립할 수 있는 기회가 생기게 되었다. 이로써 1992년 1월, 이란은 타시키스탄에 대사관을 개설하게 된다. 라프산자니 대통령은 또한 타지키스탄의 수도 두샨베와 이란의 동북부 도시 마쉬하드 사이에 직항노선 체결을 독려하게 된다. 양국의 대표들은 타지키스탄 내의 공동경제협력, 특히 타지키스탄의 선도 산업인 면방직 산업의 가능성에 대해 논의하였다. 과거 소비에트 중앙통제 경제체제하에서는, 대부분의 면직물은 공화국 밖의 지역에서 가공되어 완제품이 국내에서 고가로 팔렸다. 소연방 해체 이후의 공화국들이 경제개혁을 단행할 때에, 타직 민족주의자 중 일부는 이란을 경제적 독립과 번영의 모델로 삼는 데에 상당히 많은 관심을 기울였다.

이란과 공통된 문화유산을 가지고 있다는 측면에서 타직 민족주의 부흥운동과 이슬람 사이의 관계를 살펴보면 다음과 같다. 이 운동에서 전통에 바탕을 둔 우세한 민족주의자의 실용주의는 민족을 인간 집단의 최상위 형태로 보는 대다수 지역 지도자의 경향을 잘 반영해

준다. 그들은 타직인을 위한 정의로운 삶을 보장하는 길은 오직 자신의 문화유산에 충실하는 데에 있다고 생각한다. 그들은 민족의 중요성을 정신적이고 문명화되는 것보다 더 높게 여긴다. 일반적으로 그들은 경제·문화적인 협력과 공통된 종교를 오랫동안 계속 공유해왔지만, 중앙아시아의 타직인과 투르크인을 묶는 어떤 공통의 문화가 있다는 것은 부인한다. 지금은 종교적인 것보다 민족적인 것이 우선한다는 생각이 대중의 의식을 특징짓고 있다. 사회의 전반적인 영역이 민족주의 사상에 고취되어 있고 정부와 야당은 이 사실을 이용하고 있다.

민족주의적 주요한 문화 중의 하나인 이슬람은 어느 정도 민족주의를 북돋우고 있지만 동시에 갈등을 일으키기도 한다. 왜냐하면 이슬람은 움마 공동체가 다른 모든 공동체보다 우월하다는 것과 이슬람 문화유산의 통합을 고무하기 때문이다. 코란은 모든 사람이 모국을 고결하고 존경하는 마음가짐으로 볼 것을 요구한다. 애국주의는 인정하지만 같은 종교 신자들 사이에서 인위적인 경계는 부인하는데, 예언자 무함마드에 따르면 민족주의는 집단 이기주의(앗사비야)의 화신으로서 죄라는 것이다. 정신적 통합은 민족적 통합보다 우월하다. 무슬림 국가들의 역사적 경험은 이슬람과 민족주의가 극도로 복잡한 관계에 있다는 사실을 드러낸다.[268]

타지키스탄에서의 민족주의는 이데올로기 및 정치에 침투하여 이슬람과 공개적인 갈등관계에 있지 않다. 민족주의자와 이슬람주의자 사이에 갈등이 일어나는 것은 사실이다. 그러나 그것은 개인 간의 갈등이지 이데올로기나 조직 간의 갈등은 아니다. 종교적 감정의 외적

---

268) Niyazi 1993, 284.

표현이 민족적 이슬람 속에 뚜렷하게 나타나며 현재 '지역' 민족적 이슬람이 강성해지고 있다. 그것은 사회 통합을 촉진시키고 민족주의 경향을 위축시킨다.

이슬람 외에도 타지키스탄의 정치적 성향은 이란과 공유하는 인종·언어적 요인의 영향을 받았다. 이란의 지도자들은 이러한 요인들을 능숙하게 활용했다. 현재 이란의 영향력은 종교-이슬람 이념보다 민족주의를 우선시하는 타직 민족주의자 지식인 그룹에 의해서 타지키스탄에 확대되고 있다. 그들에게 있어서 타직 민족주의 부활은 이란의 지원 없이는 거의 불가능하기 때문이다.

이란의 지정학적 위치도 또 하나의 고려 요인이다. 민족 정체성의 의미를 재정립하고자 하는 타직 민족주의자는 소비에트 국경 너머에 있는 페르시아어 사용 인구와 접촉하기 시작했다. 즉 그들은 현재 그들의 문화적 정체성을 강화할 목적으로 그 넓은 페르시아권 세계의 일부로서 선택적으로나마 참여하기를 원하고 있다. 왜냐하면 타직 민족주의자는 만약 자신들이 페르시아인(비록 그들만의 용어일 뿐이지만)이 아니라면, 편협하고 고립된 타직인으로서의 지위상태는 그들의 미래를 보장할 수 없기 때문이다. 이것은 타직 민족문화 말살의 시도가 이루어지고 있는 우즈베키스탄 내의 사마르칸드와 부하라로부터 우즈베크 정부의 분명한 압력이 있다는 견지에서 중요하다.

변화한 정치 상황을 반영하는 또 하나의 모습은 호메이니 사망 1주기 의식에 참석하기 위해서 각료회의 부의장인 오타혼 라티피가 이끄는 타지키스탄 공식 사절단이 1990년 6월 테헤란을 방문했다는 것이다. 라프산자니 대통령은 기자회견에서 타직 기자가 던진 두 가지 질문에 대해 응답하였다. 이 질문은 이란-타직 관계 및 양국 간 문화교류에 관한 것들이었다. 타직 언론 보도에 의하면 라프산자니 대통령은 이란과 소연방 사이의 경제 및 기타 교류의 증진 가능성에 대해 논의했다. 그는 또한 타지키스탄과 다른 이슬람 국가 간의 협력에 대해서도 열의를 보였다. 호메이니 추모식에 타지키스탄 사절단이 방문한 것이 곧 그러한 협력에 대한 관심의 증거라는 점을 그는 지적하였다. 타직 비정부 단체들도 역시 다른 국가에 살고 있으면서 같은 페르시아어를 사용하는 국민들과의 관계 증진을 촉구하였다.

1991년 8월, 타직 정부 및 공산당의 수장인 마하모프가 이란을 방문하기로 되어 있을 때에는 보다 높은 단계의 교류가 계획되었다. 그러나 이러한 방문은 결코 이루어지지 않았다. 왜냐하면 1991년 10월 19일과 21일 사이 공산주의 강경파들이 정권을 장악한 후 마하모프가 권좌에서 물러나게 되었기 때문이다. 1991년 12월 초순, 이란 외무장관 알리 아크바르 벨라야티는 소연방의 여러 곳을 방문하는 계획의 일환으로 타지키스탄에 잠시 체류하였다. 그는 이란-타지키스탄 간의 관계 증진을 요구했으며, 옛 공산당 출신인 타직 신임 대통령 라몬 나비예프뿐만 아니라 정부인사·학계인사들도 만났다. 나비예프는 마하모프 시대의 외교노선을 그대로 유지했는데, 이는 곧 이란을 비롯한 다른 어떤 나라와도 협력관계를 유지할 수 있음을 의미한다. 타지키스탄 국익에 도움이 되는 나라라면 정치-경제체제 또는 종교-이데올로기가 다르다 할지라도 아무런 문제가 되지 않는다는 것이다. 그러나 이란과의 첫 번째 접촉 결과 문화·언어적 유사성은 그 자체의 한계성이 있음을 보여주었다.[269]

사실 타지키스탄의 이슬람주의자는 이란과 같은 급진적 이슬람 원

---

269) Makhamov 1994, 205.

리주의자에 속해 있지는 않다. 많은 타직 지식인은 소련이 몇십 년 동안 왜곡, 말살해온 그들의 페르시아 문화유산의 회복을 요구하는 것처럼 종교적이 아니라 문화적인 이유에서 이란에 관심을 갖고 있다. 이슬람 반정부 세력과 공산주의 강경파 사이에서 세속적인 정치인은 그들의 정치적 목적을 진전시키기 위해 이란에 대한 호의를 표현해 왔다. 옛 공산주의 수구 세력은 타지키스탄에서의 이슬람 혁명의 유발과 혼란을 막는 대안 세력으로서 자신들의 현 정권이 적합하다고 강조하는 반면, 동시에 이란 이슬람 혁명과 호메이니를 찬양하며 이란 외무성으로 타직인을 파견하여 교육을 받게 하고 있다.

나비예프 대통령은 1992년 중반 이란을 방문했고 귀국 후 타지키스탄의 신문에 두 나라를 묶어주는 '공통의 종교'와 다른 연결 요소들에 내해 언급했다. 이런 접근은 내전이 와중에 새롭게 구성된 강경파 정부에 의해 계속됐다. 이란은 타지키스탄에서 자국의 영향력을 확대하려 했으나 이것은 주로 국가 對 국가 관계·통신·문화·경제 분야 등에 국한되었다.

공식적인 타직-이란 관계에서 대부분의 정치적 이슬람 문제는 정중하게 또는 공개적으로 무시되거나 거절된 반면, 문화적 주제는 강조되었다. 앞서 언급한 1992년 6월 나비예프의 테헤란 방문은 이런 면에서 상당히 상징적인 것이다. 이것은 타직 대통령의 첫 번째 외유였고 또 국내에서의 심각한 정치적 위기의 소용돌이와 반정부 세력 간의 무력충돌의 초기단계에서 일어났기 때문이다.

양국 간 체결된 여러 의정서 가운데 문화협정은 가상 광범위하고 폭넓은 것이었다. 의정서는 언어, 타직 학교를 위한 이란어 교재의 출간, 학생교환, 장학금, 서적 전시, 그리고 이란 텔레비전 프로그램의 재방영에 대한 협력을 담고 있다. 이란 방문 후 나비예프는 "15세기까지 우리는 하나의 국가에서 살았다"고 언급하면서 이란과의 관계 형성에 있어서 문화적인 측면을 특별히 강조하였다. 나비예프는 이란과 타직을 '언어와 문학의 통합성 및 공통된 역사와 문화라는 수백개의 실타래에 의해서 밀접하게 연관된 두 국가'라고 특징지었다. 특히 상징적인 것은 이란 남부 도시 쉬러즈로의 여행인데 거기서 그는 '시적(詩的)인 페르시아어'로 말했고, 이미 오래 전에 사람들의 마음을 사로잡았던 불멸의 위대한 페르시아 시인 사디 및 하페즈의 성스러운 묘소를 참배하였다.

타직 외무장관 홀리크나자로프의 주장에 의하면, 문화적 연계와 관련한 이란의 이슬람 모델은 타지키스탄의 다양함과 통합성의 부족으로 인하여 복잡한 문제로 남아 있기는 하지만, 폭넓은 감각의 '문화적 기준'으로서 대부분 타직 지식인의 상상력을 사로잡고 있다. 1992년 9월 나비예프의 사임과 단명한 이스칸도로프 정권하에서 같은 견해가 재차 표명되었다. 이스칸도로프는 이슬람 원리주의가 타지키스탄의 국내외 정책에 영향을 끼치는 요인이 되지는 않을 것이라고 강조하였다. 외무장관 홀리크나자로프는 이란과의 관계가 "종교적인 원리에 의해서가 아니라 역사적인 문화와 정신적인 뿌리에 근거할 것이다"라고 반복하여 강조했다.[270]

이란과의 관계에 있어서 이데올로기적인 것과 문화적인 것을 구분하는 것은 공식적인 수준에서 그치는 것은 아니다. 타직 정부가 종교적, 이데올로기적 측면보다 문화적 측면의 관련성을 강조하는 것은 이란 모델을 탈정치화된 방식으로 전환시켜 이란 이슬람 혁명 수출

---

270) Mesbahi 1995, 122.

가능성을 차단하기 위한 전략인 것이다. 그것은 또한 타직 민족국가 정체성과 주권을 이란에 침해당하지 않으려는 정책의 반영으로 보인다.

이란 문화의 쟁점은 1992년 12월 친공산당 당파에 의한 정부 전복이 일어난 이후 타직-이란 관계의 악화에도 불구하고 어느 정도 살아 있다. 타직 정부는 초등학교에서 이란어 교육을 장려하는 가운데, 12만 권의 이란어 초등 교본이 테헤란 정부에 의해서 제공되었다. 또한 이란은 초등학교와 고등학교 학생을 위한 이란어 교재 2만 5천 권을 포함하여 중요한 교육 기자재 및 자료를 기증하였다. 이것 외에도 두샨베에서의 이란 서적 전시회, 주간지 공동 출판을 위한 프로젝트, 이란어의 발달과 발전, 그리고 페르시아 문학과 관련한 연례회의에 대한 이란의 계속직인 지원 등이 있다. 타지 신문방송장관이 바다카노프는 타직 언어 교육과정에서 키릴 문자를 이란어 문자로 바꾸려는 정부의 결정과 관련해서 이란의 중요한 역할을 강조하였다. 저명한 타직 문학가 아마노프 역시 '현대 이란 문화'에 대한 타지키스탄의 접근의 중요성을 강조하였다.

이란과의 문화적 연계문제는 8년 전 타직-이란 관계가 가장 냉랭했던 1993~94년뿐만 아니라 새 천년을 맞이한 2001년 이후에도 여전히 양국 간의 중요한 주제인 것이다. 반면에 우즈베크 정권과 밀접한 관계에 있는 두샨베의 옛 공산주의 보수 강경파는 이란과의 문화적 연계를 정치적인 이유 때문에 실제로 환영하지 않고 있다.

VI. 타지키스탄-이란 관계에 대한 전망

    오늘날 옛 소련의 여러 지역에서 민족주의는 지난 수십 년 간의 위세보다 훨씬 강력한 이데올로기가 되었다. 중앙아시아의 여러 민족들에게 있어서 이러한 위세는 전례가 없는 것이었다. 이러한 회복기에는 특정 민족들 내부에서도 도시 엘리트, 농민, 그리고 도시 근로자들의 공통의 대의(大義)를 위해 함께 힘을 결집할 것이라는 예상이 가능하다.

    민족주의의 주된 경쟁자는 강경파 공산주의자와 이슬람주의자 세력이다. 옛 공산주의자 기득권층의 최고 목표는 그들의 권세와 특권을 유지하는 것이다. 그 목표를 위해 그들은 현재 대중적이 된 주제들을 십분 활용하려고 한다. 타지키스탄의 경우, 민족주의·이슬람에 대한 종교적 관용·경제발전의 추구 등이 그러한 주제이다. 게다가 타지키스탄의 공산당원은 공화국 내 여론에 영향을 줄 수 있는 강력한 수단, 즉 국영 라디오-텔레비전 방송국·신문-잡지사·공안요원·급조된 자치 군부대 등을 좌지우지할 수 있다. 타지키스탄이 독립한 이후, 과거 공안요원은 모든 반정부 세력의 숨통을 죄기 위해 그들을 압박하고 있다. 이슬람 원리주의 세력은 그 힘이 결집되어 있지 않다. 그들은 한 목소리를 내지 않고 매우 다양하며, 조직적이지 못한 재야 세력과 같다.

이란은 과거 타지키스탄에서의 잠재적 도전 영역을 고려해 볼 때, 다음 두 가지 가설 중 하나를 선택해야만 한다.

> 첫 번째 선택 안은 양국의 상호관계에서 종교에 초점을 맞추어 종교적 가치를 강조, 강화함으로써 관계를 발전시키는 것이다. 이를 통해 무슬림 민족주의단체, 종교정치단체, 그리고 정책결정자 등 영향력 있는 인사들 사이에 신뢰를 구축하고, 이것은 더 나아가 타지키스탄의 이익을 위한 입지를 조성·강화·발전시킨다.
> 두 번째 선택 안은 이란 문화권에 있는 타직 민족문화의 기원과 양국의 공통된 배경에 주목하여 페르시아 문학 및 문화를 중심축에 놓는 것이다. 페르시아 문학과 문화에 대한 열정은 스탈린 통치 시기에도 뜨겁게 달아올랐으며 결코 식을 줄 몰랐다.

이러한 두 가설을 정치·경제·사회 차원에서 평가하려면, 앞서 언급한 타지키스탄을 지배하는 정치·사회 현실을 고려해야만 한다. 현 상황에서 이란이 자국 내 이익을 위해 중앙아시아를 둘러싼 대내외 세력과 경쟁하려면 우선 특정 종교를 내세우거나 강요하지 않고, 종교적 합리성에 준거하여 이슬람의 공통성을 바탕으로 급격한 자극 없이 경제·문화 영역에 접근해야 한다.

또한 문화적 차원에서 이 지역 대중문화 속에 뿌리 깊게 존재하는 문화적 성향에 주목해야 한다. 공산주의 지배 시기에도 지식층은 이란 문화에 대한 관심을 거리낌 없이 나타냈다. 이란은 상호신뢰를 위해 공동 문화 동우회와 협회를 통해 이란 문화 및 페르시아 문학을 집약적으로 발전시킬 수 있다. 문화 영역에서 평화협정 서명 이후, 정부의 강력한 지원으로 이란 문화와 문학을 강화하려는 움직임이 나타났다. 타지키스탄의 페르도우시 광장에서의 페르도우시 동상 제작과 페르도우시 도서관 설립 및 12만 5천 달러에 달하는 아미르 사마니 동상의 제작은 이란 문화에 대한 관심과 애정을 보여주는 예이다. 뿐만 아니라 교수와 학생의 교환은 타지키스탄 내 이란의 정치와 문화에 관한 타직 정부와 국민의 이해의 폭을 넓힐 것이다.

정치심리학적 차원에서 타직 국민과 사회 고위층 특히 지식인과 영향력 있는 집단은 對이란 관계에서 얻은 영향력을 평화정착과 이슬람 운동에 이용하여 극단적 민족주의 노선과 공산주의자 간의 공공연한 대립을 줄여나갈 것이다. 타지키스탄은 그것의 문화·경제적 가능성을 고려해볼 때, 장기적으로는 지역 내에서 이란에 이익이 되는 나라이다.

경제적 차원에서는 통신산업·답사연구·광산 광물채굴·석유와 석유화학산업·도로건설·제품 수송을 통해서 타직-이란 간의 상호 국익을 도모하게 될 것이다. 물론 현재 타지키스탄은 심각한 경제난에 처해 있다. 그러나 이란은 경제교류와 투자에는 특별히 우려할 것이 없다. 이란은 투자의 대가로 산업부문에서 알루미늄·금·면화·비단·우라늄을 물물교환의 형태로 이용할 수 있기 때문이다.

다른 이슬람 국가들에서와 마찬가지로 타지키스탄 및 투르크메니스탄에서 과거 공산주의자는 아직 그 세력이 막강하고 특히 외부의 원조를 받고 있는 한, 그 기득권이 조만간 위협적으로 도전받을 징조는 보이지 않는다. 그러나 비종교적인 세속주의를 추구하는 기득권 세력의 장기적 지배와 통제는 향후 억압적인 방법보다 이상적인 자유민주주의 체제를 요구한다. 그것은 권위주의적 정치문화의 타파와 다소 위험성은 있지만 보다 더 바람직한 정치참여의 확대를 필요로 한다. 이와 관련해서 완전히 비민주적 방법으로 시행된 1994년의 대통령 선거는 타지키스탄의 기나긴 권위주의적인 역사를 돌이켜볼 때 타직 지배 세력에게는 도전적인 것이다. 정치적 대의제 기반의 확대 없이 그리고 억압적인 방법하에서 이슬람은 비록 정치·경제적 발전 모델로서 아직 검증을 받지는 못했지만 정치적으로 대중동원과 변화의 효과적인 원천이 될 수 있을 것이다.

향후 21세기에도 타직-이란 외교관계는 사회적인 수준에서는 이슬람 단체들을 포함한 비이데올루기적인 문화적 바탕에 가치를 두는 정치-사회적 세력이 이란의 제1차적 관심 대상이 되겠지만 매우 높은 수준의 국가 對 국가관계에 의해서 문화적인 것 이상으로 향상될 것이다.

타지키스탄 내전의
갈등 요인

Ⅰ. 타직 내전의 배경

　1990년대 초, 소연방이 붕괴되면서 몇몇 중앙아시아의 국가들은 독립을 선언하기 시작했다. 이들 신생 독립국가 가운데 타지키스탄은 그 정세가 가장 혼란스러운 국가였다. 이는 타지키스탄이 러시아의 간섭을 받고 있을 뿐만 아니라 내전 중이던 아프가니스탄과 국경을 접하고 있으며, 공산주의자들이 경계하는 이슬람 원리주의 종주국인 이란과도 가깝기 때문이었다. 이러한 외부 세력이 타지키스탄 내부의 파당들과 각기 결탁하면서 민족적 동질성이 상실되고, 이로 인해 타지키스탄의 정세 혼란이 더욱 가중되었다.

　1991년 9월 9일 독립을 선언한 타직 공화국에는 수천의 우즈베크인들과 러시아인들도 함께 살고 있다. 그 이후로도 중앙아시아의 세력 약화를 위한 소연방의 민족 간 분열조장은 계속되었으나, 그럼에도 불구하고 타직인들은 부족 간의 동질성을 앞세워 러시아화가 되는 것을 막으려는 노력도 했었다. 그러나 타지키스탄 국민들은 이미 소연방을 배후 세력으로 업은 기존의 공산당 정권을 불신하고 있었고, 이러한 불신이 극에 달한 시점인 1992년 본격적인 내전이 시작된 것이다. 공산당 세력에 대항하는 반대 세력의 봉기 형태로 나타났던 타지키스탄 내전은 차츰 그 양상이 지역 간 대립의 형태로 나타났다.

비교적 풍요로운 북부의 공산당 계열인 레닌아바드(Leninabad), 공산당과 친밀한 관계를 유지하는 남동부의 쿨랍주(Kulyab), 빈곤하고 이슬람 세력이 강한 남서부의 쿠르간 튜베주(Kurgan-Tube)의 대립이 내전의 양상으로 발전하게 되었던 것이다.[271] 타지키스탄 내전에는 러시아뿐만 아니라 우즈베크와 아프간 군대와 같은 많은 외세가 개입되어 있었다. 이러한 주변국들의 개입은 이 지역이 국제적으로 이해관계가 복잡하게 얽힌 지역이라는 사실을 단적으로 보여준다.

타지키스탄은 우즈베키스탄, 키르기스스탄, 아프가니스탄 등과 국경을 접하고 있는 육지로 둘러싸인 국가이다. 이러한 지정학적인 환경은 다른 인종적, 종교적 문제들과 결합하여 인접 국가들로부터 영향을 받기 쉽게 하는 요인이 되었다. 이는 외부의 세력이 육로로 쉽게 접근 가능한 이유 때문일 것이다. 실제로 타직 내전에서도 내전의 두 주축을 각각 지지하는 인접 국가의 영향으로 내전의 골이 깊어졌던 것이 사실이다.

친공산 세력을 지지하는 러시아와 우즈베키스탄, 그리고 반정부 세력인 이슬람 부흥당을 지원하는 아프가니스탄이 그 대표적인 예이다. 특히 우즈베키스탄과 타지키스탄 양국에는 민족적 경계와 지리적 경계가 불일치하는 상황이 존재해왔다. 이러한 상황에서는 소수민족

---

271) 이애리아 1998, 146.

문제가 불거질 수밖에 없다. 즉, 타지키스탄의 우즈베크인 또는 우즈베키스탄의 타직인이 바로 그 대상이다. 따라서 이 두 나라의 영토를 둘러싼 분쟁은 다른 어떤 나라에서보다 더욱 첨예해질 수밖에 없었던 것이다.272) 한편 타지키스탄의 반정부 세력은 아프가니스탄으로부터 무기와 자금의 지원을 받았으며, 반정부 세력의 탄압을 심하게 받았을 때 아프간 국경을 넘어 피해 있으면서 틈틈이 정권 탈환을 시도했다.

이와 같이 타지키스탄 내전에서 주의 깊게 살펴보아야 할 부분은 주변국들 및 다민족 간의 갈등관계이다. 주변국들이 타지키스탄 내전에 어떠한 목적으로 연루가 되어있는지, 타지키스탄 내전에 의한 주변국 정세 변화는 어떠한지 등이 중요한 이슈가 되기 때문이다. 앞서 말한 바와 같이, 타지키스탄 내전은 단지 친러 세력의 집권당과 야당 간의 파벌싸움만은 아니었다. 지리적 위치, 지역 간의 불균형, 종교와 경제문제 등이 복합적으로 작용한 것이었다. 이러한 문제의식을 갖고 타지키스탄 내전의 원인이 되는 각각의 요인들을 자세히 고찰해 보기로 한다.

---

272) 이문영 2004, 251.

Ⅱ. 인종적 요인: 이질적 민족

　중앙아시아의 국가들은 옛 소련 당국이 중앙아시아를 분할 통치하기 위해 만들어낸 국가들이다. 스탈린은 범투르크주의의 확산을 억제하기 위하여, 1920년대에 각 공화국들의 국경선을 설정하는데 있어서 의도적으로 우즈베키스탄 공화국 내에 타지키스탄의 영토를 포함시키고, 타지키스탄 공화국 안에 우즈베키스탄의 영토를 포함시켰다. 이때 두 개의 역사적으로 중요한 타지키스탄의 문화 및 역사 중심지인 부하라와 사마르칸드가 우즈베키스탄에 넘어갔다. 때문에 이 두 공화국 사이에는 대립이 생겼고, 오늘날까지도 계속되고 있다.

　타지키스탄 지식인과 민족주의자의 시각에서 보면 국경의 설정에는 제국주의적이고 불평등한 점이 많다. 불평등한 영토 분할과 뒤따라 계획된 우즈베키스탄 거주 타직인의 우즈베크인화는 타직 민족의 존재를 부정하는 가운데 오히려 범투르크주의로 이행하는 결과를 초래했다. 또한 어떤 이들은 자신을 타직인이라기보다는 고르노-바다흐 샨인이라고 생각하는 사람들도 있었는데, 이것은 타직인의 지역적 의식을 말해준다. 이때부터 타지키스탄의 지방-지역 간, 부족·종족·인종 간 갈등이 더욱더 심화된 것이다. 인위적인 국경 설정이 민족의 분할을 초래하는 원인이 되는 것은 당연한 결과라 할 수 있겠다.

이렇듯 타지키스탄의 민족 정체성은 많은 인종-민족학자들이 지적하는 바와 같이 기본적으로 지리-지역색과 문화에 따라 이뤄졌다. 인종적 계층 분화는 주로 평지에 살고 있는 북부 타직인과 산악지대에 거주하는 남부 타직인의 주요 지역집단들로 나뉜 것에 근거하고 있다. 이러한 계층 분화는 자아 정체성을 나타내는 기준으로 확립되지는 않았지만 양대 대표적인 집단들이 자신들을 타직인이라 부르고 있고 각자 자신들이 '진정한' 타직인의 정통성을 계승하고 있다고 주장한다.[273] 주로 평지의 도시와 대도시에 살고 있는 북부 타직인은 조상들이 이룩한 위대한 문명의 유일하고 진정한 계승자는 자신들이라고 믿고 있다. 그들은 남부에 거주하는 자신들의 동족을 미개한 '시골뜨기' 또는 '야만인'으로 여기고 있다. 그러나 산악지대에 살고 있는 남부 타직인은 자신들이 진정한 타직인이라고 주장하며, 경작민인 우즈베크인과의 접촉을 통해서 북부 타직인이 상실한 문화적 전통을 자신들만이 보존하고 있으며 타직인의 순수 혈통을 유지해 왔다고 주장한다. 이와 같은 상황에서 양대 집단은 상대방의 민족적 동질성을 인정하지만 각각 타직 역사 및 문화적 유산의 진정한 수호자로서의 상대방 권리는 서로 부정한다. 이러한 양대 주요 집단은 단순히 그들의 심리 상태뿐만 아니라 문화적 전통과 언어학적 특성에도

273) 장병옥 2001, 634.

차이가 있다. 이는 그동안 여러 민족 지리학자, 언어학자, 고고학자, 그리고 동양학 학자들이 수행한 많은 연구 결과로 입증되었다.[274]

타직인들은 타지키스탄뿐만 아니라 이웃 아프가니스탄이나 우즈베키스탄 등지에도 거주하고 있으며, 반대로 타지키스탄에는 다양한 민족이 거주하고 있다. 약 650만 명의 타직 인구 중 타직인은 약 80%를 차지하며, 우즈베크인 15.3%, 러시아와 키르기스스탄인은 각각 1.1%, 타타르인과 투르크멘인은 각각 0.3%를 차지하고 있다.[275] 이밖에도 대략 70여 개 민족이 타지키스탄에 공존하고 있다고 알려져 있다. 이러한 통계로 비추어볼 때, 타지키스탄이 단일 정부 형성에 어려움이 많았고 국민적 화합을 이끌어내는 것도 상당히 힘겨웠음을 예측해볼 수 있다.[276] 더욱이 우즈베키스탄과 러시아는 타지키스탄 내 자국민들의 보호를 이유로 타직 정부에 압력을 가하기도 하였다. 특히 러시아인은 인구 전체 구성에서 극소수를 차지하지만 수도인 두샨베에서는 타직인보다 그 수가 조금 더 많으며 산업분야, 전문직종, 정치국원[277] 그리고 군대와 같은 분야에서 요직을 맡고 있기 때문에 러시아의 영향은 무시할 수 없다.

타지키스탄 내에서 지역 간의 인구분포 또한 고르지 못한데, 인구가 가장 적은 지역은 산악지대 바다흐샨이고 인구가 가장 많은 지역은 쿨랍이다. 대다수의 국민들, 특히 타직인·우즈베크인·키르기스인·타타르인은 순니파이고 산악지대 바다흐샨 국민의 대다수는 이스마일 시아파이다. 타지키스탄에서 주요 지역들 가운데 세 지역은

---

274) Chvyr 1993, 252.
275) Toshmuhammadov 2004, 3.
276) Fesharaki 1998, 86.
277) KGB와 그 산하기구.

주로 우즈베크인, 우즈베크인과 혈족 결혼을 하고 우즈베크어를 말하는 타직인으로 이루어져 있다. 이러한 지역이 바로 코잔드(30%의 우즈베크인), 두샨베의 남동쪽 지역인 쿨랍(우즈베크인이 45%로 추정), 그리고 두샨베 남서쪽에 위치한 쿠르간 테파(Qurghon Teppa: 32%의 우즈베크인)이다. 이 모든 지역은 우즈베키스탄에 인접해 있으며, 코잔드는 한때 실제로 우즈베키스탄의 일부였다. 그 밖에 두샨베 남동쪽에 위치한 쿨랍(13% 우즈베크인)도 우즈베크인이 다수 거주하고 있는 지역이다. 바넷 루빈은 투르크화 또는 우즈베크화의 정도에 따라 타지키스탄을 다음과 같이 여섯 지역으로 구분한다. 즉 코잔드·히사르·쿠르간 테파는 상당히 우즈베크화 또는 투르크화된 타직인 지역인 반면, 쿨랍·갸름·고르노바다흐샨은 주로 타직 민족성이 강한 지역이다.

투르크화, 혹은 우즈베크화된 지역은 정치적 권력과 경제적 이익의 혜택을 타지역보다 더 많이 받았다. 따라서 국가 산업투자의 대부분은 북부 코잔드 및 히사르 지역에 집중되었다. 쿠르간 테파 지역은 대규모 관개계획을 통해 중앙아시아의 면화재배 단지로 변화되었으며, 스탈린 이후 지속적으로 이곳에 노동력을 제공하기 위하여, 강제로 산악 타직인을 이주시켰다. 이러한 이주자들은 분리된 종속민족 집단이 되었고, 그 주변인들에 의해 갸름인이라고 불리게 되었다. 이러한 우즈베크인-타직인의 인구구성은 내전의 불씨를 내포하였다. 코잔드인은 당과 국가 지도력을 장악하게 되었다. 우즈베크인과 연계되어 그들은 소련 내에서 강력한 역할을 하였고, 모스크바와 연결해 주던 러시아어 사용자들과도 동맹하였다. 1970년대에 쿨랍인은 코잔드인의 클라이언트(client)가 되었는데, 그들과 함께 하나의 연합 당파를 형성하였다. 소비에트연방체제 동안 코잔드인이 소련공산당(CPSU)을 지배하였고 1970년대에 동맹 세력으로서 쿨랍인을 규합했다. 양대 세력은 러시아어 사용자들과 동맹하였고 대부분의 국내 지배체제에 대한 통제권을 장악하고 있었다.

코잔드-쿨랍 당파는 대부분의 정치권력을 장악한 반면, 문화적 지식계급은 갸름인·파미르인과 주로 타직 출신의 다른 구성원들로 이루어졌는데 루빈은 아프가니스탄 침공에 뒤따라 파미르인[278]이 소련 KGB 지국과 중앙정부 의용군에게 이용당했다고 주장한 바 있다. 갸름인 및 파미르인 그리고 다른 순수 타직 지역 출신은 타지키스탄의 문화적 지식계층의 다수를 형성했는데, 이들은 정당이나 행정부와 달리 우즈베크어와 러시아어 사용자들을 대체로 배격했다. 그래서 이러한 하부 인종적 집단들은 코잔드-쿨랍 연합 당파에 맞서 민족주의적 혹은 종교적 반정부 세력의 주도적인 역할을 하였다. 타직 내전은 정치적인 신념의 차이에서가 아니라 이 국가의 서로 다른 지역을 중심으로 하는 씨족-인종 간의 경쟁관계에서 근거한다고 묘사된다. 비록 그러한 내전에서 지역주의의 일정한 역할을 부정할 수는 없지만, 그것으로 완전 설명되는 것은 아니다. 이러한 파벌 사이의 갈등이 과거에는 그다지 부각되지 않았다. 구 소련체제 이전에는 소위 씨족과 관계된 다양한 지역의 거주자들이 서로 거의 접촉을 하지 않았고, 따라서 어떠한 경쟁도 없었다. 제2차 세계대전 이후 코잔드-쿨랍 연합 세력이 공산당, 국가, 그리고 다른 부분에서 특권적 지위를 누렸지만, 그 당시에는 다른 지역 출신 사람들 역시 지배 엘리트에 편입되어 적은 부분이라 할지라도 특권을 누릴 수 있었다.

---

278) 고르노바다흐산 출신의 타직인.

1970년대 이래로 쿨랍 남부 지역 출신의 일부 사람들이 코잔드 엘리트들과 같이 현저한 특권과 지위를 누렸던 것은 사실이다. 내전 기간 동안 반정부 세력의 일부 다른 지역 출신 사람들도 고위직에 오르는 경우가 있었다. 동시에 반정부 세력은 코잔드와 쿨랍 지역에도 약간의 지지 기반을 가지고 있었다. 그런데 권력투쟁의 과정에서 지역적, 인종적 반감과 갈등을 유발시킨 것은 신소비에트주의자들이었다. 코잔드와 쿨랍 지역에서 구질서의 옹호자들인 수구파는 이 두 지역에서 개혁파를 억압했을 뿐 아니라 1992년 5월에 설립된 권력기반이 약한 연립정부의 권위를 부정했고, 그러한 정부를 타도하기 위해서 노력했다. 서남 및 서부 타지키스탄에서 우즈베크인과 연합한 쿨랍 출신의 신소비에트 무장 게릴라는 인민전선(PF)을 형성했다. 러시아와 우스베키스탄이 지원하는 이 무장 게릴라는 1992년 12월 두샨베를 점령했다. 인민전선은 그 당시에 반정부 세력의 지지자들과 두샨베 북부 지역의 갸름 출신과 바다흐샨 출신에 대하여 무차별적으로 테러를 자행했다.[279]

1993년 이래로 신소비에트 연립정부는 권력투쟁 속에서 분열되었는데 이것은 부분적으로는 인종적, 종교적인 분열을 반영하는 것이었다. 쿨랍 출신이 독점적 권력을 획득하지는 못했지만, 코잔드인을 대체하면서, 정부에서 주요한 요직을 차지했다. 이것은 코잔드 지역의 출신자에게는 계속적인 불만의 원인으로 작용하여, 1997년 4월에는 대통령인 라흐모노프가 코잔드 지역의 수도인 코잔드를 방문했을 때 암살미수 사건을 일으켰다. 그런데 이 사건의 전말은 대부분 알려지지 않은 채 지금까지 남아 있다. 1992년 가을부터 1993년 12월 공직

---

279) Atkin 1997, 338.

에서 쫓겨날 때까지 총리였던 압둘로조노프와 그의 코잔드인 동료들은 정치적인 수단을 통해서 정권의 재획득을 시도했지만, 라흐모노프 정권은 단호하게 그들을 배격했다. 그런데 이러한 사실이 모든 코잔드 출신자에게만 해당되는 것은 아니었다. 1992년 인민전선에 합세했었던 남부 우즈베크인 중 일부는 새로운 권력투쟁 속에서 두샨베의 쿨랍 파당 지배정권에 대항하여 등을 돌렸다. 이것이 일련의 무력 충돌을 야기했다. 이 무력충돌은 1993년 우즈베크어 사용자들인 라까이 부족의 지도자인 사이도프와 인민전선의 지도자인 사파로프의 죽음을 초래했다. 1990년대 중반 이래로 쿨랍 정권에 대한 가장 심각한 도전 중의 하나는 정부에 대한 무력과 위협을 거듭하는 타직 군대 제1여단의 우즈베크 사령관인 쿠도이베르디예프 대령이다. 가장 극적인 예는 그가 1997년 8월 두샨베를 공격했으나 실패로 끝나고 말았다는 것이다.

Ⅲ. 종교적 요인: 이슬람

지금의 타지키스탄의 중요한 정세불안 요소 중 하나는 소연방의 해체에 뒤따른 이슬람의 정치세력화이다. 언급한대로, 소련의 지배질서를 대신할 만한 확고한 대안질서가 부재한 상황에서 갑자기 맞게 된 자유와 독립은 사회정치적 혼란과 이념적 공백, 도덕적 가치기준의 붕괴를 초래하였고, 이러한 위기를 극복하기 위한 열쇠를 전통적 신앙이자 정체성의 뿌리인 이슬람에서 찾으려는 노력이 있었다.[280] 이러한 이슬람은 사회에 대한 대중의 불만이 누적됨에 따라 대중의 지지를 더 얻을 수 있었다. 중앙아시아 최초로 합법화된 이슬람 정당인 이슬람 부흥당이, 결과적으로는 나비예프에게 패배했지만, 1991년 선거에서 무려 40%에 가까운 득표율을 얻어냈다는 것이 증거이다.[281]

---

280) 이문영 2004, 244.

그러나 여타 중앙아시아 국가들에서 이슬람이 소련 해체 후 안정적으로 자리 잡은 데 비해, 타지키스탄에서는 이슬람 정당이 친공산 보수 세력과 대립하여 내전에까지 이르렀다는 것은 이 단체의 한계점을 보여주는 것이다. 타직 분쟁의 정치적 영역에서 이슬람의 역할보다 더 논란이 되는 것은 없다. 이슬람의 정치세력으로의 확장은 서방 국가들과 옛 소련과 그 승계국인 러시아, 중앙아시아 국가들에게는 두려운 대상이었다.[282] 일부 타직 식자층은 이란으로부터의 이슬람 '유입'이라는 기우가 소비에트 정부가 문화 접촉까지 금지하는 수단으로 이용되지 않도록 하기 위해 노력했다. 우즈베크 정부의 지원을 받고 있는 수구 집권 세력은 반정부 세력에 대한 적대감과 그들에 대한 탄압을 정당화하기 위해서 이슬람 혁명에 대한 두려움을 국민들에게 부각시키고 또 한편으로는 정치적으로 이용했다.

이슬람주의자들은 비종교적인 정부 또는 이슬람 정부의 수립을 두고서 서로 일치된 의견을 갖고 있지 못했다. 더욱이 이슬람의 폭넓은 사회적 역할을 주장하는 사람들도 그들 사이에서 의견이 분분하다. 1991년 가을, 나비예프 정권을 혹평하였던 공화국의 대표적인 종교계 인사로서, 타직 무슬림의 정신적 지도자로 추앙받던 40세의 투라존자데(Qazi Akbar Turajonzade)는 타지키스탄에서의 이슬람 정부 수립의 가능성과 과연 그것이 바람직한 사태인가에 대해 여러 차례 의구심을 나타냈다. 그는 수차례 타지키스탄에서의 이슬람에 대한 종교의 자유를 지지해 왔으나, 이슬람법에 의해 국가가 지배된다는 생각에서

---

281) 이문영 2004, 249.

282) 냉전시대에 한 나라가 공산주의에 떨어지면 이웃 나라가 다시 넘어간다는 '도미노 이론'이 판을 쳤던 것처럼, 이슬람 과격파의 침투도 비슷한 양상을 띠고 있기 때문에 서방 세력을 비롯한 주변 국가들의 우려는 더욱 크다(사이먼 리브, (2001), 『새로운 전쟁』, (황의방, 한영탁 역), 서울: 도서출판 중심, p. 355).

'이슬람 공화국' 건설에는 반대해 왔다. IRP 지도부는 지금까지 일관되지 못하였으나 적어도 일부의 경우에는 그들도 투라존자데와 비슷한 입장을 견지해 왔다.

IRP의 지도자들은 거듭 이슬람 국가는 머나먼 목표라고 말했다. 그들의 의도는 결국 신권 정치체제를 수립하려는 것이라기보다 우선 무슬림의 종교적인 자유를 쟁취하는 것이었다. 투라존자데가 이슬람 국가를 이야기할 때면 그는 민주적 제도와 이슬람 가치의 통합을 주장했다. IRP의 지도자인 힘마트자데(Himmatzade)를 비롯한 당원들은 이슬람 정치를 급진주의와 동일시하는 것을 배격하였다. 이슬람에 기초한 반정부 세력의 목표는 비종교적 동맹 세력의 목표와 부합한다. 즉, 그 목표라는 것은 곧 정치의 민주화와 시장 경제 중심의 개혁이다.

중앙아시아의 반제제 운동은 주로 종교적 성격이 강하다. 실제로 전체주의 체제에 대한 불만을 과감하게 토로하는 많은 지식인이 있었다. 이와 더불어 1978년에 젊은 민중 종교 지도자들로 조직된 개혁 성향을 가진 반체제 세력이 등장하기도 했다. 이러한 이슬람 세력은 전통적 무슬림 대중과 밀접하며 자연스럽게 불법행위와 전제정치, 전통적 윤리규범 파괴행위, 사회정신의 부족, 국가정책의 일부분이 되었던 무신론, 친정부 성향 울라마의 체제에 대한 순응 등에 대항해서 싸웠다. 그들은 종교적 관습에 대해서 기도·단식·시주·자선 등 코란의 엄격한 계율의 준수를 확산시켜 나갔다. 그들은 축제 행사에 많은 돈을 쓰면서 낭비하는 무슬림을 비난했다.

당시 이 지역 사람들은 18세기 사우디아라비아에서 와하비 사상의 영향 아래에서 일어났던 이슬람의 청교도 경향과 유사한 이슬람 반체제주의자들을 '바하비(Vakhabis)'라 부르기 시작했으나 이들의 대부분은 자신들이 와하비즘과는 상관없다고 주장했다. 그러나 초기 이슬람 정화주의자는 일상생활에 관한 이슬람 원리·현행의 사법제도·경제문제·국가발전 모델에 대한 그들의 견해를 고려한다면, 온건한 원리주의자 운동을 대표하는 듯하다. 상당한 부분 그들의 유연한 태도는 그 지역의 이슬람교 자체의 특성에 기인한다. 중앙아시아에서의 대부분의 무슬림은 시아파와는 달리 현대의 생활조건에 적응할 수 있는 유연성을 가진 순니파 교의를 신봉하고 있다. 여기서 이슬람은 신과 신도 사이에 성직자를 중재자로 인식하지 않는다는 것을 알아두는 것이 중요하다. 결과적으로 엄격한 성직자 계급제도는 존재하지 않는다. 따라서 이로 인해 지역사회와 그들의 정신적 지도자에게 상당한 자치권을 부여하게 되었다. 그리고 타직 무슬림 종교회의(Kaziyat)의 기본 원리를 따라야 하는 것이 의무는 아니다. 타직 원리주의도 지역 이맘(Imam)을 숭배한다거나 조로아스터교에서 전해 오는 불 숭배 등의 소위 '민중 이슬람'이라는 다양한 표현에 대해서 관대하다. 타지키스탄의 이슬람 원리주의 이론가들은 옛 소련체제에서 사람들이 힘을 얻고 있었던 사상, 즉 국가의 민주화·복수정당·정치체제·인권·개인의 자유 등에 큰 영향을 미쳤다. 그들의 강령은 다음과 같은 이슈에 대한 관심을 드러낸다.

1) 모든 사람의 권리보장
2) 하나의 신조를 가진 사람들 사이의 민족 국가적 경계 거부
3) 여성인권 보호
4) 생태학적 상황

한편 이러한 사람들은 이상주의자이면서 감상주의자로서, 이슬람

국가에 대한 그들의 견해는 애매모호하다. 다른 연설과 인터뷰에서 원리주의자는 대체로 그들이 제안했던 제도에서 사적 이익과 공적 이익 사이의 균형의 필요성을 강조했다. 또한 그들은 서구 자유민주주의 또는 사회주의를 그들의 모델로서는 받아들일 수 없는 것이라고 지적했다. 동시에 자신들의 모델이 상호 모순되지 않는 이슬람과 민주주의 원칙에 기초를 두고 있으며, 파키스탄·사우디아라비아·아프가니스탄·이란의 정치적 모델과도 같지 않다고 주장했다.[283] 반정부 이슬람 세력의 활동은 더욱 성공적이었다. 타지키스탄 정부는 울라마의 협력으로 정치적, 종교적 상황을 통제하려고 했기 때문에 초기에 이슬람의 공식적인 대표자들인 울라마는 당국의 지지로 유리한 입장에 있었다. 정부의 공식적인 종교계 지도자들인 카지(Kazi)·물라·이맘 등은 국가권력에 상당히 의존하고 있기 때문에 대부분은 정부 당국에 충성한다. 그래서 민중 이슬람 원리주의자는 일부 고위급 종교 지도자들이 부정부패를 일삼고 무슬림 이익에 대해 무관심하며 이슬람 교리를 왜곡하는 것을 비난한다.

정부는 모스크의 건설이나 공동묘지의 보수와 성인들의 묘지(mazar) 건설을 금지하지 않았으며 성지 메카 순례를 장려하기도 했다. 1989년 2월부터 1990년 2월까지 공식 등록된 모스크의 수가 17개에서 47개로 증가하였으며, 그 증가 추세는 계속되어 1991년 7월 2,700개에 달하는 등 전역에서 모스크가 거의 동시다발적으로 설립되었다. 당국의 지원에 힘입어 일부 울라마는 의회에 진출하기도 하였다. 일반 '민중 이슬람' 즉, 소위 '비공식 이슬람'과는 달리 친정부 성향의 '공식 이슬람'의 대표자는 그들의 지지자들이 정부에 충성하고

---

283) Niyazi 1994, 182.

법을 준수하도록 설득하였다. 이렇게 정부와 공식 이슬람 간에 일시적인 타협이 이루어졌다.[284] 그러나 곧 울라마는 정부가 그들을 종교적인 사안에만 관여하도록 한 것에 대해 불만을 나타내었다. 그들은 타지키스탄을 무슬림 독립국가로 전환시키기 위한 국가정책 결정에도 참여하기를 원했다. 그중에서도 대표적인 인물은 타직 무슬림의 정신적 지도자 투라존자데였다. 수년 동안 그는 공화국 내에서 이슬람의 공식적인 대변인으로서, 공산주의자에게 후원을 받아왔지만 정치적 위기가 고조됨에 따라 이슬람 원리주의자의 요구를 수용하기 위해 입장을 바꾸게 된다. 성직자로서 타슈켄트 및 요르단에서 교육을 받은 그는 정치세계에서 대쪽 같은 마음과 아울러 강한 기회주의적 성향을 보이기도 하는 매우 특이한 인물이다.

선거 기간 동안 그는 반정부 연합 세력을 구축하는데 성공했으나 자신이 대통령 후보로 출마하는 것은 거절하였다. 그는 또한 나비예프가 조기 하야할 것을 종용하면서 "나비예프는 오래 갈 수 없다. 그는 광범위한 지지를 받지 못할 뿐더러 그의 내각 내부에서조차 격심한 분열이 일고 있다. 우리가 단결할수록 국민들은 더욱 공산주의자를 불신하게 될 것이다"라고 말했다. 또한 그는 "이슬람은 강하다. 2년 전 타지키스탄에는 오직 17개의 이슬람 사원과 19개의 교회가 있었지만, 지금은 2,870개의 이슬람 사원이 있다. 그러나 교회는 여전히 19개이다"라고 자랑스러운 듯이 덧붙였다.[285] 1988년 정부에 의해 공식 이슬람 지도자로 임명된 투라존자데는 자신이 타지키스탄 이슬람과 무슬림의 진정한 수호자라고 주장하면서도 종교보다는 정치에 더

---

284) Makhamov 1994, 200.
285) Rahid 1994, 174.

욱 관심을 두었다. 투라존자데와 그의 지지자들은 사우디아라비아와 아랍에미리트가 오로지 이슬람에 대한 신앙심을 통해 경제발전을 성공시키고 국민들에게 높은 생활수준을 보장해 주었다고 주장하면서 이슬람적 생활방식의 장점을 강조하였다. 공식 이슬람 지도자들은 사우디아라비아·요르단·파키스탄을 방문하고 그들과 상호협력 및 지원에 관해서 협의했다. 타지키스탄 무슬림 분과위원회는 정부가 이슬람 국가에서 금지되어 있는 무슬림 지역 내에서의 양돈과 무슬림 의식을 따르지 않는 소의 도살을 허용하는 것을 비난하였다.

또한 그들은 정부가 무슬림 성일(聖日)을 공휴일로 인정하고 무슬림 관습에 따른 소의 도살을 보장할 것을 요구하였다. 또한 서구식 휴일인 일요일을 무슬림식 휴일인 금요일로 바꿀 것을 요구하였다. 소연방 최고회의와 타지키스탄 정부는 몇몇 요구만 들어주며, 그들을 완전히 만족시킬 수는 없다고 설명하면서 나머지 요구 사항은 무시하였다. 그러자 공식 이슬람 지도자들은 정부에 이의를 제기하고 비종교 세력과 동맹하게 된다. 타지키스탄 중앙정부는 이슬람 교육에 관한 투라존자데의 견해와 무슬림 의식 및 공휴일의 준수에 대한 그의 입장을 비판하였다. 보수 공산 세력은 이른바 이슬람 세력의 위협으로부터 방어막을 치면서 그들 자신의 목적을 달성해 나가기 위하여 일시적이나마 이슬람에 대한 유화정책을 추구하였다. 사실 국민 대다수가 무슬림인 나라에서 폭 넓은 지지자를 필요로 하는 모든 정당들은 적어도 무슬림의 종교적인 자유에 찬성한다는 것을 표명해야 할 것이다. 따라서 정치적인 목적으로 이슬람을 이용하는 경향이 더욱더 강해지고 있다는 사실은 의심의 여지가 없다.

1992년 4월 정부와 반정부 세력 사이의 갈등이 심각해질 무렵, 수구 보수 공산주의자는 이슬람주의자에게 정치적인 술책을 시도하기도 하였다. 'Id al-Fitr'이라고 하는 라마단의 단식이 행해지는 휴일 무렵, 나비예프는 이때 '모든 숭고한 타지키스탄의 무슬림'에게 휴일의 인사를 전하였으며, 민족의 종교적 전통에 대한 충실성이 라마단 의식을 거행함으로써 증명이 된다고 지적하였다. 그러나 그는 과거 공산당이 수 년 동안 라마단의 단식을 건강에 좋지 않다는 이유로 비난하여 왔던 사실은 언급하지 않았다. 또한 그는 1991년 가을 타지키스탄 최고회의에서 이슬람 휴일을 국경일로 제정하는 투라존자데와 격렬한 정치적 논쟁을 한 바 있다. 나비예프는 이슬람의 가치로서 '통일·우정·형제애·협동'을 유사한 것으로 간주하였고, 그에게 맞서 거세어지는 시위 참가자들을 불화를 일으키는 분열 책동 세력이라고 비난하였다.286) 이러한 발전과 변화에도 불구하고 투라존자데는 타지키스탄 무슬림의 전체 지도자는 되지 못하였다.

하지만 또 하나의 민중 이슬람을 표방하는 단체가 정치무대에 등장하여 타지키스탄의 최고 정치 세력이 될 것을 공언하였다. 그것은 바로 이슬람 부흥당(IRP)이었다. 여타 정당 및 정치적 조직과는 달리 IRP는 타지키스탄의 모든 무슬림이 그들의 당에 참여할 수 있다고 선언하였다. 그리고 IRP에 대한 지지를 거부하는 자들은 모두 이교도(kafirs)로 간주되었다. 이와 관련해서 타지키스탄에서 이슬람이 정치와 사회에 미친 영향을 분석하기 위해서는 '비공식 이슬람' 즉, 민중 이슬람이라고 할 수 있는 수피 종단을 간과할 수 없다. 나크쉬반디야 및 카디리야 종단의 수피들은 1942년 타직 공화국에 편입된 지역 내에서의 무슬림의 영적 생활에 주요한 역할을 담당했다. 이는 1917년

---

286) Atkin 1994, 213.

볼셰비키 혁명 이전에 특히 그러했지만 다른 중앙아시아 국가들과 같이 그들은 1920~30년 사이에 소련에 의해 파괴되었다.[287]

따라서 권위 있는 무슬림 이론가들은 수피즘에 대한 그들의 지식과 더불어 그들의 영적인 유산을 물려줄 기회를 상실했다. 그들이 더 이상 존재하지 않자, 다른 어떤 종교적 권위를 지닌 고위층 인사도 수피 종단을 효과적으로 이끌 수 없었다. 산악지대의 바다흐샨 자치지구의 이스마일 공동체의 사회적 그리고 종교적 조건도 이와 다르지 않다. 그러나 타지키스탄에서 이슬람이 부흥하는 것을 볼 때 수피 종단의 재흥은 상당한 가능성을 지니고 있다고 볼 수 있다.[288]

다른 식민지 후기 무슬림 세계에서처럼 이데올로기로서의 이슬람은 신념이나 정치적 동원의 주요한 수단으로서 타지키스탄 내부의 사회 정치적인 세력들을 위한 호소력을 갖는다. 또한 타지키스탄 내의 이슬람 운동은 다른 무슬림 세계와 마찬가지로 권위주의적인 세속적 지도자들이 종교적 행동주의자들에 의해 공격받고 있다. 일부 외국의 학자들은 타직인이 페르시아어를 사용하고 반정부 세력 내에서 이슬람 정치를 추구하는 인물이 현저하므로, 이란이 타지키스탄의 반정부 세력과 깊은 관련을 맺고 있다고 주장했다. 그러나 이것은 중대한 실수임이 판명되었다. 타지키스탄의 이슬람 정치인들은 시아파 무슬림이 아니라 순니파 무슬림이다. 그리고 이란에서처럼 '이슬람 정치'와 똑같은 개념으로 생각지 않는다.[289]

---

287) 현재 타지키스탄의 압도적 다수의 무슬림은 영적이고 종교적인 지도자 pirs와 ishans에 의해서 지도되고 대표되는 수피 종단에 대하여 거의 모르고 있다. 지금노 pirs라는 세도는 비록 다소 변질되기는 했지만 타지키스탄의 시골지역에 아직 남아 있다. pirs는 공식적으로 등록되어 있지는 않지만 지방의 모든 의식 절차를 담당했고, 공식 이슬람을 대표하는 울라마보다 더 일반 민중의 존경을 받았다. 어떤 pirs는 공개적으로 제자와 추종자(murid)를 두고 있었다. 그들의 활동은 활발하지는 않아도 공개적이었다. 이러한 현상은 타지키스탄에서의 수피 전통의 파괴로 인한 영적인 공백을 pirs가 대신한 사실로 설명될 수 있다.
288) Mokhmov 1994, 203.

타지키스탄은 국익에 도움이 되는 나라라면 정치-경제체제 또는 종교-이데올로기가 다르다 할지라도 아무런 문제가 되지 않는다는 입장이었으나, 이란과의 첫 번째 접촉 결과 문화·언어적 유사성은 그 자체의 한계성이 있음을 보여주었다.[290] 사실 타지키스탄의 이슬람주의자는 이란과 같은 급진적 이슬람 원리주의자에 속해 있지는 않다. 많은 타직 지식인은 소련이 몇십 년 동안 왜곡, 말살해온 그들의 페르시아 문화유산의 회복을 요구하는 것처럼 종교적이 아니라 문화적인 이유에서 이란에 관심을 갖고 있다. 이슬람 반정부 세력과 공산주의 강경파 사이에서 세속적인 정치인은 그들의 정치적 목적을 진전시키기 위해 이란에 대한 호의를 표현해 왔다. 옛 공산주의 수구세력은 타지키스탄에서의 이슬람 혁명의 유발과 혼란을 막는 대안세력으로서 자신들의 현 정권이 적합하다고 강조하는 반면, 동시에 이란 이슬람 혁명과 호메이니를 찬양하며 이란 외무성으로 타직인을 파견하여 교육을 받게 하고 있다.

타직 외무장관 홀리크나자로프의 주장에 의하면, 문화적 연계와 관련한 이란의 이슬람 모델은 타지키스탄의 다양함과 통합성의 부족으로 인하여 복잡한 문제로 남아 있다. 1992년 9월 이스칸도로프 정부는 이슬람 원리주의가 타지키스탄의 국내외 정책에 영향을 끼치는 요인이 되지는 않을 것이라고 강조하였다. 홀리크나자로프 또한 이란과의 관계가 "종교적인 원리에 의해서가 아니라 역사적인 문화와 정신적인 뿌리에 근거할 것이다"라고 반복하여 강조했다.[291] 이란과의 관계에 있어서 이데올로기적인 것과 문화적인 것을 구분하는 것은

---

289) Atkin 1997, 339.
290) Makhamov 1994, 205.
291) Mesbahi 1995, 122.

공식적인 수준에서 그치는 것은 아니다. 타직 정부가 종교적, 이데올로기적 측면보다 문화적 측면의 관련성을 강조하는 것은 이란 모델을 탈정치화된 방식으로 전환시켜 이란 이슬람 혁명 수출 가능성을 차단하기 위한 전략인 것이다. 그것은 또한 타직 민족국가 정체성과 주권을 이란에 침해당하지 않으려는 정책의 반영으로 보인다.[292]

타지키스탄에서 이란 역사와 정치문화의 독특한 산물인 이란 혁명 및 그것의 정치적 모델은 피상적으로 수용되거나 모방되지 않을 것이다. 무슬림이 권력을 잡는다고 해도 이란과 완전히 일치된 정책과 행동을 취하기는 어렵고 그러기 위해서는 오랜 시간이 걸릴 것으로 보인다. 왜냐하면 종교상으로 이란보다 많은 공통점을 가진 파키스탄 및 사우디아라비아 등과의 종교적 관계를 강화·발전시킬 것이기 때문이다. 예를 들면 이란보다는 사우디아라비아를 포함한 보수주의적인 순니파 무슬림이 중앙아시아에 있는 이슬람주의자에게 자금과 코란을 주로 제공해온 것으로 알려져 있다. 비록 이러한 문제를 가볍게 보아 넘긴다 해도 이란과의 종교적 일치는 국법에 허용되지 않는다. 이는 타직 헌법 제100조에 규정되어 있다. 이 나라는 정치와 종교가 분리되어 있다. 두샨베 정권은 타지키스탄의 이슬람 지도자들이 이란적인 모습이 아니라 교황 요한 바오로 2세나 러시아의 페트리아크 알렉세이와 같은 정신적 지도자를 보아야 한다고 주장하였다. 이것은 정치와 종교는 별개의 것이라는 정교분리를 강조하면서 이슬람 세력이 정치에 간여해서는 안 된다는 의미로 해석된다. 타직 두 대통령 후보들은 정치 강령에서 '이슬람'이라는 용어 사용을 자제하고 그 대신 간접적으로 개인의 사생활에서 '정신적인 것'의 필요성에 대하여

---

292) 장병옥 2001, 548.

언급한 사실은 시사하는 바가 크다.

이러한 정교분리 사상에 기반을 둔 타직 지식인들은 IRP 지도자들의 목표를 파악하고 있는 비종교적 지식인은 이슬람의 정치화를 우려하였다. 그들은 타지키스탄에 안정을 유지시키고 필수적인 경제개혁을 보장하는 정치인들을 결국 지지하였다. 심지어 지역 내 일부 세력은 아제르바이잔을 통해 제2의 터키 창설을 추구하고, 장기적으로 다른 나라도 포함시키려 노력하기도 했다. 1998년 초, 2개월에 걸쳐 타직 대통령은 반정부 연합 세력에 대해 정치와 종교에 대한 분명한 입장 표명을 촉구했다. 그러나 네오소비에트주의자들은 이슬람 정치와 관련해서 공공연히 비난을 하면서도 이란과 우호관계를 유지하는 데에 주의를 기울였다. 어느 면에선 이란 정부는 타지키스탄에서 강력한 영향력을 행사하기 위한 수단은 물론 그럴 만한 의지도 거의 없었다. 이란은 러시아와의 우호적인 관계를 유지하는 것을 포함해서 타지키스탄 이익에 앞서 자국의 이익의 추구에 우선권을 둔다.

Ⅳ. 경제적 요인: 지역 불균형 발전

　타지키스탄 내의 타직인의 언어는 같으나 중부와 동북부 지역에 높은 산맥과 같은 지리적 장애로 인해 지역 간 교류가 매우 제한적이다. 북부 코잔드 지역은 제라이 산맥, 파미르 산맥을 경계로 남부지역과 격리되어 우즈베키스탄과 오히려 밀접한 관계를 유지해 왔다. 실제로 코잔드에서 수도인 두샨베에 가기 위해서는 항공로를 이용하거나 우즈베키스탄 영토를 거쳐 장거리를 우회해야만 한다. 또한 남동부의 대부분에 펼쳐 있는 파미르 고원지대는 일 년 중 6개월이 눈으로 덮여 있는 관계로 타지역과 격리되어 있기 때문에 이 지역에 거주하고 있는 파미르인들은 타지키스탄의 타지역과 구별되는 독특한 문화적 공동체를 형성하고 있다.[293]

　이러한 자연환경에서 옛 소비에트 정권의 지역 공산당정책과 농업

---

293) 고재남 1996, 348~349.

집단화정책에 따른 주민 이동은 지역 간의 불균형을 더욱 심화시키게 되었다. 특히 남북 간 빈부의 격차가 심하다. 북부 코잔드 지역은 경제가 타 지역에 비해 발전해 있지만 남부 쿨럅과 쿠르간 투파 지역은 농업이 주로 발전해 있고 산업 기반이 열악한 편이어서 빈곤한 생활을 하고 있다. 과거 70년간의 공산당 통치기간에, 타지역보다 산업화된 코잔드 지역 출신 엘리트들이 권력을 독점화하였으며 반면에 남동부 지역에 거주하는 갸름(Garm) 지역주민 및 파미르(Pamir) 지역주민들은 권력으로부터 상대적으로 소외되었을 뿐만 아니라 경제적인 불이익을 받았다.

스탈린의 통치기에 쿨럅 지역과 쿠르간 투파 지방에 상당한 자본을 투자한 것은 이 지역을 소비에트 섬유 산업에 매우 중요한 목화재배 단지로 육성하라는 소련 중앙정부의 직접적인 지시에 의한 것이었다. 때문에 타지키스탄에서 면화농장을 개발하면서 산악에 거주하던 갸름 지역주민과 파미르 지역주민들이 강제로 남부 평지로 이주되었으며 그곳에서 별도의 공동체를 형성하며 살았다. 이는 남부 타지키스탄에 있어서 비옥한 경작지의 부족으로 인한 1992~1993년간의 분쟁의 원인이 되었다. 이와 같이 타지키스탄 공화국에서 역사적으로 코잔드 지방 출신의 엘리트들이 권력을 독점해왔다. 이러한 측면은 공화국 내의 다양한 지역 간의 경제발전의 불평등을 초래했다. 대부분의 자원들은 두샨베와 코잔드의 산업적 문화적 발전에 투자되었다. 소비에트체제하에서 갸름 지역주민들과 파미르 지역주민들은 정치적, 경제적으로 소외되었다고 생각했다. 이러한 불만은 코잔드 출신자들의 지배에 대한 원성으로 나타났으며, 타지키스탄 독립 후 바로 내전 발발의 직접적 원인으로 평가되고 있다.[294]

1991～1992년 사이에 코잔드 출신자들의 지배에 대항하려는 정당들이 생겨나기 시작하였다. 타지키스탄 민주당은 갸름 지역과 파미르 지역 사람들을 중심으로 결성되었다. 이와 때를 같이 하여 변방지역의 농민들을 중심으로 이슬람부흥당(IRP)이 결성되었다. 이에 대한 자신들의 입지를 고수하기 위하여 두샨베와 코잔드 사람들은 민중전선을 형성하였다. 이러한 혼란한 상황에서 자연스럽게 타지키스탄은 중앙아시아 국가로는 최초로 다당제를 도입한 결과를 낳았고 공산당에 반대하는 '민주 정치 세력'이 4개나 존재하게 되었다. 이들 4개 세력은 민주주의를 주장하는 민족민주당, 문화적 민족주의를 주장하는 라스토헤즈 애국당295), 고르노바다흐샨 지역의 자치를 주장하며 파미르인들의 지지를 받는 랄리 바다흐샨(Lali Badakhshan), 그리고 종교적 색채의 이슬람 부흥딩이다. 타지키스틴에서 일어나고 있는 이슬람 부흥 움직임에 따라 내전의 양상은 지역 간 대립구조와 더불어 더욱 복잡한 양상을 띠게 되었다. 반정부 세력이 아프카니스탄으로 피신한 후부터는 이슬람 원리주의 세력이 강해져 인접국가에 큰 위협이 되고 있는 실정이다. 지금도 이슬람 세력은 동으로는 파미르, 남으로는 아프카니스탄 국경으로 피신해 게릴라전을 벌이고 있다.296)

다른 한편 타지키스탄에는 수력 발전을 할 수 있는 환경적 요인이 풍부하다. 1989년에 수력 발전력이 러시아에 이어 2위를 차지했고 중앙아시아 국가들 중에서는 1위를 차지했다. 타지키스탄의 경제발전 양상은 다른 중앙아시아 국가들과 같다. 그러나 지리적, 자연적 특수

---

294) 김대성 1999, 265.
295) 라스토헤즈는 부흥이라는 뜻으로 민족, 종교적 요소를 혼합한 정강을 내세웠으며 지식인들이 주요 구성원.
296) 이애리아 1998, 147.

성과 국민의 생활방식과 고유한 전통의 특성 등에서 차이가 있다. 목화재배가 농업의 주를 이루어(매년 백만 톤의 원면 생산) 가장 많은 경작지를 차지하고 있다. 담배는 산악지대에서 재배되고 목축업이 매우 광범위하게 이루어지고 있다. 타지키스탄에는 석유·납·안티몬·아연·창연·수은·텅스텐·몰리브덴·금 등의 다양한 광물이 존재한다. 보석과 준보석의 매장량이 상당하며 면직조업 외에도 비철 금속과 특수 금속의 채광 및 선광산업이 활발하다. 그러나 상당한 천연자원과 광범위한 경제발전 잠재력에도 불구하고 타지키스탄은 심각한 경제난에 봉착해 있다. 타지키스탄의 경제 불황의 원인은 옛 소련에 예속된 하부 경제체제라는 데에 있다. 타지키스탄은 옛 소연방으로부터 많은 원조를 받아왔다.

그러나 1970년대 소련에 총체적인 불황이 닥치면서 타지키스탄 역시 경기 침체를 경험하게 되었다.[297] 타직 공화국은 주로 농업생산품과 원료의 공급원으로서 소련경제연합에 포함되어 있었기 때문에 이러한 연방 내 공통적인 경제위기 동안 혹독한 경제, 사회적인 문제에 직면하였다. 공장이 가동되지 않았으며 산악자치지구 바다흐샨의 다양한 경제발전 계획이 중지되었고 수도 두샨베의 사회·경제발전도 지체했다. 또한 천재지변으로 인해 농업경제 역시 많은 손실을 입었다.[298] 소련 해체 이후, 중앙아시아 각 공화국들은 과거 사회주의 경제구조 때문에 상당한 경제위기를 맞게 되었다. 금광·우라늄·농산물 생산지·생산 하부구조는 상당히 중요하다. 그러나 무엇보다도 면화생산과 같은 단일품목 위주의 경제는 해결되지 않은 어려운 과제

---

297) Chang 1998, 9.
298) Makhamov 1994, 197.

이다. 각 공화국들의 단일품목 경제는 성장위주의 경제정책을 펴는데 있어 심각한 어려움을 초래했다. 옛 소련의 경제구조 속에서 타지키스탄은 환경적으로 특수성에 따라 농업생산 국가로 간주되었고 소련에 면화를 공급했다.

타지키스탄 경제는 농산물과 원자재에 대해 전적으로 의존하고 루블화에 기초한 대외무역의 불가피성과 루블화의 가치 폭락으로 1인당 국민소득이 옛 소련의 공화국들 가운데 최저 수치를 기록했다. 타지키스탄은 생활수준이 소련의 다른 공화국에 비해서 낮은 수준이었는데, 민족주의 개혁파 진영은 이러한 상황에 대해서 소련의 통제경제체제의 총체적 결함 때문이며 모스크바가 타지키스탄을 마치 식민지처럼 이용하고 있다고 비난했다.

사실 1980년대 밀까지 타지기스탄의 생계수준은 소련에서 가장 낮았다. 1989년 소련의 빈곤 계수는 1인당 월평균 78루블이었다. 러시아의 6.3%와 비교하여 타지키스탄의 인구 중 58.6%가 이 이하의 수입을 얻었고, 1989년부터 1991년 사이 정부지출액이 3.9배 줄어든 반면에 연간 개인 소득은 3.8배 감소했다. 따라서 통계적으로 개인 소비율은 전체 소련의 63.3%에 불과했다. 소연방 붕괴 직전 1989년의 경우 소비식량의 배급량은 규정량보다 심각할 정도로 낮아졌다.[299] 타지키스탄 공화국 내의 식료품 소비도 역시 최근 수 년 동안 소련 과학학회의 영양연구소가 제공하는 표준치보다 상당히 감소했다. 또한 개인당 육류 소비도 2.6배 낮아졌으며, 1일 생산량 2.2배, 달걀은 1.4배, 감자는 1.2배, 야채류는 1.6배, 그리고 과일과 견과류도 2.1배 낮아졌다. 주민의 약 68%가 빈곤선 이하에서 살고 있는 것이다.

299) Niyazi 1994, 168.

이러한 기아상태로 인한 심리적 긴장감과 적대감은 오히려 영양실조보다 더 큰 사회문제를 야기할 수 있다.[300] 공업과 농업에서의 상황은 점차 악화되어갔다. 그러한 이유는 명백하게 과거에도 활성화되지 못했던 경제적 기반의 붕괴, 경제모델 선택의 불분명, 그리고 정치불안 때문이었다. 1992년 제1/4분기 국민소득은 5% 감소했고, 소비재 생산은 19%, 중공업 생산품은 13.2% 감소했다. 건물 건설량은 2.2배 감소했다. 그에 못지않은 또 다른 비관적 통계자료에 따르면 1992년 겨울과 봄 동안 생산의 전체적인 감소는 매달 25%에 달했다. 식량생산이 30% 떨어진 반면에 육류의 국가수입은 단지 전년 구입의 57%에 불과했다. 봄 농무(農務)의 50%만이 실행되었다.

타지키스탄 공화국은 석유자원을 가지고 있지 않았으므로 대량의 석유파동과 가스 및 석탄파동을 겪었다. 예산 적자액은 160억 루블로 계산되었다. 중앙아시아 국가들은 소련에서 가장 빈곤한 지역이며, 타지키스탄은 그중에서 가장 빈곤하다. 모든 중앙아시아 국가들은 예산을 외부 보조금에 많이 의존하고 있었는데, 그중에서 타지키스탄이 가장 의존적이었다. 1991년 세입의 47% 가량이 소연방에서 온 것이다. 에너지 부국인 러시아·아제르바이잔·투르크메니스탄을 제외한 이 지역 모든 국가들은 연방국 간 무역에서 적자를 보였다. 그러나 다른 연방국가와 비교해서 타지키스탄의 적자가 가장 많았고 그 규모는 충격적이기까지 했다.

---

300) Niyazi 1993, 168.

V. 정치사회와 안보적 요인

    고르바초프의 개혁정책으로 인해 중앙아시아 여타 국가들처럼 타지키스탄도 1990년 8월 주권선언을 하였으며 1991년 8월 고르바초프 정권에 반대하여 모스크바에서 발생한 쿠데타가 실패로 돌아간 이후 타지키스탄은 같은 해 9월 9일 독립을 선포하였다. 타지키스탄은 다른 중앙아시아 국가들에 비해 내부 분열이 심하여 독립국가를 수립하는데 많은 어려움을 겪어야 했다. 민주화에 의해 생겨난 많은 야당들은 독립 이후 바로 대통령 선거를 요구했고 1991년 11월 24일 선거가 치러졌다. 이 선거에서 공산당 출신의 라흐만 나비예프가 57%의 지지로 대통령에 선출되었으나 반정부 세력들은 선거의 결과에 승복하지 않고 대통령 선거에 부정이 있다고 주장하였다. 독립과 함께 시작된 정치적 내분은 1990년대 초부터 내전으로 발전해 갔다.[301]

---

301) 김대성 1999, 264.

타지키스탄은 정치적 차원에서 많은 어려움에 직면하고 있었다. 1991년 소련의 붕괴와 양극체제의 해체는 정치·경제·사회 안보 차원에서 이 나라에 심각한 결과를 초래했다. 대내적으로 구체제에서 살아남은 엘리트들은 권력 장악을 위해 위험한 투쟁을 벌였다. 마침내 1992년 11월 라흐모노프는 러시아의 지원을 받아 정권을 장악했고 1994년 11월 6일 대통령으로 선출되었다. 지역패권주의, 민족 간 갈등, 국경분쟁, 패권주의적 슬라브 인종주의, 이슬람 원리주의, 핵무기와 민족주의 등 산적한 문제는 지역 내 안정을 저해하는 요인들이다. 이러한 대외적인 안보 저해 요인은 옛 소연방의 붕괴로 인해 연방 내의 다른 지역들에 주둔했던 소비에트 안보 병력의 분열을 초래했다.

보통 민족적으로는 슬라브인으로 구성된 이러한 군대들은 한때 국가가 그들에게 해결하라고 명령했던 임무나 정치적 방향이 명확하지 못했으며 중앙아시아 지역의 러시아어 사용 인구와 민족적 결속을 보여 주었다. 타지키스탄의 모든 소련군 중 가장 중요한 군대는 '두샨베 적군 201 자동소총 부대'와 타지키스탄과 아프가니스탄의 경계를 구분해 주는 아무 강(Amudarya)을 따라 주둔하는 국경 보안병력이다. 이러한 병력들의 지휘권은 KGB에 속해 있었으나 모스크바 대통령궁으로 이전되었다. 결국 지역 안보를 담당하던 소련군은 민족적으로 분열되고 약화되었다. 비록 타지키스탄이 러시아의 지배를 더 이상 받지 않는다고 할지라도 러시아는 계속적으로 그 지역에서 중요한 역할을 수행하고 있었다.

1992년 권력투쟁 속에서 개혁파는 러시아가 자신들을 지지해주기를 바랐으나 상황은 그렇지 않았다. 러시아 정부는 다른 많은 문제에 빠져 있었다. 한때 러시아가 지휘하는 군대는 중립적 입장을 취하기도 했다.[302] 그러나 1992년 가을, 러시아는 적극적으로 신소비에트주의자들을 지지하기로 했다. 이렇게 결정한 데에는 몇 가지 정책적인 고려가 있었다. 즉 반정부 세력을 급진주의적 이슬람 정치 세력과 동일시하고, 러시아어를 사용하는 소수민족은 보호하며, 옛 소련 지역에 대한 러시아의 기득권을 유지하려는 의도가 있었던 것이다. 또한 지역적 불안정에 대한 우려와 아프간 전쟁의 신드롬도 또한 러시아의 이러한 결정을 돕는 원인이었다. 신소비에트 정권의 승리를 위해서 러시아는 정치-경제-군사적으로 그들을 계속 지원했다. 이러한 전폭적인 지지가 없었다면, 두샨베 정권의 존재는 예측 불가능했을 것이다. 1996년 겨울까지 타지키스탄 주둔 러시아군의 수는 약 18,500명에 육박했나. 인종적으로 러시아인은 군대에서 소수를 구성했는데 주로 장교와 비전투관리 장교였다.

대다수는 그 지역 중앙아시아 출신이었다. 타직 내전의 개입으로 인한 막대한 전쟁 비용에도 불구하고, 러시아는 두샨베 정권이 1996년 겨울까지 반정부 세력과의 어떠한 타협도 거절하도록 압력을 행사했다. 많은 타직인은 소연방이 남긴 최악의 유산은 아프간 전쟁이라고들 믿는다. 1991년 12월, 타지키스탄 외무부 장관인 카쿠모프(Lakin Kaqumov)도 이러한 사실을 인정하면서 "아프가니스탄은 우리가 직면한, 그리고 지금까지 직면해 왔던 것들 중 가장 난해하고 복잡한 문젯거리입니다. 왜냐하면 우리는 아프가니스탄과 긴 국경을 맞대고 있기 때문이지요. 무자헤딘은 대부분의 국경지방을 통제하고 있고 타지키스탄으로의 습격도 끊이지 않았습니다. 만약 이슬람 원리주

---

302) Atkin 1997, 339.

의가 아프가니스탄에서 만연해 있다면 이것이 자동적으로 타지키스탄에도 영향을 미치기 쉬운 것입니다"라고 말했다.[303]

이와 같이 아프간 전쟁이 타지키스탄에 미친 영향은 이슬람 원리주의와 타직 민족주의, 지방에서의 당파 간의 경쟁의식이 극심해졌다는 데서 실로 엄청나다고 할 수 있을 것이다. 타지키스탄이 이슬람 신정주의 국가로 전환되는 것을 반대하는 비무슬림 국민들은 이슬람 세력이 아프가니스탄에서 정권을 잡는 것을 두려워했다. 그러나 이슬람 부흥당과 그 동맹들은 두샨베에서의 투쟁에서 카불로부터 경제적, 군사적 지원을 얻을 수 있기를 기대했다. IRP에 대한 아프가니스탄의 지원은 그 가능성이 컸다. 왜냐하면 그들의 연대는 나지불라 정권의 몰락 이전에 성립되었기 때문이다. 따라서 아프가니스탄이 1992년 이후 망명한 타직 반정부 세력의 무기 공급기지 역할을 했다고 해도 과언이 아니다. 군사적인 활동과 동시에 마약 등의 밀수가 국경지대를 유린하면서, 아프간 북쪽의 타직 피난민, 반정부 세력의 전투 요원뿐 아니라 민간인조차도 아프간의 권력투쟁 속에 휘말려 들게 되었다.

이미 파키스탄과 타지키스탄을 위시한 중앙아시아 주변 국가에서의 이슬람 정당 활동의 신장에 대하여 인도는 불편한 심기를 드러낸 바 있다. 인도는 이러한 사태 발전 과정이 그들의 국익과 배치되며 중앙아시아 국가들과의 정치-경제협력의 약화를 가져올 것이라고 믿고 있다. 한편 러시아는 스스로를 지역의 대부로 자처하는데 반해, 중앙아시아 국가들은 러시아를 맏형격으로 여기는 것도 문제이다. 민족적 정체성도 형성되지 않은 가운데 시기상조였던 독립국가의 탄생으로 말미암아 수많은 위기가 초래됐다. 개인·민족·국가 정체성은 상

---

303) Rahid 1994, 172.

호 대립되었으며, 대부분의 농촌 지방 사회는 정치의 생활화가 이뤄지지 않았다. 한편 총체적 국민 정체성의 큰 틀 속에서 국민적 화합을 이루어내려 했으나, 공산주의자·민족주의자·이슬람주의자 간의 내분으로 타지키스탄의 정치와 사회문제는 혼란을 더욱 가중시켰다. 이러한 대내외적 대립의 근원은 정권 장악을 위한 범민족주의 전선, 공산주의자, 무슬림이 한 기구 내에서 파벌을 형성하는 등의 끊임없는 이념적·지역적·종족적 패권 다툼이었다. 페샤라키(Fesharaki)는 아래와 같은 여러 복잡한 문제들이 타지키스탄의 정치 환경을 압박하는 요인임을 지적한 바 있다.[304]

1) 타지키스탄 내의 민족·언어·인종·교파·종교 간 대립[305]
2) 민족 정체성을 확립함에 있어서 초국가적 민족주의와 국가 차원의 민족주의 간의 의견 대립
3) 지역성을 고집함으로써 야기된 국가적인 균형의 혼란
4) 구체제에 대한 충성
5) 이슬람 공동체 형성에 반대한 일부 민중의 소련 제국주의의 부활 주장
6) 정치·사회개혁을 위한 사회적 분위기 미성숙
7) 단일 품목 경제규모의 빈약성
8) 문화의 후진성
9) 국내 정치단체의 민주적 훈련 결여

이러한 요인이 복합적으로 작용하여 민족적이고 종교적인 그리고 정치적이고 사회적인 다양한 측면에서 정치집단 사이에 엄청난 분열을 초래한 것이다. 한편에서는 아직도 옛 공산주의자가 소련의 제국주의 부활을 꿈꾸고, 다른 한쪽에서는 이슬람 세력들이 압둘라 누리

---

304) Fesharaki 1998, 87~88.
305) 특히 타직인과 우즈베크인 사이의 해묵은 반목은 매우 심하다.

의 지도 아래 타지키스탄 내에서의 이슬람 전파와 패권을 도모하고 있다. 민족주의자 세력 역시 민주주의라는 국가적 이상을 추구하고 있다. 이러한 문제는 내전을 장기화하고 평화를 구축하는데 오랜 시간이 걸리게 하는 저해요인이 되었다. 그러나 마침내 이란과 러시아의 중재로 양 세력 사이에 휴전이 성립되었다. 그러나 전쟁이 종식되고 평화 합의문에 조인한 후에도 일부 반군 세력은 합의문 내용을 완전히 수용할 의사가 없어 반정부 연합전선에서 탈퇴했다. 이러한 상황으로 민족적 대립과 반목은 크게 확산되었다. 일부 전문가는 "민족적, 지역적 대립과 반목의 위험 수위가 심지어 이슬람 원리주의보다 더 심각한 정도다"라고 했다.

타지키스탄 공화국은 러시아와 우즈베키스탄 같은 인접국들의 위협에 노출된 상황이다. 25,000명으로 구성된 '201 자동화 사단' 러시아군이 아직도 수도에 주둔하고 있는 점을 고려하면, 이는 타지키스탄 내의 러시아인의 정치적 권한을 행사하기 위한 일종의 통제장치였다. 타지키스탄은 또한 우즈베크 공화국으로부터 위협을 느끼고 있으며, 러시아를 카리모프 정권의 지원 세력으로서 간주하고 있다. 우즈베키스탄이 타지키스탄의 존재 자체를 우려하는 점도 간과해서는 안 된다. 왜냐하면 우즈베키스탄 역시 자국 내 소수 타직인의 지지 기반이 될 강력한 독립국가로서의 타지키스탄을 안보상의 잠재적 위협 세력으로 여기기 때문이다. 이와 같이 옛 소련의 사회주의 체제에 기초한 정치·경제·문화 문제가 상호 복합적으로 결합되어 안보문제는 내부체제뿐 아니라 지역적, 세계적 상호 의존체제와도 관련되어 있다.

또 하나의 예로, 테헤란 정부는 이란과 이란 문화의 영향을 강하게 받는 타직 단체들을 통해 정치적 영향력을 모색할 수 있는 것이다. 이러한 국내외적으로 안보상의 문제를 일으키는 타지키스탄 내전의 발발 요인들에 대한 견해는 다음의 세 가지로 정리해볼 수 있다.[306]

첫째, 서구의 전략적 견해로 외적 요인을 강조하여 안보 부재의 원인을 국경선 밖에서 찾는 것이다. 그들이 말하는 안보는 모든 외부침략·스파이 활동·정찰행위·파괴행위·여타의 해로운 영향력으로부터 국가를 수호하는 것이다.

둘째, 상호의존 개념에 근거한 견해가 있다. 즉, 국내의 정치체제·국제문제의 변화·핵확산·원자폭탄·파괴세력·첨단기술의 발전·사회적 변화·공동안보·생활환경문제 등 인류공영의 차원에서 바라보는 시각이다.

셋째, 제3세계의 시각으로 안보의 근원을 단지 강대국들의 패권경쟁에만 두는 것이 아니라 내부적 요인에서도 찾으려는 견해이다.

이것은 군사적인 차원의 문제가 아닌 경제난, 민족분열, 사회적 메커니즘의 부재, 정치·사회적인 상대적 박탈감, 교파주의, 파벌주의, 정치·문화적 일체감의 결여 등이다. 결과적으로 경제 붕괴·정체성의 위기·권력배분 갈등·이슬람 원리주의 등을 안보문제의 범주에 넣는 것이다. 중앙아시아의 다른 국가들도 이와 유사한 문제를 안고 있으므로 타지키스탄의 안보문제는 더욱 복잡해졌다. 이 문제가 상호 연관되어 있기 때문에 타지키스탄의 정책 결정권자와 일반 대중이 적대국을 판단하는 데 많은 혼란을 가져왔다.

한 예로 타지키스탄은 러시아와 안보관계 개선을 추구하면서, 다른 한편으로는 타직 국방장관이 이란을 방문하여 양국의 군사협력을

---

306) Fesharaki 1998, 92.

원했다. 러시아의 전면적인 개입 없이는 이란-타지키스탄 간의 군사협조는 불가능할 것이다. 왜냐하면 2만 명 이상의 러시아군이 타지키스탄에 주둔하고 있는 것과 타직-러시아 군사조약을 두고 일부에서는 타지키스탄이 러시아의 속국이나 다름없다고 생각하기 때문이다. 이러한 안보상의 혼란은 냉전 종식 후 국제안보의 미래가 불투명하다는 것에도 기인함을 간과해서는 안 된다. 또한 이 지역 안보의 범위로 새로 들어온 중국·인도·파키스탄·이란·터키·이스라엘·유럽연합·미국·최근의 독일에 이르기까지, 이들로 인해 야기된 우려감도 빼놓을 수 없다. 타지키스탄에서 영향력 증대를 원하는 지역·국제적 세력, 옛 공산당 수뇌부였던 엘리트들의 복귀, 소련 통치시절에 대외안보와 국익을 위한 외교적 훈련을 쌓지 못했던 점 이외에도 국가 정규군의 부족과 러시아에 대한 높은 군수물자 및 군사훈련 의존도 등이 이 나라의 여러 가지 문제점들을 더 복잡하게 만들었다.

Ⅵ. 타직 내전의 시사점

　지금까지 살펴본 것과 같이 타지키스탄 내전을 역사적으로 그 갈등 요인을 분석하였는데, 몇 가지 그 특징을 보면 다음과 같다.

　우선 옛 소련이 중앙아시아 지역을 분할통치하기 위하여 국경을 설정하는데 있어 의도적으로 우즈베키스탄 지역 내에 타지키스탄 영토를 포함시킴으로써 양국 간의 갈등과 대립이 발생하였고 초래되었다는 점이다. 이와 함께 타지키스탄 지역 내에서 부족 간에도 갈등이 심화되기도 했다.

　두 번째는 타지키스탄 내에서의 동일한 언어를 사용하나 중부와 동북부 지역에 높은 산맥과 같은 지리적 장애물로 인해 지역 간 교류가 매우 제한적이라는 점이다. 예컨대 코잔드에서 수도인 두샨베에 가기 위해서는 항공로를 이용하거나 우즈베키스탄 영토를 거쳐 장거리를 우회하는 등의 여러 가지 불편함이 지역 내에서 상당한 문제로 대두하였다. 이는 남부 타지키스탄에 있어서 비옥한 경작지의 부족으로 인한 1992~1993년의 분쟁의 원인이 되기도 했다. 또한 타지키스탄 공화국에서 코잔드 지방 출신들이 권력을 독점해왔다. 이러한 측면들이 공화국 내의 지역 간의 경제 발전의 불평등을 초래하게 했다.

세 번째는 타지키스탄은 우즈베키스탄, 키르기스스탄, 아프가니스탄 등과 국경을 접하고 있으며 사방이 육지로 둘러싸여 있다. 이러한 지정학적인 환경은 인접국가들로부터 정치적, 종교적 영향을 받기 쉽게 하는 요인이 되었다. 이러한 지정학적 요인은 결국 외부의 세력이 육로로 접근이 용이하고 실제로도 내전에서 인접 국가의 영향으로 그 골이 더 깊어졌던 것이 사실이기 때문이다.

게다가 정치사회적인 측면과 안보적 측면에서 고르바초프 당시 타지키스탄 역시 1990년 8월 자국의 주권선언을 하고, 이어서 고르바초프 정권에 반대하여 모스크바에서 발생한 쿠데타가 실패로 돌아간 이후 타지키스탄은 같은 해 드디어 9월 9일 독립을 선포하였다. 하지만 그 이후에도 타지키스탄은 여타 다른 중앙아시아 국가들에 비해 내부 분열이 심하여 독립 국가를 수립하는데 더 많은 어려움을 겪어야 했다. 이와 같은 여러 가지 요인 중에서 특히 주목할 것은 종교적인 요인이라 할 수 있다. 타지키스탄의 정세불안 요소 중의 하나는 옛 소련 연방의 해체에 뒤따른 이슬람의 정치세력화를 꼽을 수 있다.

앞에서 언급한대로, 옛 소련 시절의 통치질서를 대체할 만한 견고하고 확실한 대안질서가 없는 상황에서 갑자기 맞게 된 자유와 독립은 오히려 구체제에서보다 정치, 사회정치적 혼란이 더 극심하였을 뿐만 아니라 자유체제로서의 과도기적 이행기에서의 이념적 공백 그리고 도덕적 가치의 붕괴를 초래하였다. 이러한 제반 위기를 극복하기 위한 하나의 열쇠로서 자신들의 전통적 신앙이자 정체성의 뿌리를 이슬람 신앙에서 찾으려 했다. 결국 사회의 상당한 불만을 이슬람이라는 종교가 이를 흡수하고 무마하려고 한 것이고 일정부분은 성과를 얻기도 했다. 그러나 타지키스탄에서는 이슬람 세력이 그러한 일정부분의 성과를 얻었음에도 불구하고 옛 소련계의 친공산 보수 세력과 대립하여 내전에까지 이르렀다는 것은 이 세력의 한계점을 보여주는 것이라 하겠다.

타지키스탄 내전과
평화과정

I. 타직 내전 과정

1990년대 초 소연방의 붕괴로 등장한 신생 독립국가들 가운데 타지키스탄의 정세가 가장 혼란스러웠다. 타지키스탄은 내전 중이던 아프가니스탄과 국경을 접하고 있으며, 문화적으로는 이슬람 원리주의 종주국 이란에 가깝기 때문에 급진적인 이슬람 국가를 수립할 가능성마저 있었다. 1991년 8월 19일 모스크바에서 공산주의 강경 보수파의 쿠데타가 실패한 후, 곧바로 9월 9일에 타지키스탄은 독립을 선언했다.[307]

많은 후기 식민주의 신생국가들처럼, 타지키스탄은 명백한 민족국가로서의 정체성이나 경제적 자생력 그리고 자국의 안보태세를 위한

---

[307] 중앙아시아의 최빈국 타지키스탄은 옛 소련의 최동남부에 위치한 육지로 둘러싸인 공화국으로서 면적은 14만 3,100㎢이다. 타지키스탄은 북동쪽으로 키르기스스탄(870km), 북서쪽으로는 우즈베키스탄(1161km), 동쪽으로는 중국(430km), 남쪽으로는 아프가니스탄(1206km)과 국경을 접하고 있다. 타지키스탄 인구는 약 700만 명이고, 언어는 이란어인 타직어를 사용하며, 종교는 이슬람인데 대부분 국민이 순니파 무슬림이고 일부는 시아파 무슬림이다.

병력 없이 독립을 얻어냈다. 그러나 공산주의 체제에서 억압당했던 개혁파가 정치적 및 경제적으로 낙후된 이 나라를 민주화하려던 시도는 곧 내란으로 변하여 타직 국내 정세는 걷잡을 수 없는 혼란 상태로 빠져들었다.

소연방의 해체 이후, 1992년 중반에 발생한 타지키스탄 내전은 중앙집권적인 공산당에 의한 정치권력의 독점에서 비롯된다. 다시 말해 정부가 신소비에트체제와 옛 소련의 체제 중 어떤 체제로 편입할 것인가 하는 문제에 직면했었다. 구질서 아래에서 특혜와 권력을 누렸던 사람들이 기득권을 유지하고자 함으로써 개혁파와 수구파 간의 권력투쟁은 내전으로까지 비화되었다고 할 수 있다. 또한 타직 내전은 중앙정부의 권력을 쟁취하기 위한 지역-인종적 당파 간 경쟁의 직접적인 결과였다. 타직 내전은 바로 지역 간의 차별 대우, 종족-인종 간의 패권주의, 그리고 그에 따른 경제적 부의 독점에서 기인한 빈부의 격차가 심화되어 온 데 있다. 그런데 이 모든 위기의 근원이 경제문제라고 보는 시각도 있다. 이는 정부 이양 시기에 경제정책을 결정하기에는 정부의 재정적 힘이 약했기 때문에 위기가 야기되었다고 보는 견해다.

1992년 5월과 10월 사이에 친정부 세력과 반정부 세력은 전쟁에 돌입하면서 타직 난민이 아프가니스탄으로 대량 이주하는 사태가 벌어졌다. 12월, 러시아와 우즈베키스탄의 지원하에 있는 CIS 신소비에트 군대가 타지키스탄 수도 두샨베에 대한 통제권을 장악하고 라흐모노프를 앞세워 강경 보수파 정권을 수립함으로써 외세의 개입을 초래했다. 특히 러시아·우즈베키스탄·이란 등 3국의 국가안보는 이슬람 원리주의 세력의 정치적 역할의 증대로 인해서 위협받고 있다. 타지키스탄에 대한 러시아·우즈베크·아프간 군대의 개입은 국제적으로 이곳이 이해관계가 복잡한 지역이라는 사실을 보여 주었다. 이러한 소요사태에도 불구하고 타지키스탄은 세계적인 주목을 끄는 데 실패하였다. 왜냐하면 그것은 타지키스탄의 지리적 위치가 아시아의 후미진 곳에 자리 잡고 있어서 뿐만 아니라 냉전 후, 보스니아·체첸 사태 등 다른 분쟁 지역이 세계적인 표제기사로 장식되고 있는 상황에 있었기 때문이다. 그러나 타지키스탄의 경제난과 폭발적인 인구의 구성이 발칸반도에 필적할 만하다는 사실을 간과해서는 안 될 것이다.

1994년부터 비로소 반정부 세력과 두샨베 정권과의 평화협상이 시작되었다. 이러한 협상은 유엔·러시아·이란·파키스탄·아프가니스탄·미국 그리고 참관국인 일부 중앙아시아 국가의 지원하에 이루어졌다. 정전회담은 종전과 종전의 위반, 신뢰를 조성하는 조치와 더불어 상호 비난이 뒤섞여 간헐적으로 1997년까지 계속되는 가운데 일련의 협정서에 서명함으로써 평화정착에 기여했다.

이 책에서는 타직 내전과 평화정착의 과정을 1990년 2월의 소요사태로부터 1997년까지의 역사적 사실에 근거하여 살펴보고자 한다. 이란·러시아·우즈베키스탄·아프가니스탄과 같은 외부 세력의 역할뿐만 아니라 역사적인 배경도 무시할 수 없으므로 타직 내전은 역사 −인류학적 이해를 요한다.

Ⅱ. 타직 반정부 세력 전선의 성립

개혁은 소연방의 지도자 고르바초프에 의해 시작되었는데, 개혁으로 인해서 타지키스탄과 다른 소연방 공화국에서 정치·경제적인 변화에 대한 공개토론이 가능하게 되었다. 소련의 개방정책은 타지키스탄 내 민주주의 운동을 부추겼다.[308] 개혁파와 수구파의 긴장은 타지키스탄의 수도인 두샨베에서 더 격렬했는데, 그 이유는 타지키스탄에서의 개혁이 다른 공화국에 비해서는 현저히 뒤처져 있었기 때문이었다. 수구파 세력은 소연방 시절의 지배계층과 특권적인 지위를 누려온 사람들로 구성된다. 사실 옛 공산주의자의 기득권 유지를 위한 정책으로 인해서 페레스트로이카는 타지키스탄에까지 실질적으로 거의 파급되지 못했다.

---

308) 한 예를 들면, 독립적 정치조직인 라스토헤즈(Rastokhez)는 민족적이고 민주적인 기구로서 1989년 9월 14일에 생겨났다. 타지키스탄의 저술가 및 지식인에 의해 결성된 라스토헤즈는 이슬람 부흥운동에 동정적인 입장을 취하면서도 의회제도와 정치의 민주화를 주창했다.

모스크바로부터의 보조금에 의존하는 지방 공산주의자 지식계급은 자유 민주주의나 민족주의에 대한 의식이 거의 없었다. 그러나 개혁 성향이 강한 반정부 세력단체는 악화되는 국내 상황, 즉 부정부패와 지식계급의 이동이 없는 정체성(停滯性)에 대응하여 1980년대 말과 1990년대 초에 생성되기 시작했다. 반정부 세력의 압력 속에 1990년에 채택된 타직어의 위상에 대한 정부법, 그 성격상 부분적으로 반유럽적인 2월 소요사태, 타직 민족적 배타성에 대한 민족－민주주의자의 사상, 그리고 이슬람 및 비종교적인 반정부 세력에 대한 관제 언론의 공격, 이 모든 것이 복합적인 타직 위기의 결과를 초래했던 것이다. 수구파는 그들이 옛 소련 시절에 누렸던 권력을 계속 유지하려고 했다. 그들은 개혁 세력을 탄압하기 위하여 여러 방법, 즉 체포와 대중매체의 탄압 그리고 무력을 사용했다. 그들은 또한 반정부 개혁세력과의 권력투쟁에서 지지를 얻기 위해 지역적, 인종적 불신을 조장하고 이용했다.

1990년대 초, 변화를 주창하는 새로운 정치조직들이 이러한 환경 속에서 활동하기 시작했다. 이들 조직 가운데 특히 4개의 조직은 타지키스탄 정치체제를 변화시키려는 시도에 적극적이었다. 대표적인 반정부 세력은 후기 소연방 정치의 몇몇 전형적 이데올로기적인 시류를 반영했는데 다음과 같다.

1) 문화적 민족주의(국민전선, Rastokhez)
2) 종교주의(이슬람 부흥당, IRP)
3) 민주주의(타직 민주당, DPT)
4) 지역 하부 인종적 자치주의(바다흐샨 루비, La'l-i Badakhshan)[309]

---

309) 랄리 바다흐산 단체는 1991년에 등장한 이스마일 시아파를 신봉하는 파미르인으로 구성되었다. 이 단

이 4개의 개혁주의적 주요 단체는 1991년 말에 통합되었고, 1992년 초에는 '반정부 세력'으로 알려지게 되었다. 1992년에 어떤 파벌에도 속하지 않았던 타직 이슬람기구의 수장인 투라존자데가 이러한 반정부 세력에 참여했다. 반정부 세력은 다른 공화국들이 옛 소연방에서 요구한 시장중심주의와 민주개혁을 주장했는데, 이러한 개혁은 타직 민족주의와 타직인의 애국심을 수반하는 것이라고 주장했다. 다시 말하면 특정한 종족의 이익과 모든 국민의 이익을 동시에 증진시키는 것이다. 1992년 겨울, 개혁정치의 실패 후 반정부 세력은 IRP의 세이드 압둘라 누리와 투라존자데가 주도한 '타직 통합 반정부 세력'으로 재편되었다.

반세기 이상을 공산주의자의 강력한 단일 정당체제하에 있던 나라가 지금은 여러 정치단체의 틀 속에 압축되어 있는 상태이다. 이 자체가 국론분열과 새로운 대립구도를 가져오는 원인이 되었고 이런 상황은 타직 내전으로 절정에 이르렀다. 1990년 2월 두샨베에서 젊은이와 지식인의 반정부 시위 과정에서 많은 사람들이 사살되거나 중상을 입었다.

사회정치 민중운동인 라스토헤즈(Rastokhez), 즉 국민전선과 DPT는 가장 두드러진 반정부 조직이었다. 그들은 가장 먼저 저항운동을 기획할 만큼 안정된 조직을 갖추었다. 라스토헤즈의 정치 강령은 타지키스탄 민족주의에 대한 중요성을 강조했을 뿐만 아니라 민족 간의 우호적인 관계, 시민의 자유를 주장하였다. 라스토헤즈의 지도자인

체는 타직 동남부에 거주하는 소수인종이 지역·인종적 차별 대우를 받아온 고르노바다흐산을 대표하여 자치제를 주장하며 파미르인의 권리를 옹호했다. 이들의 요구는 무엇보다도 국가에서 타직 언어와 이슬람 종교의 역할 확대를 위한 것이었다. 이러한 정치운동 단체는 코잔드-쿨랍 지역 당파에 대항하여 소외된 다른 지역의 타직 지식인을 중심으로 결성되었다.

압두자보르(Tohir Abdujabbor)는 맹목적으로 애국주의적인 고립주의로의 후퇴를 지지한 것은 아니었다.[310]

라스토헤즈는 타직 사회의 광범위한 재구성, 사회정의 실현, 이란과의 더 가까운 유대관계 구축, 페르시아 알파벳의 부활 등을 요구하였다.[311] 다른 한편의 목표는 시장경제뿐 아니라 정치적으로 민주의회 설립에 더 많은 관심을 두는 것이었다. 그들의 정강이 국민에게 가장 중요한 경제문제에 관심을 두기는 했지만, 최대 현안은 정치적인 문제였다.[312]

한편 1990년 2월 소요사태로 인한 정부의 강경조치 이후 새로운 야당 단체들도 이미 자생되고 있었다. 당시 또 다른 야당인 '인민통일전선'이 신속한 시장경제로의 전환을 가속화시키기 위해 기업인들에 의해 설립되었다. 그 후 1992년 여름부터, 여러 다른 다수의 조직과 정당 및 정치적 단체들이 활발한 활동을 시작하였다.[313] 이러한 단체들의 영향은 매우 미미하였지만 계속적으로 활동하였다. 여전히 라스토헤즈가 가장 큰 영향력을 행사하였는데, 모든 반정부 민주 세력의 힘을 결집하기 위해 스스로를 정당이라기보다는 대중적 '민중운동' 단체를 자처했다.

정치 사상적 대립이 격화되는 가운데 타직 민주당(DPT)이 등장하게 되었다. DPT는 1990년 2월의 강경 조치 이후 42세의 철학 교수인 유수프(Shodmon Yousuf)에 의해 설립되었는데, 이 정당은 이슬람 부흥

---

310) Atkin 1994, 214.

311) 이란-타지키스탄 관계에 대한 자세한 상황은 다음 책 참조. 장병옥, 『중앙아시아 국제정치의 이해, 신중동이슬람-미패권주의』, 서울, 한국외국어대학교 출판부, 2001, pp. 158~182.

312) Makhamov 1994, 199.

313) 에헤이 코잔트(코잔트의 르네상스), 사마르칸드의 사회문화협회, 오프타비 수그디안(소그디아나의 태양), 바흐다트(통일), 재건 지지자들의 민중전선, 오슈코로(명성), 마이한 단체(조국), 그리고 하베림(유대 문화 우호협회) 등.

운동과 타지키스탄 민족주의, 그리고 의회 민주주의의 접목을 옹호하였다. DPT는 라스토헤즈의 주장을 지지하며, 후기 소연방 시절에 중앙정부나 여러 공화국에서 개혁운동의 중요성을 인식한 데에서부터 출발했다. DPT는 신생 중앙아시아 공화국들의 여러 정당들을 포함한 옛 소련의 다양한 집단의 민주적 개혁주의자들과 접촉을 계속해 왔었다. 이들의 강령은 시장경제의 도입, 합법적 정부기관 내에서의 활동, 범개혁주의 세력의 결집 및 협력 등이다.

1990년 8월 10일 두샨베에서 108명의 대표가 참석한 DPT 유권자 회의가 개최되었다. 반정부 언론에 의하면 상당수의 지지자가 기자·언론사 직원·연구원·전문직 종사자들이었다. 유권자 회의에서 DPT의 정강과 당헌이 채택되었다.[314]

DPT 강령은 현저히 공산주의 체제와 마르크스 레닌 이데올로기에 부정적인 태도를 보인다. 즉, 인간의 가치가 계급의 가치에 우선하지만 사회주의에 대한 명확한 태도는 없다. DPT는 현 국가의 위기가 볼셰비키 정책 및 일당 독재의 결과라고 간주한다. DPT는 다당제에 기초한 민주주의적 선거와 여러 반체제 단체를 포함한 연립정부의 설립을 요구한다.[315] 당의 주요 목표는 정치권력을 획득하는 것이었다. 이러한 목표를 염두에 두고 DPT는 다음과 같이 결의하였다.

첫째, 민주적 성향의 이슬람 종교 지도자 울라마를 영입시키기로 한다.

둘째, 1991년에 시행될 국가의 모든 교육기관에 대한 교육과정의 개편 작업을 주도한다.

---

314) Rashid 1994, 174.
315) Niyazi 1993, 276.

라스토헤즈와 함께 DPT의 중추세력은 주로 민족주의적 지식계층이며 특히 사회과학자 및 예술가들이다. 명백하게 타지키스탄에서 주요 반체제 세력은 지방 지식계층이다. 여기서 이 지방 지식계층의 정치적 견해에 대하여 우리는 더욱 깊이 있게 분석할 필요가 있다. 반체제 세력에서 세속 지식인의 이데올로기와 이슬람의 상호 관련 문제는 매우 중요하다. 이데올로기와 관련한 중요한 특징은 민족문화적 전통 요소이다. 이슬람은 과거 타지키스탄의 문화와 불가분의 관계에 있다. 그러나 종교인과 지식인이 계속해서 국가 정책결정 과정에서 소외되자 정부에 대해 비판적인 태도를 취했다.

이슬람 반정부 단체, 특히 IRP는 1990년대 초 상당한 세력을 얻었다. 1990년 2월 항의시위 기간 동안 일반대중이 제시한 요구는 IRP의 신장된 영향력을 입증해 주는 첫 신호단이 되었는데, 사실 지금까지도 IRP 운동은 지하조직으로 남아 있다. 1989년에는 이슬람 투사들에 의해 운영되는 5개의 정치조직이 정부에 의해 해체되고 50여 명의 젊은 이슬람 신학자들이 구속되는 사태에 이르게 된다.

IRP의 초기 목표는 타지키스탄에 이슬람 국가를 세우는 것이었다. 이를 위한 정강과 당헌이 배포되었다. 그 정강은 IRP가 이슬람의 문화적 가치와 이상에 의해 인도되는 정치-사회적 조직이며, 코란과 순나 등을 통해 드러난 이슬람 원리의 부활에 헌신한 모든 충실한 무슬림의 결집과 통합에 기초하고 있다. IRP는 진정한 이슬람이 대중의 교의가 될 것을 기대했다.

IRP는 이미 영향력 있는 정치 세력이 되어 공화국 전역으로 퍼져 나가고 있다. 원리주의자로 구성된 반정부 세력의 형성은 대개 그들 지도자와 협상을 꺼리는 당국의 정책으로 인해 가속화되었다. 또한 지나치게 단순하고 무신론적 고정관념에 기초한 종교정책으로 인하여 이슬람 원리주의 세력이 급속히 형성되는 결과를 초래했다. 게다가 몇몇 고위 공직자들이 2월 사태에 대한 모든 책임을 반체제 지도자들과 울라마의 탓으로 돌린 것이 반정부 세력의 형성 요인으로 작용하였다. 그러나 그 당시에는 이슬람 원리주의자가 실제 반정부 세력을 대표하지는 않았다. 이슬람 공화국을 설립하려는 일부 울라마의 호소는 신중하게 준비된 행동이라기보다는 절망에 가까운 개인적인 울분에 지나지 않았다.

많은 IRP의 행동주의자는 적어도 공식적으로는 이슬람 국가의 창설이 자신들의 궁극적인 목표라고 말하였지만, IRP의 수뇌부에서는 어느 정도까지 이슬람화를 추진할 것인가에 대해서 의견이 분분하였다. 이슬람 국가 설립은 사회교육과 공동체의 합의라는 긴 과정을 통한 뒤에야 비로소 이룩될 수 있는 것이라고 그들은 생각하였다. 그들은 또한, 어떠한 이슬람 국가가 수립되든지 간에 그것은 이란과 같은 외국의 예를 모방한 형태가 아닌 독자적인 형태로 발전할 것이라고 주장하였다.

수구 보수 공산 세력이 '세속주의 對 이슬람주의'의 대결 구도로 몰고 가려는 노력에도 불구하고, 민족-민주 개혁파 진영은 이슬람 진영과 힘을 합쳐 반정부 연합 세력을 형성했었던 것이다. 이 연합 세력은 공산주의 강경파에 대항하여 1991년 11월 대통령 선거, 1992년 5월의 반정부 시위, 그리고 1992년 12월에 공산주의 강경파가 결국 승리를 거둔 내전 기간을 통해 줄곧 서로의 힘을 결집시켜 왔다. 비록 강경파가 자신들의 정부 주도권을 확인하기 위해 대중의 힘을 이용하긴 했지만, 타지키스탄에서 폭넓은 지지를 받고 있는 것은 정치-

경제의 개혁과 종교의 자유를 주창하는 민족주의 진영이었다. 1992년 봄에서 가을까지의 사태는 이슬람 원리주의 운동의 과격화를 보여주는 가운데 반정부 연합 세력은 정치문제를 해결하는 수단으로써 무력투쟁의 길을 선택했던 것이다.

Ⅲ. 타직 2월 소요사태와 내전의 초기 단계(1990.2~1992.4)

모스크바 중앙정부에 의해 시작된 개혁의 힘이 역사적 유산과 독특한 문화적 가치를 가진 소연방의 이슬람권역에 미치면서 많은 분야에서 예측할 수 없는 반응을 일으켰다. 소연방 내 가장 조용한 공화국으로 남아 있었던 타지키스탄에서의 정치발전의 역동성은 지속적인 불안정 속에 있었던 1990년에 나타났다. 타직 내전은 두샨베에서 일어난 1990년의 '뜨거운 2월' 사태로부터 출발을 한다. 그때는 시기적으로 공화국 내에서 깊은 사회·경제·문화적 위기가 뚜렷하게 나타나기 시작한 때였다.

두샨베에서의 1990년 2월 사태는 중앙과 지방정부가 예기치 못한 것으로 민중의 억압된 욕구와 함께 다양하고 복잡한 요인에 의해 야기되었다. 타지키스탄 반공산주의자의 감정은 소비에트 시대 말엽과 독립한 첫해 강경파의 억압으로 인해 폭발하기 시작했다. 폭동의 형태를 띤 사회적 불만족의 자연적 폭발, 민족-민주주의적 역량의 과시, 그리고 공산당 기득권 세력들의 실패한 쿠데타 등 이러한 일련의 사태가 동시에 발생했다. 정부는 정치·경제적 불만을 표출하는 평화적인 시위 가담자들을 공격하였던 것이다.

1990년 2월 11일 오후 1시경 150~300여 명의 군중들이 두샨베 공산당 중앙위원회 청사 앞에 모여들었다. 그들 대부분은 두샨베 외곽에서 온 젊은이들이었다. 이 불법집회의 직접적 원인은 나고르노-카라바흐 전쟁[316]을 피해서 수천 명의 아르메니아 난민이 공화국으로 유입되었다는 것과 정부가 지역주민을 희생시켜서 이들 난민에게 주택 및 직업을 제공했다는 유언비어였다. 군중들은 정부의 해명과 아르메니아인의 추방을 요구했다. 이에 대하여 당 제1서기 K. M. 마카로쯔는 군중들에게 "단지 수십 명의 아르메니아인이 친인척을 방문하기 위해 우리나라에 도착했으나, 그들은 곧 떠날 것이다"라고 말했다. 정부는 24시간 안에 그 문제에 대해 납득할 만한 발표를 하겠다고 약속했다. 이에 따라 군중들은 해산했다. 2월 11일 밤에 200명의 아르메니아인 지방 거주자 및 난민은 모두 급히 타직 수도 두샨베 공항에서 추방당했다.

그러나 추방에 대한 소식은 제대로 국민에게 전달되지 않았으며, 군중들은 다음 날 오후 2시에 당 중앙본부 근처로 모여들었고 그들은 공산당 제1서기의 모스크바로의 피신에 대한 유언비어 외에는 아무

---

316) 나고르노-카라바흐 분쟁에 대해서는 다음 저널과 책을 참조. Amir-Ahmadian, B., "The Karabakh Crisis, Developments," *Amu Darya-The Iranian Journal*, 2000; Ginat, R. & Vaserman, "National, Territorial or Religious Conflict?" *The Case of Nagorno-Karabakh, Studies in Conflict and Terrorism,* Vol. 17, 1994; Swietochowski, T., "The Problem of Nagorno-Karabakh, Geography Versus Demography under Colonialism and in Decolonization", H. Malik(ed.) *Central Asia*, N. Y., St. Martin's Press, 1994.

런 해명도 듣지 못했다. 속았다고 생각하고 있던 군중들은 청사를 경비하는 무장군인들의 모습에 자극받아 더욱 흥분했다. 정부군이 이러한 군중들의 항의시위를 무력으로 진압하면서 많은 사상자가 발생했다. 오후 10시 두샨베에 국가 비상사태가 선포되었으며, 공식발표에 의하면 2월 12일 5명의 사망자와 70명의 부상자가 발생했다. 그러나 비공식 통계에 의하면 사망자는 16명으로 알려졌다.

2월 13일, 폭동과 가두시위에 참가하는 군중의 수는 극적으로 증가했다. 시위군중은 정부의 최고 책임 관료의 퇴진과 정부 대표자들과의 협상을 요구했으나 결국 실패로 끝났다. 무질서한 사태가 시간이 갈수록 더해졌으나, 오후 8시를 지나 정부와 협상할 임시 인민위원회(Vahdat)의 구성원 명단이 집회에서 즉시 결정되었다. 위원회 선출 후, 대부분의 사람은 당사 주변을 떠났지만 시위와 약탈은 계속되었다. 공화국 정부는 두샨베와 교외 시민들에게 자율 방위대를 조직하고 폭력 행위를 멈출 것을 호소했다.

2월 폭동에 참가했던 대부분의 민중들이 자발적인 또는 비자발적인 이주지역이나 씨족의 지도자에 의해 동원되었든지 간에 주변지역(레닌스키 지역) 두 곳에서 도착했다. 그들 중 대부분은 과거 조상들이 면화를 재배하기 위해 산악 지역에서 계곡 지역으로 이주한 사람들이고, 그 밖의 다른 사람들은 공화국의 가장 후미진 남동부 지역에서 왔다. 두 집단은 모두 오랫동안 불편한 삶을 견디어왔던 것이다. 그들은 힘을 결집시키기 위해 혈족관계를 기반으로 지역·문화적 관계를 동맹 세력화하여 도심으로 군중을 집결시켰다.

군중들의 슬로건이나 요구 사항은 궁극적으로 당중앙위원회와 정부의 퇴진을 겨냥한 것이었다. 시위자들은 처음에 '타직인을 위한 타지키스탄'이라는 구호를 외쳤으나, 슬로건이 바뀌면서 2월 15일 다음과 같은 새로운 슬로건이 나타났다. "타직인과 러시아인은 형제이다! 반역자 Makhamov, Hayeyev, Pallayev를 몰아내기 위해 힘을 합치자!" 그러나 집회를 열고 시위를 하는 동안, "이슬람공화국을 창설하라"는 요구와 "국가의 고시 가격으로 고기를 달라"는 요구도 함께 있었다. 특히 이 기간 중 사마르칸드와 부하라의 타직인 문제를 해결하기 위한 노력, 의회의 최고 지도부 교체, 정치·경제적 민주화, 환경보호, 그리고 공산당의 퇴진과 같은 요구는 최근 수년간 반복 요구된 것으로서 특별할 것이 없다는 사실은 주목할 만하다.

이미 언급한 바와 같이 아르메니아 피난민 문제가 무정부 상태를 야기했을지도 모르지만, 타지키스탄의 국어로 타직어의 채택뿐만 아니라 정치 경제 사회적 다른 불만이 있있음이 분명하다. 또한 이들 공산당 보수 세력은 자신들의 지위를 강화하고 독재정권을 유지하기 위해 폭동을 유도했다. 로이(Ro'i)는 명백히 중앙당국이 그들의 정치적 입지를 강화하기 위해 2월 폭동을 악화시켰거나 아마도 선동했다고 주장한 바 있다. 그러한 비난은 반정부 세력 단체들 사이의 협력을 더 강화시키는 결과를 초래하였다.[317)

2월 대격변의 역사에서 수구파 정권에 대한 도전은 결국 급박한 사회문제가 대중 항의시위로 표출된 것이다. 이것은 이러한 문제들로부터 야기되는 전통과 현대적 삶의 양식 간의 표면적 갈등을 가져왔으며 개혁에 의해 격화되었다. 이것은 민족주의적 민주화 운동 현상과 일치하고 있다. 전반적으로 2월 사태는 그동안 계속해서 누적된 문제점들이 표출되는 가운데 공화국에서의 정치적 분열은 증대되었

---

317) Auten 1996, 202.

다.318)

정부는 2월 소요사태에 대해서 비상사태를 연장시킴으로써 강경
대응하였다. 이는 폭동을 끝내기 위해서 뿐만 아니라 반정부 세력을
제압하기 위해서였다. 지도층은 국영 라디오와 텔레비전의 보도에서
정부와 관련된 비판 기사는 삭제하였다. 정부의 시민학살과 그러한
사실의 은폐는 이후 공화국 정치에 깊은 상처를 남겼다.

2월 폭동의 진압 이후 기존의 당 행정제도에 바탕을 둔 엄격한 독
재권력체제를 구축하려는 경향이 타지키스탄과 소연방 내 이슬람 공
화국에서 부각되었다. 1990년 2월 말경 최고회의의 의원 선출결과 당
선 위원의 94%가 공산주의 관료였는데, 그것이 공산당에 대한 국민
의 지지율을 나타내주는 증거가 되는 것은 아니다. 이 당시는 두샨베
폭동 직후여서 나라가 여전히 비상사태 선언 중으로 반정부 세력은
투표가 실시될 때, 여전히 불법단체로 규정되어 있었다. 그 후 1990년
11월 30일 마카모프가 최고회의 간선 대통령으로 당선되어 입법 및
사법권을 동시에 쥐게 되었다.

거리에서는 소요사태가 일어났고 마카모프 대통령은 국회 밖에서
일련의 시위들이 벌어진 이후에 결국 9월 7일자로 강제 하야되고 만
다. 그를 대신하여 타직 공산당(CPTJ) 내에서도 진보적인 성향을 가
진 아슬라노프(Kadrinddin Aslanov)가 대통령의 권한을 대행하였다. 모
스크바 쿠데타 이후 아슬라노프는 CPTJ의 정당 활동을 금지키는 것
은 물론 그들의 자산도 동결시켰다.

이에 타지키스탄 의회 내의 강경 공산주의자는 이 사안의 수용을
거부하고 9월 23일, 역쿠데타를 일으켜 아슬라노프 대신에 62세의 나

318) Niyazi 1993, 272.

비예프(Rakhmon Nabiev)로 교체했다. 나비예프는 1982년부터 1985년까지 CPTJ에서 최초로 당 제1서기장직을 역임한 인물이었다. 그는 취임 후 곧 비상사태를 선포하고 CPTJ에 가해진 금지령을 해제하였다. 이에 반대하는 자들의 가두시위가 잇따랐고, 10일간 수천 명의 시위대가 국회의사당 앞에 있는 레닌 광장에 진을 치고 이 광장을 '자유광장(Azadi)'으로 개명하였다. 그들은 정부의 퇴진을 요구하는 구호를 외쳤다. 시위자들은 의회에 1991년 9월에 대통령 직접선거를 실시할 것을 요구했다. 그는 어쩔 수 없이 비상사태를 해제하고 10월 2일, CPTJ의 활동을 재차 금지하였다. 또한 그는 선거일을 발표하는 한편 IRP를 비롯한 다른 야당에 내려진 금지령을 철회하기도 했다. 이 초기 시위의 비폭력성은 훗날 내전의 유혈사태와 비교해 볼 때 특기할 만하다.[319]

대통령 선거기간 동안 IRP를 포함한 반정부 연합 세력은 대통령 단일후보로서 저명한 영화계 총연맹회장이자 이스마일파 교도인 쿠도나자로프를 지지하였다. 그는 공산당의 일원인 동시에 고르바초프의 개혁운동 지지자였지만, 강경파의 비타협성에 반발하여 당을 떠났던 인물이었다.

1991년 대통령 선거 유세기간 전날, 코잔드 주와 쿨랍 주는 선거에서 승리하기 위해서 전략적 동맹의 일환으로 자매 도시가 되었다. 따라서 관료주의 동맹 세력은 타지키스탄의 두 개의 가장 큰 지방행정구역 주(州)들 사이에 형성되었던 것이다. 쿨랍 주의 인구는 대략 200만 명이고 코잔드 주는 약 100만 명으로 합쳐서 전체 국가 인구의 60%를 차지한다. 코잔드 출신인 나비예프 대통령 후보는 쿨랍 주가

---

319) Rashid 1993, 174.

전략적으로 연맹 도시로서 가장 적합하다고 봤다. 그는 쿨랍 출신과 바다흐샨 출신이 전통적으로 적대감정을 가지고 있었다는 사실을 간파하고 있었던 것이다.

이런 모든 이유들 때문에 나비예프는 쿨랍 주와의 정치적 연대의 필요성을 느꼈다. 1991년 11월 24일 행해진 타지키스탄의 최초의 대통령 직접선거는 국회의원 선거처럼 합법적이지 못한 것이었다. 공식적인 통계에 의하면, 집권당의 후보자인 나비예프는 투표의 57%를 득표한 반면, 쿠도나자로프는 30%의 득표에 그쳤다. DPT 당원과 IRP 이슬람 지지자들의 열성적인 활동에도 불구하고 그들은 선거에서 패배하였다. 결국 나비예프가 타지키스탄의 대통령으로 선출되었다는 사실은 표면상으로는 타직 국민이 정교가 분리된 정부를 선택하였다는 것을 보여준다.

그러나 반정부 동맹 세력은 이 선거가 부정선거라고 주장하면서 재투표할 것을 요구하였으나, 나비예프는 이를 거부하고 오히려 강경조치를 취하며 1992년 1월 4일에 다시 CPTJ를 부활시켰다. 이슬람화를 지지하는 사람들은 투쟁을 멈추지 않았고, 권력을 쟁취하기 위한 기회를 마련하기 위해 단결했다. 반정부 동맹 세력은 나비예프가 선거에서의 승리를 민족화합의 정치적 공조보다는 공산주의 세력을 공고히 하는데 이용하려 한다는 사실을 깨닫게 됨에 따라 내전의 그림자는 한발 더 성큼 다가오게 되었다.

Ⅳ. 5월 위기와 내전의 격화
(1992.5~1993)

1992년 봄, 정부는 반정부 세력의 움직임에 대항해서 사전에 계획된 공격적인 캠페인을 전개하기 시작했다. DPT의 수뇌인 유수프와 라스토헤즈의 지도자인 미라키모프(Mir bobo Mirrakhimov)에 대한 재판이 열리게 되었다. 이에 두샨베의 전 시장 이크로모프 역시 부정부패 혐의로 체포되자, 3월에 항의시위가 재차 일어났다.

이크로모프는 많은 경험을 쌓은 공산주의자였지만 과거 1991년 8월 정변 시도의 여파 속에서 개혁 지지자들이 자신이 승리하리라고 생각했을 때, 두샨베 시내의 레닌 상을 파괴하는 시위자들에게 관용적인 자세를 취했다고 하여 강경파로부터 비난을 면치 못했다. 소비에트 최고회의는 그가 이 일로 인해서 징계를 받지는 않을 것이라고 약속한 바 있으나, 부정부패 혐의로 그는 구속되었다. 두샨베의 반정부 세력의 시위 참가자들은 이크로모프를 정치적 보복의 희생양이라고 주장하며 그의 석방을 요구했다. 수만 명의 반정부 시위대가 '순교자 광장(Shaheed)'에 집결해 있는 동안, 나비예프의 지지자들은 '자유광장(Azadi)'에 모여서 친정부 시위를 벌였다.

반정부 항의시위와 친정부 지지시위는 1992년 봄부터 두샨베에서 거의 매일 계속되었다. 소연방 최고회의가 나비예프에게 시위를 진압할 특별 권한을 부여하자, 그는 평화적인 반정부 세력 시위자들을 탄압했다. 공산주의 세력의 탄압과 이중적인 언행은 소수의 이슬람 급진주의자 진영을 더욱 강하게 만드는 요인이 되었다. 1992년의 사건은 무슬림의 각성과 민족주의의 파급으로 특징지을 수 있다. 그 당시 반정부 지도자들은 정치권력을 획득하기 위해 연대하여 투쟁하였다. 그러나 민족주의는 종종 이슬람주의의 열기에 의해 묻혀졌고 종교적 관점은 국가적 관심사보다 선행되었다. 두샨베에서의 소요사태는 모든 지역이 자치를 선언하고 공화국으로부터 분리하겠다고 위협함으로써 사회불안을 가중시켰다.

1992년 5월 2일 나비예프는 자유광장에서 친정부 진영에 속하는 1,800명의 쿨랍인을 자동무기로 무장시키고 개인 신변보호 경호대를 둠으로써 반정부 세력의 분노를 샀다. 나비예프는 또한 정치적 탄압을 위해 현존하는 법 집행 기구에 만족하지 않고, 정규군 외에 신속대응군을 조직하고자 하였다. 이것은 국가 경비대(national guard)와 지역 시민군(local militia)의 형태를 갖추고 있었다.

마침내 5월 초, 10만 명 이상의 사람들이 대규모 반정부 시위에 참가함으로써 폭력사태가 속출하게 된다. 약 700여 명으로 구성된 나비예프의 국가 경비대는 일부 쿨랍 출신의 범죄자들 중에서 모집되었고, 따라서 신뢰성이나 군사력을 확보할 수는 없었다. 반면에 이미 야당들은 자체적인 의용군 조직체를 구축하고 있었다.

5월 7일, 도시 전역에서 발생하는 국가 경비대와 반정부 세력 의용군 간의 잦은 충돌 사태로 희생자가 14명 더 추가된다. 본격적인 내전으로 치달을 국가위기 상황 속에서 나비예프는 5월 10일~11일 저녁 반정부 세력과 권력배분 조정기구 및 범민족화해정부(GNR)의 설치에 동의하지 않을 수 없었다. 그는 기존의 소연방 최고회의를 대체하여 과도기적인 마즐레스(Majles), 즉 민족의회의 창설을 선포하였는데, 이 의회는 모든 반정부 재야 세력을 포함하는 것이었다. 민족의회는 그 해 말 새로운 입법부의 선거가 있을 때까지 유지하기로 했다.

반정부 세력 측에서는 그들이 24개의 장관직 중 8개를 확보할 수 있다면, 나비예프 정권에 반대하지 않을 것이라는 데에 동의했다. 이와 같이 이슬람 민주진영은 나비예프에게 압력을 가하여 연립정부를 형성하는 데에 성공했던 것이다. 새 정부가 들어섰지만 갸름-바다흐샨 파당은 또다시 북부 및 쿨랍의 대표들에게 압력을 가하여 내각의 1/3을 교체시켰다. 그중의 한 명은 IRP인 유스몬으로 부총리직을 차지했고, 또 다른 한 명인 라스토헤즈의 미라힘(Mirrahim)이 국영 텔레비전-라디오 위원회 의장 자리를 차지했다.

이와 같이 5월 협약에 의해 8개 정부 요직이 개혁을 주장하는 반정부 연합 세력 측의 차지가 되었다. 이것은 내각의 1/3에 불과하지만, 비밀경찰과 언론을 통제할 수 있는 자리를 포함한 국가의 중추적인 직위였다. 그러나 강경 수구파는 곧 연립정부하에서 자신들의 통제권 밖에 있었던 타지키스탄 국영 TV 방송국을 장악하고자 했다. 반정부 세력이 의회 설립을 주장하며 5월 협상안의 조건을 위반했다고 주장하는 가운데, 소연방 최고회의는 그런 정치체제는 설립될 수 없다고 반박하였다. 더욱이 코잔드와 쿨랍에 있는 공산주의자가 범민족화해 신연립정부 GNR을 인정하는 것을 거부하는 가운데, 타지키스탄 남서 지역을 따라 내전이 확산되었다. 반정부 세력 측은 두샨베 및 바다흐샨의 파미르인과 쿠르곤 테파에 있는 갸름인이었다.

1992년 여름 내내, 쿠르곤 테파 전투는 우즈베크 / 투르크화된 타직 고립지역 내부와 주변에서 극렬하게 전개되었다. 이 나라 최악의 정치 폭력은, 개혁주의에 대한 지지가 높은 쿠르곤 테파의 남부 지방에서 일어났는데 그것은 쿨랍군의 소행이었다. 8~9월에 쿠르곤 테파에 가한 공격은 특히 잔혹하여 수백 명의 인명이 희생되었다. 당시 반체제주의자에 의해 통제되었던 타지키스탄 텔레비전 보도에 의하면, 5월 위기 이후 반년 만에 공화국의 남부 지방 전투에서 18,500명이 전사했다.

강경 수구파가 5월 협약을 어기고 쿠르곤 테파에서 학살을 저지르는 등의 잔학 행위에 대항하여 그 다음 몇 달 동안 계속 항의운동이 일어났다. 마침내 1992년 8월 31일 반정부 세력 시위자들은 대통령궁을 점령하는 가운데 나비예프의 측근들을 인질로 잡고, 나비예프의 사임을 포함한 그들의 요구 사항을 주장하였다. 1992년 8월말 반정부 세력은 최고회의에서 나비예프에 대한 불신임 투표를 했다. 정부와 반정부 세력 간의 회담이 결렬되었고, 국회 상임위원회는 9월 3일에 마침내 나비예프를 하야시킬 것을 선언한다.

그러나 CIS 군사 본부에 대피해 있던 나비예프는 이를 거부하고 새로운 지도자를 선출하기 위해 9월 4일에 국회 비상회의를 소집했으나, 여전히 나비예프를 지지하는 위원들은 참가하지 않았다. 결국 국회 비상회의는 열리지 않았고, 나비예프는 단지 명목상 대통령 자리에 남아 있었다. 이전에 그를 지지했던 관료들은 차차 그의 무능력을 확신한 결과 등을 돌렸다. 양측 간의 협상안은 9월 4일 타결되어 시위자는 자신들이 무혈점령하였던 대통령궁에서 철수하였다.

반정부 주요 세력은 IRP와 카지야트(Kaziyat))로서 친정부 세력과의 충돌은 지역적 전쟁의 형태를 띠었다. 나비예프는 무장한 반정부 세력 지지자의 시위와 인질극에 의해 강화된 폭동이 두샨베까지 확산되자 1992년 9월 7일 사임서에 서명하지 않을 수 없었다. 결국 그는 권좌에서 쫓겨나고 코잔드 지방으로 탈출하기 위해 두샨베 공항에서 비행기에 탑승하려고 시도할 때, IRP 반정부군에 의해 체포되었다. 나비예프는 반정부 세력 시위자들에게 붙잡혀 있었지만 신체적으로 억류되거나 상해가 가해졌던 것은 아니다. 그의 사임사에서 나비예프는 "타시키스탄 국내외에서 어떠한 반동적인 도발과 음모도 꾸미지 않을 것이다"라고 약속했으나 지키지는 않았다.[320]

나비예프 대통령의 사임이 강요된 뒤, 임시 정부에서 일어난 1992년 9~10월의 쿨랍·쿠르곤 테파·공화국의 남-북부 지역에서의 피의 충돌, 나비예프 정권 이후 지도자들의 연이은 사임, 러시아와 CIS의 평화유지를 위한 개입으로 인해 정치·경제·사회적으로 타지키스탄 공화국은 침체되었다.

쿨랍인의 공격은 1992년 10월에 시작되었다. 타지키스탄 수도인 두샨베는 일시적으로 함락되었고, 투라존자데는 수도에서 탈출했다. 그러나 이틀 후, 반정부군은 쿨랍인을 격퇴하고, 두샨베를 재탈환하는 과정에서 4대의 T-72 탱크·장갑차량·중화기를 사용함으로써 러시아 개입의 구실을 가져다주었다.[321]

---

320) Atkin 1994, 225.

같은 해 10월 24일 쿨랍군은 북쪽으로 공격을 감행했으며, 나비예 프를 권좌로 복귀시키기 위해 두샨베를 공격하는 동안 600명이 살해 되었다. 11월 말, 쿨랍군이 멀리 남쪽 샤흐르트즈(Shahrtuz)구역으로 대피한 난민들을 공격하여 쿠르곤 테파에서 500명가량의 사상자가 발생하였다. 보수 공산 세력 지지자들은 마침내 그 해 12월 도시를 점령하였다.

이스칸다로프가 대통령 권한 대행을 수행하는 짧은 기간 동안, 강 경파 측의 중상모략으로 심한 압력을 받고 있던 연립정부는 의회의 결정을 준수할 것에 동의하며 정전을 받아들였다. 이스칸다로프와 연 립정부 인사들은 1992년 11월 10일 공산당 강경파를 회유하고 조기 에 내전 상태를 종식하고자 사임하였다. 11월 16일, 공산주의자가 장 악한 의회는 코잔드 지방에서 비밀 의회회담을 소집한 특별회의에서 나비예프의 사임을 무효화함으로써 이스칸다로프의 대통령직은 끝 났다. 코잔드 지방의회는 대통령 집무실을 폐쇄하고 쿨랍 주 행정부 의장인 라흐모노프를 의회 의장으로 선출했고, 코잔드 출신 압두자노 프가 총리가 되었다. 이러한 선출은 코잔드-쿨랍 동맹을 위한 의회의 지지를 의미하는 것이지만 현재로서는 쿨랍인이 우위에 있다.

쿨랍-코잔드 출신의 친정부 의용군은 12월 5일, 반정부 세력과 며 칠에 걸친 격렬한 전투 끝에 또 수백 명이 사망했다. 12월 6일 우즈베 키스탄에서 돌아온 히사르 출신 군대는 반정부 세력을 공격하고 즉 시 수도를 통제하였다. 친정부군은 갸름인과 파미르인에 대한 체계적 인 인종청소를 단행하기 시작했다. 이러한 목적을 달성하기 위해 타 지키스탄 인민전선에 대한 러시아와 CIS의 공중지원이 이루어졌다는

---

321) Auten 1996, 203.

많은 증거가 제시되었다. 결과적으로 많은 타직인 단체들을 포함한 힘마트자데와 투라존자데를 위시한 IRP 지도자들은 아프가니스탄으로 피신하였다. 또 DPT의 지도자들은 정부가 그들에 대한 사형선고를 내림에 따라 모스크바나 발트 해 연안의 국가들로 피신했다. 타직 내무부에 의하면 지난 6월 내전 이래로 5만 명의 전사자와 53만 7천여 명의 난민이 발생하여 국제적십자사가 이들 난민을 위한 구호활동을 벌이고 있지만 역부족이었다.[322]

12월 11일에는 마침내 두샨베가 친공산주의자의 군대에 의해 함락되고, 코잔드로부터 새로운 대통령과 국무총리가 도착했다. 두샨베에서는 IRP의 의용군 병력이 장벽을 쌓고 새 대통령의 수도 진입을 봉쇄하고자 했으나 역부족이었다. 의회 의장이었던 라흐모노프는 마침내 12월 14일 타직 정부의 국가원수 자리에 앉게 되었다. 라흐모노프를 대통령으로 선출한 것은 IRP-DPT 반정부 연합 세력인 개혁파의 참패를 의미했고 반면에 쿨랍-코잔드 동맹 세력인 수구파의 승리를 의미하는 가운데 외세의 내전 개입으로 평화협상 과정으로 들어서게 하는 계기가 되었다.

---

322) Rashid 1993, 182.

V. 외세의 내전 개입과 평화과정
(1993~1997)

타지키스탄의 혼란은 타슈켄트와 모스크바에서, 그리고 다른 여러 중앙아시아 지역에 경각심을 불러일으키기 시작했다. 우즈베키스탄의 대통령 카리모프(Karimov)는 타지키스탄 내에서 무력 투쟁이 확산되는 것뿐만 아니라, 타지키스탄 거주 우즈베크인에 대한 공격을 우려했다. 1992년 9월 3일, 우즈베키스탄·러시아·카자흐스탄·키르기스스탄의 대통령들은 이러한 분쟁 사태가 CIS의 안보에 위협을 줄 것이라고 경고했다.

이에 따라 보리스 옐친 대통령 및 다른 중앙아시아 국가의 지도자들은 타지키스탄이 본격적으로 내전에 돌입하였다고 판단한 후, 타지키스탄에 주둔하고 있던 1만여 명의 CIS 병력이 아프가니스탄과 접해 있는 1,300㎞ 무방비 상태의 국경을 통제하도록 지시한다. 러시아와 우즈베키스탄 양국은 그들의 국가안보 이익을 위한 타직 세력이 옛

공산주의자로 구성된 현 정권이라고 생각했다.[323]

분쟁이 타직 주변에서 계속되면서 최종적으로 CIS 평화유지군의 對타직 내전 개입은 11월 3일에 승인되었고 우즈베키스탄 제201 자동화 소총사단과 기동연대로 구성되었다. 러시아와 우즈베크 정부는 "아프가니스탄에서 활동하는 단체와 타직 반정부군의 연계는 전체 지역 안정에 저해된다"라고 판단했다. 러시아가 허술한 타직-아프간 국경을 순찰하기 위해 추가병력을 파견한 반면에, 우즈베키스탄은 타직 정부의 군사작전을 지원했다.

한편 1993년 1월 카리모프 대통령의 촉구에 따라서 러시아는 3,000여 명의 CIS 추가 병력을 아프간-타지키스탄 간의 국경선을 순찰할 명목으로 파병할 것에 동의하는데 이곳에는 이미 비상사태가 선포되어 있었다. 2월에는 러시아 국방부 징권인 그리체프(Pavel Grachev) 장군이 두샨베를 방문하여 201부대에게 타직 정부를 지원하도록 공식적으로 명령했다.[324]

아프간 정부는 관련 사실을 부인했지만 아랍과 파키스탄 무슬림들의 지원을 받던 몇몇 아프간 무자헤딘 사령관들은 타직 피난민을 게릴라로 무장시키고 훈련시킬 수 있도록 IRP를 위시한 급진주의적인 반정부 집단을 도왔다. 이 집단은 급진적 무슬림인 아랍인, 특히 사우디아라비아와 쿠웨이트에 있는 와하비 집단으로부터 받는 막대한 재정적 지원 덕에 존재한다. 그러나 외국의 지원이 반군들을 위한 물자의 유일한 출처는 아니다. 북부 아프가니스탄의 몇몇 지역은 아편 경작의 중심지로서 알려져 있는데 이곳에서 군벌들은 무기구입과 독자

---

323) Rubin 1994, 215.
324) Gretsky 1995, 246.

적인 권력 기반을 구축하기 위해 필요한 자금 마련의 수단으로서 마약 밀매를 해 왔다.325)

다른 한편 나비예프가 최초의 공산주의 지도자로서 강제 사임을 당한 사건은 다른 중앙아시아 국가 지도자들에게는 실로 엄청난 충격이었다. 우즈베키스탄의 카리모프 대통령도 유엔 사무총장인 갈리(Boutrous-Ghali)에게 보내는 편지에서 "무정부상태의 위협이 전 지역으로 확산되고 있다"고 지적하면서 "중앙아시아가 중동 다음의 분쟁지역이나 정치적 세력다툼의 희생물이 되어서는 안 된다"고 주장하였다. 러시아와 카자흐 외무장관은 분쟁에 다른 나라가 개입하지 말 것을 경고하고, 분쟁의 위험이 전 지역으로 확산되어 불안정을 초래하고 있다고 말했다.

이러한 상황에서 유엔이 양측의 갈등을 해결하기 위한 중재자로서 관여하였다. 1993년 1월에 유엔 사무총장은 키타니(Kittani)를 타지키스탄 특사로 임명했다.326) 그러나 유엔의 중재노력에도 불구하고 반정부군은 러시아와 타직 군대에 대항하여 국경을 넘어 공격을 개시하였다. 그러한 공습은 러시아 폭격기의 보복을 받았다.

7월 14일 반정부군이 아무 강을 가로질러 쿨럅 지역으로 주요 공격을 개시했는데, 100~200명 사이의 마을 주민이 죽고 25명의 러시아 국경 경비대도 죽었다. 러시아는 1만여 명의 군대를 파병하고, 그 후 1만 5천 명의 국경 병력을 증강했다. 8월 7일 모스크바 회의에서 러시아 · 타지키스탄 · 우즈베키스탄 · 키르기스스탄 · 카자흐스탄의 대

---

325) Rubin 1994, 218.
326) 유엔 특사 키타니는 1993년 8월에 타지키스탄을 방문하였고, 8월 24일 적대적 관계의 청산과 정전을 요구하는 첫 유엔 안전보장이사회가 8월 24일 열렸다. 키타니의 특사 자격은 1993년 8월부터 10월까지, 그리고 10월부터 1994년 3월까지 각각 3개월간씩 두 번 연장되었다.

통령들은 국경 불가침을 보장하기 위해 '공동 책임'의 집단안보를 강조했다. 각 국가가 적어도 1개 대대를 국경에 파견할 것을 약속했다. 또한 이날 회의에서 러시아와 중앙아시아 대통령들은 유엔 사무총장에게 '정치적 안정'을 되찾을 수 있도록 지원을 요청했으며, 옐친 대통령은 국경 경비대가 푸른 헬멧의 평화유지군으로 대체되기를 바란다고 말했다.

유럽안보협력회의(CSCE)는 프랑스 학자인 로이(Olivier Roy)를 타직 정부기관의 조직을 정비하기 위한 유엔 사업을 지원하는 실무 책임자로 임명하였다. 무엇보다도 두샨베 정부와 원리주의자를 제외한 '세속적인 민주주의자' 사이에 안정을 원하는 러시아는 어떤 회담에서든지 모스크바를 회합 장소로 할 것과 러시아인의 참석을 주장하였다. 반면에 1992년 12월 공격 이후 이란에 기점을 확보한 바 있는 타직 망명자들을 포함한 반정부 세력 지도부는 모스크바에서의 회담 개최를 반대했고, 러시아인만큼 이란·아프가니스탄·파키스탄인의 참석을 요구했다. 타직 정부와 반정부 세력 양측은 1994년 3월부터 10월까지 3차례의 공식회담에 참가하였다. 타직 양 세력 간의 회담은 원래 러시아 정부의 주선에 의해 시작되었는데 러시아는 분쟁 당사자 사이에서 '중재자' 역할을 하기 원했다.

제1차 회담은 1994년 3월 모스크바에서 열렸는데, 상호 받아들일 수 있는 연립정부의 수립뿐만 아니라 헌법제정 문제에 중점을 두었으며 피난민 문제를 해결하기 위한 합동위원회가 설립되었다. 제2차 타직 회담 전에 유엔 특사는 키타니에서 페레쯔-발론(Perez-Ballon)으로 교체되었다. 1994년 초반에 유엔 사무총장의 특사인 우루과이 대사 페레쯔-발론은 어떤 아무런 조건 없이 정부와 반정부 세력이 만난다는 동의를 얻어낸 후 5월 중순 타직 반군 지역과 이란을 방문하였다. 제2차 회담은 1994년 6~7월에 테헤란에서 열렸는데 교전을 끝내는 데에 초점을 두었다.

　제2차 협상은 더디고, 어려웠지만 결국 성공적이었다. 양측은 입헌 국민투표뿐 아니라 대통령 선거에 원칙적으로 동의했다. 이 같은 협상은 유엔 대표와 러시아·이란·파키스탄·카자흐스탄·키르기스스탄·우즈베키스탄에서 온 옵서버들 및 라티피가 이끄는 반정부 세력 대표들과 노동부장관 주호로프가 이끄는 타직 정부 대표단의 참석하에 이루어졌다. 선거와 국민투표 문제에서 이란은 UN 및 CSCE와 견해를 같이하였다. 주타직 및 주러시아 미국 대사들이 타직 문제 전개에 긴밀히 연관되어 있기 때문에 유엔은 이 문제에 대해 미국의 지지를 얻으려고 노력했다. 미국은 조기 선거에 대해 일반적으로 러시아와 두샨베의 입장을 지지했다. 타직 지도자들이나 러시아 외무부는 반정부 세력과의 협상에는 진지하게 임하지 않았던 것으로 보인다.[327]

　이러한 분위기에서 유엔 대표와 타직 부통령, 이슬람 반정부 세력의 지도자, 러시아 측 대표, 그리고 이란 외무장관이 참석한 가운데 제2차 최종 타직 평화협상이 1994년 9월 테헤란에서 열렸다. 이란은 이러한 협상의 성공을 위해 반정부 세력을 협상테이블로 이끌어내는 데 공헌했다. 결국 오랜 진통 후에 1994년 9월 17~18일, 테헤란에서 양측은 정전 협정서에 서명했다. 협정에서 정전의 준수를 위해서 유엔군 감시단의 지원을 요구하고, 또한 가을 이후 이슬라마바드에서의 제3차 타직 평화회담의 개최를 결정하였다. 반정부 세력은 타직 정부

---

327) Mesbahi 1995, 132~133.

에 대한 반정부 인사들의 신변 보호를 조건으로 러시아/CIS 군대 주둔을 받아들이는 것에 동의했다. 러시아뿐만 아니라 타직 정부는 당시, 1992년 11월에 창설되어 1993년 9월에 재구성된 CIS평화유지군이 유엔평화유지군의 지위를 부여받아야 된다고 제안하였다.

테헤란 휴전협정은 양 세력이 분쟁 해결을 위해 최초로 합의한 진지한 협약으로서, 파키스탄의 이슬라마바드에서 일부 정치범의 석방과 휴전협정의 3개월 연장을 골자로 하는 제3차 연석회의를 개최하는 계기가 되었다. 이슬라마바드 회의에서도 이란 대표단은 반정부 세력의 요구를 조율하는 데에 있어서 중요한 역할을 하였다.

제3차 회담은 예정대로 1994년 10월 20일부터 11월 1일까지 이슬라마바드에서 열렸고 양측은 포로 교환에 관한 협정 문제를 가까스로 해결했다. 11월 6일에 동시에 치러진 대통령 선기의 입헌 국민투표는 라흐모노프에 압도적인 승리를 가져다주었다. 그러나 부정투표에 대한 시비와 비난이 없지는 않았다. 테헤란 정전 협정대로 12월 16일 타지키스탄에서 10개국[328]으로 구성된 유엔 감시사절단(UNMOT)이 6개월간의 임무를 시작하였다. 러시아/CIS 국경순찰과 유엔군의 주둔에도 불구하고 정전은 준수되지 않았다. 1995년 4월초에 국경에서의 무력 충돌로 26명의 군인들이 사망했는데 그들 중 5명은 러시아인이었다.

그 후 즉각 유엔 지원하의 제4차 타직 평화회담을 위한 모스크바 예비협상이 1995년 4월에 개최된 후, 결국 5월 20~26일 카자흐스탄의 알마아타에서 열렸다. 제5차 회담은 같은 해 11월 말에 시작되었으나 12월에 결렬되었고 1996년 1월에 재개되었지만 결국 2월 중순

---

328) 오스트리아, 방글라데시, 불가리아, 덴마크, 헝가리, 요르단, 폴란드, 스위스, 우크라이나, 우루과이.

에 중단되고 말았다. 제6차 회담은 아직 예정되어 있지 않다. 마침내 1996년 12월과 1997년 6월 사이 합의에 도달한 일련의 협정서들이 평화정착에 대한 희망을 제시했던 것이다. 결국 두샨베 정권에 대한 러시아의 장기간 지원으로 인한 부담, 타지키스탄 일부 지역에서 반정부 세력 전투요원들의 군사적인 성공, 그리고 아프간 지역에서 탈레반의 승리로 인한 지역적인 위협으로 인하여 양측이 서로 타협할 수 있게 되었다.

협정서에는 법률로 금지된 반정부 세력의 합법화, 전범자의 교환, 아프가니스탄 지역 거주 피난민[329]의 귀환이 포함된다. 범민족화해위원회가 신정부 출범을 감시하기 위하여 설립되었고 양측은 이 위원회에 13명의 위원을 동수로 파견했다. 위원회는 반정부 세력 구성원에게도 중앙 및 지방정부에서 어떤 지위를 지명할 권한을 부여하고 헌법과 선거법 개정안을 제안할 것이다. 반정부 세력의 전투원은 그들의 무기를 버리고 타지키스탄 군대에 합류해야 한다. 반정부 세력 전투원들은 새로운 국회의원 선거를 특히 강조해 왔다. 그런데 그것은 대통령 라흐모노프의 사임을 요구하는 것이 아니라 그가 임기를 다 채우는 1999년까지 재임한다는 데 동의한다는 것이다.

최종적으로 비록 과도기 정치상황이 질서정연하게 지역을 대표하는 새로운 정치구도로 실현된다고 할지라도, 어느 지역이나 어떤 파벌의 출신이 국가 통치자가 되든지 가장 심각한 국내 경제문제를 풀어나가야 할 것이다. 1997년의 평화협정이 실제로 실현된다고 하더라도 두샨베 정권과 반정부 세력 사이의 내전의 종말이 타지키스탄의 모든 문제를 해결할 수는 없을 것이다. 그것은 기껏해야 인간이 만든

329) 피난민은 대략 1만 5천에서 2만 8천 명으로 추산된다.

재앙으로부터의 회복을 위한 기나긴 과정의 첫 단계일 뿐이다.

　1987년 일어나 10년간 지속된 타직 내전은 그동안 5만 명이 사망하고 15만 명의 부상자 및 50만 명의 피난민을 초래하며 1997년에 휴전했다. 라흐모노프는 2000년에 대선, 2001년에 총선을 실시하여 자신의 권력의 구축을 강화하려고 시도했다. 이러한 혼란과 절망 속에서도 미군이 옛 소련기지 외곽에서 작전을 벌이고 있다. 타지키스탄은 NATO의 소위 '평화를 위한 파트너십'에 가입했다.330)

---

330) Zepezauer 2003, 167.

Ⅵ. 타직 내전의 결과와 전망

타직 옛 공산당 수구파는 고르바초프가 가져다 준 변혁의 바람에 적절히 대처하고 적응할 수 있도록 노력하는 중앙아시아의 다른 공산당들과 비교해 볼 때, 가장 둔감하고 현실 대응력이 뒤떨어진 세력이었다. 타지키스탄에서의 내전은 옛 공산주의 수구파 기득권 세력 對 민족주의-민주주의-이슬람주의 개혁파 연합 세력의 이념적 전쟁이었을 뿐만 아니라 한편으로는 쿠르곤 테파와 갸름 사이에, 다른 한편으로는 쿨랍과 코잔드 지역 사이의 부족지역 간 동맹 세력의 패권다툼이었다고 할 수 있다.

타지키스탄에서 발생했던 일련의 사태는 이미 우즈베키스탄이나 카자흐스탄을 비롯한 중앙아시아 국가들의 국민뿐만 아니라 그들의 권위주의적 지도자에게도 직·간접적으로 영향을 끼쳤다. 라흐모노프 정부도 단독으로는 국가를 안정시킬 만큼 강력한 힘을 지니지 않은 것으로 보이나 점차 안정되어 가고 있다. 과거 타직 이슬람 원리주의 자들이 아프가니스탄·이란·파키스탄으로부터 은밀한 도움을 받아 왔고, 반면에 타직 정부는 러시아와 우즈베키스탄으로부터 지원을 받아 온 현실은 국내분쟁이 지역 국제분쟁의 양상을 띠는 결과를 초래했다.

반정부 연합 세력의 등장으로 정치적 이견에 대한 긴장감은 완화 될 수 있다 하더라도, 아직도 경제문제에서는 대립이 심화되고 있다. 이러한 대립은 경제 불안을 가중시킬 것이다. 또 다른 측면에서 분석 하면 압둘라 누리와 투라존자데가 타지키스탄 반정부 연합 세력 내 에서 갖는 영향력에 주목하게 된다. 특히 최근 대통령이 경제부·외 교부·수자원관개부·노동부 등 각부 장관과 국영세관위원회 대표· 산업-광업조정위원회 대표 등 주요 경제 요직에 반정부 연합 세력의 인물들을 대거 영입힘으로씨 국가경제의 활성화를 이끌어 자신에게 유리한 형국으로 바꾸었다. 7년간의 내전으로 폐허가 된 국가를 복구 하는 데에 이란을 위시한 무슬림 형제국가들의 지원과 더불어 그 영 향력 증대 또한 불가피하다. 그러나 내전 결과 러시아가 그 주도권을 잡았다. 허약한 타직 정권은 거의 모든 부분에서 러시아의 지원에 의 존하고 있다.

아무튼 1990년 2월 사태는 정치적 세력의 대립을 가속화시켰다. 타 직 정부 당국은 특히 이슬람 부흥당 IRP에 대해 적대적이다. 모스크 바 정부 당국은 타지키스탄 내에서 이슬람 당을 금지시키는 법을 통 과시켰다. 당연히 이것은 정치적 긴장을 증폭시켰다. 향후 양 반정부 개혁파 세력이 타지키스탄에서 민족주의-의회민주주의와 이슬람주의 를 어떻게 평화적으로 조화롭게 실현시켜 나가느냐에 따라서 평화가 정착될 것으로 전망된다.

참고문헌

고상두, 1997, 「러시아 연방주의 현실과 체첸분쟁」, 『국제정치논총』 37(2).

고재남, 1996, 『옛 소련 민족분쟁의 해부』, 경남대학교 출판부.

문명식, 2000, 「체첸전쟁과 북카프카스 지역의 민족문제」, 『유라시아 연구』 1(1).

박정호, 2005, 「북 카프가스 지역분쟁의 정치 경제적 요인 분석」, 『슬라브 연구』 21(2).

서춘식, 2003, 「러시아의 제2차 체첸침공과 민군관계」, 『슬라브 연구』 19(1).

손영훈, 2007, 「중앙아시아 국가의 강압정책과 이슬람 저항운동 연구」, 『중동연구』 26(2).

_____, 2011, 「체첸-러시아 전쟁의 전개과정과 국가테러」, 『한국중동학회 논총』 31(3).

신양섭, 1999, 「중앙아시아의 러-체첸 분쟁연구」, 『중동연구』 18(2).

유의정, 2000, 「체첸-러시아 분쟁에 관한 연구」, 『슬라브 연구』 16(2).

아메드 라시드, 2001, 『그레이트 게임』 (이남규 역), 서울: 월간조선사.

이문영, 2004, 「현대 중앙아시아의 이슬람 정치세력화: 타지키스탄 내전과 러시아-우즈베키스탄 관계」, 『러시아연구』 제14권.

이병호, 2011, 「타지키스탄 내전의 갈등요인에 관한 연구」, 『중동연구』 29(3).

이애리아, 1998, 「타지키스탄의 민족분쟁과 고려인」, 『교포정책자료』 제57집.

장병옥, 2001, 『중앙아시아 국제정치의 이해: 신중동이슬람-미패권주의』, 서울: 한국외국어대학교 출판부.

_____, 2006, 『이란외교정책론-이슬람에서핵무장까지』, 서울: 한국외국어대학교 출판부.

_____, 2008, 『이슬람 원리주의와 중동정치』, 서울: 한국외국어대학교 출판부.

_____, 2009, 「체첸-러시아 갈등의 역사에 관한 연구- 체첸의 이슬람화 세력

화를 중심으로-」, 『한국국제지역학회』 13(1).

_____, 2010, 「체첸-러시아 분쟁의 원인과 전개과정」, 『중동연구』 29(2).

_____, 2011, 「중앙아시아 이슬람 원리주의 단체에 대한 연구」, 『중동학회논총』, 31(3).

현승수, 2009, 「체첸 테러리즘과 이슬람 사이버 지하드」, 『대테러정책 연구논집』 제6호, 국가정보원.

홍완석, 2005, 「험난한 여정, 러시아의 체첸분쟁, 원인과 경과, 그리고 전망」, 『한국정치학회보』 39(3).

카렌 암스트롱, 2003, 『이슬람』(장병옥 역), 서울: 을유문화사.

佐久間 邦夫, 1998, 「유라시아의 파워게임, 카스피 해 자원을 둘러싼 미-러, 주변국가들의 속셈」, 『海外事情』 Vol. 46, No. 5.

宮田 律, 1998, 「이란- 옛 소련 남부 제국관계의 현실적 전개와 그 영향, 미국의 對이란 봉쇄를 공동화(空洞化)하는 지정학」, 『海外事情』 Vol. 46, No. 5.

Abduvakhitov, Abdujabar, 1995, "Independent Uzbekistan", *The international Politics of Eurasia*, Vol. 3.

Adıylova, R., 1995, "Political Culture and Foreign Policy in Kyrgyzstan", V. Tismaneanu(ed.), *Political Culture and Civil Society in Russia and the New States of Eurasia*, Armonk, M. E. Sharpe.

Ahmed, Houriya and Stuart, Hannah, 2009, *Hizb ut-Tahrir: Ideology and Strategy*, The Centre for Social Cohesion.

Akiner, Shirin, 1993, "Central Asia: New Arc of Crisis?", Royal Institute for Defence Studies.

_____, 2004, "Sia:si gara:yi-e Esla:m dar a:sia:ye markazi dar doureye pas az shouravi(The politicization of Islam in Post-Soviet Central Asia)", *Central Asia and the Caucasus Review*.

Alexandrov, Ivan, 2001, "Is the Islamic threat to Uzbekistan Real?", Russia and the Muslim World, *Bulletin of Analytical Reference Information*, No. 12(114).

Alieva, L., 1995, "The Institutions, Orientations, and Conduct of Foreign in Post-Soviet Azerbaijan", A. Dawisha & K. Dawisha(eds.), *The Making of Foreign Policy in Russia and the New States of Eurasia*, Armonk, M. E. Sharpe.

Amir-Ahmadian, B., 2000, The Karabakh Crisis, Developments, *Amu Darya-The Iranian Journal*, Tehran, IPIS.

Armstrong, K., 2000, *Islam, A Short History*, London, Phonix Press.

Atkin, M., 1994ⓐ, "Tajiks and Persian World", B. F. Manz(ed.), *Central Asia in Historical Perspective*, Bould, Westview Press.

_____, 1994ⓑ, "The Politics of Polarization in Tajikistan", H. Malik(ed.), *Central Asia, Its Strategic Importance and Future Prospects*, NY, St. Martin's Press.

_____, 1995, "Islam as Faith, Politics, and Bogeyman in Tajikistan".

_____, 1997ⓐ, "Thwarted democratization in Tajikistan", K. Dawisha & B. Parrott(eds.), *Conflict, cleavage, change and in Central Asia and the Caucasus*, Cambridge, Cambridge University.

_____, 1997ⓑ, "Tajikistan's Civil War", *Current History*, October.

Auten, B., 1996, "Tajikistan Today", *Studies in Conflict & Terrorism*, No. 19.

Avtorkhanov, A., 1992, "The Chechens and Ingush during the Soviet Period and its Antecedents", Marie Bennigsen Broxup et al., *The North Caucasus Barrier*, New York, St. Martin's Press.

Benningsen, A., Henze, P., Tanham, G., and S. Wimbush, 1989, "The Soviet Islamic establishment as a strategic instrument", Bennigsen, A. et al., *Soviet strategy and Islam*, New York, St. Martin's Press.

Blank, S., 2000, "From Kosovo to Kursk", *Korean J. of Defense Analysis*, No. 2.

Borjian, H., 2000, "The Origins of Ongoing Conflicts in the Caucasus", *Amu Darya, The Iranian Journal of Central Asian Studies*, Vol. 4, No. 6, Tehran, IPIS.

Broxup, M. B., 1992, "Introduction, Russia and the North Caucasus", Broxup.

_____, M. B. et al., *The North Caucasus Barrier*, New York, St. Martin's Press.

China, J. & R. Kaiser, 1996, *Ethnicity and Nationalism in the Soviet Successor States, Russians as the New Minority*, Colorado, Westview Press, Inc.

Chukin, A., 1994, "Free Kyrgyzstan, Problems and Solutions", *Current History*, April.

Chvyr, L., 1993, "Central Asia's Tajiks, Self-Identification and Ethnic Identity", V. Naumkin(ed.), *State, Religion and Society in Central Asia*, Reading, Ithaca Press.

Crone, Patricia, & Hindes, Martin, 1986, *God's caliph: Religious authority in the first centuries of Islam*, Cambridge, Cambridge University Press.

Cornell, S. and R. Spector, 2002, "Central Asia: More than Islamic Extremists", *The Washington Quarterly* 25(1).

Dmitry, Novikov, 2001, "Central Asia may be turned into a Powder Keg", Russia and the Muslim World, Bulletin of Analytical Reference Information No. 11.

Dumlop, J. and R. Menon, 2006, "Chaos in the North Caucasus and Russia's future", *Survival*, vol. 48, No. 2.

Eshanova, Zamira, 2002, "Central Asia: Uzbekistan, Kyrgysztan Differ in Approach to Hizb-ut-Tahrir", RFE/RL Prague.

Fesharaki, H. Ali., 1998, "The Islamic Republic of Iran and Tajikistan, Challenges and Iran's National Interest", *Central Asia and the Caucasus Review*, No. 22 Summer, Tehran, IPIS.

Filonky, A. O., 1994, "Kyrgyzstan", M. Mesbahi(ed.), *Central Asia and the Caucasus after the Soviet Union*, Gainsville, University Press of Florida.

Freeholm, Michael, 2003, *Uzbekistan and the Threat from Islamic Extrimism*, Sandhurse: United Kingdom Royal Military Academy, Conflict Studies Research Center, Report No. K39, March.

Ginat, R. & Vaserman, 1994, "National, Territorial or Religious Conflict?": The Case of Nagorno-Karabakh, *Studies in Conflict and Terrorism*, Vol. 17.

Gretsky, S., 1995, "Russia and Tajikistan", A. Z. Rubinstein and O. M. Smolansky(eds.), *Regional Power Rivalries in the New Eurasia*, New York, M. E. Sharpe.

Hamid, M., 2007, *Imam Shamil, The first Muslim Guerilla Leader*, Kuala Lumpur, The Other Press.

Hechter, M., 1975, *Internal Colonialism*, Berkeley, University of California Press.

Howel, J., 1998, "Poverty, Children and Transition in Kyrgyzstan", *Journal of International Affairs*, No. 1.

Hunter, S., 1994, *The Transcaucasus in Transition, Nation-building and conflict*. Washington, The Center for Strategic and International Studies.

Huskey, E., 1997, "Kyrgyzstan, the fate of political liberalization", K. Dawisha & B. Parrott(eds.), *Conflict, cleavage, and change in Central Asia and the Caucasus*, Cambridge, Cambridge University Press.

Huttenbach, H. R., 1995, "Post-Soviet Crisis and Disorder in Transcaucasia", V. Tismaneanu(ed.), *Political Culture and Civil Society in Russia and the*

New States of Eurasia, Armonk. M. E. Sharpe.

Ilkhamov, Alisher, 2006, "The Phenomenology of Akromiya: Separating Facts from Fiction", *China and Eurasia Forum Quarterly*, Vol. 4.

Johnson, R., 2007, *Oil, Islam and Conflict, Central Asia since 1945.*, London, Reaktion Books Ltd.

Khan, M. I., 1995, *The Muslims of Chechnya, Struggle for Independence*, Leicester, United Kingdom, The Islamic Foundation.

Koichuev, T., 1996, "Kyrgyzstan, Economic Crisis amd Transition Strategy", B, Rumer(ed.), *Central Asia in Transition, Dilemmas of Political and Economic Development*, Armonk, M. E. Sharpe.

Kyrgyzstan, 1998, The Institute for Political & International Studies, Tehran, IPIS.

Lieven, A., 1998, *Chechnya, Tombstone of Russian*, Yale Univ. Press.

Maleki, A., 2001, Increased Political Risks in the Caucasus, Factor Analysis. *Amu Darya, The Iranian Journal of Central Asian Studies* Vol. 5, No. 7, Tehran, IPIS.

Makarenko, Tamara, 2000, "Crime and Terrorism in Central Asia", *Jane's Intelligence Review*, 12(7).

Makhamov, M., 1994, "Islam and the Political Development of Tajikistan After 1995", H. Malik(ed.), *Central Asia, Its Strategic Importance and Future Prospects*, NY, St. Martin's Press.

Makarenko, Tamara, 2002, "The Changing dynamics of Central Asian Terrorism", *Jane's Intelligence Review* 14 (2).

Mann, Poonam, 2002, "Islamic Movement of Uzbekistan: Will it Strike Back", *Strategic Analysis*: A Monthly Journal of the IDSA, Vol. 25, No. 2.

Martha Brill Olcott, 1992, "Central Asia's Catapult to Independence", *Foreign Affairs*, Vol. 71, No. 3.

Mesbahi, M., 1995, "Iran and Tajikistan", A. Z. Rubinstein and O. M. Smolansky(eds.), *Regional Power Rivalries in the New Eurasia*, NY, M. E. Sharpe.

_____, 1994, "Tajikistan", M. Mesbahi(ed.), *Central Asia and the Caucasus after the Soviet Union*, Gainesville, University Press of Florida.

Mihalka, Michael, 2006, "Counterinsurgency, Counterterrorism, State-building and

Security Cooperation in Central Asia", *China and Eurasia Forum Quarterly, 4(2)*.

Mirbagheri, F., 2000~2001, Nationalism and Islam. *The Iranian Journal of International Affairs* Vol. 12, No. 4.

Naumkin, Vitaly V., 2005, *Radical Islam in Central Asia: Between Pen and Rifle*, Rowan and Littlfield, Lanham, MD.

Nedveststy, A. G., 1994, "Turkmenistan", M. Mesbahi(ed.), *Central Asia and the Caucasus after the Soviet Union*, Gainesville, University Press of Florida.

Nemirovic, T., 2002, *Leaders of Moscow War Party Nest in the Kremlin and Dream of World Revenge*, Chechen Press.

Makhamov, M., 1994, "Islam and the Political Development of Tajikistan After 1995", H. Malik(ed.), *Central Asia: Its Strategic Importance and Future Prospects*, NY: St. Martin's Press.

Nissman, D., 1994, "Turkmenistan Untransformed", *Current History,* April.

Niyazi, A., 1993, "The Year of Tumult, Tajikistan after February 1990", V. Naumkin(ed.), *State, Religion and Soceity in Central Asia as Post-Soviet Critique*, Reading, Ithaca Press.

Ochs, M., 1997, "Turkmenistan, the quest for stability and control", K. Dawisha & B. Parrot(eds.), Cambridge, Cambridge University Press.

Odom, W. E./Dujarric. R., 1995, *Commonwealth or Empire? Russia, Central Asia, and the Transcaucasus*, Indianapolis, Hudson Institute.

Olcott, M. B., 1996, *Central Asia's New States*, Washington DC, United States Institute of Peace Press.

Polonskaya, L & A. Malashenko, 1994, *Islam in Central Asia*, Garnet Publishing, Great Britain.

Pryde, I., 1994, Kyrgyzstan, A Test of Independence, *Central Asia and the Caucasus Review* Vol. 3, No. 6 Fall, Tehran, IPIS.

Rashid, A., 1994, *The Resurgence of Central Asia*, Karachi, Oxford University Press.

Richmond, W., 2008, *The Northwest Caucasus, Past, present, future*. New York, Routledge.

Rubin, B. R., 1994, "Tajikistan, From Soviet Republic to Russian-Uzbek Protectorate", M. Mandelbaum(ed.), *Central Asia and the World*, NY, Council of Foreign

Relations Press.

Saroyan, M., 1992, Azerbaizan, New Trends in Relations With Iran & Turkey, *The Iranian J. of International Affairs*, Vol. Ⅳ, No. 1.

Smolansky, O. M., 1995, "Russia and Transcaucasia, The Case of Nagorno-Karabakh", A. Z. Rubinstein & Smolansky(eds.), *Regional Power Rivalries in the New Eurasia*, Armank, M. E. Sharpe.

Swietochowski, T., 1994, "The Problem of Nagorno-Karabakh, Geography Versus Demography under Colonialism and in Decolonization", H. Malik(ed.) *Central Asia*, N. Y., St. Martin's Press.

_____, 1995, "Azerbaizan, A. Borderland at the Crossroads of History", S. F. Starr(ed.), *The Legacy of History in Russia and the New States of Eurasia*, Armrok, M. E. Sharpe.

Tadjbakhsh, S., 1994, "Tajikistan, From Freedom to war", *Current History*, April.

_____, 1996, Tajikistan, The Institute for Political & International Studies, Tehran, IPIS.

Tishkov, V. A., 1997, *Ethnicity, Nationalism, and Conflict in and after the Soviet Union*. London, PRIO and UNRISD.

Toshmuhammadov, M., 2004, *Civil war in Tajikistan and post-conflict ehabilitation*, Sapporo: Center of Slavic Researches.

Vander, Schriek Daan, 2001, "The Central Asian Taliban", *Times of Central Asia*, Bishkek.

Walker, E. W., 1998, "Islam in Chechnya", *Comtemporary Caucasus Newsletter*, Berkeley, The Berkeley Program in Soviet and Post-Soviet Studies.

Winrow, G. M., 1995, "Azerbaijan and Iran", A. Z. Rubinstein & Smolansky(eds.), *Regional Power Rivalries in the New Eurasia*, Armank, M. E. Sharpe.

Zepezauer, Mark, 2003, *Boomerang!, How our Covert Wars Have Created Enemies Across the Middle East and Brought Terror to America*, Monroe, Common Courage Press.

Zinin, Y. N. & Maleshenko, A. V., 1994, "Azerbaijan", M. Mesbahi(ed.), *Central Asia and the Caucasus after the Soviet Union*, Gainesville, University Press of Florida.

Amu Darya: The Iranian Journal of Central Asian Studies, Vol. 5, No. 7, Tehran: IPIS.

ICG Asia Report 30, 2002, The IMU and the Hizb-ut-Tahrir: Implications of the Afghan Campaign.

ICG Asia Report 58, 2003, Radical Islam in Central Asia: Responding to Hizb-ut-Tahrir.

ICG Asia Report 59, 2003, "Central Asia: Islam and the State".

Kayhan 이란신문, 1995~7년.

인터넷 검색

Islamic Movement of Uzbekistan, http://cns.miis.edu/research/wtc01/imu.htm

http://lotus. pwu.ac.kr/~lcy/syber-younsu3.htm

http://www.globalissues.org/article/100/crisis-in-chechnya

http://rehmat1.wordpress.com/2009/02/02/chechnya-without-chechens/

http://www.swisspeace.ch/typo3/fileadmin/user_upload/pdf/FAST/Updates/2007/FAST_Update_Chechnya_1_2007.pdf

http://news.bbc.co.uk/2/hi/europe/3293441.stm

http://news.bbc.co.uk/2/hi/europe/6528427.stm

http://foreignaffaris.org/20000301faessay26/rajan-menon-graham-e-fuller/russia-s-ruinous-chechen-war.html

http://terrorism.about.com/od/originshistory/tp/Russia--Chechnya--Terrorism.htm

http://www.infoplease.com/spot/chechnyatime1.html#2006

http://www.globalissues.org/article/100/crisis-in-chechnya

http://rehmat1.wordpress.com/2009/02/02/chechnya-without-chechens/

http://www.swisspeace.ch/typo3/fileadmin/user_upload/pdf/FAST/Updates/2007/FAST_Update_Chechnya_1_2007.pdf

http://news.bbc.co.uk/2/hi/europe/3293441.stm

http://news.bbc.co.uk/2/hi/europe/6528427.stm

http://foreignaffaris.org/20000301faessay26/rajan-menon-graham-e-fuller/russia-s-ruinous-chechen-war.html

http://terrorism.about.com/od/originshistory/tp/Russia--Chechnya--Terrorism.htm

http://www.infoplease.com/spot/chechnyatime1.html#2006

http://www.ajc.org/InTheMedia/PubTerrorism.asp?did=1124

http://www.iwpr.net/index.pl?archive/rca/rca_200202_103_2_eng.txt

장병옥 ──────

한국외국어대학교를 졸업하고 동 대학원에서 정치학 박사학위를 받았다. 텍사스 오스틴
대학교 교환교수, 히로시마국립대학교 국제관계대학원 일본 정부 초빙교수, 한국중동학회
회장을 역임하였다. 현재 한국외국어대학교 중동연구소 소장, 외국어연수평가원 원장 및
이란어과 교수이며 국가 對테러협상위원으로 활동하고 있다.

저서 및 역서로『중앙아시아 국제정치의 이해; 신중동 이슬람』,『중동분쟁과 이슬람』,『이슬
람 원리주의와 중동정치』,『이란 현대역사』,『현대이란정치』,『이란외교정책론』,『쿠르드
족 배반과 좌절의 역사 500년』,『지역학의 현황과 과제』,『세계인의 의식구조』(공저),『이
슬람』,『이슬람세계의 정치와 국제관계』,『이슬람과 미패권주의: 문명충돌이냐 국가 이익
이냐』,『베이루트에서 예루살렘까지』 등 다수가 있으며 논문으로는「강대국의 對쿠르드정
책」,「국제정치와 페르시아만 안보」,「클린턴의 세계전략과 對한반도 정책」,「중동평화와
국제질서: 이란 및 걸프권의 안보와 미국의 역할」, "Middle Eastern Nuclear Issue and US
Policy", "Iran's Foreign Policy toward Central Asia and Caucaus", "Islamic Fundamentalism",
"Jihad and Terrorism" 외 다수가 있다.

중앙아시아
분쟁과
이슬람

초판인쇄 | 2012년 2월 17일
초판발행 | 2012년 2월 17일

지 은 이 | 장병옥
펴 낸 이 | 채종준
펴 낸 곳 | 한국학술정보㈜
주   소 | 경기도 파주시 문발동 파주출판문화정보산업단지 513-5
전   화 | 031) 908-3181(대표)
팩   스 | 031) 908-3189
홈페이지 | http://ebook.kstudy.com
E-mail | 출판사업부 publish@kstudy.com
등   록 | 제일산-115호(2000. 6. 19)

ISBN   978-89-268-3170-0 93340 (Paper Book)
          978-89-268-3171-7 98340 (e-Book)